TAMBIÉN POR CARLOS EIRE

Nieve en La Habana

A.
Consue

LA VIDA DEL EMIGRANTE
ES UNA VIDA DIFICIL PERO
LA LIBERTAD VALE LA PENA

TODOS LOS QUE SALIMOS DE
Allí, NUESTRA QUERIDA ISLA
~~SABEMOS~~ LO QUE ES NOSTALGIA

LOS AÑOS PASAN Y NOS
SENTIMOS HIJOS DEL NUEVO
PAIS QUE NOS ABRIO SUS
BRAZOS CUANDO EL NUESTRO
LOS CERRO'

ESPERO QUE TE GUSTE →

este libro, que llores con
el y que tambien sonrias

Te veras reflejada en
el, Aqui estamos todos
reflejados, nuestro docor
es un docor comun y aunque
muchas veces ya ni nos acordemos
de nuestra islita siempre
hay algo que nos hace recordar
un olor, un sabor, una melodia
y recordar es volver a vivir

Te quiero mi Herma!

Anelys Naranjo
Cape Coral, Florida
Sabado, Julio 28, 2012

Miami y Mis Mil Muertes

Confesiones de un cubanito desterrado

Carlos Eire

Free Press

New York   London   Toronto   Sydney

Free Press

Una división de Simon & Schuster, Inc.

1230 Avenida de las Américas

Nueva York, NY 10020

Primera edición en rústica de Free Press, noviembre 2010.

FREE PRESS y su colofón son sellos editoriales de Simon & Schuster, Inc.

Para obtener información respecto a descuentos especiales en ventas al por mayor, diríjase a Simon & Schuster Special Sales al 1-866-506-1949 o a la siguiente dirección electrónica: business@simonandschuster.com.

La Oficina de Oradores (Speakers Bureau) de Simon & Schuster puede presentar autores en cualquiera de sus eventos en vivo. Para más información o para hacer una reservación para un evento, llame al Speakers Bureau de Simon & Schuster, 1-866-248-3049 o visite nuestra página web en www.simonspeakers.com.

Diseñado por Ellen R. Sasahara

Impreso en los Estados Unidos de América

1 3 5 7 9 10 8 6 4 2

ISBN 978-1-4391-9172-9

Para el Niño Jesús de Praga,
desterrado divino,
y para todos los que acogieron
a los que se escaparon de Castrolandia
sin sus padres y madres:
eternas gracias.

La muerte es un coloquio entre el espíritu
y el polvo. "Disuélvete", dice
la muerte. Y el espíritu: "Señora,
yo tengo otra esperanza".

La muerte duda, lo niega desde la tierra.
Y el espíritu se despide,
despojándose, como sola evidencia
de un manto de barro.

EMILY DICKINSON

Preámbulo

Temiendo que íbamos a ser esclavos,
    nuestros padres nos enviaron lejos, a tantos de nosotros,
        a una tierra a través del mar turquesa.

Solos, completamente solos, nosotros, los niños. Sin madre, sin padre,
    sin familia en la costa ajena, más allá del horizonte;
        fugitivos obedientes y despistados.

Nuestro éxodo se conoció como el puente aéreo de Pedro Pan.
        Operation Peter Pan en inglés.
    Un nombre ridículo para algo
        tan opuesto a un cuento de hadas.

Llevados al Anti-País del Nunca Jamás,
    perdimos eternamente nuestra infancia en un destello cegador,
        Divagamos poco a poco, entre 1960 y 1962,
constantenente, inexorablemente,
    como gotas de sangre de una herida que no cicatrizaba,
        sin que nadie se diera cuenta.

Catorce mil de nosotros, niños y niñas
        —una cruzada de los niños—
    exiliados, huérfanos, ¿para qué?

    Libertad.

Para nosotros, los desterrados, para nuestras familias y nuestros hermanos
en cautiverio
    la libertad no es una abstracción.
        Es algo tan real como la médula de nuestros huesos,
    o las palabras de esta página, o lo que comiste hoy,
        y tan necesario como la respiración.

Todo en este relato fue ordenado de antemano,
 incluyendo nuestra incapacidad de predecir nuestro destino.
 Y nosotros todavía nos azoramos al ver nuestro lugar en la historia,
 como notas invisibles a pie de página.

Los que quisieron ser nuestros verdugos se azoran también,
mientras se ahogan en el mar de su propia envidia fulminante.
 Pobres diablos.
 Les molesta saber que hemos escapado,
 y quisieran por lo tanto robarnos nuestras cicatrices brillantes
 y nuestra resurrección incesante, tal como nos robaron nuestra
 niñez.

Uno

Acabo de morir. Y no quiero comenzar mi nueva vida en el más allá con un sándwich de pollo. De ninguna manera, especialmente uno preparado por monjas.

¿Será un mal augurio este sándwich? Tal vez. Pero quizá también sea bueno.

¿Cómo puedo saberlo?

No sé cómo diferenciar los buenos augurios de los malos, y mucho menos intuir que todos los augurios son realmente una extensión de nuestras propias ansiedades. Aún no sé, en esta fase de mi vida, que las desgracias pueden ser regalos del cielo, que casi siempre son los regalos más grandes de todos, o que las vueltas irónicas que da la vida son signos infalibles de la divina Providencia. Un niño de once años no tiene cómo saberlo, ni tampoco por qué creer en ello. Y esa es la edad que tengo yo.

Ya es casi medianoche, y acabo de llegar a un campamento para niños en el rincón más recóndito del sur de la Florida. Hoy, hace apenas unas horas, dejé a mis padres, a toda mi familia, todas mis posesiones y mi tierra natal, y en este instante no sé si algún día podré reunirme con ellos.

En otras palabras, acabo de morir. He cruzado a través del silencio ardiente que te despoja de todo lo que eres o hallas sido. Y lo mismo le ha sucedido a los dos niños que comparten la mesa conmigo: Luis Del Riego Martínez, de siete años, y Roberto, su hermanito, un año menor.

El sándwich que me han servido es completamente blanco. Tiene ese tipo de pan que viene en tajadas cuadradas, totalmente esponjoso y sin sabor, con una corteza delgada y pegajosa. *Pan americano*. El pollo tiene casi tan poco color como el pan, al igual que la mayonesa que se asoma tímidamente. Lo han cortado en diagonal, y el cuadrado se ha convertido en dos triángulos. Me recuerda los sándwiches que sirvieron en mi primera comunión, en el Havana Yacht Club, cuando el mundo todavía giraba en la dirección correcta. Pero, esos tenían ensalada de jamón, en vez de pollo en rodajas, e insinuaban un provocativo color rosado. Observo esta cosa blanca, estos triángulos simétricos, en su delgado plato de papel blanco y redondo, sobre una mesa cuadrada cubierta por un mantel igualmente blanco. Tan ordenado, tan controlado, tan geométrico, tan desprovisto de color este plato de comida. Dos triángulos que forman un cuadrado, un círculo en el interior de un cuadrado más grande. El disfraz perfecto para el proceso tan sucio y doloroso que hizo posible esta comida. Los pollos no son cuadrados ni triangulares. Los pollos no se extienden a sí mismos en el pan en rodajas delgadas e impecables. ¿Dónde están las plumas? ¿Dónde están las patas, el pico, la sangre y las vísceras? ¿Quién desmembró a esta criatura gordita y cloqueante hasta convertirla en una lección de geometría?

Este plato tiene bordes festoneados ligeramente curvados hacia arriba. Las hendiduras circulares del borde son perfectas, pues fueron estampadas por una máquina, artefacto que debe de ser una obra maestra de la ingeniería moderna, sólo posible gracias a cálculos muy precisos y a la aplicación de la geometría euclidiana.

Bombillas brillantes y fluorescentes inundan el salón con una luz amarilla y azulada que hace que todos tengan un aire ligeramente enfermo o sencillamente feo. Las bombillas son largas y tubulares: círculos perfectos dilatados, donde los átomos del vapor de mercurio terminan por enloquecer. La estructura en la que están insertados estos tubos —como dos líneas paralelas que pudieran extenderse hasta el infinito— es rectangular. Los otros dos niños parecen zombis. Las monjas son muy amables, pero tienen un aspecto severo al mismo tiempo y, además, están muy arrugadas, en contraste con sus hábitos y velos, que son la definición misma del orden, la pulcritud y el control encarnados en la tela.

"*Pan americano*, Pan American: qué cómico este doble significado", me digo a mí mismo, pensando en el pan de mi plato y en una de las dos aerolíneas que unen a Cuba y a los Estados Unidos. Yo he volado en la otra, en KLM, Aerolíneas Reales Holandesas.

Este es sólo uno de los muchos desvaríos que pasan por mi mente mientras me adapto a mi muerte y resurrección y me preparo para el suplicio.

Mi mente está abarrotada de aviones pues acabo de volar por primera vez. Los aviones son geometría, y también simetría, minuciosos cálculos que trascienden nuestros límites. También tienen que ver con dejar atrás los problemas y con olvidarnos de que existen. Medito brevemente en el hecho de que si en mí estuviera inventar aviones, no existiría ninguno, dado mi desprecio por los cálculos exactos y por mi desconfianza innata en las leyes de la naturaleza. Si por mí fuera, no existirían los aviones en absoluto. Ni tampoco los sándwiches triangulares de pollo.

"Ay, pero esto es pollo", grito dentro de mi cabeza, muy, pero muy fuerte. ¡Qué asco!

A propósito de aterrizajes aparatosos…

Esta comida con pollo me ofende considerablemente y me asusta por completo. Mis padres siempre se han mostrado extremadamente indulgentes en cuanto a mis comidas predilectas. Pasé toda mi niñez a salvo de la carne de pollo, que, como sabrá cualquier persona lista, no es muy diferente a la de los reptiles. Sospecho que incluso los bobos saben esto. A fin de cuentas, ¿hay alguien en la tierra que no haya notado que las patas de las aves son de reptil? ¿Y a qué sabe la carne de reptil según los que han hincado sus dientes en ranas, serpientes, caimanes e iguanas?

Sabe a pollo.

Esta afinidad entre la carne de aves y reptiles representa un gran problema: todo hace parte de la evolución que nos hizo humanos así como somos, tan diferentes de las aves y serpientes y, sin embargo, tan semejantes a ellas.

Incluso cuando era muy niño, esto me perturbaba hasta más no poder: comer o ser comido, y ten cuidado con las serpientes en el paraíso.

De algún modo, conozco esta afinidad entre las aves, los reptiles y nuestra propia podredumbre. La conozco de manera instintiva. Fue lo primero que advertí cuando abrí mi tercer ojo y quedé atolondrado a una edad temprana en un pestilente mercado de carnes donde escogías cualquier criatura que te sacrificaban allí mismo, delante de ti.

"No me jodas", me dije, mientras el carnicero le arrancaba las plumas a un pollo recientemente decapitado y sangrante. ¿Que clase de broma es ésta? Cuac, cuac. Allá van también las patas. *Ay*. ¿Qué clase de mal chiste cósmico es éste?

Tuve exactamente la misma reacción que frente a la historia de la serpiente en el Jardín del Edén y la fruta prohibida cuando la escuché por primera vez. *No me jodas*. Como era muy pequeño para ir a la escuela, donde te enseñan a diferenciar entre el bien y el mal, aún no sabía que estas palabras —tan libremente empleadas por mis compatriotas— podían condenarte al infierno por toda la eternidad. Imité a mis hermanos cubanos con gusto, pero uno o dos años más tarde, entré a la escuela y los Hermanos Cristianos me corrigieron.

Aprender la relación que hay entre las palabras y el infierno me abrió aun más el tercer ojo y me permitió creer a una edad temprana que la mayoría de las cosas importantes de la vida realmente no tienen mucho sentido, y que las preguntas aparentemente tontas pueden ser las más importantes.

Muchos años después, todavía me pregunto a menudo si los pollos y las serpientes sabrán que están relacionados entre sí. ¿Tendrán una sensación de *déjà vu* en caso de encontrarse, o reconocerán acaso un destello familiar en sus ojos? ¿Los pollos se reirán de nosotros al saber que un pariente suyo hizo que nos expulsaran del paraíso?

Gran problema, entonces, que las monjas me hayan dado un sándwich de pollo. Es un presagio de lo que va a suceder, un anticipo de otros platos desagradables en mi horizonte. Sin embargo, no he probado un solo bocado desde el desayuno y sé que ya no hay nadie que me consienta o me mantenga a salvo de la carne de reptil. Estoy más hambriento y sorprendido que nunca antes en mi vida, y tan dispuesto a ser flexible como lo puede ser un niño de once años recién muerto y resucitado.

"Sin padres no hay opción", me digo a mí mismo.

Aaaarggh. Maldita sea. Este sándwich de pollo es tan asqueroso como esperaba. Cada célula de mi cerebro se queja a todo volumen. Pero lo engullo mientras las monjas me miran silenciosamente con sus ojos de águila, tan exquisitamente adaptados para percibir y aprovecharse de la más mínima señal de desobediencia a una milla de distancia. Sé lo suficiente sobre las monjas para sospechar que si rechazo esta maldita comida, o dejo una migaja o dos, podrían darme una paliza u obligarme a escribir mil veces en la pizarra: "Nunca más rechazaré un sándwich de pollo". Y muy probablemente en inglés, en lugar de en español.

Procuro no sentir náuseas, pero es inevitable. Me esfuerzo para que las arcadas parezcan hipos. Nunca sabes qué puede hacerte una monja si te atragantas con uno de sus sándwiches.

No lo advierto, pero estos hipos fingidos son mi primer paso en camino a la americanización, mi primer intento exitoso en convertirme en otra persona. Y poco sospecho que seis años después, cuando tenga mi primera cita romántica, tendré un ataque de hipo que durará más de una semana. Quién sabe qué dirían los doctores Freud y Jung, o cualquiera de sus discípulos sobre esto, o sobre el hecho de que terminé casándome y divorciándome de esa muchacha.

Realmente no me importa.

Afuera, el aire nocturno es completamente apacible, pero el ruido de los insectos es ensordecedor. Tal vez las ranas también se unen a un coro de caimanes, y de extraños reptiles, y serpientes que no he visto nunca antes. Jamás he escuchado semejante alboroto. La tierra susurra tan fuertemente que siento las vibraciones en mi piel. Imagino que un escuadrón de platillos voladores puede estar flotando encima de la casa.

Eso sería naravilloso, pero sé que no existen tales cosas. Soy lo suficientemente grande para saber que lo que se dice sobre los platillos voladores y los viajes interestelares son simplemente cuentos fantásticos. Y también soy lo suficientemente grande para saber que no hay alienígenas aquí, salvo nosotros mismos.

Estamos colgados del borde de los Everglades, a casi una hora por carretera al sur de Miami, en Florida City, la ciudad más austral de la masa continental de los Estados Unidos, a un lado de la base de la Fuerza Aérea de Homestead. La ciudad más cercana al otro extremo de Dixie Highway, la única carretera que sale de esta ciudad, es Cayo Largo, una isla bastante cerca de Cuba. Obviamente, aún no sé esto. Creo que estoy en Miami. Hay muchas cosas que ignoro, incluyendo lo que pueda esperarme después de este "arcadatón" de pollo.

Los tres niños que hemos llegado a este campamento en la noche del 6 de abril de 1962, hemos sido arrojados a una banda transportadora bien lubricada que recibe niños mimados cubanos cada pocos días, los selec-

ciona, y los envía a lo largo y ancho de los Estados Unidos, preferible-
mente tan lejos de la Florida como sea posible. En Cuba, nuestros padres
nos habían dicho que nos enviarían a internados maravillosos gracias a
unas becas y que nos recibirían familias americanas adineradas.

Nuestros padres tampoco saben nada. Ninguno de los niños de Pedro
Pan sería enviado a las academias privilegiadas de Phillips Exeter, Groton
o Choate Rosemary Hall.

Me imagino que mis padres están tranquilos, incluso felices. A fin de
cuentas, han estado muy ansiosos por enviarnos fuera de la isla apresu-
radamente, por nuestra propia seguridad. No se me ocurre que puedan
estar gimiendo y llorando, rechinando los dientes y desgarrándose sus
vestiduras. Muchos años después, cuando haya tenido hijos, me daré
cuenta de la melancolía que debió apoderarse de ellos cuando vieron
nuestro cuarto vacío, o qué cosas terribles hayan imaginado al pensar
en el mañana, en el día siguiente y en el que le sigue. Pero eso será años
después.

En esta noche, aún soy un niño, y todavía creo en lo que me han dicho
mis padres.

Todo estará bien. *No te preocupes.*

Procuro no pensar en el hecho de que mi hermano Tony y yo nos
hemos separado en el aeropuerto, después de pasar el control de emigración, y que él ha sido enviado a otro campamento. Nadie me ha explicado todavía por qué se lo han llevado en una guaguita y a mí en otra.
Poco después, descubriré que él ha ido a un campamento para adolescentes, y que yo he terminado en uno para niñas y niños preadolescen-
tes. Nadie tendrá que explicarme la lógica que hay detrás de este orden
de cosas; la entenderé de manera instintiva. A fin de cuentas, es 1962, y
todos saben que las niñas necesitan estar a salvo de los chicos púberes y
viceversa. Recuerdo que en algún momento me dijeron que este era uno
de los diez mandamientos: no debes hacer caer en tentación a aquellos
con hormonas alborotadas.

Aún estoy convencido de que el primer mandamiento es "no debes
decir malas palabras", y que el segundo es "no tendrás pensamientos car-
nales". A fin de cuentas, ya tengo encima varios años de educación católica y he aprendido todo lo que tenía que aprender sobre el pecado.

Me siento especialmente virtuoso después de terminar el asqueroso sándwich. He logrado no vomitar, y también le he tomado el pelo a las monjas. Me acuerdo de mi padre y madre, y me imagino lo orgullosos y sorprendidos que estarían si supieran que me acabo de comer todo un sándwich de pollo y que no lo vomité.

—Muchísimas gracias —les digo a las monjas mientras abandono su fosforescente sala de torturas. La amabilidad siempre fue la virtud más importante en mi hogar, allá en la retrasada Habana.

Me han llevado a mi dormitorio, y a los otros dos niños al suyo. El campamento es un conjunto de casas pequeñas, salpicado por un puñado de edificios más grandes, incluyendo uno de metal, que es el comedor, como descubriré el día siguiente. También descubriré que ese campamento sirvió alguna vez como alojamiento para las familias de pilotos de la base de la Fuerza Aérea de Homestead. Asimismo, me daré cuenta que estas casas prefabricadas son ridículamente pequeñas, y que todas son administradas por parejas cubanas que viven allí con sus propios hijos y con los niños y niñas que llegamos y salimos continuamente en un torrente ininterrumpido, como el agua a través de una manguera.

Descubriré que los niños y las niñas también son cuidadosamente segregados allí, lo que significa que hermanos y hermanas terminan en casas diferentes.

Cuando llego a mi casa, no puedo creer mi buena suerte: mis padres adoptivos son personas que conozco, amigos de mis padres. Son rostros familiares en un lugar extraño: la familia Angones. Mi nuevo padre adoptivo conoce a mi padre desde hace muchos años. Mi padre lo llamaba *Panchitín,* diminutivo de Pancho, el apodo de Francisco. Pero yo no puedo usar ese apodo. Pero llamarlo "Sr. Angones" suena demasiado formal. Así que entonces termino procurando no llamarlo de ningún modo. Su hijo Frank fue a muchas de mis fiestas de cumpleaños en La Habana, antes de que el mundo cambiara. No los conozco muy bien, pero al menos no somos perfectos desconocidos. Sé en lo más profundo que ellos me cuidarán bien.

La mamá de Frank me abraza, y su padre me asegura que todo estará bien.

No puedo creer que tantos niños estén hacinados en esta casa. Estamos apretujados allí, en literas, y Frank ha tenido que compartir su espacio con todos nosotros. Él también llegó por el puente aéreo, sin sus padres, y ya pasó por todo eso. Y luego sus padres vinieron y decidieron quedarse en el campamento y hacer las veces de padres adoptivos de oleada tras oleada de huérfanos. Así que Frank tendrá que esperar bastante tiempo antes de tener su propio cuarto.

Pasábamos por esa casa y por todas las otras del campamento como manzanas recogidas, empacadas y transportadas en una granja totalmente secreta. Y lo mismo hacían los adolescentes del otro campamento en Kendall, mucho más cerca de Miami, aunque todavía en medio de la nada. En aquella época Kendall era un lugar tan remoto que los adolescentes bromeaban diciendo que el vecino más cercano era Tarzán. Nadie se fijaba en nosotros. Llegábamos de manera invisible y silenciosa, y éramos llevados en la oscuridad de la noche a otros campamentos en medio de la jungla. Los periodistas no sabían que esto sucedía, o simplemente no les importaba. Después de todo, sólo éramos cubanos, extranjeros en un lugar exótico que la mayoría de los americanos no podía siquiera localizar en un mapa. ¿Quién querría leer sobre nosotros en aquel entonces, en 1962? Por otra parte, nada cambiaría después: hasta el día de hoy casi nadie en el mundo sabe que todo esto ocurrió.

Catorce mil niños y niñas, algunos de hasta tres años, fueron enviados a los Estados Unidos por padres desesperados, apartados de la vista de todos, redistribuídos con la velocidad del rayo, desperdigados por los cuatro vientos. A mí esto me parecía normal. Era lo que estaban viviendo también casi todos mis amigos de la infancia. Me parecía algo tan normal que tardé veinte años en despertar y poder verlo como una monstruosa anormalidad, y poder hacer las preguntas que debí hacerme en esa época, y en sentir la rabia que tuve que sepultar en mi alma.

Pero en la noche, mientras me abandono al sueño en mi litera en esta casita de los Angones, en este campamento de Florida City, lo único que me importa es el hecho de haber escapado de Cuba, que es lo mismo que escapar del infierno, y que estoy en una nueva tierra con maravillosas máquinas dispensadoras de referescos.

Permanecí en estado de shock durante el recorrido desde el aeropuerto, mientras atravesábamos Miami y llegábamos a la zona pantanosa de los Everglades. *Estoy aquí.* Toda mi vida había deseado estar *aquí* en los Estados Unidos de América porque este lugar se había abalanzado sobre mí con sus películas, programas de televisión, cómics y mil productos que inundaban a Cuba, desde tarjetas de béisbol hasta trenes en miniatura y bebidas gaseosas. Yo había visto imágenes de este lugar, jugado con sus juguetes y consumido sus bienes y productos de entretenimiento desde el día en que nací. Me había enamorado de sus mujeres en las pantallas del cine mucho antes de que me enamorara de una hembra de carne y hueso. Era el mundo ideal, y el nuestro parecía simplemente un pálido reflejo de él. Posteriormente, cuando conocí la metáfora de la caverna de Platón, entendí el concepto de inmediato y sin ninguna dificultad, porque yo ya había vivido en esa caverna y escapado de ella. Cuando Fidel y sus secuaces se dedicaran a volver añicos todo lo que fuera una réplica de los Estados Unidos en Cuba —especialmente por pura envidia biliosa— harían que nuestra caverna fuera mucho más profunda y oscura. Ellos conseguirían bloquear la entrada a la caverna y destruir nuestro contacto físico con el mundo ideal, pero no podrían robarnos los recuerdos que estaban guardados en nuestras mentes, o al menos en la mía.

Este nuevo sitio era mi patria en muchos sentidos, y quizá más que mi propia tierra natal. Al menos eso pensaba mientras le echaba un vistazo al paisaje rumbo a Florida City.

Y, sin embargo, no reconocía nada. Nunca había visto imágenes de Miami en Cuba, pues los Estados Unidos exportaban muy poco o casi nada de Miami. En aquel entonces, Miami era un engaño turístico de mal gusto que no figuraba mucho en la cultura americana. El paisaje que yo veía pasar vertiginosamente ante mí en las autopistas y carreteras era muy diferente al que yo había imaginado. No había rascacielos, montañas ni desiertos. Era claro que tampoco había vaqueros ni ninguna mujer como Marilyn Monroe. Todo me parecía sorprendentemente familiar, muy semejante a los nuevos barrios en las afueras de La Habana. Pero esos barrios de La Habana, que dejaron de crecer súbitamente cuando apareció Fidel, ya se veían estropiados y más viejos de lo que realmente eran. Las casas del trópico se deterioran con mucha rapidez si no se pintan y reparan continuamente. No obstante, este lugar era diferente. Nada era viejo aquí, ni desvencijado. O por lo menos así me parecía. Todos los edificios se aferraban al suelo, como si temiesen erguirse lejos de él. Y la vegetación se veía muy espesa y selvática. Aunque en realidad no era mucho lo que yo podía ver, pues era de noche y sólo podía observar lo que estaba iluminado por las farolas de la calle o por el tráfico de las carreteras.

Salvo las estaciones de gasolina, semejantes a galaxias diseminadas que llenaban el espacio vacío con su propia luz. Parecía haber muchas, quizá más grandes e iluminadas que en La Habana. Fue la primera diferencia notable que advirtieron mis ojos, al igual que las extrañas marcas de gasolina que nunca había visto: Philips 66, Cities Service, Sunoco, Union 76. Sus carteles iluminados fueron prácticamente lo único que pude ver cuando pasamos de cierto punto y entramos en la jungla. Y estos oasis de luz estaban emplazados a grandes distancias unos de otros, como las migas de pan que marcaban un camino en el bosque en el cuento de Hansel y Gretel. Pero éste no era un cuento de hadas y tampoco había brujas a la vista.

Este era el mundo real, y yo había llegado finalmente a él.

Por fin estaba vivo. Realmente vivo. Tal como la veía entonces, Cuba se había convertido en otra dimensión, lejana de la tierra: un universo paralelo no muy distinto al Mundo Bizarro de las historietas de Supermán, donde todo era lo opuesto a lo que pasa en la tierra. Y yo anhelaba tanto escaparme de él, que nada más me importaba. Perderlo todo, incluyendo a mi familia, me parecía un precio pequeño a pagar. O al menos eso creía.

Desequilibrado, conmovido, perdí el sentido de la perspectiva. Lo que llamaba mi atención con más intensidad eran las máquinas dispensadoras de refrescos en las estaciones de gasolina, todas iluminadas con colores mucho más llamativos que los que había visto en cualquiera de sus contrapartes cubanas. Al igual que todo aquello que habíamos extrañado en los dos últimos años, estas máquinas estaban muy adelantadas en el futuro; eran modelos de la era espacial. Quise saltar de la guaguita, arrojar monedas de cinco centavos en sus dulces ranuras, llenarme los brazos con sus botellas y probar esas bebidas que nunca jamás había visto o probado antes, como por ejemplo la Bubble-Up, y todas las que se habían conseguido en Cuba antes de que el Che Guevara las hiciera desaparecer, como Coca-Cola y Pepsi. Nada parecía más deseable o digno de mi atención. Pero yo no tenía ni un centavo, y la guaguita iba en una misión sin escalas.

En dónde terminaría yo y qué sería de mí fue algo que no me perturbó mucho esa noche, por lo menos no a nivel consciente. Yo me había muerto —sin saberlo— y estaba tan desquisiado como debió estarlo Lázaro al salir de su tumba, envuelto en su manto sepulcral y con su cabello hecho un lío apestoso.

Ignoro lo que esté pensando y sintiendo Tony en ese instante, y no me preocupa en absoluto. Él siempre ha sido tan testarudo, tan atrevido, tan seguro de su invulnerabilidad, que no puedo imaginarlo lastimado en ningún sentido y mucho menos asustado. Extraño su compañía, sí, pero no puedo aceptarlo; Dios sabe qué pasaría si lo hiciera. Me digo a mí mismo que esta es una gran aventura, y que por una vez en mi vida no tengo que compartir nada con un hermano mayor que, como todos los hermanos mayores, es un experto tirano.

En nuestra casa de La Habana, Ernesto, mi hermano adoptivo, debía estar celebrando su buena suerte. Ahora, al menos, era el único hijo, el Delfín, el primero en línea para heredarlo todo. Seguramente le debió encantar su nuevo lugar en la vara totémica y nuestra ausencia, a pesar de que bajo el régimen comunista nadie puede tener nada. Él era lo suficientemente listo como para esquivar todas las reglas y conseguir lo que quería, y lo sabía. En cuanto a Lucía, nuestra tía solterona, ¿quién podía saber lo que estuviera pensando y sintiendo en su cuarto en la parte posterior de la casa? Ella siempre se había parecido a la Esfinge, tan incapaz como ese monumento de expresar sus emociones. Nuestro padre, el hombre que no sólo creía en la reencarnación, sino que también aseguraba recordar todas sus vidas pasadas, el que una vez fuera rey de Francia, su majestad Luis XVI, el rey supremo del autoengaño, debía estar abrazando su dolor de la misma forma en que yo abrazo el mío con tanta frecuencia, maldiciendo y agradeciendo a Dios al mismo tiempo. Nuestra madre, la única persona cuerda de la casa, y la más dulce, probablemente pensaba qué paso dar al día siguiente por la mañana, mientras derramaba un mar de lágrimas.

Mientras las lagartijas, esas malditas criaturas tan feas, dueñas de la isla, las cuales yo deseaba borrar de la faz de la tierra a toda costa, se desternillaban de la risa y se acomodaban en su propia e inimitable manera de ser. Tony y Carlos —sus depredadores más temibles— se habían marchado. No más torturas ni holocaustos de lagartijas. "Saquemos y entremos nuestras lenguas como yoyos", se decían entre ellas sin palabras. "Cambiemos los colores desenfrenadamente, copulemos con ganas y repoblemos el barrio. Seamos fructíferas y multipliquémonos, y devoremos tantos bichos como sea posible. Devoremos y apareémonos tan mecánicamente como siempre, ajenas al Dios que hay arriba o al Maligno, que siempre acecha amenazante aquí abajo, como un león rugiente al que no le importa el pequeño malvado de barba ridícula que cree que puede usurpar nuestro trono".

Y si supieran que yo acababa de comerme un sándwich de pollo, las lagartijas se habrían reído y deslizado con un abandono todavía mayor.

"Justicia poética", habrían pensado seguramente. "Carlos no sólo ha besado a una lagartija; se ha comido una y ahora es como nosotras".

Y, ¿qué le habría dicho yo a la reina de las lagartijas si hubiera podido responderle?

"No me jodas".

Dos

Las regaderas me despertaron: *sh-suish, sh-suish, sh-suish.* Era un sonido que jamás había escuchado. Salté de la cama y me acerqué a la ventana.

Lo que vi me dejó atolondrado. El paisaje era plano, mucho más que ningún otro que hubiera visto antes. No se veía ni una sola loma. Campos verdes y exuberantes, ligeramente grises bajo la luz pálida del amanecer, se extendían hasta el horizonte, con un árbol aquí y allá, desperdigados como si estuviesen peleando entre sí o temerosos unos de otros. Lo único que podía ver entre el horizonte y yo eran pilas de boquillas rociando agua con un movimiento circular. Hacia un lado, nuestro campamento se alargaba en línea recta, detrás de una cerca alta y de alambre. Lo único que podía escuchar era el *sh-suish, sh-suish, sh-suish.* Los gráciles arcos de agua que salían de las enormes regaderas eran un verdadero espectáculo. Claro, yo había visto regaderas antes, en Cuba, pero no tan grandes como estas.

"Fuentes", pensé.

Los americanos están tan avanzados y son tan ricos que pueden llenar el paisaje con fuentes porque les gustan, porque les da la gana. O tal vez fueran armas secretas que rociaban un ácido letal para contener a los rusos. A mí no me importaba lo que fueran. Simplemente estaban allí, así como todo en la naturaleza, un enigma para resolver y un blanco fácil que pedía ser atacado. No había leído *Don Quijote* todavía, pero había visto la película una vez por televisión, antes de que Fidel convirtiera todo tipo de entretenimiento en un lavado cerebral. Y entonces pensé en molinos de viento, en gigantes y en la necesidad de declararles la guerra.

No tenía ninguna Dulcinea a quien impresionar, ninguna rubia americana, pero de todos modos sentía deseos de arremeter contra los aspersores, simplemente porque sí. Aunque estuvieran allí para mantener a raya a los rusos, los aspersores estaban buscando pelea, y se la merecían. Podría haberme divertido un poco con ellos, salvo por un obstáculo fundamental: la comprensión súbita de que ahora era huérfano, al menos por el momento.

Este pensamiento me hizo tambalear. Y no lo sentía como algo que hubiera salido de mi propia cabeza, sino más bien como una descomunal ola oscura que acababa de chocar contra mí. Fui arrastrado con ímpetu a un lugar desconocido —más extraño aun que el paisaje del otro lado de la ventana—, una dimensión tan absolutamente desolada e infinita que me hizo sentir más pequeño que un átomo. Y de un momento a otro ya no vi ni escuché las regaderas, y me sentí completamente solo en aquel vacío oscuro, aplastado por una gran fuerza que provenía de todos los rincones, aniquilado por algo totalmente impersonal e indiferente: la fuerza de la nada, la Nada misma. Lo peor de todo era que esta vacuidad opresiva e inmensa se mostraba eterna e inexorable.

Supongo que uno podría definirla como un vértigo existencial. Yo prefiero llamarla Infierno.

Sentirse eternamente solo y estar dolorosamente consciente de la soledad sempiterna: ese era el Infierno; al menos el mío, al que había entrado aquella mañana, la primera entre muchas. No había nada que me hubiera asustado más, ni siquiera mis cálculos renales o la disertación más floja, aburrida, pretensiosa y extensa de un congreso académico. Jean-Paul Sartre, ese existencialista de mierda, estaba completamente equivocado. El infierno no son las otras personas, sino estar completamente abandonado, para siempre, *per omnia saeculae saeculorum*. El infierno es estar siempre solo, sin tener nadie a quien amar y a nadie que te ame. El infierno es un amor no correspondido, la ausencia eterna, un ansia eternamente insatisfecha.

Un salto en el tiempo, nueve años en el futuro. Estoy en un hospital de

Chicago, en la mesa del quirófano, poco antes de ser sedado por el anestesiólogo. Estoy allí porque me van a operar de una lesión.

Sorpresa, sorpresa. Próxima parada: el Infierno.

—Cuenta de diez a cero —me dice alguien.

—Diez, nueve, ocho…

¡Bonk! Abandono mi cuerpo y floto sobre él. Me estoy mirando a mí mismo, a los médicos y a las enfermeras, y escucho todo lo que dicen. Mi cuerpo no se ve muy bien sin mí dentro de él. Parezco muerto o borracho, o ambas cosas al mismo tiempo. Veo y escucho todo con gran detalle, incluso las bromas que hacen sobre mí. Ellos se ríen; yo no.

¡Bonk! Estoy lejos de allí, descendiendo en espiral por un túnel a gran velocidad. Es un largo trayecto cabeza abajo, abajo, abajo. Parezco tardar horas, quizá días, o alguna medida sin tiempo, y el túnel se hace más y más oscuro a medida que caigo en picada; no logro ver nada, y mi descenso es cada vez más rápido.

¡Bonk! Ahora estoy fuera del túnel, y no hay nada. Nada, salvo yo, sin mi cuerpo. Nada, salvo una oscuridad total y yo, sin importar lo que pueda ser: mente, alma, cualquier cosa, pero no un cuerpo en todo caso, el cual he dejado atrás con muy mal aspecto en la mesa del quirófano. No hay movimientos ni sonidos, frío ni calor; nada que ver, nada que tocar, nada que sentir, nada que probar. Ni siquiera el amargo ajenjo o mis lágrimas saladas. En todo caso, no tengo ojos ni lengua. Nada, salvo mis pensamientos y la conciencia de mi propia existencia y mi soledad eterna.

Nunca he sentido un dolor y un terror semejantes, tal pánico concentrado y en estado puro. Rezo para ser aniquilado, pero no hay nadie ni nada a quién rezarle. Lo único que puedo hacer es anhelar mi extinción y saber que seré eternamente incapaz de aniquilar mi ser solitario y funesto.

¡Bonk! He salido del infierno y regreso a la mesa del quirófano. Escucho mi respiración dificultosa, *gaarrr, gaarrr, gaarrr.* Suena como si estuviera colando un café muy espeso en mi garganta. Tiemblo de manera incontrolable y siento como si circulara hielo por mis venas. Nunca antes había sentido tanto frío ni tanto terror. Abro los ojos y veo un rostro enmascarado sobre mí.

—¿Siempre tiembla así? —pregunta alguien desde el otro lado del cuarto.

—Sólo después de una operación —respondo con una voz carrasposa que no parece la mía.

Todos los presentes en la sala de cirugía se ríen estruendosamente, pero yo no logro entender el chiste.

Me suben a una camilla y me llevan a la sala de recuperación, cubierto con una sábana muy delgada y completamente ladeada. La ridícula bata de hospital abierta por detrás que llevaba puesta antes de la operación —prenda que debería ser prohibida por ser un castigo inhumano y cruel— no está por ninguna parte. Estoy desnudo, temblando violentamente, de manera incontrolable. Pero lo que siento en mi interior es peor: un terror absoluto y un tipo de dolor espiritual que no creía que fuera posible. El temblor se prolonga durante varias horas hasta que finalmente me dan una pastilla que le pone fin. Mi compañero de cuarto, un Sioux de sangre pura, que se recupera de una fuerte paliza, les ha pedido a las enfermeras que hagan algo. Mis convulsiones le estaban poniendo los nervios de punta. Sin embargo, otro tipo de estremecimiento me sigue azotando interiormente. Me voy a casa con una pequeña herida externa y un hueco grande y burdo en el alma. Tardo meses en depositar este recuerdo en mi Bóveda de la Negación, el extenso vestíbulo que conduce a mi Bóveda del Olvido. Este viaje al infierno es algo que no puedo encerrar en esa, la más profunda y oscura de las bóvedas; es algo totalmente imposible.

Años después escucharía y leería recuentos de experiencias cercanas a la muerte que eran extrañamente similares a la que tuve ese día, sin embargo, no me ofrecieron consuelo alguno. Por el contrario, me perturbaron a más no poder. La mayoría de estos relatos hablan de cómo se flota sobre el cuerpo y de cómo hay que pasar por túneles largos y en espiral. Sí, pero también describen una luz brillante y un paraíso al otro lado del tunel —una luz de la que yo no vi el menor destello— y una sensación incomparable de bienestar así como de cercanía a Dios y a todos los seres queridos difuntos.

Supongo que entré al túnel equivocado. ¡*Uups*! Sea como fuere, así lo espero, y con fervor.

Un mal viaje o *"bad trip"*, como decíamos en aquel entonces, en 1971. *Coño*, ¡qué mierda, vaya desastre!

Regresando a aquella ventana en Florida City: lo que sentí esa mañana allí, contemplando las regaderas, no fue más que un anticipo de posteriores visitas al infierno, incluyendo aquella, la más dramática, durante mi operación. Gran parte del resto de mi niñez estaría marcada por esos ataques recurrentes que se convirtieron en algo tan mío como cualquiera de mis rasgos físicos. Desde esa mañana en adelante, a lo largo de mi vida, incluso hasta hoy, el pensamiento más leve y sutil abre súbitamente la puerta desde la cual asoma rugiendo el infierno. Su imprevisibilidad le confiere un poder temible sobre mí que no puedo dominar, ni siquiera con el razonamiento más frío y severo que pueda aplicarle.

La razón a veces no sirve de nada, especialmente cuando estás lidiando con el infierno o con asuntos del corazón.

Todos los que estaban en aquella casa precaria se despertaron de inmediato. Cuando hay tanta gente en un mismo lugar, basta apenas que una persona se mueva para que todos se despierten. *Buenos días.*

No me acuerdo de lo que sucedió a continuación, pues seguía atrapado en el infierno en cuerpo y alma. No registré nada de lo que vi o escuché, a excepción de mi desconcierto interior. Sin embargo, recuerdo bien qué exorcizó ese maleficio: una sorpresiva llamada de mis padres desde La Habana, que habían logrado comunicarse con la casa de los Angones. Aún no sé cómo pudieron hacer la llamada. En aquel entonces, las conexiones telefónicas entre Cuba y los Estados Unidos eran muy difíciles, pues el gobierno cubano quería reducirlas al mínimo. Pero a veces suceden milagros: mis padres llamaron, hablé con ellos, y el simple hecho de oír su voz me sacó del infierno y me devolvió a la tierra. Fue una llamada de tres minutos, el único tipo de llamada que el gobierno de Cuba permitía en aquel entonces, pero esos tres minutos me parecieron mucho más largos. De hecho, me parecieron toda una vida, mi vida entera hasta ese instante, pues me recordaron el hecho de que yo no había muerto ni me había ido al más allá, sino que aún seguía aquí, en este planeta, al lado de todos aquellos que había dejado atrás.

Los acontecimientos posteriores arrojarían un manto de dudas sobre esta sensación de conexión con mi tierra natal y sobre la ilusión de que yo aún habitaba la misma dimensión que mis seres queridos.

Son muchos los eventos de aquel primer día que permanecen en mi memoria, pero están totalmente fragmentados y entremezclados con todo lo que me pasó duante las dos semanas siguientes. He bloqueado un montón de ellos, y estoy seguro de haberlos depositado en mi Bóveda del Olvido. Sin embargo, recuerdo claramente algunas de mis primeras experiencias en el campamento, las cuales comprueban el proceso de la muerte y la resurrección.

Cajitas de cereales. Nunca había visto algo semejante. En el comedor teníamos varias docenas de cereales para elegir, empacados en cajitas de una sola porción, las cuales podían utilizarse como tazones; cajas de cartón con una ranura perforada que podías abrir fácilmente. Y dentro de la caja, un paquete de papel aluminio, que también podías abrir sin ningún esfuerzo, repleto de cereal. Podías abrir la cajita a lo largo, rasgar el papel aluminio, agregarle leche, y ya: te lo comías directamente del paquete con una cuchara plástica.

"Es lo más lindo que he visto", pensé.

Tanta simplicidad y tanto pragmatismo perfectamente disponible gracias a un misterioso proceso económico que me era difícil entender en aquel entonces. Lo único que sabía es que la Cuba que yo acababa de dejar atrás no tenía cereales —aunque antes de Fidel los tenía—, y que no podía producir nada semejante a estas cajitas llenas de cereal envuelto en papel aluminio, ni tampoco las cucharas plásticas con las cuales comer su contenido.

"Este es un país realmente superior", me dije.

Luego me encontré con algunos de los fiñes que estaban del otro lado de la cerca de alambre, y me vi obligado a cambiar de opinión. Los niños y niñas de la base de la Fuerza Aérea de Homestead nos decían "spics", nos mostraban el dedo medio en señal de insulto y nos decían que regresáramos a nuestro país. Peor aun, hablaban un idioma que yo todavía no entendía muy bien. Yo había estudiado inglés desde el primer grado, así que tenía un vocabulario y una gramática básica a mi haber. Pero leer libros como *Dick y Jane* no te preparan muy bien para lidiar con fiñes de tu edad que te insultan en inglés. Algunos de mis compatriotas en ese campamento, cuyo inglés era mucho mejor que el mío, nos tradujeron los insultos. Nos alejamos de la cerca sintiéndonos muy deprimidos, en el peor estado posible.

Después de todo era 1962 y estábamos en el sur de la Florida. La segregación racial aún era legal. Y nosotros los cubanos tendíamos a ser vistos por los floridianos como unos intrusos que no eran blancos, aunque tuviéramos el cabello rubio y los ojos azules. Mientras más se descendía en la escala social, mayores tendían a ser los prejuicios contra nosotros, aunque los prejuicios contra los hispanos permeaban toda la cultura, de arriba a abajo, de una forma mucho más abierta que en hoy en día.

Todos mis textos escolares confirmarían esto durante los años siguientes, cuando tuve la oportunidad de ir a la escuela con los fiñes del otro lado de la cerca de alambre.

Monedas. Yo amaba esas monedas americanas. Las había visto en Cuba, cuando las utilizábamos a la par con nuestra propia moneda. Antes de Fidel y el Che, el peso cubano valía lo mismo que el dólar, y las monedas americanas circulaban tanto como las cubanas. Era maravilloso tocar nuevamente estas manifestaciones familiares de la única religión universal sobre la tierra, que siempre tiene sus variantes locales. La que más extrañaba yo era la moneda de cinco centavos con Thomas Jefferson en una cara y su casa de Monticello en la otra. En cierta ocasión, cuando tenía unos cinco años, le pedí un deseo a uno de estos "niqueles", como les decíamos en Cuba:

"Cuantas ganas tengo de ver esa casa. Ojalá pueda verla algún día".

Ja, todavía me estoy riendo. Ten cuidado con lo que deseas. Tal como lo quiso la Providencia, yo viviría por quince años en Charlottesville, Virginia, donde vivió Thomas Jefferson, y cada vez que alguien venía a visitarme desde otro lugar, tenía que llevarlo a Monticello, la condenada casa acuñada en las monedas de cinco centavos. Finalmente, fui a Monticello más veces de las que alcancé a contar, y uno de mis hijos terminaría rompiendo una de las puñeteras ventanas del Sr. Jefferson.

Me encantaban todas esas monedas, aunque me intrigaban y todavía me siguen intrigando. Los seres humanos hemos inventado una forma irracional de asignarles valor a simples trozos de metal o tiras de papel, objetos con los cuales podemos comprar cosas. Es un sistema de creencias bastante complicado, pero su complejidad no puede ocultar que todo depende de una profunda creencia en los símbolos y en su capacidad para representar lo invisible. Es la única religión común a todos los seres humanos.

Menos a los comunistas, claro. Fui arrojado de mi patria por gente que odiaba el dinero y el sistema de creencias que representa. Las monedas están relacionadas con la distribución de la riqueza, con la creencia y con los símbolos. Si no las tienes, estás jodido. Pero si las tienes, el mundo puede ser tuyo. Obviamente, hasta con un gobierno comunista nosotros teníamos monedas en Cuba. Pero el Che cambió la moneda, confiscó las cuentas bancarias de todos los ciudadanos y las nuevas monedas cubanas se quedaron prácticamente sin valor ninguno, tanto en el mercado mundial como dentro de la isla. El dinero es casi inútil cuando todo está racionado y no hay empresa ni propiedad privada. El plan del Che era renunciar completamente al dinero, cosa que estuvo muy cerca de lograr al hacer que todos fueran igualmente pobres, salvo los que, como él, dirigían el país. Qué maravilloso fue tocar de nuevo estos pequeños símbolos de todo lo odiado por el Che y por Fidel.

La tienda de víveres. No podía creer lo que veían mis ojos: Panchitín Angones, mi padre adoptivo en el campamento, nos llevó a algunos de nosotros a una pequeña tienda de víveres en el centro de Florida City atiborrada de comida y mercancías. ¿De dónde ha salido todo esto? ¿Por qué esta tienda está tan bien surtida mientras las cubanas están tan vacías? ¿Porque carajo pasa esto?

La tienda me dejó atolondrado, incluso mareado. Durante los dos últimos años había visto desaparecer casi todo de las tiendas de Cuba, y con muchísima rapidez. También había visto desaparecer casi todas las tiendas, pues no había nada que vender. Yo tenía que esperar en largas colas para conseguir las cosas más básicas con una tarjeta de racionamiento en mano, y pasar horas y horas de pie para recibir prácticamente nada. Si llegabas tarde a la cola ya no habría nada para ti, sin importar lo que dijera la tarjeta de racionamiento. La economía de Cuba estaba totalmente en manos del gobierno: toda la producción, todos los suministros eran firmemente controlados desde arriba, y todas las tiendas también, al igual que los precios. El resultado fue un colapso inmediato del sistema de oferta y demanda, así como una escasez endémica y universal.

La diferencia entre el lugar del que había acabado de salir y el lugar donde me encontraba ahora no podía ser más abismal. Aquí había algo que funcionaba, y que yo no podía entender. Encontrabas todo tipo de frutas y vegetales amontonados en pilas altas. Los estantes crujían bajo el peso de las cajas y las latas. Hay que recordar que esto no era un supermercado, sino solamente una tiendecita insignificante en el centro de Florida City, en un apartado rincón del mapa. Sin embargo, lo que vi me sorprendió, y una vez más me convenció de que yo había muerto y entrado a otra dimensión. Ciertamente, en el planeta tierra no podían existir semejantes disparidades. ¿Acaso no somos todos seres racionales? ¿No nos las podemos ingeniar para evitar que esto suceda?

"Seguramente sí. O quizá no", pensé.

Y Panchitín Angones, mi padre adoptivo, el amigo de mi padre, tuvo que darnos una lección adicional sobre las virtudes de la cultura americana, como si los estantes de la tienda no hablaran por sí solos. En cuanto nos apeamos del carro, nos dijo:

—Miren, aquí en los Estados Unidos no hay necesidad de cerrar el carro con seguro, y hasta puedes dejar las llaves adentro.

No podía creerlo, pero eso fue exactamente lo que hizo Panchitín. Dejó las llaves en el carro y las puertas sin seguro y entró a aquella tienda con todos nosotros, con el mismo aire despreocupado de un señor medieval rodeado por todos sus caballeros.

"Maldita sea. Maldita sea. Esto no es justo. Realmente, no es justo", pensé. "¿Por qué no pude yo haber nacido aquí?"

Entonces decidí, allí y en aquel instante, en esa tiendecita, que me convertiría en un americano y me olvidaría de ser cubano, al menos por el momento.

Fue una decisión funesta, pero la única que pude haber tomado dadas las circunstancias.

Un *flashback*, un par de años atrás. Mi padre, Luis XVI, quien recordaba haber sido rey de Francia en una vida anterior, acababa de sacar su tabla Ouija del lugar donde la escondía. Para él, no era un juego de Parker Brothers sino un objeto sagrado. Realmente creía poder recibir mensajes de los muertos mediante este artefacto tan simple: una tabla de cartón con las veintiséis letras del alfabeto latino y los números del cero al nueve, y un tareco plástico en forma de corazón conocido como *planchette*, con tres paticas pequeñas y chatas, con una especie de ventanita en el medio.

Mi padre cree de veras que cuando coloca su mano en la *planchette* y hace una pregunta, el espíritu de algún difunto guía su mano letra por letra sobre el tablero, deteniéndola en el orificio de la ventanita, hasta que al fin, poco a poco, le sale una respuesta. La tabla Ouija también tenía un "sí" y un "no" en las esquinas para preguntas simples. Por supuesto, la mayoría de las preguntas que hacía mi padre eran sobre el futuro y sobre lo que nos depararía a nosotros.

Cómo él y su familia llegaron a tomarse tan en serio este juego es una historia demasiado larga para contarla. Lo único que necesito decir en este instante es que la familia de mi padre sucumbió a esa moda religiosa de finales del siglo XIX conocida como "espiritualismo", especialmente la versión promovida por la Sociedad Teosófica Americana, que tuvo su misión extranjera más exitosa en Cuba, inmediatamente después de la guerra hispanoamericana de 1898.

La familia de mi padre era verdaderamente ecuménica en materia de religiones alternativas. Supongo que hoy en día podría denominárseles como de la "Nueva Era". Creían en todo, y nunca pensaron que iban contra el catolicismo romano, que también observaban en aquel entonces. ¿La reencarnación? Por supuesto. ¿Maldiciones de brujería? Ten cuidado, son reales. ¿Sesiones de espiritismo? Sí, por favor, mientras más, mejor. ¿Transubstanciación? Claro que sí. ¿Infalibilidad papal? ¿Por qué no? Pero, un momento: agreguemos a Madame Helena Blavatsky a la lista de autoridades, al lado del Papa. ¿Los protestantes? Mira que bien cantan, y que alto, y ciertamente tienen el derecho legítimo a quejarse del catolicismo y del Papa.

El tablero sagrado Ouija está abierto sobre el escritorio rococó en el estudio de mi padre. Sólo estamos él y yo, y Ernesto, mi hermano adoptado. No sé dónde estaba Tony en aquel momento. Probablemente torturando lagartijas o yendo en bicicleta a Pinar del Río, que estaba a cuarenta millas de distancia. Tenía la costumbre de desaparecer y de volver a nuestra madre loca de preocupación.

Mi padre le hace algunas preguntas preliminares a la Ouija. La *planchette* se mueve bajo su mano, o al menos eso dice él. No creo que sucediera así.

—Oye, te estás inventando esto. La mueves tú mismo.

—No, no la estoy moviendo; me está llevando a las letras. La *plan-*

chette tiene una fuerza propia y no puedes resistirla. Si lo haces, el poder se acumula y entonces te buscas problemas. Una vez intenté aguantarla y salió disparada de mi mano como un cohete y se estrelló contra una de las vitrinas al otro lado del cuarto, y rompió una de mis porcelanas Meissen.

—No me chives —le digo—. Tienes que estar bromeando.

No puedo decirle lo que realmente quiero en voz alta —*no me jodas*— porque el verbo *joder* es una de esas palabras que pueden enviarte directo al infierno. Es el equivalente a la palabra inglesa y multipropósito que comienza con la letra "f".

Una vez que son "respondidas" algunas preguntas simples, me atrevo a poner a prueba a los espíritus de los muertos.

—Pregúntale qué destino me espera.

Él lo hace, y la *planchette* bajo su mano se mueve pesadamente de una letra a otra, deletreando un mensaje muy claro.

—Tus dos hijos tienen su futuro en tierra ajena.

—Pregúntale con quién me voy a casar —le digo, creyendo que es una pregunta muy difícil para cualquier espíritu.

—Tus dos hijos se casarán con mujeres de otra tierra.

Maldita sea. Tenía una respuesta. Y vaya si era vaga.

—Pregúntale cuántos hijos tendré —digo, retando aun más a los espíritus.

—Es un secreto —responden los espíritus.

—*Cabrones* —me digo a mí mismo, arriesgando pasar la eternidad en el infierno.

Me parece extraño que los espíritus vaticinen un futuro en otro país para mí y para Tony, los dos hijos de Luis XVI, el médium de la Ouija, y nada para Ernesto, el adoptado. Pero decido no pensar demasiado en ello, debido al desprecio que siento por Ernesto, que parece muy feliz con estas predicciones.

Así que ya lo ven, los espíritus tenían razón: quienquiera que fueran, de donde quiera que hubieran aparecido, bien fuera del averno o de la imaginación inagotable de mi padre. Todo estaba predestinado. Mi destino era terminar en una tierra extranjera y encontrar mi alma gemela allí, al otro lado del mar turquesa. O tal vez los espíritus sembraron la semilla en mi mente sobre mi futuro en otras tierras. No me sorprenden demasiado las habilidades proféticas ni la destreza de mi padre con el tablero, pues los espíritus hablaron cuando la mal llamada Revolución ya estaba andando y Cuba se sumergía rápidamente en su larga pesadilla.

Ver toda la mercancía en la tiendecita de Florida City y a Panchitín Angones dejar la llave en el arranque del carro, fue algo que selló estas profecías para mí.

Así que ya lo ven, yo no tenía opción ninguna.

Claro; así como no tenía otra opción al escribir esto, o ustedes al leerlo.

Tres

Bordes afilados, ángulos rectos. Sin curvas ni colores extravagantes. Nada superfluo. No hay florituras, filigranas ni dorados. Nada viejo. No hay un pasado opresivo, ni fantasmas. No hay brujería. Un sol enceguecedor, pero más brumoso que de costumbre, menos seguro de sí.

¿Las nubes? Eran casi las mismas, claro, pero más imponentes, gracias a la llaneza del paisaje y a la ausencia de árboles altos.

Tenía que darme cuenta de todo esto. El lugar se veía libre de las cargas aplastantes del pasado, del temor a lo invisible, de todo lo superfluo. Lo único que había allí, en esa tierra nueva y completamente plana, era el presente y el futuro, y los cúmulos de nubes en el firmamento. Todo era tan simple como las líneas rectas que definían cada alambrada, edificio o calle, y tan ligeramente brumoso como la atmósfera.

Yo nunca había estado en un lugar donde todo era tan nuevo, tan libre de fantasmas, tan abierto, que demostrara con mayor contundencia que menos es más, y que mucho menos es mucho más.

Obviamente, el hecho de que mi padre no estuviera allí suprimía de inmediato la presencia de fantasmas y de historias trágicas del pasado. Esto representaba una gran diferencia. Estoy seguro de que él habría visto fantasmas allí, en aquel campamento, e incluso recordado una vida pasada en esos lugares, probablemente como un jefe indio derrotado o un explorador español extraviado. Él siempre había sido importante, en cada una de sus vidas anteriores, y todas sus muertes habían sido trágicas.

Después de todo, el exilio no es tan malo.

Nunca esperé encontrar este tipo de libertad. Por primera vez en mi vida no tenía que temerle a las sombras en cada esquina, ni cargar o cuidar el equipaje de nadie. Estar libre de la opresión de Castrolandia, que te aplasta el alma, era lo único que yo esperaba, y eso era maravilloso. Estar libre del pasado y del mundo de los espíritus era un premio simplemente liberador.

Claro, estar en el borde del mapa, en un campamento militar construido de prisa y reacondicionado era de gran ayuda. No creo que habría sentido lo mismo si hubiera viajado directamente de La Habana a una ciudad Americana antigua, como Savannah, Nueva Orleáns, o a la Salem obsesionada con las brujas.

Muchos años después iría a Savannah con mi esposa e hijos; nos aterró y salimos immediatamente, a la velocidad de un rayo. "Mi querida esposa Jane inmediatamente me pidió que saliéramos de allí. El casco antiguo de la ciudad parecía tan asediado por espíritus tenebrosos como mi Habana hechizada. Eran las vibraciones, puras y simples, las secuelas del pasado: las sombras de la esclavitud, de los seres humanos comprados y vendidos, de los dioses africanos que tuvieron que esconderse. Demasiados ocultamientos; demasiada crueldad mezclada con gentileza, demasiados poetas ofendidos, demasiados duelos y finales dolorosos. Una guerra perdida, una causa perdida; una languidez endémica. Más fantasmas que gente de carne y hueso.

Florida City no tenía esa atmósfera ni las pretensiones propias de ella. Y a mí me encantaba por eso, aunque supiera que sólo estaría allí durante un tiempo breve.

Era un torniquete que giraba con rapidez, una máquina barajadora cuyo único propósito era llevar niños a otros lugares tan rápidamente como fuera posible. Era tan eficiente como sus edificios, y tan brutalmente simple. Todos estábamos allí, esperando un destino previamente asignado que no podíamos cuestionar ni rechazar. Nos decían adónde iríamos, y hacia allá nos ibamos. Nuestros padres en Cuba tampoco tenían ni voz ni voto, ni tenían conocimiento de los pormenores.

Era un caos bien organizado.

Al final, algunos fuimos a orfanatos, que en aquel entonces estaban en gran decadencia y tenían mucho espacio disponible. Otros fuimos enviados a escuelas católicas a las cuales les hacía falba más pupilos internos y tenían camas disponibles. Muchos terminamos en instituciones para jóvenes con problemas o para "delincuentes juveniles", como se les llamaba en esos tiempos. Los más afortunados terminamos en casas adoptivas, generalmente con familias americanas que ya tenían hijos, pero que estaban dispuestas a acogernos, pensando que nuestros padres llegarían pocos meses después. Supongo que muchas de estas familias creían que se trataba de un programa de intercambio con estudiantes extranjeros. Los más afortunados terminaron en casas de parientes cercanos. Pero esos fueron muy pocos.

Colorado, Montana, Nueva York, Texas, Nebraska, Kansas, Nuevo México, California, Nueva Jersey, Idaho, Luisiana, Illinois. En este lugar y en aquel. Aquí y allá, en cualquier parte. Terminamos desperdigados según soplara el viento, como dardos lanzados por una cuadrilla de marineros borrachos en un pub irlandés diez minutos antes del cierre. Cualquiera que estuviera dispuesto a recibirnos pudo hacerlo, y el gobierno federal de los Estados Unidos les pagó por nuestros gastos. Fue un gran negocio para las familias que nos recibieron; un negocio fabuloso. Pero el torniquete tenía que girar con rapidez, una semana tras otra, para seguir el ritmo de llegada de niños, cuyo número aumentaba más y más sin tregua.

Ninguno de los que nos vimos atrapados en esta evacuación arrolladora teníamos la más mínima idea de su magnitud ni de la complejidad de la logística detrás del asunto. Llegábamos y salíamos con tanta rapidez que no podíamos tener siquiera una visión fugaz del panorama general. Años después, cuando supe que habíamos sido catorce mil, me pareció difícil aceptar esa cifra. Siempre había pensado que, cuando más, éramos tres mil niños los que habíamos sido sacados de Cuba. Entonces me enteré que había al menos ochenta mil niños más esperando salir pero que nunca tuvieron oportunidad de hacerlo, y mi cabeza estuvo a punto de reventar debido a una mezcla volátil de ira, dolor y asombro. Santo Dios. ¿Cómo fue posible llegar a esa cifra?

De muchas maneras.

Se nos dice que Abraham estaba dispuesto a sacrificar a su hijo Isaac simplemente porque Dios le pidió que lo hiciera. Y Dios lo recompensó ampliamente al designarlo padre del Pueblo Elegido, de la raza más perseguida y dispersada en la historia de la humanidad.

Y luego, se nos dice que a Dios le tocó el turno de sacrificar a su propio Hijo para que la invaluable condición de Elegido pudiera extenderse a toda la raza humana, sumándole muchos números a la progenie de Abraham. El trato incluía convertir a su Hijo en un desterrado, y después en un vagabundo sin hogar, y finalmente en un enemigo del Estado. Y para rematar, quienes decidieron creer en ese Hijo también se convirtieron en enemigos del Estado, en víctimas sacrificadas durante tres largos siglos, y posteriormente siguieron siendo víctimas de manera intermitente hasta el día de hoy.

Ya lo ven, nosotros, los que hemos sido sacrificados, tenemos un pedigrí divino. Ninguno de los detalles tiene que tener mucho sentido, y las ofrendas propiciatorias ni siquiera tienen que padecer la muerte; lo que cuenta son las ofrendas, la simple voluntad del padre para renunciar a lo que le es más preciado, especialmente si las circunstancias son extremadamente dolorosas y absurdas.

Y las víctimas propiciatorias siempre ayudan de cierta forma a redimir al mundo. De cierta forma. Siempre de un modo muy extraño que les parece inaceptable a la mayoría de las personas, incluyendo a las víctimas.

Mi boleto de salida era uno de los mejores. Fui uno de los afortunados. Realmente bienaventurado. Y también Tony. Ganamos el segundo premio en la lotería de ubicación: hogares adoptivos americanos. Todo fue tan increíblemente simple e improbable.

Marta Monjardín, una buena amiga de mi madre, se había casado con un abogado llamado Juan Bécquer, antes de que el mundo cambiara. Este joven abogado había participado en la construcción del hotel Habana Hilton, y en el proceso había conocido a Sidney Rubin, un decorador de interiores norteamericano. Cuando los Bécquer huyeron de la isla, el joven abogado, así como todos sus colegas cubanos, se vio imposibilitado de practicar su profesión en los Estados Unidos, pues había estudiado las leyes napoleónicas y no el derecho consuetudinario. Y así como los demás abogados cubanos en el exilio, Juan Bécquer comenzó a buscar cualquier trabajo que pudiera conseguir en Miami, y se contactó con todos los americanos que había conocido en La Habana, incluyendo a Sidney Rubin, quien le ofreció un trabajo como limpiapisos en su almacén. Era el único empleo disponible, y el abogado Bécquer lo aceptó.

Yo había ido muchas veces a su casa en La Habana antes de que se exiliaran. Era tan hermosa, tan conmovedoramente bella. Y en la víspera de su partida, los ayudamos a repartir las cosas que iban a dejar, como se hace cuando alguien muere. Lo que más recuerdo es una caja llena de *swizzle sticks* plásticos que ponían dentro de los vasos en los clubes nocturnos de La Habana, antes de que Fidel los cerrara todos. Quise llevármelos a casa, pero mi madre, siempre tan sensible, rechazó la idea.

—¿Qué harías con esas cosas? Además, pronto te irás también.

Ay.

Así que mientras los Bécquer viven en una casucha fea en un barrio pobre de Miami, con sus dos hijos pequeños y los padres de Marta, y Juan está apilando cajas y barriendo el piso en el almacén de Sidney Rubin, mi madre permanece en contacto con ellos y les informa de la partida inminente de sus hijos. Plenamente consciente de la frescura que se necesita para semejante petición, Juan Bécquer le pregunta a su jefe Sid si sabe de alguien que esté dispuesto a recibir a dos niños cubanos por unos pocos meses mientras esperan que llegue su madre. Sidney Rubin, un judío cuya familia fue expulsada de Europa oriental por los pogroms, uno de los Elegidos, uno de los refugiados perpetuos, se ofrece a recibir a uno de nosotros. Y convence a sus amigos cercanos, Louis y Norma Chait, para que reciban al otro. Ellos también pertenecen al Pueblo Elegido, a los eternos exiliados.

Yo ya he tenido un montón de aventuras en el campamento cuando me informan de esta maravillosa decisión; así que estoy más que preparado para seguir adelante: en menos de dos semanas he encontrado fragmentos de metal en el almuerzo, me he enterrado un pedazo de vidrio en un dedo, me han pegado chicle en el pelo, se me ha roto uno de mis dos pantalones, he visto una nube con la forma de Cuba y he aprendido a sacar botellas de refrescos de las máquinas dispensadoras que hay en el campamento con un par de patadas. También he aprendido a sepultar mis sentimientos con mucha mayor profundidad que nunca antes. Y también he tenido una experiencia religiosa muy intensa, gracias a una de las monjas, quien a pesar de no ser varón, ha pronunciado el mejor sermón que haya escuchado. Por supuesto, no reconoceré que algunas de las semillas que ella sembró, cayeron en tierra fértil. Soy lo suficientemente tonto para creer que se han ido directamente a la Bóveda del Olvido.

Engáñate por un rato lo suficientemente largo y seguramente te volverás un ímbecil irredimible. Justo cuando pensaba que había resuelto todos mis problemas, soy apabullado por todas las emociones que creía haber sepultado. Apaleado. Golpeado a traición. Aplastado. Me llevan a conocer a mis posibles padres adoptivos y me desmorono como nunca antes. De repente, estoy llorando como un alma en pena, como si todas las células de mi cuerpo estuvieran disolviendo sus vínculos entre sí. Allí, en la sala de la familia Chait, bajo una reproducción enmarcada de los *Tres músicos* de Picasso, una obra de arte que mi padre no sólo habría ridiculizado sino arrojado a las llamas, algo se descompone en mi mente y comienzo sollozar de manera incontrolable, diciendo una y otra vez en español: "No, no, no merezco vivir aquí. No soy digno de esto".

Piensen en esto, doctores Freud y Jung, y por favor, discútanlo. Me encantaría escuchar sus opiniones. ¿Esta reacción mía es "pan comido" o un hueso duro de roer? Les ayudaré agregando lo siguiente: lo que sentí con mayor intensidad fue ausencia. Al verme enfrentado al hecho innegable de que yo iba a tener nuevos padres, súbitamente, como de la nada, este vacío enorme, este vórtice de la nada —de ausencia pura— llenó la sala y me asaltó. Luis XVI y María Antonieta, mis muy imperfectos y queridos padres, no estaban allí, y yo anhelaba su presencia, sus cuerpos. Suspiraba por su presencia física, sus imperfecciones, así como alguien podría añorar sus cuatro extremidades luego de serle amputadas, o un alma gemela a quien no podrá volver a abrazar nunca más. Permanecer en esa casa y tener padres nuevos era reconocer que mis verdaderos padres realmente habían desaparecido, que habían salido del panorama. También equivalía a reconocer que era posible que yo pudiera estar mejor sin ellos, traicionándolos felizmente para siempre.

Hijo de perra, qué Vacío. *Sónomambíche,* en spanglish caribeño.

Afortunadamente, Juan Bécquer salvó el día. Me llevó al patio trasero y me dio una fuerte reprimenda verbal que me calmó, logrando que ese vacío enorme desapareciera tan rápidamente como había aparecido. Me dijo que no podía arruinar esa oportunidad. Que no fuera tan comemierda. Así que entré completamente calmado y todos se comportaron como si no hubiera sucedido nada. Las cortesías fluyeron una vez más, y lo próximo que supe fue que yo estaba saliendo del campamento y mudándome a la casa de Louis y Norma Chait, con Philip y Eric, sus dos hijos recientemente adoptados que tenían menos de dos años, y con Víctor, el perro pastor alemán. Tony se estaba mudando a casa de Sid y Carol Rubin, con Alan y Sherry, sus dos hijos adolescentes. Tony y yo no estaríamos reunidos bajo un mismo techo tal como esperábamos, pero estaríamos separados solamente por tres millas de distancia, como dos buenos amigos que se reúnen con frecuencia.

Lo he dicho anteriormente y lo diré una y otra vez hasta el día de mi muerte: eran gente tan buena, tan valiente, testimonios vivientes de la existencia de Dios. Poco sabían ellos lo que les esperaba al entrecruzar sus vidas con las nuestras. Y poco sabíamos Tony y yo lo que nos esperaría día tras día a lo largo de los meses siguientes. Fue una gran profesión de fe para todos los involucrados, incluyendo a Víctor, el perro. Fue un salto desde lo alto sin paracaídas, cuerdas de bungee, alas delta, ni nada que pudiera detener la caída o transformarla en una diversión. No fue exactamente un salto al vacío, pero de todos modos fue un salto aterrador.

Pero ese Vacío que sentí allí, en la pequeña sala de los Chait, en esa casa diminuta en el sector de Westchester en Miami, que en esa época estaba en el rincón más apartado de la ciudad, esa ausencia, ese Vacío, que merece su "V" mayúscula, volvería a resurgir una y otra vez, golpeándome en cada ocasión, aplastándome una y otra vez. El paso del tiempo no ha hecho que esto sea más fácil de asimilar. Ahora lo reconozco por lo que es, pero saberlo no hace que sea más soportable su golpe noqueador, que cada vez parece hacerse más fuerte. Doy la pelea en cada ocasión aunque sepa que no pueda ganar; esquivo, cabeceo, me escabullo y siempre lanzo golpes erráticos, pero de todos modos me muevo. Y el Vacío siempre me hace trampas, golpeándome con un *punch* tan veloz como un rayo cuando menos lo espero.

"Tú otra vez. Está bien, aquí vamos. *Dukes up!*". ¡Bam! Apagón. *Coño, qué mierda.*

Pero de vez en cuando le acierto un golpe decisivo.

Un salto en el tiempo, cuarenta y tres años después.

Sostengo la mano de mi madre en un hospital de Chicago mientras agoniza. Es una noche tormentosa de primavera y los rayos se bifurcan en todas las direcciones entre edificios altos. Y, sobre ellos, allá, cerca de la orilla del lago Michigan, se ve un cambiante cuerpo de agua que algunas veces parece extrañamente turquesa, casi como el mar que acaricia La Habana, pero que también acostumbra a tornarse de un gris acero y congelarse. Las chispas que despiden los trenes elevados, a menos de media cuadra de distancia, les responden a los rayos en una especie de código, como si se unieran en una armonía sutil y sublime que sólo Dios y los ángeles pueden escuchar.

Horas antes, el cuarto había estado lleno de cubanos amigos de mi madre. Tony nos había visitado brevemente. No podía estar mucho tiempo fuera de su manicomio, ni soportar el estrés. Se suponía que no estuvieramos tantos allí, pero habíamos entrado a escondidas uno a uno con la ayuda de una monja muy amable, engañando a los guardias de seguridad. El cuarto estaba abarrotado y las paredes retumbaban con nuestras voces mientras rezábamos el rosario en voz alta y en castellano, como metralletas, uniendo todas las palabras como si no hubiera espacios entre ellas, pasando del *Ave María* al *Amén* en fracciones de segundo. No estaba acostumbrado a rezar así, ra-ta-ta-ta-ta, pero así era como toda esta gente lo había hecho durante varios años con mi madre, una vez a la semana, y en ese momento me pareció hermoso, el mejor regalo posible de *bon voyage* para ella.

Mientras tenía lugar esta escena, una enfermera abrió la puerta y saltó hacia atrás, como si hubiera tropezado con un criadero de perros rabiosos con collares de puntas afiladas. Después de eso, ni se atrevió a regresar. Y yo me reí con fuerza, mientras todos rezaban a toda velocidad los Ave Marías, *ra-ta-ta-ta-ta*.

Pero ahora estoy solo con mi madre y le sostengo la mano. Es casi medianoche y todos se han ido ya. Me han dicho los médicos que sólo le quedan seis horas de vida, tal vez diez, así que estoy preparado para una larga vigilia. Ella está inconsciente, y su respiración tiene un sonido rarísimo. Es un fuerte borboteo como el de las tuberías del alcantarillado o el de una de las máquinas en la fábrica donde ella trabajó durante tantos años. El Vacío acecha cerca, reduciendo cada vez más su cerco. Se tensa, listo para abalanzarse, pero vacila. Yo estoy rezando sin palabras, sin pedir nada. Realmente no rezo por nada, salvo que Dios rece por mí.

Nunca he estado más despierto, ni más dispuesto a enfrentarme con el Vacío.

—Vámonos a los puños.

¡Zas! ¡Uuup! ¡Chac!

—¡Válgame Dios, Jesús mío! Santa María, llena eres de gracia…

Una corriente eléctrica fuertísima sale de la mano de mi madre y pasa a la mía. *¡Zas! ¡Uuup! ¡Chac!* Me atraviesa todo el cuerpo en un instante y se detiene llenándome con una sensación de bienestar que nunca antes he sentido. Estoy allí —y no estoy—, al mismo tiempo. Estoy donde pertenezco, de donde vine y a donde voy. Siempre he estado aquí, siempre lo estaré, y no hay ningún Vacío. Ninguno en absoluto. El Vacío queda expuesto tal como lo que es: nada. Y ante esta Plenitud y Luz no puede haber vacío de ningún tipo, ni Ausencia, ni Oscuridad, ni Amor no Correspondido. Y el tiempo pierde su poder hipnótico, y lo único que existe es el Ahora, y en este Ahora no hay nostalgia, dolor, ni culpa, sólo un Amor puro semejante a la aniquilación, pero que es justamente lo opuesto. Y todos mis pequeños amores y encaprichamientos quedan expuestos a lo que siempre han sido: pequeños fragmentos de lo real, terriblemente deformados por mi egoísmo.

Entonces la corriente que ha fluido siempre a través de mí se detiene súbitamente y sé que mi madre me ha dado el mejor abrazo de su vida.

Por supuesto.

Veo que dejó de respirar. El borboteo ha cesado. Su cuerpo se parece mucho al mío cuando me mantuve suspendido sobre él durante esa condenada operación en otro hospital de Chicago treinta y cuatro años antes.

Me dirijo a la estación de enfermería y les pido a las enfermeras que confirmen lo obvio. Hago todos los arreglos necesarios, los cuales son excesivamente nimios y no tan dolorosos como había temido, y salgo del hospital. Son casi las dos y cuarto de la mañana. Ya he hablado por teléfono con Jane, que está en Connecticut. No puedo llamar a Tony al manicomio antes del amanecer. Así que sólo estamos Chicago y yo. Hay muy poca gente en las calles, y también pocos carros. El tren pasa con gran estruendo, las chispas centelleando desenfrenadamente en los edificios y en los árboles cercanos, los cuales se mecen con el mismo alboroto de las chispas y proyectan sombras fugaces como manchas de tinta aquí y allá, arriba y abajo, a izquierda y a derecha. El cielo tiene un tinte rosado, como el de todas las noches nubladas en Chicago, merced a sus legiones de farolas. Las truenos y relámpagos han cesado, pero el viento intenta prolongar la fiesta. El aire es húmedo, espeso, y su aroma es dulce. Los árboles hacen lo que suelen hacer en la primavera, liberar todo tipo de fragancias mientras despliegan sus hojas nuevas. Me detengo para llenar mis pulmones con el dulce aire nocturno y observar el firmamento, alguna vez tan familiar, y ahora tan sorprendentemente extraño.

Este fue mi hogar, hace muchos años atrás, y lo será siempre.

Dulce, dulce exilio. Exilio bendito. Umbral sagrado al Ahora, mi Puerta de Ishtar. Bar eterno de *blues*. Chicago, dulce hogar, mi tierra prometida, mi Babilonia, conquistada y perdida, por cuyos ríos reí y lloré, sin cantar canciones de Sión. Dulce y Santo privilegio, el exilio. Benditos sean los Elegidos porque siempre añorarán su hogar, en todas partes y en ninguna en particular, y siempre lo encontrarán en los lugares más inesperados, y benditas sean todas las víctimas propiciatorias porque nunca tendrán otra opción distinta a aceptar su papel y a sonreír con complicidad.

En la oscuridad de la noche, esbozadas contra el cielo rosado, sólo veo líneas y ángulos rectos. No hay curvas ni colores extravagantes. Nada superfluo. No hay florituras, filigranas ni dorados, aunque sé muy bien que la ciudad está llena de todo eso. La Avenida Sheffield, donde me encuentro ahora, parece extenderse hasta el infinito. Ese es el aspecto que tienen casi todas las calles de Chicago, ciudad tan plana como el sur de la Florida, y diseñada como una cuadrícula perfecta, con líneas tan rectas y largas que podrías utilizarlas para observar las estrellas en las noches despejadas. Pero todo es ilusión. Olvidémonos del infinito acá abajo. Unas pocas cuadras al norte, entre el punto en el que estoy y el infinito, la Avenida Sheffield pasa por Wrigley Field, sede de los Chicago Cubs, perdedores perpetuos, el equipo de béisbol que me convirtió en un ateo deportivo. Nada es más finito que Wrigley Field, ni más encantadoramente traicionero.

La ciudad parece eterna y antigua, y tan libre de su pasado opresivo como de fantasmas, incluyendo a los de Abraham Lincoln, Al Capone y el de mi madre. Me siento tan feliz y adolorido al mismo tiempo. Tan en mi hogar y tan desplazado, tan deseoso y tan poco dispuesto a ir allí adonde ha ido mi madre.

Seguramente el Vacío me noqueará de nuevo. Lo sé. Rugirá de nuevo cuando menos lo espere, y su inevitable golpe a mansalva me alcanzará dejándome hecho añicos, tal como siempre sucede. Pero la próxima vez —quizá mañana, o dentro de una hora, o la próxima Navidad— yo pueda resistirle un asalto o dos a mi conocido adversario y burlarme un poco de él.

Sonomambíche. Cabrón. Vámonos a los puños. *¡Ay!*

¡Apagón!

Cuatro

Nunca antes había visto un triturador de basura. Era uno de esos aparatos que no habían llegado a La Habana a causa de la Revolución; uno de los muchos avances tecnológicos que habían sido desviados por la cortina de hierro comunista de Castrolandia, controlada desde Moscú. El mundo libre avanzaba a un ritmo vertiginoso, inventando y vendiendo todo tipo de máquinas ingeniosas, mientras Castrolandia regresaba a un nivel de vida propio de la edad de piedra.

El triturador de basura que estaba debajo del fregadero era una de las muchísimas maravillas en la humilde casa de los Chait, mi nuevo hogar. Hacía un ruido encantador que no trataré de imitar, ya que seguramente lo conocen bien: una mezcla armónica de ronroneo, chirrido y machacado que evocaba la aniquilación total. Cuántos deseos sentía de arrojar todo tipo de cosas por el fregadero y presionar el botón. ¡Arrrranca! Cualquier objeto vendría bien. Pero yo ya me conocía profundamente: si arrojaba un solo objeto, tendría que seguir con otro y otro. Y pronto, la cocina quedaría vacía o la máquina trituradora despediría humo, suplicando ayuda, o ambas cosas a la vez.

Y entonces me enviarían a la perrera.

Una de las primeras cosas que me mostró Norma —mi nueva madre— fue una placa de la cual colgaban seis pequeños perros de madera en sus respectivos ganchos, al lado derecho de una casita que tenía un solo gancho. Los seis perros tenían nuestros nombres. Todos teníamos un perro, incluso Víctor, el pastor alemán. Si alguien se comportaba mal o causaba problemas, su figura canina era colgada en el gancho de la casita.

No sé qué me avergonzaba más: si ver mi perro colgado en el gancho de la casita, o mi gancho vacío al lado de las otras figuras caninas. Era un espectáculo lamentable, de cualquier forma que lo mirara. Yo tendría ese debate conmigo mismo hasta el día en que abandoné ese hogar maravilloso, cuando mi perro fue descolgado ya completamente estropeado y desgastado en los bordes.

Los puritanos que antes gobernaban la villa de Nueva Inglaterra donde hoy vivo, humillaban a todos los disolutos amarrándolos con grilletes a la picota, en la plaza mayor, donde todos podían insultarlos y arrojarles desperdicios y otras cosas podridas y desagradables. Los Chait no tenían picota, pero sí aquella placa en la cocina. Durante los meses siguientes, mi perro pasaría mucho tiempo en la casita de la verguenza. El único miembro de la familia que casi igualaba mi récord era Víctor. Era un buen perro, aunque muy parecido a mí. Demasiado curioso, despistado e inclinado a seguir sus instintos.

Las puertas corredizas de cristal que conducían al patio trasero tenían unas calcomanías de papel: huellas de manos humanas y figuras de aves con colores tropicales. A Víctor le gustaba cazar cualquier cosa que se moviera en el jardín, aunque estuviera lejos, y se golpeaba con mucha frecuencia contra las puertas de cristal. Las calcomanías estaban allí para recordarle a Víctor que había un cristal entre él y el exterior. Creo que en una ocasión rompió uno de los vidrios y se hirió, pero no estoy muy seguro porque cuando Norma y Lou me hicieron ese cuento, yo no entendía del todo el inglés.

A propósito, el nombre de mi perro de madera era "Charles", no "Carlos". Yo no hablaba mucho inglés, pero sabía cuál era el equivalente de mi nombre en el idioma más importante del mundo. Y cuando mis nuevos padres adoptivos me preguntaron cómo quería que me dijeran, respondí: "Charles".

Yo quería adaptarme, y no ser excluido de ningún modo. Estaba completamente decidido a convertirme en un americano.

Lástima que mi cara y mi lengua estuvieran marcadas. Tenía cuatro ojos desde el segundo grado, siempre llevaba espejuelos, y los míos no podrían tener un aspecto más extranjero ni extraño. Yo tenía los mismos espejuelos de Fidel Castro, que eran exclusivamente cubanos: una versión grande y abultada de los Wayfarers Ray-Ban elaborados con carapacho de tortuga. Y ningún americano tenía unos lentes como esos.

Mis espejuelos eran completamente ridículos en este lado del Estrecho de la Florida: un testimonio grotesco de mi condición de extranjero. Colgarme al cuello un perro muerto y apestoso habría sido preferible y menos humillante. Bastaba con mostrar mi rostro para que todos supieran que yo no era de *aquí*. Ni siquiera tenía que abrir la boca, la cual también me delataba de inmediato.

No obstante, mi cabello rubio desquisiaba a la mayoría de los americanos, confundiéndolos por completo. No podían creer que un cubano fuera rubio o de piel blanca. Y mucho menos que algunos fuéramos inteligentes.

La ignorancia y el prejuicio son gemelos y vínculados uno al otro.

Y mi ignorancia del inglés era un gran problema. Sabía cómo construir frases simples, pero realmente no podía comunicarme con alguien que no hablara español; sólo podía decir cosas fáciles como "él es mi hermano" (*he is my brother*). En realidad, había utilizado esa frase en el aeropuerto de Miami cuando pasamos por el puesto de inmigración. Tony no podía decir nada en inglés, pues no le importaba en absoluto, así que tuve que oficiar como su intérprete inepto en el aeropuerto. Tony no se inmutó en absoluto; a él no le molestaban esas cosas. Allá, en Cuba, inventaba palabras cuando nuestra tía Lucía lo ayudaba a repasar su vocabulario de inglés para los exámenes de la escuela.

—¿Cómo se dice "ventana" en inglés?

—Ventan.

—¿Cómo se dice "caballo"?

—Quey-bal.

Su versión inglesa de los números del uno al diez sonaba a algo como esto: *un, du, tri, quat, sink, sez, siet, og, nuvi, diz*.

Y así sucesivamente. Gran parte de esto sonaba como una versión desquiciada del francés, pero era pura coincidencia. Él también era pésimo para el francés.

Una cosa es ser capaz de pronunciar y entender frases simples de los libros de *Dick y Jane,* pero otra muy diferente es vivir con personas que sólo hablan inglés. Mis primeros intentos para comunicarme con Norma y Louis fueron penosos, aunque lo suficientemente agradables. Todos sabíamos cuál era nuestro dilema, y procurábamos pronunciar las palabras desconocidas añadiendo gestos, señalando objetos e invocando nombres propios. Sus hijos, Philip y Eric, no eran ningún problema, pues aún no tenían edad para hablar. Yo tampoco tenía problema alguno en comunicarme con Víctor, mi espíritu gemelo y compañero de celda en la casita, y quien rápidamente se convirtió en un buen amigo.

Mi primera noche en esa casa me pareció como de otro mundo, más semejante a una entrada a la vida de ultratumba que cualquier otra cosa que me había pasado en las tres semanas anteriores. No recuerdo en qué momento llegué a la casa ni cuándo cené. Pero recuerdo que me mostraron mi cuarto, que me pareció lujoso, aunque sólo debía medir unos diez pies por doce. Nunca había tenido un cuarto para mí solo. También recuerdo mi primer encuentro con la televisión. Los Chait tenían un control remoto para pasar los canales de la televisión, otra maravilla que había sido desviada por Castrolandia, la cortina de hierro soviética y por la determinación de Fidel de hacer que Cuba regresara a la edad de piedra. Yo pasaba un canal tras otro, haciendo un ruido muy fuerte y transformado por ese control remoto que estaba conectado a la televisión por un cable. En aquel entonces sólo había tres o cuatro canales, pero yo los sintonizaba una y otra vez.

Clac, clac, clac. Si no hubiera sido mi primer día, seguramente habría terminado en la perrera.

Norma y Lou eran tan amables que me compraron un radio transistor, un modelo japonés compacto de baterías que cabía en la palma de mi mano, con una rueda para sintonizar las emisoras. Era de color marfil y marrón, de bordes dorados, y podía escucharlo con audífonos. Tampoco había visto nunca ese tipo de radio tan minúsculo. Ustedes ya saben por qué. Échenle la culpa de todo el asombro mío a Castrolandia, y a su fascinación con el atraso soviético.

Me encantaba ese radio, y me hacía querer a Norma y a Lou. Todas las noches, cuando estaba en la cama, lo encendía unos veinte minutos antes de dormirme y giraba el dial en busca de buena música. Para mi consternación, no había programas en español como los que Tony y yo escuchábamos en La Habana antes de dormir, y de que Fidel sofocara todo aquello que fuera entretenimiento.

Antes de Fidel, o "a. F.", para abreviarlo, es para cualquier cubano una medida de tiempo tan esencial como "a. C." y "d. C." lo son para la civilización occidental.

Teníamos todo tipo de programas radiales en la era a. F.: acción, comedia, vaqueros, novelas. Tony y yo escuchábamos principalmente programas de aventuras y de comedia, especialmente *La Tremenda Corte*, un divertidísimo programa en el que los personajes se reunían cada noche en la sala de un tribunal. El acusado era siempre el mismo hombre, José Candelario Tres Patines; el juez y fiscal siempre era el mismo personaje, y lo mismo sucedía con Luz María Nananina, la demandante. El concepto era absolutamente descabellado, pues Tres Patines terminaba siempre con multas altísimas y sentencias a cárcel, sólo para regresar al día siguiente acusado de un nuevo delito. Pero de algún modo la locura funcionaba a las mil maravillas. También escuchábamos un programa de aventuras sobre un hombre blanco que era el rey de la jungla en África, una mala copia de Tarzán. En una ocasión, el protagonista de ese programa vino a nuestra casa y todos nuestros amigos se asombraron. El tipo era de aspecto anodino, un poco bajito y flaco, lo cual nos sorprendió. Esperábamos ver un equivalente cubano y musculoso de Johnny Weismuller, el verdadero Tarzán. Le pedimos que nos demostrara que realmente era el rey de la selva, que gritara para estar seguros de que era él.

El tipo entró al estudio de mi padre, cerró la puerta, y después del momento de mayor silencio que había presenciado nuestra casa, gritó a todo pulmón, *basso profondo*:

¡Jaa-oooo-a-ooo-arrrooo-ah!

A mí se me pusieron los pelos de punta, y lo mismo les sucedió a los demás. ¡Era él! ¡Era el auténtico Tarzán! Nos miramos unos a otros con incredulidad. ¿Cómo podía ese tipo tan bajito proferir semejante rugido? Tuvimos que reconocer que se trataba de magia pura. El mismo flaquito que había entrado al estudio salió incólume, con cada pelo en su lugar. No era más alto, ni más fornido. Pero en un instante, allí, detrás de esa puerta cerrada, él se había transformado en alguien que sólo nosotros podíamos imaginar.

Qué sabiduría la suya al no privarnos de nuestra imaginación. Todavía le agradezco de vez en cuando por preservar el hechizo.

No había nada semejante en la radio de Miami de 1962, que entonces gravitaba en torno a las estaciones de rock and roll. En cuestión de días, superé mi consternación por la ausencia de emisoras en español. Tenía que ponerme al día y recuperar los años de música perdidos. Charles necesitaba actualizarse si quería ser Charles en lugar de Carlos.

Esa primera noche también conocí a uno de los vecinos. Norma le pidió que viviera a verme. Era el único chico cubano de la cuadra, y se llamaba Freddy. Al igual que yo, él se ha cambiado el nombre. También había llegado a los Estados Unidos sin sus padres, y estaba viviendo con su tío y su tía en una casa muy similar a la de los Chait, al otro lado de la calle, y a muy pocas casas de distancia. Tenía casi la misma edad que yo. Sin embargo, no sintonizamos muy bien. Realmente no sé por qué. Y nunca me lo preguntaré. Pienso que somos como dos imanes con cargas positivas que se rechazan mutuamente. Terminaremos pasando algunos momentos agradables juntos, pero también peleando bastante. Sin embargo, aquella primera noche con los Chait tuve una sensación muy agradable al saber que había otro niño cubano en la cuadra, alguien con quien podía comunicarme en mi propio idioma, y de quien podría recibir algunos consejos de supervivencia. Él llevaba más de un año en Miami, así que sabía mucho.

Efectivamente, yo aprendería bastante de Freddy.

Será él quien me dirá, un par de meses después, que Desi Arnaz hablaba inglés con un fuerte acento cubano. Yo creía que Desi hablaba un inglés perfecto y sin acento hasta que Freddy me abrió los ojos y los oídos.

"Que ganas tengo de hablar como Desi", solía decirme a mí mismo. "Ese tipo realmente domina el asunto del idioma, y de paso, ha conquistado a una pelirroja".

Desengaño total. Coño, que mierda.

Será Freddy quien me mostrará todo lo que hay en el vecindario, incluyendo los mejores atajos y cómo bajar y subir en bicicleta por los alcantarillados que hay detrás del centro comercial de Westchester. También me aclarará quien soy en más de una ocasión.

Una vez tuvo incluso que darme un puñetazo realmente duro y gritarme a todo pulmón para recordarme que yo todavía era cubano, aunque viviera con una familia americana.

Gracias, Freddy. *Mil gracias*.

Él, que vivía con sus tíos, no podía olvidarse por completo de que era cubano. Le seguían diciendo *Federico* en casa, donde todos hablaban casi siempre en español. Pero el hecho de vivir con una familia americana hizo que a Charles le fuera más fácil olvidarse de Carlos. Freddy y yo hablábamos todo el tiempo en español, y esa era la única revisión de la realidad que estaba a mi alcance, además de hablar por teléfono con Tony. Lou y Norma me hacían llamarlo dos veces por semana, y esperaban hasta que yo me comunicara con la casa de los Rubin, pues no tardaron en advertir que necesitaba un empujón en ciertos aspectos.

Ahora me parece muy extraño, pero en aquel entonces pensaba que era perfectamente normal y mejor para mí *no* llamar a Tony con frecuencia. Él estaba en su mundo y yo estaba en el mío. Y él nunca me llamaba. Siempre dependía de mí comunicarme con él, y nunca al revés. "Bueno, deja que me llame", pensaba yo. "¿Has llamado a Tony?", me preguntaba Norma. De no ser por ella, seguramente no lo habría llamado nunca.

De todos modos, yo sabía que lo vería en la iglesia. Siempre nos reuníamos los domingos como parte de un arreglo ritual sumamente raro; tanto así que terminó moldeando mi carácter y mi interpretación de las diferencias religiosas.

Yo pensé que saldría bien librado de mi religión pues los Chait y los Rubin eran judíos. Sabía que los judíos no iban a la iglesia. Yo había tenido amigos judíos en Cuba, al igual que mis padres, y sabía que ellos iban a la sinagoga los sábados. Así que pensé con toda certeza que mis nuevos padres me rescatarían de la tortura y no me enviarían ni a la iglesia ni a la sinagoga.

Odiaba la iglesia con toda mi alma. Nada me era más desagradable, terrible, repulsivo ni aburrido que la iglesia. Jesús me asustaba por sobre todas las cosas. Esa cruz, esos clavos, esa corona de espinas. Y esa sangre. Jesús era el monstruo espeluznante por excelencia, peor que cualquier cosa que se le hubiera ocurrido a Hollywood. Frankenstein y Drácula nunca me habían perseguido en mis sueños, pero Jesús sí.

No me asustaban los rituales católicos sino más bien sus símbolos, las iglesias mismas, y sus miles de imágenes espeluznantes, muchas de ellas en tamaño natural, decoradas con pelo humano y ojos de vidrio. El museo de cera de Madame Tussaud no podía competir con ninguna iglesia de La Habana en lo que a realismo macabro se refiere. Jesús azotado; Jesús en la cruz; Jesús muerto en la tumba. María con siete espadas atravesando su cuerpo; María sosteniendo el cadáver de Jesús, verdoso y sagrante. Santos con sus ojos en una bandeja, o con sus cabezas bajo el brazo, o sus lenguas cortadas. Mutilación, tortura, sufrimiento sin fin. Santos desollados vivos, descuartizados, cocinados vivos, destripados, decapitados, o cubiertos de flechas como si fueran un alfiletero. Algunas imágenes de santos eran tan grotescas que me habrían hecho reír de no haber sido tan terroríficas, como aquella de un santo con un hacha clavada en la cabeza.

Finalmente, yo terminaría escribiendo mi tesis doctoral sobre la iconoclastia protestante; sobre cómo y por qué los protestantes atacaron y destruyeron imágenes católicas en el siglo XVI. Y posteriormente dedicaría mi vida profesional a estudiar este tema.

No necesito preguntarles nada a los doctores Freud y Jung sobre este asunto.

Los ritos católicos no eran espantosos, pero eran ciertamente fastidiosos. La misa era una monotonía que anestesiaba ligeramente. La misma maldita cosa una y otra vez, y siempre en latín. *Dominus vobiscum.* Sí, claro. Vete tú a *bobis,* o a lo que sea. Sigue murmurando más en tu traje ridículo, tú, hombre afeminado, dándonos la espalda, luciendo tu estúpida alba recargada, tu capa y casulla, o como quiera que les llames. Yo les digo *vestidos;* eso es lo que se ponen los curas, vestidos, y no vestiduras. Sí, ¿y por qué no te consigues unos zapatos? ¿Y qué con esas sandalias? Pues que son para *maricones,* no para los machos. Lava ese cáliz de oro, afeminado, pasa tu pañuelo compulsivamente por él, una y otra vez, y asegúrate de hacer lo mismo con los platos dorados. Pero no tardes mucho, por favor. Ya llevamos mucho tiempo acá y hace calor. Siempre la iglesia está diez veces más calurosa que cualquier otro lugar.

Esto es como un infierno.

La confesión y la comunión eran todo un fastidio. La confesión te prevenía de hacer todo tipo de cosas maravillosas que querías hacer, pero que estarías muy avergonzado de confesarle a un sacerdote. También hacía que te tomaras demasiado en serio, y te obligaba a culparte a ti mismo por todo tipo de pecados que realmente escapaban de tu control, o que no eran culpa tuya sino de Dios por haber creado el mundo como es y a ti de la forma en que eres. Y la comunión no sólo hacía necesario que te confesaras, sino también que ayunaras durante tres largas horas. Ni agua podías tomar. Ni una sola gota, sin importar lo demás. Mala suerte si te estabas muriendo de sed. Además, tenías que ser cuidadoso cuando te cepillabas los dientes antes de ir a la iglesia porque si dejabas que una sola gota de agua o de pasta dental se deslizara por tu garganta, estabas frito.

Pecador. Indigno. Tenías que abstenerte de comulgar. Sería mejor que rezaras para que no fueras arrollado por un autobús o murieras de una *embolia* en la playa antes de tu próxima confesión.

Peor aun, si lograbas llegar al altar, tenías que actuar con humildad y solemnidad y, después de que todo hubiera sido dicho y hecho, el premio no era tan agradable como el contenido de las cajas de cereal, sino como una especie de cartón delgado que se deshacía en tu lengua. Todo esto para esperar por ella, con tanto ayuno, y ¡puf!, la hostia decepcionante desaparecía en pocos segundos.

¿Cuerpo de Cristo? *¿Corpus Christi?* ¿Sí? Está bien, si tú lo dices, pero no hay duda de que sabe a cartón, y si yo estuviera lo suficientemente loco como para masticar una caja de cereal, estoy completamente seguro de que sabría exactamente igual después de tragármela.

Así era como yo veía las cosas en aquel entonces, blasfemo como era. Podría decirse que el diablo me tenía agarrado por los pelos cortos de las partes pudendas, pero yo estaba demasiado joven como para tenerlos en esa época. Y ése era el problema principal. Antes de que uno comience a desarrollar vellos allá abajo, en las partes vergonzosas u otras partes semejantes, en la adolescencia, es sumamente difícil entender o valorar la religión, la astrofísica u otros asuntos complejos. Y cuando te salen vellos en las partes pudendas es muy difícil ver la oscuridad que hay dentro de ti y al diablo que te ha encadenado.

Yo ya había vislumbrado la posibilidad de no ir a la iglesia como otra más de las libertades garantizadas en los Estados Unidos. Otro regalo; especialmente si vivías en un hogar judío.

Pero, ¿cuál fue una de las primeras medidas tomadas por los Chait y los Rubin? Nos obligan ir a la iglesia, porque eso es lo que a nuestros padres les gustaría que hiciéramos. ¡*Ay!* Tony y yo pensábamos que estábamos libres de toda sospecha. Se supone que los judíos no te envíen a la iglesia y, menos aun, que te den dinero para que eches en la canastilla de la limosna. Pero eso fue lo que hicieron.

Maldición.

Y nos hacen esto justamente el día del año cuando se celebra la más larga, soporífera y repulsiva de todas las liturgias: el Viernes Santo.

Nos habíamos mudado a sus casas el Jueves Santo, el equivalente católico de la Pascua Judía. Rescatados de Egipto en nuestra Pascua, liberados de nuestro cautiverio en los campamentos, sólo para ser sometidos a un tipo muy familiar de cautiverio: el del banco de la iglesia, el Viernes Santo. Las dos familias concertaron que un amigo católico de ellos nos recogiera y nos llevara a la Iglesia de St. Brendan, en su carro grande, acompañado por su esposa e hijos.

Estamos condenados, pienso. No sólo tenemos que sentarnos durante las tres horas del *Oremus* esto y *Miserere* aquello, arrodillándonos y poniéndonos de pie, haciendo genuflexiones, persignándonos y arrodillándonos un poco más, y sofocándonos con el incienso, sino que además tenemos que hacerlo con perfectos desconocidos que no hablan nuestro idioma y que desean ser amables con nosotros. Es la receta perfecta para una pesadísima demostración de incomodidad para todos.

Justo lo que necesitamos hoy, de todos los días.

Sin embargo, tan pronto entro en ese carro, noto algo sumamente extraño. El radio está encendido y lo que se oye es jazz. Un momento: ¿qué pasa aquí? ¿Esta gente es católica? Tal vez sea protestante. ¿Por qué entonces están escuchando jazz camino a la iglesia como si no fuera hoy Viernes Santo? La única música que los católicos pueden escuchar hoy son himnos sagrados y lúgubres. Se supone que debes trapear todo el día, ayunar, rezar y meditar sobre el sufrimiento y la muerte de Jesús. No se puede ver televisión, a excepción de los programas sobre la pasión de Cristo, o los largos sermones sobre sus últimas palabras en la cruz. Tampoco se pueden ver películas, a menos que sean sobre Jesús. No se puede escuchar radio, a menos que, de algún modo, la muerte de Cristo sea el tema principal. Los juegos y la diversión de todo tipo están prohibidos. De ninguna manera; no, no. Y que Dios te ayude si intentas utilizar cualquier herramienta afilada el Viernes Santo, como por ejemplo, un cuchillo o serrucho, o si intentas clavar algo. Dios exigirá una retribución. Cualquier cosa que haga sangrar a Jesucristo es maldita el Viernes Santo.

Había visto esta maldición divina una vez en La Habana. Ernesto, mi némesis y hermano adoptado, se puso a martillar y serruchar un Viernes Santo. Mi padre intentó advertirle sobre la maldición, pero Ernesto no quiso prestarle atención. Salió al patio trasero con su serrucho, su martillo y unos clavos. No recuerdo qué estaba haciendo, y tampoco importa. Lo que recuerdo con mucha claridad es la herida inevitable en su mano, la sangre manando a borbotones, y mi padre tratando de contenerla.

—¿Lo ves?, te lo dije —dijo Luis XVI al Delfín mientras le cubría la herida. Luis XVI también nos recordaba todos los Viernes Santos que el sol siempre se ocultaba a las tres de la tarde, hora de la muerte de Jesús. Por supuesto que no tenía que ocurrir un eclipse solar para esto: bastaban unas cuantas nubes. Desde una edad muy temprana, siempre esperé con gran anticipación las tres de la tarde del Viernes Santo para ver si Luis XVI tenía razón. Y efectivamente, todos los Viernes Santos aparecían algunas nubes que oscurecían el cielo. Sin embargo, tan pronto llegué a los Estados Unidos, las nubes y el sol se negaron a participar en semejante maravilla.

Durante aquel primer Viernes Santo que pasé en los Estados Unidos, el sol resplandeció a las tres de la tarde en un cielo jubilosamente azul, y su luz llenó la nave de la Iglesia de St. Brendan.

Así como el sol se comportaba de un modo diferente aquí, durante el Viernes Santo, lo mismo ocurría con todo lo demás. Esta fue una gran revelación para mí, una epifanía diferente a todas las que había tenido sobre la fe católica en la que había sido educado. El catolicismo no era exactamente el mismo en todas partes. Tardé un buen tiempo en comprender esto, pero cuando lo hice, empecé a reconsiderar mi odio por la religión.

El Viernes Santo español con el que habíamos crecido Tony y yo era sólo fatalidad y melancolía, una combinación letal de mortificación, rituales y superstición. Todo era muerte y sufrimiento, y nunca aludía a la Resurrección del Domingo de Pascua. ¡Rayos! Nunca supe que la Pascua existía hasta que llegué a los Estados Unidos. Y no me refiero a Peter Cottontail, el conejito Anglo Americano de Pascua, aunque él también fue toda una sorpresa. ¿Huevos? ¿Conejos? *¿Qué es esto?* Me refiero a la celebración del triunfo de Cristo sobre la muerte, a la afirmación de que él no permaneció muerto y de que nosotros tampoco permaneceremos muertos. Hasta donde yo sabía, Jesucristo moría cada Viernes Santo y permanecía muerto durante todo el año, hasta que llegaba el próximo Viernes Santo, y así sucesivamente. Su única función como redentor era morir y permanecer muerto, y morir una y otra vez, y estar crucificado, golpeado y ensangrentado, hasta el fin del mundo, cuando regresaría para juzgar a toda la humanidad y condenar a los pecadores al infierno. Esto no tenía sentido, pero de nuevo, tampoco lo tenía nada que tuviera que ver con la religión.

El jazz que sonaba en ese enorme carro americano fue el primer indicio que tuve de la Pascua. El conductor también decía continuamente *Good Friday* —o Viernes Bueno— y esto era casi lo único que yo podía entender. Él me estaba confundiendo; yo podía decir *Viernes Bueno* del mismo modo en que podría decirle Dios a Satanás: eran polos opuestos. Mi "Buen Viernes" cubano era el "Viernes Santo", y no tenía nada de bueno. Pero ese jazz, sin importar el tema que fuera, comenzó a cambiar mi perspectiva. Fue un primer paso hacia la iluminación, reforzado por todos los niños americanos que iban en el auto, quienes parecían estar pasándola perfectamente bien en este, el día más deprimente del año. Hasta esos niños sabían que la Pascua comenzaba el Viernes Santo.

El segundo paso hacia la iluminación sucedió tan pronto entramos a la Iglesia de St. Brendan. Santo Dios, ¿qué era esto? La iglesia no era oscura y deprimente, y también estaba totalmente libre de imágenes espantosas y de malas energías. En La Habana también había iglesias modernas, especialmente en mi barrio, pero no te producían esa sensación.

La liturgia del Viernes Santo fue tan terrible y larga como yo me lo temía, pero el espacio en el que estábamos no era opresivo. No sé cómo explicarlo, pero todos los allí presentes tenían unas vibraciones muy diferentes. Nadie parecía taciturno, ni se golpeaba el pecho en señal de culpa. Creo que eso tenía mucho que ver con el simple hecho de que todos estaban celebrando el "Buen Viernes", o "Viernes Bueno". ¡Qué gran diferencia pueden hacer las palabras!

Tony y yo sobrevivimos la liturgia y regresamos a casa con aquella agradable familia, y el nivel de incomodidad se mantuvo al mínimo. Permanecimos con los labios cerrados, para agrado de todos. Claro está que escuchamos jazz, y que nunca dejó de sonar mientras nos dirigíamos a nuestros hogares judíos.

Yo no lo hubiera admitido, pero estaba sumamente confundido. Lo que acababa de ver, escuchar y sentir me era muy familiar, pero muy extraño y novedoso al mismo tiempo. Aunque yo era todo un imbécil en aquella época, comencé a entender lo maravilloso de aquel momento de regreso a mi casa: la dulce ironía de que una familia judía me hubiera obligado a asistir a un servicio en la Iglesia de St. Brendan el Viernes Santo.

La ironía aumentó en dulzura desde ese día en adelante, un domingo tras otro, a medida que Tony y yo salíamos de nuestros hogares adoptivos en bicicleta y nos encontrábamos en St. Brendan para la misa. Ambos sentíamos una gran tentación de embolsillarnos el dinero que nuestros padres adoptivos nos habían dado para la limosna, pero creo que nunca lo hicimos. Bueno, al menos prefiero recordarlo de ese modo. También nos sentíamos fuertemente tentados a no entrar a la iglesia. Pero la misa del domingo se convirtió en nuestro norte y guía, en el único punto fijo que entrelazaba nuestro presente con nuestro pasado. Era cierto que también nos veíamos en otras ocasiones, cuando los Chait y los Rubin se reunían, pero eso no sucedía con mucha frecuencia. La misa se convirtió en nuestro vínculo más fuerte, aunque no habláramos mucho.

Nos sentábamos, nos arrodillábamos, nos levantábamos, hacíamos genuflexiones, nos persignábamos y veíamos al cura dar la misa en latín, y no pensábamos ni por un instante en el milagro del altar ni en el de estar juntos allí.

Sin embargo, dejamos de confesarnos y de comulgar. Y los pecados se amontonaron frenéticamente en nuestras almas endurecidas.

Cada uno de nosotros tenía que vivir su propia vida; además, estábamos en casas diferentes. Así eran las cosas, y no podíamos cambiarlas. Nuestros padres estaban en La Habana, haciendo Dios sabe qué, pensando y sintiendo Dios sabe qué. No teníamos forma de saberlo. Desde el instante en que nos despedimos en el aeropuerto de La Habana, no habíamos tenido ningún contacto real y significativo con ellos. Estaba la ocasional llamada telefónica de tres minutos, pero, ¿qué puedes decir en tres minutos, una vez cada dos meses, mientras alguien escucha o se ríe al otro lado de la línea? Sí, también estaban las cartas, pero éstas son un contacto muy débil con los padres cuando se tienen once y trece años. Los adultos pueden arreglárselas con cartas, o tener incluso mejores relaciones por medio de ellas que si vivieran juntos, pero los niños necesitan el contacto físico, y tener cerca a papá y a mamá, un día tras otro. Sin este tipo de contacto, mamá y papá se convierten en cifras, en conceptos o fantasmas. Y cuando se convierten en eso, puedes darles un beso de despedida para siempre; realmente no los necesitas. E inmediatamente aprendes que tampoco necesitas de ninguna otra relación sanguínea, especialmente si esas personas también están fuera del panorama. Al único a quien necesitas es a aquel que te está dando cama, comida y satisface tus necesidades, un día tras otro, y quizá ni siquiera a esa persona. No, después de todo lo que has pasado.

Así eran las cosas. Y así son, y punto. Lo siento. La ausencia no necesariamente hace que el corazón de un niño se encariñe con el de sus padres, especialmente cuando ese niño tiene todos los motivos para creer que ha sido abandonado. Por los menos no a nivel consciente. Hay muchas cosas que permanecen vivas, latentes y volátiles a este nivel. Y tienes que lidiar con esto como mejor puedas, especialmente tomándolo con suavidad, haciendo chistes y tratando de que los demás se rían contigo.

Sigmund y Carl, den un paso atrás por favor. No se entrometan en esto. Yo soy el experto en este tema.

Un salto en el tiempo, cuarenta y cuatro años en el futuro. Soy el panelista principal en el Congreso Anual de la Sociedad Psicoanalítica de Florida, en Miami. El tema de la conferencia es el trauma infantil, y más concretamente, los 14.000 niños cubanos que fueron evacuados por vía aérea. Pronuncio un discurso elaborado para la ocasión, que contiene sin embargo fragmentos de otros discursos, especialmente chistes que anteriormente han hecho reír a todos los asistentes. Son chistes infalibles, ensayados y demostrados, que garantizan una risa espontánea e incontrolable. Me acerco al micrófono con la misma seguridad de siempre, sabiendo que tengo una pila de "material de oro". Pero entonces, mis chistes de antología fracasan uno tras otro. Nadie se ríe. Nadie responde de ningún modo a lo que digo. Se hace un silencio sepulcral. Sigo haciendo chistes, tal y como siempre hago, trayendo la comedia a colación en los momentos supuestamente más inapropiados e inesperados con el fin de aliviar la tensión. Pero nadie se ríe. Ni una sola persona.

Comprendo que me estoy dirigiendo a un grupo de profesionales que se especializan en no mostrar ninguna reacción a nada de lo que alguien les diga. Así es como se ganan la vida: disimulando su respuesta emocional ante cualquier cosa que les puedan decir los pacientes. Ellos no pueden bajar la guardia, especialmente durante el encuentro anual, cuando están rodeados de todos sus colegas.

Finalizo diciendo que ha sido todo un placer dirigirme a doscientos cincuenta analistas freudianos y saber que no me cobrarán doscientos cincuenta horas de terapia.

Silencio. Tengo la sensación de que no hay nadie allí, en aquel enorme y tenebroso salón. De algún modo, he logrado regresar en el tiempo a un punto anterior al Big Bang, cuando nada existía.

Al día siguiente doy una charla en una librería de Coral Gables y utilizo muchos de los mismos chistes comprobados e infalibles. Esta vez el público se ríe conmigo. Es una risa prolongada de comienzo a fin. Todos los allí presentes nos divertimos muchísimo, riéndonos de la desgracia.

Ve tú a saber.

O vete a arrojar algo por el triturador de basura y escucha el dulce sonido del aniquilamiento, que, como aprendí en St. Brendan aquel Viernes Santo, siempre puede contener la promesa de una resurrección.

Juuu uiii, ¡arranca! O como hay que escribirlo en inglés: *Hoo Weeee!*

Cinco

O h, no. Santo Dios. Padre Nuestro que estás en los cielos. No. Por favor, no.

No puedo aceptar lo que veo.

Nuestros padres adoptivos han organizado una cena para celebrar nuestra llegada a sus hogares. Parece un cuadro de Norman Rockwell, un pintor hiperrealista norteamericano, salvo por las palmeras y la mata de mango del jardín. La mesa está hermosamente dispuesta. Está un poco atiborrada, pero tiene un aspecto fresco y acogedor. En Florida, casi nunca quieres que las cosas sean cálidas y acogedoras. Es mucho mejor si son frescas; mucho mejor.

El plato principal es servido como si se estuvieran siguiendo las instrucciones de Norman Rockwell.

Es el pollo más endiabladamente gigante que he visto. No sabía que los pollos pudieran tener semejante tamaño. El animal está allí completico, salvo por la cabeza y las patas. Es dorado y se ve reluciente.

Norman Rockwell se habría emocionado mucho si lo hubieran invitado a esta cena. Cada detalle parece haber sido copiado exactamente de uno de sus cuadros, que veré tres años después, reproducido en una retrospectiva de su obra publicada por la revista *Saturday Evening Post*.

Gracias a esta pintura, me niego a entrar al Museo Norman Rockwell en Stockbridge, Massachusetts, aunque pase a menudo cerca de él camino a la universidad de mi hija. No quiero ver nunca esa abominación tan de cerca.

Quizá saben de qué estoy hablando. Me refiero a un cuadro de Rockwell en el cual pintó la típica cena americana del Día de Acción de Gracias (Thanksgiving). En él se ve cuando la matrona entra con la voluminosa ave y el patriarca, a su lado, la acompaña frente a una mesa llena de rostros felices y sonrientes.

Para mí es una imagen del infierno.

—*I don't eat chicken* (Yo no como pollo) —anuncio en voz alta mientras todos sonríen.

Norma parece devastada e intrigada al mismo tiempo. Todos se dan vuelta y me miran con expresiones muy diferentes a las de los comensales en el cuadro de Rockwell.

—No es pollo. Es pavo —dice Norma.

—Es un pollo… y muy grande —protesto.

—No, es un pavo. Un pavo, ¿no sabes?

—*Turkey, turkey, turquey* (Pavo, pavo, pavo) —dicen los otros en coro.

—No… eh… mmm… no como carne de aves —intento explicar.

Y todo se va cuesta abajo con rapidez. Los detalles se han borrado ahora, atrapados en mi querida y bendita Bóveda del Olvido.

Tremenda manera de comenzar una relación con dos familias generosas y cariñosas que nunca antes se han encontrado con un hereje gnóstico, o con alquien que no coma carne de aves. Es la primera prueba tangible de nuestras actitudes: de la resolución de ellos para ayudarnos, y de nuestra resolución para ser ayudados sólo como nos guste.

A fin de cuentas yo no estoy solo en esto. Somos dos los mocosos malcriados en la mesa.

Tony tiene este mismo problema con las aves. De hecho, él ha sido mi mentor en esta materia. Después del incidente en la carnicería que me abrió el tercer ojo, Tony ha sido mi gurú, revelándome los secretos más profundos y oscuros sobre las fuentes estigias desde las cuales brotan todos y cada uno de los pedazos de carne que nos han servido. A él también se le abrió el tercer ojo en aquella carnicería, tres años antes que a mí. Y en el lapso transcurrido entre su despertar y el mío aprendió muchos otros secretos valiosos.

Sus lecciones sobre los órganos internos demostrarán ser inolvidables, especialmente aquellas sobre los cerebros, los riñones y los hígados.

—¿Sabes qué estás comiendo? —me pregunta un día allá en La Habana.

—Mamá les dice *frituritas*.

—No, no son frituras. ¿Sabes qué son en realidad?

—Están deliciosas —digo—. Sabrosas.

—No, ímbecil. Son *frituritas de seso*. Te estás comiendo el cerebro picado y frito de una ternera. Una ternera es una vaca pequeña y te estás comiendo el órgano blando que está dentro del cráneo. ¿Sabes qué es el cerebro?

—No.

—El cerebro es con lo que pensamos y sentimos. También es donde están guardados todos los recuerdos.

—Ah.

—Es rosado, pegajoso y arrugado cuando está crudo. Parece una pelota inmensa de gusanos. O de culebras pequeñas.

—Oh… aghh… uy… *vrrroughshhh*.

Qué bien recuerdo ese súbito ataque de náusea, así como el vómito expulsado. Tony también lo recuerda.

Tony es el jefe gnóstico, el sumo sacerdote del discernimiento cuando se trata de *carne* de cualquier tipo, el maestro en todo el conocimiento relacionado con la carne, el *fleischmeister*. Pero ahora, en esta mesa en casa de Norma y Lou, el mayor problema de Tony es que no puede hablar una sola palabra en inglés, y que tiene que dejarle todas las confesiones y protestas a su único discípulo, quien carece de la elocuencia necesaria.

Y tampoco hay un equivalente del Espíritu Santo en nuestro extraño culto gastronómico; no hay Pentecostés o un Paráclito que nos ayude a hablar en lenguas, o que nos ayude a entender otras lenguas diferentes a la nuestra.

La cena se desdibuja, dando paso a una triste velada, estropeada por nuestro desprecio del plato principal y por nuestras lenguas trabadas, que no nos permiten explicar nuestro asco.

Una cosa es comerse un sándwich con carne de ave, pero verla partida y servida es un paso mucho más difícil que no consigo dar. Y observar a los demás roer los muslos es más de lo que Tony y yo podemos soportar.

Tratamos de esquivar nuestras miradas mientras comemos las papas y los otras cosas inofensivas.

Bienvenidos al período de adaptación. *¡Ay!*

Como son tan buena gente, los Chait y los Rubin no van a echarnos de sus casas. Así que no tardan en organizar otra cena agradable después de este fiasco. Sin embargo, en esta ocasión he conseguido redactar una lista para Norma con la ayuda de un diccionario. Es una lista de las cosas que no como, que incluye todas las aves, todas las criaturas que viven en el agua y todos los órganos internos que se me puedan ocurrir. Creo que es una lista buena y completa. Y aunque soy un mocoso insolente, tengo el suficiente sentido de agradecimiento por la actitud de Norma con respecto a mis fobias. Sé que debo parecerle un marciano o algo peor.

Y entonces organizan una segunda reunión. Esta vez me digo que no hay nada que temer. Mi lista es tan clara y tan completa que el fiasco anterior no puede repetirse.

Otra vez la misma escena. La misma atmósfera agradable y los comensales en torno a la mesa. Todo parece tan bello y encantador, tan ideal, a lo Norman Rockwell.

Y de pronto, ahí viene el trozo de carne más feo y raro que haya visto en mi vida. Es enorme, morado y casi tubular, con una masa grasosa en un extremo.

"¿Qué coño es esto?", nos preguntamos Tony y yo en silencio. Decir *coño* es un pecado mortal, pero se me sale de la mente, casi como un *ay*.

—Eh... wat eez deez? —pregunto, nervioso.

—*Tongue* —dice Norma—. Lengua.

"Qué coño es 'tong'?", me pregunto a mí mismo, arriesgando un nuevo desastre. Estoy seguro de que Tony se está haciendo la misma pregunta.

Por más que lo quiera, no puedo saber qué tipo de carne pueda ser esta. Parece una babosa gigante con un tumor amarillento en el extremo posterior.

—Eh... wat eez tong? —me atrevo a preguntar.

Norma saca su lengua y la señala.

"¡Lengua! ¡Dios mío! Lengua, ¿quién come eso?" Yo no sabía que era posible comer lengua o que alguien pensara siquiera en hacerlo.

¡Uiirrrr! Lou enciende el cuchillo eléctrico y comienza a atacar esa

descomunal lengua de vaca como si fuera un agradable pedazo de filete asado. Corta, corta y corta.

—Mira, pruébala.

Realmente no puedo negarme, pues no está en *la* lista, mi equivalente de la Convención de Ginebra. Un trato es trato, y esta gente es tan agradable que no puedo ser intransigente, aunque haya estado enceguecido por mi propia ignorancia sobre los abismos a los que pueden caer los humanos cuando de convertir a los animales en alimento se trata.

Y entonces la pruebo, y Tony también.

Nunca he probado algo tan desagradable, tan inducidor al vómito en mi breve estadía en la tierra. No sólo es el sabor, sino también la textura. Es como una goma, recubierta de una baba tóxica. No hay forma de masticarla con rapidez y mucho menos de tragarla. El sabor es fuertísimo, penetrante e imposible de ignorar. Se deshace con cada bocado, y todavía me quedan muchos más.

María, madre de Dios, ayúdame.

Mastico y mastico, y Tony hace lo mismo. Nos miramos mutuamente con disimulo.

"Si él puede comérsela", me digo a mí mismo, "yo también". Tony está pensando exactamente lo mismo.

Entonces veo esa lengua enorme, en el centro de la mesa y comienzo a perder la valentía. La imagen de la lengua es peor que la "sala de torturas" que tengo dentro de mi boca.

Finjo tener hipo, tal como hice con las monjas aquella primera noche en el campamento, pero las arcadas se apoderan de mí y son muy fuertes para disimularlas.

Escupo la lengua cauchosa y ya masticada en mi servilleta mientras finjo limpiarme la boca, y le doy esa comida tan desagradable a mi buen amigo Víctor, que está debajo de la mesa. Rezo para que nadie vea esta maniobra, mientras Víctor se come lo que acabo de darle.

Todo se vuelve negro. Oscuridad total. Después de ese momento, no puedo recordar nada de lo que ha sucedido, a excepción de mis sentimientos de vergüenza, repulsión y arrepentimiento. Es algo que permanece en el fondo de mi Bóveda del Olvido.

Un salto en el tiempo, cuarenta y siete años en el futuro. Estoy hablando con Tony por teléfono, tal como lo hago todas las noches.

—*Oh, man* —me dice con su típico acento de Chicago—. ¿Recuerdas aquella lengua en la cena? —Tony utiliza mucho la palabra inglesa que comienza con la "F", así que por favor incluyan ese improperio en esta frase y en todas las proferidas por él en los lugares correspondientes. Pongan su imaginación en esa tarea, o absténganse de hacerlo: como ustedes prefieran—. Es lo peor que haya comido. Jesús. No podía creerlo, esa lengua gorda en la mesa. ¡Qué horror! Jamás he visto algo peor que esa lengua.

Y entonces me habla del asunto durante unos cinco minutos, encontrando formas muy creativas de expresar su disgusto y consternación por lo que significó ese momento para nosotros en aquellos hogares adoptivos. Fue un momento tan decisivo para él como para mí, una prueba irrevocable de que habíamos entrado a la Dimensión Desconocida, la Twilight Zone, en inglés, una especie de dimensión alterna donde era imposible orientarte porque todo era tan raro, tan asombroso e imprediciblemente extraño.

Siempre que necesito reírme a carcajadas, le recuerdo la lengua a mi hemano.

—Oye, Tony, ¿qué tal aquella lengua?

Siempre hablamos en inglés. La única ocasión en que lo hacemos en español es cuando hablamos de algo que dijo alguien en un pasado ya lejano, en ese otro mundo que los dos perdimos de manera tan abrupta.

Es curioso, en aquella época Tony y yo nos volvimos adictos al programa de televisión *Twilight Zone* justo después de la cena en que nos sirvieron lengua, aunque no tuviéramos un dominio pleno del inglés. Hemos hablado de esto muchísimas veces. En aquel entonces, ese programa nos hizo sentir más en casa que casi cualquier otra cosa.

Salir de la cueva de Platón y entrar al mundo "real" requiere de grandes ajustes en el pensamiento. Claro, Platón ya lo había previsto. Él sabía que quienes escapaban del mundo ilusorio tendrían problemas para adaptarse a la luz y para lidiar con el mundo real. Pero no nos suministró los detalles menudos, como suele suceder con muchos filósofos. Él no dijo nada sobre tener que comer lengua.

Tampoco dijo nada sobre aquellas personas del mundo real que tendrían que soportar las locuras de los refugiados del mundo ilusorio. Esos cavernícolas siempre son unos cabrones rematados. Si Platón hubiera sido más minucioso, podría haberse referido a este problema: el absurdo al que tendrían que enfrentarse las personas del mundo real cuando esos malditos refugiados salieran de su cueva.

—Eh… wat eez deez? ¿Qué es esto?

—Regresa a esa madriguera apestosa de donde has salido, troglodita. Ingrato. Ignorante. *Kvetch,* llorón quejumbroso y chiflado.

Déjenme explicarles este lapso repentino en yiddish, el idioma de los judíos Ashkenazi.

Tony y yo aprendimos yiddish además de inglés. Eso fue un placer y posteriormente una sorpresa luego de que saliéramos de esos hogares adoptivos. Pensábamos que todas las palabras que habíamos aprendido en yiddish pertenecían a la lengua inglesa. Bueno, decirlo de este modo es engañoso. Simplemente creíamos que todas esas palabras eran inglesas. ¿Por qué no?

¡Sorpresa, sorpresa, sorpresa! *¡Ayy!*

De vez en cuando a alguien le sorprende mi yiddish, así como me sorprendí al saber que todas esas maravillosas palabras eran incomprensibles en el centro de Illinois.

—Ese tipo es un gran *schnorr…*

—¿Qué dices? ¿Estás hablando en español?

Después de aquel célebre estofado de lengua, *mi* lista estuvo completa. Cualquier sorpresa posible fue suprimida por una categoría simple: ningún órgano interno de tipo alguno, así provenga de cuadrúpedos incluidos en la lista. Tony y yo terminamos comiendo una gran cantidad de platos a base de huevos. Y por primera vez en nuestras vidas aprendimos a valernos por nosotros mismos en la cocina.

Aprendimos a preparar huevos revueltos. Norma me enseñó a hacerlos, y me costó creer que me confiara una sartén para freír. En Cuba yo podía detonar petardos enormes, trepar árboles altísimos, caminar por precipicios altos y angostos y enfrascarme en peleas con piedras, pero manejar el fuego en la cocina le parecía demasiado peligroso a mis padres. Nunca les pregunté por qué. De todos modos, mis revoltillos comenzaron a evolucionar de pasables a muy buenos al cabo de algunos días. Y muy pronto fueron los mejores del mundo. Lo mismo le sucedió a Tony.

También aprendí a prepararme mis propios sándwiches con carnes frías. Y descubrí un alimento misterioso llamado mantequilla de maní, que sabía delicioso.

Lo mejor de todo fue aprender a ser independiente y a adquirir algunas responsabilidades.

Norma me enseñó a sacar la basura, y me encargó esa tarea. Me parecía un gran umbral por cruzar, otro de esos momentos sacados de la Dimensión Desconocida. En mi tierra natal, la basura era manipulada únicamente por los criados. El hecho de que me hubieran pedido rebajarme al mismo nivel de un criado fue un shock tremendo, aunque yo sabía que los Chait no tenían empleadas domésticas, nanas ni jardineros. Pero cuando Norma me lo pidió, comprendí que se trataba de algo diferente. Los Chait no tenían criados de ninguna especie. Era una familia americana de clase media, y en ese sentido eran muy diferentes de sus contrapartes cubanas. En la isla, incluso las familias de clase media baja solían tener criados de algún tipo, al menos hasta que apareció Fidel. Eso lo comprendí de inmediato y lo tomé como una prueba más de que éste era un país más avanzado: todos los ciudadanos realizan sus labores y a nadie parece importarle; eso me parecía noble.

O al menos eso pensaba yo.

Un salto en el tiempo, cuarenta y un años en el futuro. Estoy hablando con Norma y Lou en su cocina en Cooper City, cerca de Fort Lauderdale, recordando la época en que viví con ellos. Norma me dice que yo retrocedía horrorizado ante el prospecto de sacar la basura y que oponía una fuerte resistencia. Lo recuerda como si nunca me hubiera recuperado de mi repulsión. Esto me sorprende. ¿Cómo puede ser su memoria tan diferente de la mía? He recordado esto como uno de los pasos más importantes que di en la vida y como algo que llegué a valorar y amar, por lo cual le agradezco al Dios que está allá arriba.

Cosa curiosa, la memoria.

Nos acostumbramos a la extrañeza del otro lentamente, poco a poco.

Tony y yo fuimos matriculados de inmediato en la escuela. Ambos habíamos perdido todo un año escolar en Cuba, y ya era finales de abril y el año escolar estaba a punto de terminar en la Florida. Pero eso no importaba. Nos metieron en escuelas públicas donde se hablaba inglés: Tony fue a la Escuela Secundaria Rockway Junior High, y yo a la Escuela

Primaria Everglades. Ambos entramos a un grado anterior, pues sabíamos que teníamos que ponernos al día en muchas cosas.

Yo debía entrar a sexto grado, pero pedí entrar a quinto. Tony debía entrar a noveno, pero pidió entrar a octavo. Lo hicimos de manera voluntaria y deliberadamente. Habíamos perdido mucho tiempo de escuela y no sabíamos suficiente inglés. Me dolió dar un paso atrás, pero sabía que esto era lo más correcto. Fue la primera decisión realmente importante que tomé por mis propios medios, y resultó siendo acertada: pocos años después, cuando estuve en la secundaria, sería el primero de mi clase en tener licencia de manejar, lo cual mejoraría instantáneamente mi vida social.

La Escuela Primaria Everglades tenía un nombre muy apropiado. En aquel entonces, la jungla de los Everglades no estaba muy lejos. Poco después de entrar a estudiar allí, un incendio forestal estalló en los matorrales cercanos y los animales comenzaron a huir. En la escuela nos advirtieron: cuidado con las panteras durante el tiempo de recreo. Si alguien llega a ver una, regrese de inmediato al aula. También era común encontrar caimanes en el canal que había a un lado de la escuela, aunque nunca vi a ninguno.

Me enviaron directamente a una de las aulas portátiles que había afuera del edificio principal. Era una cabaña, llena de niños cubanos. El objetivo principal de esa clase era enseñarnos inglés y prepararnos para las clases en el edificio principal. Nuestro profesor era un tipo muy joven y amable llamado Aaron, un judío ruso que había vivido un tiempo en la Argentina y hablaba español con fluidez. Los cubanos le decíamos jocosamente "El ruso", y él entendía la carga irónica que había detrás de ese apodo. Habíamos huido de los rusos, quienes se habían apoderado de nuestro país, y aquí estábamos, aprendiendo inglés en los Estados Unidos con un ruso. Eso nos hacía reír a todos.

Aaron me parecía más grande que la vida misma. Sabía muchos idiomas y tenía identidades múltiples. Era paciente, compasivo y sumamente cómico. Y lo mejor de todo era que sabía muy bien cómo enseñar. Yo había tenido algunos buenos profesores en Cuba, pero este tipo era indudablemente el mejor que yo había tenido la fortuna de encontrar. Aunque entré a estudiar al final del año escolar, él me hizo sentir en casa de inmediato y me ayudó a ponerme al día. También había una profesora cubana, pero no recuerdo que haya participado mucho. Aaron estaba encargado de enseñar inglés, y pasamos la mayoría del tiempo haciendo precisamente eso.

Una de las primeras cosas que me contaron mis compañeros era que Aaron había saltado al canal para rescatar a un niño que se estaba ahogando, sin pensar dos veces en los caimanes que merodeaban por sus aguas. Así que, para rematar, el tipo también era un héroe.

No puedo recordar su apellido por más que lo intento. Era muy amigable e informal con nosotros, algo muy raro en un profesor de aquella época.

Todo el tiempo estudiábamos inglés, de campana a campana. Sí, un poco de matemáticas, ciencias, estudios sociales, algo de música y arte, pero nuestro objetivo principal era el inglés. Preparemos a estos cubanitos para la vida en los Estados Unidos, insertémoslos al sistema tan pronto como sea posible, pensaban los maestros. Hacíamos un ejercicio tras otro. Todo el tiempo nos enseñaban gramática y vocabulario. Asegurémonos de que estos niños no permanezcan marginados; démosles una verdadera oportunidad de ser americanos, seguramente se decían.

Nada de mimarlos con educación bilingüe de mierda. Que aprendan inglés: es lo que necesitan para salir a flote. Sí, el español es maravilloso y no deberían olvidarlo, pero ahora están acá y el español no los llevará a ninguna parte. Ninguno de nosotros en aquella aula portátil objetaba eso. Todos teníamos muchísimas ganas de aprender inglés y de salir de aquella cabaña rústica.

No me pregunten qué pienso de mis socios hispanos que insisten en que todo sea bilingüe aquí en los Estados Unidos, ni cómo me siento cada vez que veo un cartel en español o me preguntan si quiero hablar en inglés o en español por teléfono. No me pregunten, por favor. Me da tanta rabia que a lo mejor se me revienta una arteria. No hay mejor manera de mantener oprimidos a los hispanos en los Estados Unidos que decirles que no tienen que aprender inglés. No hay mejor manera de crear una clase inferior. No hay mejor manera de hacer que todos los demás piensen que los hispanos son demasiado estúpidos como para aprender otro idioma, o que sean quizá la gente más imbécil del planeta, una raza de tontos.

Yo tenía una ventaja sobre casi todos mis compañeros. Cuando llegaba a casa, nadie hablaba español, así que aprendí inglés con mucha rapidez. Ya lo hablaba con fluidez cuando llegó junio y la escuela terminó. Es cierto que cometía errores con frecuencia y que aún tenía acento, pero podía comunicarme fácilmente en inglés, leer en inglés y entender la televisión y las películas sin la ayuda de subtítulos.

Aaron me ayudó a superar el miedo a hacer el ridículo, que siempre es el mayor obstáculo para aprender a hablar un nuevo idioma. Él no enfatizaba mucho en la pronunciación, pues sabía que muy pronto mejoraría por cuenta propia. Háblenlo; díganlo. Nunca reparen en sus errores. Todos los cometemos al comienzo, decía.

Y yo cometí un error garrafal que hizo que Aaron se riera bastante. Nos pidió escribir un ensayo en inglés en el que narráramos y analizáramos el contenido de alguna obra de arte. Teníamos varias pinturas famosas para elegir. Yo escogí "Dempsey y Firpo", de George Wesley Bellows, que es una representación del combate que tuvo lugar en 1923 entre el americano Jack Dempsey y el argentino Luis Ángel Firpo, dos boxeadores de peso pesado. Toda mi vida había oído hablar de esa pelea porque mi abuelo había sido un fanático de Firpo, habiendo incluso bautizado a uno de sus perros con su nombre. Y como si esto fuera poco, se trataba de un cuadro muy chévere. ¿Qué podía ser más agradable que un lienzo que plasmara algún tipo de violencia? ¿O más agradable que un boxeador noqueado y sacado del cuadrilátero?

Comencé a buscar en mi diccionario la traducción de *"pelea"*, como llamábamos en Cuba a un encuentro boxístico. Era una palabra clave para mi ensayo. Sin ella, yo no iría a ninguna parte. Y allí, debajo de "pelea", veo algunas opciones, y tomo una que creo que es buena. Entonces me dedico a escribir un tremendo ensayo en inglés en el que agoto todo lo que pudiera decirse sobre esta obra maestra, que seguramente está a la par de la *Mona Lisa* de Da Vinci, de *El niño azul,* de Gainsborough, o de la *Madre,* de Whistler, los únicos otros tres cuadros que yo podía nombrar en aquella época, además de los que había en las paredes de mi casa en La Habana. Fue un ensayo fabuloso, diferente a todos los que había escrito hasta ese momento, especialmente para un niño que lucha con la lengua inglesa.

Tan pronto termino el ensayo se lo entrego a Aaron, quien comienza a leerlo de inmediato. Y lo primero que hace es echarse a reír. No es una simple risa, sino uno de esos prolongados ataques de risa que parecen eternos.

—¿Qué tiene de gracioso?

Aaron lee el primer renglón:

—Esta pintura es de dos boxeadores en disputa.

—Sí, "quarrel", disputa… —protesto—. Es la palabra inglesa para 'pelea'. La busqué en el diccionario.

Aaron se ríe un poco más y me explica la diferencia entre "quarrel" (disputa) y "fight" (pelea) de una forma tan desenfadada que yo también comienzo reírme.

Y todavía me río mientras escribo esto. "Una disputa", digo cada vez que veo una pelea de artes marciales mixtas en la televisión.

Mi diccionario español-inglés / inglés-español se convierte en una parte de mí. No me lo cuelgo al cuello, pero bien podría hacerlo. No lo suelto ni un instante, a no ser que esté jugando en la calle o durmiendo. Muy pronto comienza a desbaratarse, pero no importa: por más que desgaste sus páginas, aprendo cada palabra que busco y cada frase del apéndice de los modismos y expresiones coloquiales.

"I'm broke" (no tengo ningún dinero) —estoy roto—, se convierte en una de mis expresiones favoritas, al igual que "to kick the bucket" (morirse) —darle la patada al cubo—. Algunas palabras son sublimes, como "skinflint" y "tightwad" (ambas significan tacaño en español). Pero cada palabra, sin importar cuán familiar sea, me parece un tesoro. Estoy cautivado, embelesado por esta lengua plagada de barbarismos germánicos que no hace ningún intento racional por coordinar la ortografía ni la pronunciación. Me enamoro de palabras que corresponden perfectamente a los sonidos: "thud", "bump", "crash", "bang", "splat", "click", "clap", "clang", "ring", "bark" y muchas otras. Sus equivalentes en español siempre me sonaban extraños, inconexos, robados. No obstante, algunas palabras son terriblemente difíciles de pronunciar, y pueden incluso causarte problemas. "Sheet" (Sábana) es la palabra más traicionera de todas ya que su pronunciación se parece mucho a "shit", que quiere decir "mierda". "Fork" está en segundo lugar (por cuenta de la palabra con la "F"). Las palabras que empiezan con dos consonantes siempre son un reto, por ejemplo, "stupid" (estúpido) siempre sale de mi boca como "es-toopit".

La "d" y la "t" al final también son problemáticas, pues mi lengua no puede distinguir entre ellas. Simplemente no puedo pronunciar el sonido correcto. La "g" al final, tan común en inglés, también es truculenta. "*Stealing*" (robar) siempre sale como "es-teelin", y "*explaining*" (explicar) como "Es-playnin". Algunas palabras están diseñadas para ponerte trampas: "*squirrel*" (ardilla), "*stress*" (estrés), "*eschew*" (evitar). La palabra más difícil de todas es "*Worcestershire Sauce*". Nunca pido esa salsa por su nombre. Simplemente digo "de braun sos" ("la salsa marrón".)

Aprender a enrollar la lengua y a reprogramar tu cerebro es muy difícil, pero también muy emocionante porque no hay forma de perder el combate. Y aunque te equivoques, aprendes algo. Éstos nuevos vocablos y expresiones me entusiasman. Me hacen volar, literalmente. Me embriagan las palabras, y las nuevas formas de pensar. No tardo mucho en descubrir que mi forma de pensar es diferente en inglés, y que el cambio producido por estas nuevas formas de pensamiento está alterando mi percepción del mundo. Me sorprende especialmente la forma en que el inglés le da más autonomía al yo, más opciones y más responsabilidades.

Por ejemplo, si vas a la escuela y uno de tus libros se te cae al suelo, dirías en español: "Se me cayó el libro". Es difícil traducir esto porque el inglés no tiene verbos reflexivos. Básicamente, si lo dices en inglés equivale a eludir una responsabilidad: "*The book dropped itself from me*". El español conlleva una forma de pensar y de hablar propensa al fatalismo y a la creación de un yo culpable. "Maldición, miren esto: el libro tuvo la frescura de caérseme. Maldito libro. Maldita gravedad. Pobre de mí. Si las leyes de la naturaleza fueran diferentes, yo no tendría este problema". En español, entonces, el libro tiene la culpa. En inglés, la única forma correcta de explicar lo que ha sucedido es decir: "*I dropped my book*", que es lo mismo que decir que la culpa es *tuya* y no del libro. Sí, supongo que uno podría decir: "El libro cayó", pero eso sólo sería correcto si el libro no hubiera estado sujeto por ti en primer lugar. ¡Qué contraste! En inglés, se trata de tu maldita culpa: *tú* lo arrojaste porque no lo estabas sosteniendo con la fuerza suficiente o simplemente porque *eres* un burro. Espabílate. Resuelve.

La diferencia me sorprende. Es una forma de pensamiento completamente nueva, algo muy importante, más que cualquier otra cosa que haya visto. Naturalmente, en aquella época no puedo explicarme esto con mucha claridad. Mi percepción de esta diferencia tan compleja es confusa en el mejor de los casos, pero no obstante me golpea con fuerza alterándome el centro de gravedad. Tal como descubriría mucho después, las percepciones más profundas están con frecuencia —o tal vez siempre— más allá del radar de nuestro yo consciente y racional. Lo que intuimos a un nivel más profundo es a menudo —o tal vez siempre— lo que nos moldea con mayor intensidad.

Si no quieres creer en la intuición ni en la espiritualidad de la dimensión trascendente de los idiomas y de los cerebros, no tengo problemas con eso; lo entiendo. Pero no puedo menos que asomarme por lo que transciende el borde de lo exclusivamente físico mientras paso mi lengua por mis dientes y descubro un ámbito que nuestros antepasados alguna vez consideraron "espiritual", el cual está más relacionado con la eternidad que con la fugacidad dolorosa del aquí y del ahora.

Las lenguas de fuego no descendieron sobre mí, ni sobre Tony, ni sobre ninguno de los miles de niños cubanos que llegamos a la Florida. A diferencia de los apóstoles de Cristo en Pentecostés, no fuimos bendecidos de inmediato con la xenoglosia ni con la glosolalia, la capacidad de hablar otras lenguas distintas a la tuya de manera instantánea, o de hablar en un lenguaje celestial. No teníamos el don de lenguas, pero al menos teníamos lenguas hábiles, capaces de aprender todo tipo de volteretas, piruetas y contorsiones. Nuestros cerebros eran todavía prístinos, proverbiales pizarras en blanco. Cada palabra que aprendíamos, cada nueva regla gramatical, no permaneció extraviada en un rincón ya abarrotado de nuestros cerebros, sino más bien al lado de sus equivalentes en español, en espacios completamente nuevos y de fácil acceso. Realmente desarrollamos nuevas neuronas para manejar la logística propia del almacenamiento y la recuperación léxica. Nuestros padres y abuelos no fueron tan afortunados: sus cerebros eran mucho menos ágiles, y sus lenguas estaban demasiado afianzadas en sus costumbres. Para la mayoría de ellos, pensar y hablar en inglés suponía un esfuerzo titánico.

No puedes enseñarle nuevos trucos a una lengua vieja. Puedes esforzarte al máximo, pero sería mejor que estuvieras preparado para una gran dosis de frustración y decepción. Y también para un fuerte acento lingüístico.

Nuestros antepasados tendían a creer que las palabras eran uno de nuestros vínculos más directos con la divinidad. También aceptaron como un hecho que las palabras eran una maldición. La Biblia nos dice que a Dios le dio mucha rabia cuando nuestros antecesores intentaron llegar a su reino celestial por medio de un rascacielos. El rey, el arquitecto, el capataz y el albañil hablaban la misma lengua en Babel, y el proyecto floreció. Y Dios le puso fin al torcer todas sus lenguas, girándolas en distintas direcciones y confundiendo sus cerebros. Entonces se dio una profusión de lenguas, una maldición tan dolorosa y hermosa a la vez como la dirigida contra nosotros en el Jardín del Edén.

Y el rascacielos a medio construir fue abandonado, finalmente se convirtió en polvo y su lugar fue olvidado, así como todos los poemas de Eva que fueron enterrados deprisa, y que ahora resultarían incomprensibles para todos. Eran *gibberish*, jerigonzas, incoherentes.

Jerigonzas hermosas, pero jerigonzas al fin y al cabo. *Gibberish*

Esa es una hermosa palabra en inglés: *"gibberish"*. Un billón, un trillón de veces más que *"turkey"*.

Ha sido difícil adaptarnos a ambas maldiciones —a la del Edén y a la de Babel—, pero no imposible. De hecho, para los niños, ese desafío siempre ha sido la mayor alegría, el mayor regalo de todos.

¿Fershtay? ¿Comprendes, coño?

Seis

Yo había visto muchas piscinas, pero ninguna como la que estaba detrás de la cerca del jardín trasero. Y nuestros maravillosos vecinos me han dado permiso para nadar en ella.

Si alguien se ha arrepentido alguna vez de decir algo, debe de ser esta familia. Deben lamentarse profundamente de su generosidad. Casi todos los días llamo y les pregunto:

—¿Puedo ir a nadar?

Al menos llamo antes de hacerlo.

La bestia que hay en mí se irrita por tener que hacer la llamada telefónica. Quiero tirarme en esa piscina cuantas veces me de la gana, sin pedir permiso. Afortunadamente, tengo prácticamente el derecho a ser molestoso. Me he hecho buen amigo de Mark, mi vecino, quien sólo tiene un año más que yo. Es uno de los muchachos más agradables que he conocido, y me sorprende que exista alguien como él. Parece más un personaje de una novela, o un amigo imaginario, que alguien de carne y hueso.

Parece casi perfecto, salvo por el hecho de que es mucho más inteligente que yo, y que cualquiera a quien haya conocido. Pero no puedes culpar a nadie por ser brillante.

No obstante, Mark tiene un problema en el corazón que le impide ser muy activo. Nadar es casi lo único que puede hacer, razón por la cual sus padres han instalado una piscina en el patio de atrás. Su maldición es mi bendición. Siempre que nado con Mark temo por él. Norma me ha asegurado que él no tiene una amenaza inminente de sufrir un infarto ni nada parecido, pero yo me imagino que Mark siempre está peligrosamente al borde del precipicio.

Una vez, meses después de haberlo conocido, se emocionó mucho al ver que estaba lloviendo en el jardín delantero de su casa, pero no en el de atrás. Corría dando vueltas por todas partes, dentro y fuera de la lluvia, mientras gritaba: "¡No lo puedo creer!". Se quedó sin aire, cayó al suelo, y me dio un gran susto. Esa fue la primera vez que vi a alguien tan extático. Lástima que mi preocupación por su corazón me impidiera ver su transporte místico en toda su dimensión.

Nunca había conocido a otro tipo que patinara constantemente en una superficie de hielo tan delgada con el ángel de la muerte pisándole los talones. Procuré no ponerme en su lugar, pero no pude dejar de pensar cómo me sentiría si fuera él. *Coño, qué mierda.* Mark moriría cuando aún estaba joven, y yo sólo me enteraría varios años después.

Supongo que tenía razón para preocuparme por él en aquel entonces.

La piscina de su casa se convirtió en el centro de mi universo, especialmente cuando terminó la escuela a comienzos de junio. Es pequeña, pero su tamaño realmente no me importa mucho. Mi mayor interés en materia de piscinas no es tanto nadar como tirarme en ellas. Y ésta tiene un trampolín. Paso la mayor parte del tiempo clavándome en esa piscina, encontrando formas de engañar a la gravedad y demostrándole que realmente no tiene ningún control sobre mí.

Sueño con rampas y toboganes delirantemente elaborados, como los que actualmente se encuentran en los parques acuáticos. Y ante todo, anhelo caer en picada libre desde grandes alturas y producir el chapoteo más grande en la historia de la humanidad. Pero el trampolín de Mark sólo tiene unos cuatro pies de altura.

Afortunadamente, ahora vivo en la tierra del potencial infinito, donde prácticamente todo es posible, y en realidad no sabes exactamente cuando, de un día a otro, la oportunidad te golpeará en la cara, como un insecto gigante mientras vas a sesenta millas por hora en una motocicleta.

Un buen día, y de repente, Norma y Lou son invitados a un club privado que tiene una piscina gigantesca en forma de "W", y nos llevan a

Tony y a mí. Obviamente, esa letra se destaca en el nombre del club, pero no recuerdo en lo más mínimo como se llamaba. La gigantesca piscina con forma de "W" es magnífica —son cuatro piscinas en una—, pero eso no es lo mejor de todo. Su joya de la corona es la torre del trampolín, de varios niveles, la más alta que haya visto. Admirándola me di cuenta de que mis padres tenían toda la razón en enviarme lejos de Castrolandia.

Vale la pena estar desterrado y ser un huérfano.

Yo me exiliaría cualquier día y perdería gustoso a mi familia por esta maravilla. Es mi torre, la que he esperado durante toda mi vida. La plataforma superior parece al menos tan alta como un edificio de cinco pisos; calculo incorrectamente. Realmente es una plataforma de competencia olímpica de diez metros, apenas unos tres pisos sobre la superficie del agua. Camino alrededor de ella, la admiro y resisto la tentación de rezarle. Pienso que es lo más cerca que he estado del paraíso. El agua que hay directamente abajo es hermosamente profunda, y tiene al menos otros cinco pisos de profundidad. En realidad no es tan profunda, pero no hay duda de que parece serlo. El color y la transparencia del agua me recuerdan la orilla de la playa en mi club de La Habana. Pero esta es mejor: no hay erizos de mar, morenas ni cangrejos en el fondo.

Y es sensacionalmente limpia.

El único problema es que hay una cola enorme de niños esperando su turno en esta torre. Desde lejos, parecen hormigas en rumbo a una canasta de picnic. De cerca, son ruidosos, excitables y están tensos. Casi ninguno puede quedarse quieto. Van saltando de uno en uno desde diferentes alturas. La cola que se mueve con mayor rapidez es la del trampolín más bajito. La cola para el trampolín más alto seguramente sería ilegal hoy en día. Es una hilera continua que va desde el suelo hasta la cúspide, lo cual significa que hay docenas de niños agarrados a una escalera que asciende a unos treinta pies de altura. No hay pasamanos de seguridad ni nada semejante. La escalera es metálica, todos tienen los pies mojados y hay muchos empujones y alboroto.

Tony y yo nos separamos de inmediato. Él se va directo al trampolín más alto y pasa todo el tiempo saltando desde allí. Nunca nos encontramos porque las colas son muy largas. Ya estamos acostumbrados a vivir separados. Así que casi me olvido que él está allí.

Inicialmente subo al trampolín más bajo después de una larga espera. *¡Yupiii!* Es fantástico, y lo hago un par de veces más. Luego paso al trampolín mediano. *¡Yupiii!* Cuando me acerco al borde y me dispongo a saltar, veo que una inesperada ilusión óptica hace que el fondo de la piscina parezca muy, pero que muy profundo. El impacto es fuerte, pero no dejo que me perturbe.

Sé que ya estoy listo para saltar desde el trampolín más alto.

Emprendo el largo y lento ascenso. En la cola, el chico que está detrás de mí se burla de las medallas religiosas que llevo colgadas al cuello. Son mis talismanes, que me han regalado mis padres, y nunca me los quito. Absolutamente nunca. Uno de ellos —una medalla de la virgen María— ha sido de mi familia desde el año 1830, y Luis XVI lo sacó con toda pompa de su vitrina para colgármelo al cuello. En mi mente, su valor sentimental compite con su poder espiritual.

Finalmente, este tesoro lo perdería en las dunas de Indiana, bajo las olas del Lago Michigan, siete años después de que me la diera el rey Luis. No descubriré que se ha caído de la cadena hasta tarde en la noche, cuando ya había regresado a Chicago. Por supuesto, cuando sucede un desastre de tal magnitud, Dios no permite que desaparezca de tu conciencia con demasiada facilidad. De ningún modo.

La última vez que hablé por teléfono con mi padre, sólo un par de meses antes de que muriera, se le ocurrió preguntarme:

—¿Aún tienes la medalla?

Y yo tuve que mentirle:

—Sí.

—Magnífico. Me alegro. Cuídala mucho.

Ésas fueron las últimas palabras que me dijo. Lo siento. *Lo siento muchísimo*, mi viejo. Me gustaría tenerla conmigo ahora.

—Oye, ¿qué son esas chapas de perro? —me pregunta el tipo que está detrás de mí en la fila.

—Medallas sagradas. Soy católico.

—¡Qué lástima! Te doy el pésame —gruñe él.

Subo la alta escalera muy despacio. La cola se mueve con tal lentitud que me parece que estoy detenido en ella, no subiéndola. Paso el trampolín mediano. La meta está cerca, finalmente, y ya no hay marcha atrás. No hay forma de cambiar de opinión y bajar cuando hay una cola tan larga detrás de ti. Y a cada peldaño que subo, noto que el suelo, allá debajo, se aleja más y más en una medida desproporcionada.

Qué extraño. Nunca me ha pasado esto. Pero, claro, nunca antes he estado a esta altura, salvo en el interior de un edificio.

Mientras más alto subo, más siento el vértigo. Es como si la tierra se estuviera perdiendo de vista, hundiéndose cada vez más, aunque yo no esté subiendo. La cabeza me da vueltas. Comienzo a sentirme mareado y como si la gravedad me estuviera arrancando las entrañas. Miro sobre el hombro hacia abajo y siento como si me hubieran acabado de lanzar de cabo Cañaveral. ¡*Yupiii*! Soy un astronanta en el espacio: así de lejos creo que está el suelo.

Pienso en Jimmy Stewart, en *Vértigo* de Hitchcock, una de mis películas favoritas. Maldigo a Hitchcock por no saber cómo representar más gráficamente lo que se siente cuando la tierra se aleja de ti a la velocidad de la luz. Hasta ese momento había pensado que Jimmy era simplemente un poco cobarde, o quizá incluso medio flojo.

Pero así es. Éste es el vértigo. ¡*Yupiii*!

Cuando finalmente llego al trampolín más alto, me recupero un poco. El suelo deja de alejarse de mí, mis entrañas vuelven a su lugar y soy capaz de admirar el paisaje increíblemente plano que se ve desde esa altura sin sentirme aturdido. Estar aquí, en la parte posterior del trampolín es como estar dentro de un edificio: te da la sensación de estar protegido por una estructura. La sensación espantosa que tuve en la escalera disminuye. Contemplo las nubes, semejantes a una cordillera. Contemplo a la gente abajo: perecen todos pequeñísimos. Admiro la gran "W" de la piscina de tonalidad tan turquesa, perfectamente tallada en el paisaje.

Y todos los tipos que están detrás de mí comienzan a gritarme:

—¡Apúrate! ¡Salta ya!

Avanzo hacia el borde, en dirección al precipicio. No hay nada arriba salvo el cielo azul y unas nubes increíblemente hinchadas con todas las tonalidades de gris y blanco y trazos de amarillo; no hay nada abajo salvo la enorme "W" color turquesa y la terraza de la piscina. ¡*Yupiii*! ¿Qué es esto? La piscina, abajo, se aleja casi hasta desaparecer. De repente estoy a una milla de altura y no a diez metros. El fondo de la piscina está tan abajo que sé que seguramente moriré al saltar. Nadie puede sobrevivir a esto.

Gritos detrás de mí; muchos gritos. La fila se ha detenido por mi culpa. Y sé que Tony es uno de los que más fuerte grita.

Sé que no puedo bajar ahora y que moriré si salto. Así son las cosas, y pienso: este es mi último instante en la tierra.

Me fijo en el fondo de la piscina, una milla abajo. El cielo y las nubes y todo el paisaje y el enorme abismo me apabullan. Tremendo lío. No puedo incomodar a los que están en la escalera, especialmente porque me están gritando. La amabilidad que me han inculcado desde el día en que nací me obliga a saltar. Y sé que si permanezco allí, mi atolondramiento me hará caer. Así que no tengo opción. Me persigno y salto al vacío apabullante. Caigo y doy volteretas, incapaz de enderezar el cuerpo mientras me desplomo. Quería burlarme de la gravedad y aquí estoy, siendo atrapado por ella como un insecto por la lengua de una lagartija. La caída termina de repente, con una explosión de dolor. Golpeo el agua con la fuerza de una bala de cañón, y en una posición torpe.

¡Yuupiii! Acabo de hacer el chapoteo más grande de mi vida, pero, Santo Dios, siento como si me hubiera golpeado contra la terraza de la piscina y no contra el agua. El dolor que siento y el agua que entra a raudales por mi nariz son la única prueba de que no he muerto, pues mis ojos se niegan a abrirse. Dejo que la ley de la gravedad cumpla su papel, y me hundo tanto como ella me lo permite. Y entonces comienzo a subir lentamente, golpeándome el pecho con las manos para asegurarme de que no he perdido mi medalla de la virgen; salgo a la superficie y nado hasta el borde de la piscina, con el cuerpo temblando de la cabeza a los pies.

Muchos años después, en un artículo de revista sobre los clavadistas olímpicos, descubriré que golpear el agua desde diez metros de altura puede causar gravísimas contusiones internas y externas, heridas en los tejidos que soportan a los órganos internos y hasta una hemorragia menor en los pulmones. *¡Yuupiii!*

No más clavadas para mí ese día en la gran piscina de "W". No más sueños con torres gigantes. Nunca jamás. Mi admiración por Jimmy Stewart —que ya era muy grande debido a su acceso a los labios de Kim Novak— se multiplica por diez, y ahora, más que nunca, dedico mis esfuerzos a convertirme algún día en él, o al menos en alguien tan parecido a Jimmy Stewart como le puede ser posible a un cubano.

Todavía soy incapaz de separar por completo a los actores de los personajes que representan. Pero he aprendido rápidamente a separar mi vida actual de mi vida anterior. Charles ha enviado a Carlos a la tumba a la cual pertenece, un sepulcro que está al menos a diez metros de profundidad en el planeta Vértigo.

Sin embargo, Carlos es invocado desde el más allá, de la misma forma en que Luis XVI invocaba a los espíritus por medio de la Ouija. Norma y Lou invocan su espíritu dos veces por semana para poseer a Charles, quien tiene que llamar a Tony por teléfono. También le piden una vez por semana a Carlos que le mueva la mano a Charles, como si fuera una planchette del tablero de Ouija, y que les escriba cartas a sus padres, quienes viven en la caverna de Platón. Nadie tiene que invocar a Carlos el día domingo. Él aparece de su propria voluntad, se apodera de Charles, y lo hace pedalear hasta la Iglesia de St. Brendan, donde padece la misa e intercambia unas pocas palabras con su hermano Tony.

Sí, la rutina del domingo es extraña, pero agradable.

El único problema en esta nueva vida es Freddy, el vecino cubano. Charles se ve obligado a hablarle en español, pues Freddy —el pobre iluso— aún piensa que es la misma persona que era en Cuba. Freddy se niega aceptar el hecho de que Federico ha muerto, seguramente porque su tía y su tío siguen invocando el nombre del niño muerto, llamándolo para que salga del mundo espiritual. Freddy está poseído constantemente, y aun más cuando está en su casa. Algunas veces logra expulsar al espíritu de Federico cuando está afuera o en mi casa, pero en cuanto llega a diez pies de su casa, Federico saca bruscamente a Freddy de su cuerpo y toma su lugar.

Esta debe ser la causa principal de nuestra tensa relación. Federico siempre está buscando a Carlos, y no puede encontrarlo. Más bien, tiene que vérselas con Charles, que a veces puede ser tremendo testarudo.

Es mucho más fácil llevársela bien con Mark, no sólo porque es un tipo tranquilo e inteligente, sino también porque no sabe que Carlos existió alguna vez. Norma percibe esto y comenta un buen día:

—Te llevas bien con Mark, pero no con Freddy.

Algunas veces nos fajábamos y nos dábamos golpes, pero siempre arreglábamos las cosas. Nos necesitábamos tanto el uno al otro como nos disgustábamos. No obstante, hubo una ocasión en la que Freddy puso a toda prueba nuestra amistad. O tal vez fue Federico. O los dos juntos.

Yo me había enamorado terriblemente de una muchacha, y fui tan tonto que se lo dije a Freddy. Debí ser más listo. Carlos estaba muerto, pero Charles aún tenía todos sus recuerdos intactos. Allá en la caverna, en el viejo país, Carlos había sido traicionado por un amigo a quien le había confiado el secreto de su obsesión por una hermosa hembra de pelo castaño. Este Judas les había contado a todos los demás y había organizado un humillante ritual de apareamiento en el patio de la escuela. Carlos sabía que no debía confiarles secretos de amor a los cubanos, pues éstos tenían la tendencia a burlarse del más sagrado de los sentimientos y de arruinar a ambas partes en cualquier asunto amoroso siempre que fuera posible.

Charles conservaba ese recuerdo, pero cometió el error de ignorarlo. Además, la chica de la cual se había enamorado era americana, lo cual suponía una situación totalmente diferente. Un mundo nuevo, una vida nueva, unas reglas nuevas. Charles supuso que Freddy estaba en su misma onda.

Jesucristo H. Besajudas Besa-a-jùdas.

Freddy nadaba con mucha frecuencia en la piscina de Mark porque mi licencia también le fue concedida a él y porque andábamos juntos frecuentemente. Normalmente no iban hembras a la piscina, y la idea de que alguna niña terminara nadando con nosotros era simplemente inconcebible. Pero un día mágico, y de manera inesperada, el objeto de mis afectos terminó también en la piscina de Mark. Fue un milagro. Yo estaba tan, pero tan feliz, y tan entusiasmado. De ser posible, habría saltado de un trampolín diez veces más alto que el de la piscina "W" sin haber sentido la menor señal de vértigo. Coño, habría saltado desde el satélite Telstar, que orbitaba la tierra, a una bañadera. Habría hecho cualquier cosa con tal de impresionarla. Pero lo último que hubiera hecho sería dejarle saber cuánto la amaba.

Durante muchos, muchos años, esta concepción totalmente imbécil del romance dominó mi relación con todas las mujeres que me atraían. Nunca revelaría mis sentimientos a ninguna de ellas, sin importar cuán sublimes fueran sus voces o sus antebrazos, sin importar cuán divina fuera su presencia. De ninguna manera. Me parecía casi una imposición, una suerte de rudeza dejarle saber a cualquier hembra qué tan loco estaba yo por ella. O simplemente qué tan loco estaba yo, y punto.

Siempre me parecía extraño lo que les quería decir, aunque tuviera mucho sentido.

—Oye, te conozco desde siempre. ¿Dónde has estado? Te he extrañado tanto.

Doctores Freud y Jung, pueden entrometerse en este instante si lo desean. Ya es demasiado tarde para ayudarme con este problema, pero me encantaría escuchar su opinión. Supongo que no pensarán que todo se debe a la química cerebral, gracias a Dios. Pero mientras se ocupan de esto, por favor, intenten explicar también el comportamiento de Freddy en la piscina durante aquel día. Me vuelvo loco cada vez que pienso en ello.

Freddy tomó una crayola negra, se metió a la piscina y comenzó a dibujar en las paredes —bajo el agua— corazones muy grandes que contenían mi nombre y el de mi amada. Un corazón tras otro a lo largo de las paredes, de una manera desgarradora, alrededor de todo el perímetro, cada uno tan grande como el asiento de un inodoro.

Como mi atención estaba totalmente concentrada en esta muchacha, sólo me di cuenta de lo que hacía Freddy cuando ya era demasiado tarde.

¿Qué carajo hace? No. No. *Coño*. Dios mío, no.

Desafortunadamente, ya no podía hacer nada en ese momento, excepto saltar a la piscina, agarrarlo del cuello y decirle entre dientes:

—Te voy a matar.

Pero no llegué a tanto. Lo solté, y él huyó, dejando abierta la puerta que conducía a la piscina. Contemplé con gran disgusto las paredes de la piscina y los corazones y nombres ofensivos que había en ella, los cuales podían leerse claramente a través del agua. Quise encogerme y desaparecer, ser tragado por la tierra. Fue un vértigo muy diferente al que sentí en el trampolín más alto, pero de todas maneras se trataba de un vértigo. Todo se alejó de mí a la velocidad de la luz, incluyendo a esa niña tan hermosa, cuyo rostro no me atreví a mirar.

Ella no tardó en marcharse y nunca más volvió a hablarme.

Le pedí disculpas a Mark, asumiendo la responsabilidad por el desatinado acto de Freddy, simplemente porque si no hubiera sido por mí, él no habría estado allí en primer lugar. A Mark no le importó. La próxima vez que fui a la piscina, los corazones habían desaparecido. Alguien los había borrado totalmente, como si nunca hubieran estado allí. Los padres de Mark tuvieron la amabilidad de no hacer ningún comentario, y yo me sentí muy avergonzado como para mencionar el tema. A esa edad, uno siempre espera y reza para que todo lo malo desaparezca automáticamente, pensando que si uno no acepta su existencia, todo lo desagradable simplemente se esfumará, como si nunca hubiera sucedido. Y eso fue exactamente lo que sucedió en este caso. Yo no iba a mencionar el tema y punto.

Sólo Dios sabe durante cuánto tiempo tuvieron que limpiar las paredes para borrar esos corazones, o cuánto tuvieron que pagarle a alguien para que lo hiciera.

No sabía qué me molestaba más: si el hecho de que Freddy hubiera arruinado por completo mis posibilidades con esa muchacha, o el hecho de que un compatriota cubano hubiera pintarrajeado la piscina de un vecino tan generoso. Charles estaba aturdido y avergonzado de lo que había hecho Federico. Tuvo que ser Federico, no Freddy. Esos niños cubanos muertos podían meterte en muchos problemas, seguramente y básicamente en contra de tu voluntad. También podían hacer que te sintieras muy avergonzado de ser cubano.

Después de esto, la piscina nunca volvió a ser la misma. Ya no podía nadar ni saltar en ella sin sentir una punzada de culpa y de vértigo. El pobre Charles estaba sumamente confundido por esa situación tan desagradable, causada por un cubano. Y aunque Carlos estuviera enterrado a diez metros en el planeta Vértigo, Charles sabía muy bien que aún había un vínculo entre él y ese niño muerto, y —gracias a él— con cualquier otro cubano.

Lo que puede hacer un solo cubano es un reflejo de lo que puede ser capaz de hacer cualquier otro. Un comemierda, dos comemierdas, seis millones de comemierdas. Es una progresión geométrica como no hay otra en la tierra: un cubano malo hace quedar mal a todos los cubanos, especialmente si están fuera de la isla.

"Coño, qué mierda", gritó Carlos desde su tumba, sin importarle siquiera que decir una sola vez la palabra "coño" fuera suficiente para enviarlo desde el planeta Vértigo al infierno por los siglos de los siglos.

Cuando tu propia gente te traiciona, lo único que puedes hacer es proferir las peores malas palabras, incluso gritarlas tan fuertemente como
sea posible una y otra vez, hasta que el sonido de ellas inunde toda la tierra y haga temblar las montañas. Una cosa es cuando tu propio cuerpo te
traiciona; tener la nariz grande o los dientes torcidos, o sentir vértigo, no
es culpa tuya. Puedes atribuírselo a la biología y a algunos genes deficien-
tes. Pero otra cosa completamente diferente es cuando tu propia gente
te traiciona. Eso hace que te odies mucho, simplemente por ser uno de
ellos. No es una respuesta completamente racional, pero una vez más, la
razón sólo puede llevarte hasta cierto punto.

Lo más importante siempre es completamente irracional: completamente. Así como la forma que tiene el antebrazo de una chica o la manera en que su cabello le roza las mejillas.

Siete

Juan Bécquer ha venido a recogerme. Tony ya está en el destartalado carro de Juan. Es un Plymouth, pero mucho más nuevo que el que tenía mi padre en La Habana. Viene a llevarnos a su casa para pasar el fin de semana con él y su familia. Cree que lo necesitamos.

La verdad sea dicha: Charles no cree que necesite estar fuera de la casa de los Chait, ni fuera de los Estados Unidos de América. Pasar un fin de semana en la casa de la familia Bécquer es como salir del país. Aunque nunca he estado en esa casa, Charles sabe que seguramente es muy cubana, y el preferiría olvidarse de todo lo cubano.

El viaje a la casa tarda muchísimo tiempo, y terminamos en un barrio que no parece ser de Miami. Por lo menos no del Miami que yo he conocido. Es un lugar completamente deteriorado, lleno de casas viejas y estropeadas, y de carros destartalados, algunos en peor condición que el de Juan Bécquer. Los árboles son muy viejos e inmensos, y lo cubren todo con una sombra densa y asfixiante. Por primera vez desde que salí de Cuba, estoy en un lugar que puede estar lleno de fantasmas.

¿Es éste el mismo país en el que he estado viviendo?

Cabañas de madera. Es en una de ellas donde viven ellos. Una casa larga y estrecha que parece más un vagón de tren que una casa. Sin embargo, no tiene pasillos. Para ir desde la parte delantera hasta atrás, tienes que cruzar un cuarto tras otro. En algún lugar, pasando algunos cuartos, hay una cocina y un baño. Si abrieran todas las puertas al mismo tiempo, podrías disparar con una ametralladora desde el cuarto de adelante —una especie de portal— y los proyectiles saldrían por la puerta trasera.

Los Bécquer no vivían así en La Habana. Todo lo contrario. Su casa era más linda que la nuestra: mucho más. De hecho, era más linda que todas las casas que yo había visto en Miami hasta ese momento: se parecía más a las casas de Coral Gables —esa réplica casi exacta de mi Miramar natal— o a las que había en las pequeñas islas entre Miami y Miami Beach. Seis personas viven en esta cabaña de madera: el Sr. y la Sra. Bécquer, sus dos pequeños hijos, y los padres de la Sra. Bécquer, quienes padecen un doble exilio, pues son españoles asturianos que huyeron a Cuba cuando ésta era parte del mundo civilizado.

Tony y yo dormiremos en el cuarto de adelante, que está rodeado de ventanas. Lo cual está muy bien, porque esta casa no tiene ventiladores ni aire acondicionado.

Es bueno ver de nuevo a los Bécquer y comer comida cubana. Empiezo a sentir que mi personalidad fragmentada aflora con intensidad. Ya no soy simplemente "yo", sino Charles y Carlos.

Charles había olvidado lo buena que podía ser la comida cubana, y se había negado a reconocer que la comida americana era inferior. Casi toda tan insípida y tan poco imaginativa. Un trozo de carne, un vegetal, algún tipo de papa, sal y pimienta. Alguna salsa embotellada para la carne. Y Dios nos libre de que algunos de esos insumos básicos estén mezclados o condimentados.

Aquí, en esta cabaña, es imposible negar la inferioridad de la cocina americana. Los plátanos fritos, especialmente, son extraordinarios. En el occidente de Cuba se les dice *chatinos;* en oriente se les dice *tostones.* Carlos siempre les decía *chatinos.*

Charles los ha olvidado. Tony no; casi no ha olvidado nada. De hecho, Tony se niega a aceptar esta muerte y se aferra con terquedad a la ilusión de que aún es el mismo niño que abordó el vuelo de KLM en La Habana, con su hermoso abismo oscuro a cuestas. Quizá sea ese abismo que lleva adentro lo que le impide ver las cosas como realmente son. Todo es tan profundo y tan oscuro que su juicio se ve afectado.

Son plátanos lindos y muy verdes, la esencia misma de la aspereza y de lo crujiente. Charles le echa sal a los *chatinos* y celebra que no sean plátanos maduros. Los plátanos maduros son completamente blandos y demasiado dulces. Carlos los odiaba, y Charles también.

Cielos, ¡qué bajo ha caído esta familia!, observa Charles, recurriendo a la memoria de Carlos. Juan Bécquer era un exitoso abogado en La Habana. Su esposa también era profesional. Charles no sabe y realmente no le importa qué hacía ella. Lo único que le importa es lo deliciosos que están los *chatinos*.

La comida va incomodando lentamente a Charles, quien siente que Carlos comienza a tomar el control, a ser agresivo y a reclamar todo su cuerpo. Charles se resiste, incluso cuando escucha a los dos viejos con sus fuertes acentos del norte de España. Le recuerdan mucho a sus abuelos de La Habana, a quienes prefiere no echar de menos. Es mejor no recordar a esos gallegos porque es muy doloroso. Sólo Dios sabe lo que podría suceder si abre esa puerta, la puerta que conduce a la Bóveda del Olvido. Es el lugar más terrorífico del universo, y posiblemente la guarida donde se esconde el Vacío.

La casa está organizada y limpia por dentro, pero no hay forma de ocultar la pobreza: muebles de segunda mano, totalmente rayados, manchados y desgastados por el tiempo; paredes desnudas llenas de grietas y de pintura descascarada.

Charles no piensa en el hecho de que esta familia hace un gran sacrificio simplemente para darles de comer a él y a su hermano, sin contar el gasto que han hecho de gasolina. Hay que atravesar buena parte de Miami para llegar a donde viven los Chait y los Rubin.

Es un fin de semana largo, muy largo. La casa no es más que un torbellino de dolor y tristeza y de habladurías constantes sobre lo que han perdido y lo difícil que es la vida en Miami. Incluso los niños se ven deprimidos. Hablan y recuerdan mucho sobre todas esas cosas que ha cesado de existir. Charles comienza a sentirse extrañamente reconciliado con Carlos y le permite entrar. De una forma extraña e inesperada, esta familia desventurada hace que Charles y Carlos se sientan en casa.

El sofá del cuarto de adelante resulta ser una cama agradable, acogedora y fresca bajo todas esas ventanas. Los gigantescos árboles de afuera hacen que la pequeña cabaña parezca estar en la Selva Negra, aquel legendario lugar del que Carlos leyó hace tanto tiempo, antes de morir.

Juan Bécquer trabaja duro durante la semana en el almacén de Sid

Rubin. Es de complexión fuerte: de estatura mediana, musculoso, como un buldog en forma humana. Nada parece amilanarlo. Y tiene un aire tierno y paternal. Les dice a Charles y a Tony que todo estará bien, que lo perdido se recuperará de alguna manera, y les aconseja no desesperarse nunca. Tony sabe de qué está hablando él, pero Charles no tiene una idea muy clara. ¿Desesperarse? ¿Eso por qué? Si la vida en los Estados Unidos de América es simplemente idílica y maravillosa.

Juan Bécquer y su esposa Marta terminarán reinventándose, obteniendo doctorados y terminando como profesores en una universidad de Michigan. Charles no tiene ninguna probabilidad de intuir que en ese momento y en esa humilde cabaña, esta gente tan buena que tanto se esfuerza para consolarlo a un gran costo, también ha muerto. Adultos, piensa él, vienen íntegros, sin perder la identidad. Después de todo, son adultos, y no hay nada que pueda afectarlos. Tampoco tiene la menor idea de que en los Estados Unidos hay cientos de miles de familias cubanas como los Bécquer, especialmente en Miami, que han aceptado de buena voluntad la pobreza a cambio de la libertad, creyendo que es una gran bendición encontrarse en el fondo de la pila, y una bendición aun mayor saber que algún día escalarán hasta llegar a la cima sin importar cuánto les cueste.

Las pérdidas que ha tenido Charles son emocionales en su totalidad, no materiales. Sí, es cierto que extraña a su familia cuando se atreve a pensar en ella, y también a sus amigos de infancia, pero ha ganado más de lo que ha perdido en lo que se refiere a comodidades. Tiene su propio cuarto, un radio transistor, un guante de béisbol, una bicicleta, montones de comida, una piscina en la casa de al lado, un dolar cada semana que gasta como le dé la gana y unos padres adoptivos cariñosos. Norma es muy sabia y graciosa. Lou también es gracioso y agradable. Por si fuera poco, toca el saxofón, y algunas veces lleva a Charles a sesiones de *jam*, o lo lleva a pescar en bote a Key Biscayne. Así que Charles está felicísimo en este paraíso de tontos, en su pequeño mundo confortable, allá en Westchester, donde no hay miseria ni nadie habla de Cuba.

Imbécil.

Yo debería estar leyendo el único libro que las autoridades cubanas me permitieron traer conmigo, un libro terrible elegido por mis padres: *La imitación de Cristo*, escrito por Thomas à Kempis en el siglo XV y traducido al español por Juan Eusebio Nieremberg en el XVII. Pero no podía leer ese libro deprimente, así como tampoco podía clavarme clavos en las manos y los pies ni ceñirme una corona de espinas en la cabeza.

Santo Dios. Jesucristo H. Inimitable.

Mis padres me habían dicho que ese libro siempre respondería a todas las preguntas que yo tuviera, especialmente las relacionadas con cuál camino seguir. Era una vieja superstición española, semejante a la de los protestantes ingleses con la Biblia. Haz tu pregunta, abre el libro al azar y encontrarás la respuesta en alguna de las dos páginas que tienes frente a ti. Busca en ellas: el Espíritu Santo te orientará hasta el pasaje indicado.

Yo ya lo había intentado varias veces, pero el libro nunca me dijo nada bueno. Al contrario, solamente me asustó. Cada página estaba llena de instrucciones sobre cómo desapegarte del mundo, de concentrar tu atención en el cielo y no en la tierra. De abandonar el mundo. De vaciarte. La luz está arriba, siempre arriba, y no aquí abajo. El verdadero amor es el desinterés, el entregarte a los demás de manera ilimitada, el sufrimiento infinito que será asombrosamente transformado en júbilo total. Deja de amar este mundo con tu corazón de arcilla, olvídate de los tobillos femeninos, de los coches veloces, de los juegos de béisbol, incluso de tu radio transistor y de todo lo mundano, incluyendo a tu familia entera.

Olvídate de todo. Déjalo ir. Todo eso es como una pesadilla que parece real. La verdadera vida está en otro lugar. Aquello por lo que suspiras con cada fibra de tu ser no está aquí.

Eso no es precisamente lo que quiere escuchar un niño de once años. Y para el caso, nadie, sin importar su edad. Es el libro más deprimente que haya escrito un ser humano en toda la historia de la humanidad.

Aunque parezca extraño, me aferré a ese libro maldito como a la medalla de la Virgen María que me había dado Luis XVI, y que yo terminaría perdiendo. Era mi único contacto físico con mis seres queridos, aquellos que yo no quería admitir que había perdido. Lo mantuve cerca, como un talismán o una reliquia sagrada, aunque no pudiera soportar lo que decía. No estaba preparado para ello. De ninguna manera. Pero de todos modos me aferré a ese libro que me decía que no me aferrara a nada en la tierra.

Si mi vida era un sueño, era uno bueno, me dije para mis adentros. Increíblemente bueno. Poco sabía yo lo rápido que despertaría, y cuánto necesitaría de los consejos de aquel libro, que terminaría por salvarme incluso de mí mismo.

La Unión Soviética estaba llenando a Cuba de misiles nucleares a espaldas de todos. Obviamente, algunos cubanos lo sabían, y muchos intentaron decírselo al mundo. Algunos hablaron directamente con esos tipos tan inteligentes de Washington, D.C., que trabajaban para el presidente Kennedy, pero sus informes fueron desechados como si fueran fábulas o simples rumores. "Locuras de los cubanos exiliados", dijeron en Washington. Y mientras Cuba se llenaba de suficientes armas nucleares como para arrasar con toda la costa Este de los Estados Unidos y la mayor parte del Medio Oeste, mi reloj comenzó a marcar las horas con fuerza, aunque no podía oírlo.

Muy pronto, yo lo perdería todo otra vez, en un instante. Esos misiles nunca serían disparados, pero de todos modos me matarían, al igual que a todos los niños exiliados cuyos padres permanecían atrapados en Cuba.

Regresé a casa de los Chait después de pasar ese fin de semana en la cabaña de los Bécquer y me sentí muy extraño, menos seguro de quién era. Carlos se había apoderado de Charles con cierta intensidad. Y Charles también había percibido que tal vez existía un nivel de bienestar entre sus compatriotas que no podía duplicarse entre los extranjeros, sin importar qué tan amables fueran contigo. La miseria tiene sus encantos, bajo ciertas circunstancias, y con ciertas personas.

Mientras estaba con los Bécquer, no pude dejar de preguntarme dónde estaba mi tío Amado, y por qué Tony y yo nunca sabíamos nada de él. Estar con cubanos que no tenían ningún parentesco conmigo me hacía pensar en tío Amado. A fin de cuentas, yo tenía familia acá. Pero, ¿dónde estaba él?

El tío Amado era el hermano mayor de mi padre. Había salido de Cuba pocos meses antes que Tony y yo, y vivía en Miami. Pero era como si se lo hubiera tragado la tierra. Y en aquella época yo no tenía cómo saber por qué.

Obviamente, ahora sí.

Él tenía sesenta y dos años, y una esposa y dos hijas a su cargo. Y una de sus hijas tenía necesidades especiales, como se dice en la actualidad. Siempre había sido un poco retardada y con limitaciones físicas. Amado había sido un arquitecto exitoso en La Habana, director de su propia firma. Y, sin embargo, aquí estaba sin un centavo en este nuevo país, teniendo que comenzar de nuevo a una edad en la que la mayoría de los hombres comenzaban a prepararse para la jubilación. Como si esto fuera poco, no había trabajo para él en Miami. La ciudad estaba inundada de refugiados cubanos, muchos de ellos profesionales, y no había suficientes empleos, ni siquiera de la más baja categoría. Juan Bécquer fue uno de los afortunados al encontrar empleo como barrendero.

Sólo Dios sabe lo que estaban haciendo Amado, su esposa y sus dos hijas, o dónde estaban viviendo. Pero se podría asegurar que no estaban muy cómodos ni felices, y también que el tío Amado tenía en sus manos mucho más de lo que podía manejar. Rayos, me sorprende que no se hubiera desmoronado. Si yo dejara mi profesión a un lado hoy mismo, renunciara a todo lo que es mío y me mudara a una tierra extranjera con una hija discapacitada a cuestas —todo esto a la edad de cincuenta y nueve años—, probablemente me diluiría en un charco. Lo último que quisiera hacer sería agregarle dos mocosos a mi hogar, o incluso darles vuelta de vez en cuando.

Tengo que ser honesto conmigo y con ustedes.

Sin embargo, el tío Amado apareció un buen día. Toda su familia vino a visitarnos a la casa de los Rubin: él, tía Alejandra y las primas Marisol y Alejandrita. Vinieron a decirnos adiós, aunque nunca habían venido a decirnos hola. Amado había sido trasladado a una pequeña ciudad de Illinois, uno de los estados del Norte. Al igual que miles de cubanos de Miami, y como todos los niños evacuados por vía aérea, el Centro de Refugiados lo estaba expulsando de Miami, donde ya no había lugar para él y su familia.

Ellos no sabían nada sobre su lugar de destino ni sobre lo que les esperaba, aparte del hecho de que Amado había sido contratado por una firma arquitectónica como delineante con un salario de noventa dólares a la semana. Era una oferta que no podía rechazar, y que formaba parte de un programa federal para reubicar a los cubanos a lo largo y ancho de los Estados Unidos, para sacarlos de Miami y desperdigarlos tan rápido y tan lejos como fuera posible. El gobierno le daba un bono a los negociantes por contratar cubanos, y les decía a los refugiados que si no aceptaban el empleo tendrían que valerse por sus propios medios en Miami. No habría cheques de asistencia social, sellos de alimentos ni cuidado médico. *Nada*. Acepta este trabajo, o jódete…

Así que Amado había aceptado su empleo en Bloomington, Illinois, ciudad natal del ex candidato presidencial Adlai Stevenson, sede de la compañía de seguros State Farm, de las aspiradoras Eureka y de Beer Nuts, las nueces preferidas en muchos bares americanos. También fue el lugar donde Abraham Lincoln dio una vez un importante discurso que nadie registró por escrito, que conmovió a muchas almas y cuyas palabras nadie podía recordar. Se conoce simplemente como el "Discurso perdido". Claro, Amado y su familia no sabían nada de esto. Lo único que sabían era que ésta era la única opción que tenían, lo que equivale a no tener ninguna. El arquitecto iba a trabajar ahora como dibujante. Lo cual era mejor que trabajar como barrendero o lavaplatos.

Fue extraño ver a mis familiares en casa de los Rubin. Se veían fuera de lugar. Espera un momento. Esta es mi familia. Mi sangre y mi carne. ¿Qué? ¿Acaso tengo familiares? Y, aquí están, diciéndome hola y adiós al mismo tiempo. Ya estaba acostumbrado a no tener familiares cerca. Ahora, muchos años después, lo que me parece más extraño de todo es no haber preguntado cómo hicieron para llegar hasta mi casa. No tenían carro ni dinero para pagar un taxi desde el otro extremo de la ciudad.

Tal y como siempre, tío Amado llevaba traje y corbata —lo único que le habían permitido traer de Cuba—, y parecía rígido e incómodo, con la lengua trabada, pues su inglés tenía un acento muy fuerte. Su esposa Alejandra salvó el día, aunque no hablara inglés. Tenía el don del cotorreo, y podía tranquilizarte de inmediato aunque necesitara un intérprete. Mis primas parecían preocupadas e incómodas. Tony y yo nos esforzamos al máximo para hacer que la situación pareciera normal, pero fue difícil. Todo era demasiado extraño. Yo traducía casi todo, pues Tony aún tenía dificultades con el inglés. Lo único que recuerdo es que fuimos al patio trasero y Philip Chait, quien apenas tenía poco más de un año y medio de nacido, caminó descalzo en el césped y mi tía se asombró.

—¡Ay, mira eso! ¡Está descalzo en la yerba!

Caminar descalzo es considerado algo peligroso en Cuba, ya que puedes coger parásitos. Ver a un hijo caminar descalzo afuera es la peor pesadilla para las madres cubanas. Tal vez peor que si le sacaran un ojo.

En aquel entonces, antes de que Cuba regresara al neolítico, caminar descalzo era prácticamente lo mismo que andar desnudo. Aquello sólo podía significar dos cosas: que estabas en la miseria, que eras un pervertido, o ambas. Dejar que tus hijos caminaran descalzos en público era como colgarles un cartel del cuello que dijera: "Mírenme, me han abandonado; mis padres son lo más bajo entre lo bajo".

Hasta el día de hoy, evito andar descalzo incluso dentro de mi propia casa. ¿Sandalias? *No me jodas.* Sólo los *maricones* o las mujeres se ponen sandalias.

Y eso fue todo con respecto a su visita. Vinieron y se fueron. Adiós. *¡Hasta la vista!* Espero verlos de nuevo algún día. Buena suerte.

¡Zas!, se fueron. Nos reiríamos de nuevo, pero no teníamos forma de saberlo. Más que eso, ellos nos rescatarían, después de que nuestra vida artificialmente segura y cómoda se evaporara como un maniquí en la zona cero de una explosión nuclear. Y los Bécquer también harían mucho por nosotros, comportándose como nuestra familia aunque no tuviéramos parentesco de sangre. Así que, en última instancia, serían nuestros parientes y compatriotas quienes vendrían a nuestro rescate cuando más lo necesitábamos.

Nunca sabes cómo resultan siendo las cosas, ni cuál pueda ser tu verdadera familia.

Salto en el tiempo, dieciocho años en el futuro.

Estoy en Galicia, España. En la Galicia fresca, verde y escarpada donde los celtas nativos y los suevos, sus caciques bárbaros alemanes, combatieron en el año 711 contra los invasores musulmanes del norte de África. Fue el único rincón de la península ibérica que los moros no pudieron conquistar, la pequeña franja de tierra desde la cual fue lanzada la reconquista, bajo el liderazgo espiritual del apóstol Santiago, que está enterrado aquí, en Compostela. Esa gente era demasiado ruda y salvaje como para permitir que alguien usurpara sus tierras, y los moros sabían que era mejor no meterse con ellos. Eran tan duros y tan tercos que, a su lado, los visigodos parecían unos mariquitas. Mi rincón en el mundo. Mi tierra ancestral por parte de mi familia materna, y también paterna.

Yo llevaba un mes viajando por Europa, viviendo en trenes y estaciones de tren, casi sin dinero. La mayor parte de mi pequeño presupuesto se había ido en el pasaje aéreo y en el Eurail Pass. Casi siempre, los hostales y restaurantes estaban fuera de mi alcance. Un día exitoso era aquel en el que no gastaba dinero y lograba sobrevivir con los alimentos que hubieran quedado del día anterior en mi mochila. Los mercados eran sitios excelentes para conseguir comida barata, especialmente queso, pan y frutas. Mi mayor gasto en algunas ocasiones era agua embotellada. Un mal día era aquel en el que tenía que buscar una ducha. Había perdido ya veinticinco libras y los pantalones se me caían. Mi cinturón ya no tenía más agujeros que abrochar, y les hice unos pocos más con el único lujo que me había permitido: una navaja Swiss Army, comprada en Ginebra.

Nunca había sido más feliz, y consideré seriamente hacer de ese estilo de vida mi profesión. Ir de un lugar a otro constantemente, viviendo según los horarios de trenes, sin saber dónde me despertaría al día siguiente, descubrir nuevos lugares día tras día, con sólo una bolsa de lona por todo equipaje. Vivir como los pájaros y los lirios del campo, sin ningún interés en comprar, poseer ni ser el número uno en nada. Mi único interés era conocer todos los lugares de los que había leído, tocar el pasado lejano y esquivar el Vacío.

Esta debe ser la mejor forma de seguir *La imitación de Cristo*, bromeaba para mis adentros.

Ya había visitado todos los países de Europa Occidental, con excepción de las Islas Británicas, y finalmente había llegado a España, donde sabía que podía hospedarme con mis familiares. Después de todo, tenía más parientes allí que en cualquier otro lugar de la tierra.

Así que he llegado a Galicia, y me hospedo con mi familia, en la casa donde nació mi abuela y su abuela, y su abuela, y su abuela, y así sucesivamente; sólo Dios sabe cuántas generaciones atrás. El lugar se ve y se siente más antiguo que el Coliseo romano. Es una casa de piedra, y hace frío adentro, incluso en junio. Es una granja, y hay ganado en el espacio que está debajo de mi habitación, que en realidad es el piso superior de un granero. Era así como se construían la mayoría de las casas en Europa en tiempos pasados. El calor del ganado ayudaba a mantener la casa caliente para los seres humanos.

Abro lo que creo que es un clóset para colgar mis camisas, y me sorprendo al ver tres jamones colgando de unos ganchos. Realmente se trata de piernas enteras, y no de esas bolas de carne a la que le decimos "jamón" en América. Son piernas de jamón, desde la cadera hacia abajo, con pezuñas y todo: jamones ahumados, curados por mi familia. *Jamón serrano,* el ingrediente básico en las tapas de todos los bares de España. Las vigas de la cocina también están llenas de jamones. Uno de ellos siempre es más pequeño que los demás. Si quieres un poco, simplemente lo descuelgas y cortas unas lascas. Luego lo cuelgas de nuevo.

He venido a España en busca de mis raíces. Necesito descubrir quién soy realmente. Necesito llegar a casa, me digo a mí mismo. Cuba no es mi verdadero hogar, y nunca lo fue. Es un lío irremediable, esa isla odiosa, sin posibilidad de solución. He pasado año tras año mirando mapas, buscando este lugar, anhelándolo. No sólo cuando estaba pequeño, sino durante muchos años, incluso cuando estaba escribiendo mi tesis doctoral, leyendo textos en alemán todos los días.

No soy el único cubano aquí, aunque casi. Ramiro, el hermano menor de mi abuela, quien ahora tiene casi ochenta años, vivió en Cuba. Al igual que muchos otros gallegos, regresó a su patria con mucho dinero en sus bolsillos y compró un montón de propiedades.

Por increíble que pueda parecer, Cuba fue una vez un lugar próspero adonde iban los europeos para hacer fortuna. Aunque tío Ramiro era hijo de una familia de campesinos arrendatarios, ahora posee tierras tan extensas hasta donde alcanza la vista. Abre una ventana y me dice: "Todo lo que ves acá, hasta el horizonte, es mío". Corta leña como si tuviera mi edad, y poda el heno vigorosamente con una hoz idéntica a la de la Muerte. Es un hombre fuerte, de ojos más azules que el cielo y mejillas tan rojas que parecen encendidas. Su hijo Arturo y su nieto Alberto, mis primos, se parecen mucho a él.

Me siento tan en casa y tan desquiciado al mismo tiempo... Este lugar está en mi sangre y me produce una sensación agradable, aunque de un modo extraño. También es un poco como otro planeta. Por una parte, nunca antes he estado en una granja ni he visto la cadena alimenticia tan de cerca ni la he experimentado de un modo tan intenso. He tenido que escoger el conejo que han de sacrificar para la cena. Esto es más que una granja, se parece más a un campo de supervivencia, a una comuna de hippies obsesionados por la comida orgánica y la autosostenibilidad total. Mi familia cultiva y prepara absolutamente todo lo que consume, y solamente utiliza fertilizantes naturales. Creo que la única tienda que visitan es la que vende repuestos para las máquinas de la granja. Obviamente, también compran gasolina, pero si pudieran perforar y extraer petróleo, estoy seguro de que también refinarían su propia gasolina.

Hasta los grillos tienen un uso. Mi primo Arturo me muestra cómo los atrapa y los utiliza como carnada. Cerca de allí hay algunos riachuelos bellos y cristalinos, abundantes en peces.

Arturo me conduce a un establo con una jarra en la mano. En su interior hay un barril de roble, de unos seis pies de diámetro. Gira la llave y llena la jarra con vino tinto.

—Lo hacemos nosotros, con nuestras propias uvas —dice—. Pruébalo.

—Es un buen vino —comento. *Buenísimo*. Es uno de los mejores vinos que haya probado, a la par de cualquier gran Beaujolais Nouveau.

Mis familiares simplemente vienen al establo y llenan una jarra cuando quieren vino. También hornean su propio pan, elaborado con el trigo que ellos mismos siembran y muelen. Es redondo, oscuro y granulado, y tiene un sabor delicioso. Lo parten con el cuchillo grande que utilizan para el jamón.

—¿Por qué hay gente capaz de comer esa basura que venden en las tiendas? Eso no es pan de verdad —dice Arturo.

Es increíble cuánto tienen que trabajar para llevar ese estilo de vida. Se despiertan antes del amanecer y trabajan hasta las diez de la noche, cuando se sientan para cenar, lo cual, si lo piensas detenidamente, parece ser el único propósito de su existencia en la tierra.

Y entonces me digo para mis adentros, esto es lo que soy realmente. Esto es lo que se supone que debo ser yo; esto es lo que mi sangre debería obligarme a ser. Debería dejar de leer, de querer vagabundear y renunciar para siempre al deseo de ser un profesor universitario.

Ramiro me dice una noche:

—¿Sabes algo? Cuando era niño y vivía aquí, los animales vivían mejor que nosotros.

Empiezo a entender todo el asunto de la emigración, en busca de tierras más verdes y cálidas en el Caribe.

Durante los tres primeros días, paso todo el tiempo en compañía de Ramiro y su familia. Aún me falta conocer a la familia de mi abuelo. Arturo me dice que pronto la conoceré.

Es el cuarto día. Voy caminando con Arturo por la carretera, y un tractor pasa a nuestro lado. El tipo que lo va conduciendo tiene casi mi edad, y su aspecto me parece completamente familiar. Es una versión joven de mi abuelo. El parecido es impresionante. Veo que el tractor tiene el apellido "Eire" escrito a un lado. Arturo le dice a la réplica de mi abuelo:

—Oye, aquí tengo a uno de tus parientes.

Conversamos brevemente, y poco después se marcha en su tractor. Es igual a mi abuelo: un hombre de pocas palabras.

Esa noche, mientras estoy sentado en la cocina con Ramiro y su familia comiendo jamón y bebiendo vino, llegan dos muchachas.

—Nos dijeron que habéis secuestrado a uno de nuestros primos —dicen.

Y antes de darme cuenta me llevan a algún lugar. Conducen a toda velocidad, y la que está al timón aparta su mirada de la carretera continuamente para participar en la conversación, del único modo que los españoles encuentran aceptable: mirándote. Ellas, Teresa y Dolores, tienen casi mi edad, y no puedo saber bien qué tipo de primas son, aunque sí que pertenecen a la familia de mi abuelo. El tipo del tractor les informó de mi presencia.

Cinco años después, una de estas encantadoras mujeres morirá al chocar con un camión mientras intentaba sobrepasar a otro auto en una curva cerrada.

Nos detenemos frente a un muro inmenso con un gran portón y una entrada que conduce a un patio. No hay luna, la noche es completamente negra, pero sé que hemos llegado a una casa muy grande, con una capilla al lado. Una mujer mayor me abraza en el instante en que me apeo del carro. Estaba esperando para abalanzarse sobre mí.

—Déjame verte —dice. Su nombre es Carmen y se parece mucho a mi madre. Pasa sus manos por mi rostro—. Qué bueno tenerte aquí.

Entro a la casa, y soy conducido a una cocina inmensa con una chimenea enorme, a cuyo lado hay una mesa larga. Siento como si hubiera entrado a un salón de banquetes medieval, y de hecho, así es. Esta es una de las propiedades de los familiares de mi abuelo, quienes, como me entero esa noche, alguna vez fueron los señores feudales de la región. Al igual que muchas otras casas de la nobleza, ésta fue construida poco a poco. La cocina parece ser la parte más antigua de la casa. El resto, la parte "nueva", data de comienzos del siglo XVIII.

Los miembros de esta casa llegan uno a uno. Me cuesta trabajo aprender todos sus nombres, pero los reconozco a todos y a cada uno de ellos como si los hubiera visto antes. Todos se parecen entre sí, y a mí, mucho más que Ramiro y su clan. Los parientes de mi abuela son todos delgados y bajitos. Todos mis primos por ese lado son altísimos, a excepción de uno llamado Paco. Y hay una semejanza notable en los rostros, tanto masculinos como femeninos. Si nos pusieran a todos en la fila de sospechosos después de un delito, la víctima tendría problemas para diferenciarnos.

—Díganos quién de ellos le robó la cartera.

—Todos —tendría que decir la víctima.

Entra Julio, cuyo nombre no tendré problemas en recordar. Es poeta, y le faltan las piernas. Al igual que mi madre, fue víctima de la polio cuando era niño, en los años veinte. Sus padres hicieron todo lo que estuvo a su alcance para enderezarle sus piernas jorobadas e inservibles, pero en cuanto tuvo edad para tomar decisiones, simplemente dijo: "Quítenmelas: son un estorbo". Julio hace un chiste tras otro, todos ellos muy cómicos. Se trata de un humor espontáneo y no de bromas prefabricadas. Parece capaz de reírse de todo, especialmente de su propia condición.

—Demostré ser todo un desafío para nuestra Señora de Lourdes —dice en referencia a una peregrinación que lo obligaron a hacer varios años atrás—. No sólo le pedí piernas nuevas, sino también que fueran muy lindas.

El último familiar en entrar es Alec Guiness, o al menos eso creo. Estoy confundido. ¿Qué hace Alec Guiness aquí? ¿Obi-Wan Kenobi?

—Este es Camilo, el hermano menor de tu abuelo.

Camilo tiene poco menos de ochenta años. Su nacimiento le costó la vida a mi bisabuela. Fue su décimo y último hijo. Puedo imaginar cómo serían los cuidados médicos en aquel entonces, a comienzos del siglo XX, en esta parte de Galicia. Toda mi vida he oído hablar de Camilo, pero lo único que sabía de él era este dato espeluznante: que había matado a la madre de mi abuelo, y que después de eso la familia se desintegró.

—¿Eres casado? —pregunta.

—En este momento, no —respondo.

—Yo tampoco. Creo que esto nos convierte en los dos solteros más codiciados del mundo —señala sin inmutarse.

Me entero de que Camilo no vive en esta casa, sino en otra mansión de la familia que está en ruinas. Es la que se suponía que yo iba a heredar en parte, pero no fue así, y nunca lo será.

Traen aguardiente, que es alcohol puro en casi un ochenta por ciento. Hacen una *queimada* vertiendo el aguardiente en una bandeja metálica poco profunda y encendiéndolo luego de apagar todas las luces. Las llamas iluminan el salón, y bebemos el remanente del fuego y lo que queda en la botella. Pasamos una velada maravillosa.

¡Bonk! Salgo de mi cuerpo. Me uno con todos mis familiares allí, en esa mesa. No tengo un cuerpo propio. Formo parte de un ser más grande. Todos los comensales no sólo estamos emparentados, sino que somos uno. Mis manos y las de los demás, son las mismas manos. Las cejas, desafortunadamente, son las mismas cejas grandes y gordas. Contemplo las piernas de Julio, que sólo son dos muñones. Contemplo su rostro radiante y sonriente, tan parecido al de mi abuelo y al mío, pero con un lustre casi beatífico. De algún modo, percibo que Julio no es un hombre derrotado, sino justamente lo opuesto: de todos los que estamos sentados en aquella mesa, es el único al que no le falta nada, el único que parece estar viviendo en un cuerpo resucitado, en un cuerpo perfecto.

¡Bonk! El velo comienza a apartarse entre este mundo y el otro: el eterno. Tengo una visión fugaz de la chispa divina que hay en cada una de nuestras almas, y de la forma en que todos nuestros cuerpos son simples extensiones de esa chispa, tan eternos y totalmente indestructibles como ella. Intuyo, por primera vez en mi vida, cuánto de lo que llamamos "real" es solamente una pequeña astilla de un todo inmensamente complejo que nuestros cerebros no son capaces de comprender, un todo más allá de las paradojas, en el que las piernas amputadas son al mismo tiempo muñones espantosos y extremidades gloriosamente bellas, eternamente intactas, y en el que todos somos al mismo tiempo extensiones simples y únicas de aquellos a quienes estamos unidos por la sangre.

Maldición. Justo cuando todo comienza a tener sentido, el velo desciende de nuevo gradualmente. Regreso a mi cuerpo, finalmente, a la casa de piedra de Ramiro y luego a los Estados Unidos y a la desolada Minnesota, donde el Vacío me acecha de manera implacable.

Pero nunca seré el mismo. Nunca jamás.

Nunca más me turbarán los pensamientos contradictorios, especialmente sobre mi propia identidad y sobre aquellos a quienes considero mi familia. Tampoco tendré problemas para entender por qué las enseñanzas contenidas en *La imitación de Cristo*, que una vez me asustaron tanto, pudieron salvarme del dolor que Charles se negaba a reconocer y que Carlos tuvo que soportar.

El dolor bienaventurado de aprender a morir.

Ocho

S i el *bowling* (bolear) no te convierte en un americano, entonces no hay nada que pueda hacerlo. O al menos eso pensaba yo. ¿Hay algo más perfecto en la tierra que una bolera, o más americano?

Una vez había visto una pequeña bolera en un club de La Habana, pero no se podía comparar con ésta.

Esta bolera era como un vestíbulo del cielo. Era inmensa, sutilmente iluminada y más fresca que cualquier sala de cine. Había un carril y otro y otro mas, y parecían continuar hasta el infinito. Los bolos al final de cada carril estaban perfectamente alineados e iluminados, como ídolos en sus propios nichos, provocándote, casi suplicándote que los acribillaras y derribaras. Las bolas son unos proyectiles perfectos. Son bolas de cañón con huecos horadados en los que metes los dedos para poderlas lanzar. El mecanismo no puede ser más sorprendente, ni una síntesis más acertada de la ingenuidad americana. Seguramente el genio que diseñó la máquina que recoge los bolos que quedan en pie y que barre los que todavía permanecen acostados, desparramados por el piso y derrotados, debió recibir un Premio Nóbel. No sólo coloca los incólumes de nuevo en sus lugares, sino que también sabe distinguir entre los carriles. Después de tu segunda bola, arrasa con todo al igual que la Muerte, y luego instala un juego limpio de diez bolos, todos resucitados. La bola devuelta es tan brillante como cualquier nave espacial de Mercurio. Veías tu bola brevemente mientras tomaba velocidad hasta que se perdía al final del carril entre los bolos, para segundos después aparecer a un costado del mismo como la bala de cañón que era, totalmente rápida. Y entonces, una rueda que giraba en reversa reducía su velocidad, deslizándola de manera suave e inofensiva hasta que la golpeaba las otras bolas en la consola de devolución, produciendo el *clunk* más agradable que puedas imaginar. Y ese *clunk* apagado era simplemente un prólogo al sonido de la bolera, que era sublime. Era el sonido más dulce del mundo. El golpe sordo, el deslizamiento y el rodamiento de las bolas. Tan silencioso, tan apagado. Un trueno controlado a escala humana. El estrépito. *Kablám*. Un estrépito tras otro, todos y cada uno de los bolos exhalando su propio grito dulce y alcanzando la más perfecta armonía. Cantando su entrega, de manera incansable y jubilosa, como algún coro celestial.

San Ireneo de Lyon, un obispo cristiano del siglo II, dijo una vez que en la Nueva Jerusalém, después de la resurrección de los muertos, los frutos y vegetales suplicarán ser recolectados y comidos, procurando aventajar a los demás, todos gritando al unísono: "Cógeme, cómeme, cómeme". La primera vez que leí ese pasaje de San Ireneo, años después, pensé en el sonido que producen los bolos cuando son golpeados por una bola rápida.

"Derríbanos, golpéanos tan duro como sea posible. Aniquílanos, vuélvenos añicos".

Y, ¿puede haber un espectáculo más agradable que esos bolos desparramándose en todas las direcciones?

Violencia controlada. Destrucción del tipo más noble que no te causa problemas porque nunca es permanente y ha sido convertida en un juego.

Pero esos ridículos zapatos que hay que ponerse te aguan la fiesta. Son para payasos, no para personas normales.

Nuestros padres adoptivos nos han matriculado a Tony y a mí en clases de bolear, y nos llevan a la bolera dos veces por semana por lo que parece ser buena parte de ese verano, pero que también podrían ser unas pocas semanas. Nunca hemos recibido clases de ningún deporte o juego, y mucho menos de uno tan bien diseñado para afinar nuestros instintos destructivos. Tener que ponerse esos zapatos ridículos era un precio pequeño por el privilegio de bolear.

Éramos los únicos cubanos en esa bolera.

—Uno, dos, tres, deslícense, suéltenla…

Mantengan la mirada fija en esas flechas pequeñas que hay en las tablas relucientes. Todo parecía tan fácil y tan divertido. Pero era mucho más difícil de lo que parecía. Las bolas que se desvían y se pierden por los canalones ofrecen uno de los espectáculos más tristes de la tierra, y son mucho más frecuentes las bolas que se desvían que las que aciertan y tumban los bolos. El desengaño inevitable que produce cada esperanza, el funeral al otro lado de cada bautizo, el divorcio que nadie quiere imaginar el día de bodas.

Coño, qué mierda.

No me fue muy bien en mi primer juego. Anoté sesenta y ocho, pero no me importó realmente. El verdadero desafío no era anotar más que los otros, sino superar ese marcador en los días siguientes y mantener la bola fuera de los canalones.

Los bolos fueron simplemente una sorpresa adicional durante ese maravilloso verano de 1962. Si no estaba nadando, me estaba divirtiendo de otra manera, y mucho. Sí, Miami era mucho más caluroso que Cuba, pero eso no me detuvo. Vivir en una casa con aire acondicionado me permitía reírme del calor, el cual era muy distinto al de Cuba, muy pegajoso y afixiante. El sol calcinante también era soportable. Después de una fuerte insolación que me quemó de pies a cabeza y me mantuvo en cama por unos tres días, me protegí por completo del sol inclemente con el pellejo bronceado e imune.

Todas las semanas recibía cartas de mis padres en las que me decían que estaban bien, y yo les enviaba cartas de seis páginas con la precisión de un reloj, en las que les detallaba todas mis aventuras. Sé que mi padre las guardaba todas. Él lo guardaba todo. Sólo Dios sabe qué habrá pasado con esas cartas después de su muerte.

Cómo me gustaría tenerlas en mis manos ahora, especialmente aquella donde describí la primera vez que crucé de noche los puentes que conducían a Miami Beach. Nunca había visto algo tan del otro mundo, tan descomunal, tan difícil de describir.

Miami tenía esta ventaja sobre La Habana: ver dos líneas de rascacielos desde los puentes entre Miami y Miami Beach, una delante y otra detrás. Dos por el precio de uno, como todo en los Estados Unidos. El exceso llevado más allá de sus límites. Lo único que le faltaba a la ciudad eran algunas puertas de piedras preciosas, de oro o de plata.

Si descendiera desde el cielo una nueva Jerusalén a algún lugar de los Estados Unidos, tendría que haber dos de ellas como mínimo, y ambas tendrían que ser igualmente extravagantes y excesivamente superiores.

Mi mamá se acercaba cada vez más a su meta de salir de la isla maldita que Tony y yo habíamos dejado atrás. Pronto tendría en sus manos la visa y permiso de salida, me decía ella. Era cuestión de unas pocas semanas antes de que pudiera reunirse con nosotros en Miami. A Carlos le encantaba esto, pero Charles siempre tenía preguntas. ¿Qué haría María Antonieta en Miami? ¿Cómo viviríamos? ¿Tendremos que vivir en una casucha de madera como los Bécquer? ¿Y qué pasaría con Luis XVI, quien se quedaría en la isla? ¿Cómo sería vivir sin un padre o una piscina en la casa de al lado?

Sin embargo, yo tenía mejores cosas que hacer que preocuparme por el futuro. ¿A quién le importa? El presente es perfecto así como está, y cada vez se pone mejor.

Durante ese verano tuve la suerte de romper mis espejuelos. Juro que fue un accidente. No lo hice a propósito, aunque más de una vez se me ocurrió romperlos intencionalmente. Iba en mi bicicleta cuando me encontré con un bache y salí volando de la silla. De veras, lo juro. Santiguarme y esperar la muerte. La caída fue fatal para mis espejuelos cubanos: los dos lentes y el marco de carapacho de tortuga quedaron triturados. Y yo terminé con algunos arañazos y moretones, así como con lentes nuevos americanos: un marco de plástico con lentes redondos, de color gris oscuro en la parte superior, y totalmente transparentes abajo. Tan nuevos y a la moda en aquel entonces, tan 1962.

—Ahora luces mucho mejor —me dijo Norma—. Te ves como los demás niños.

Sí, yo también pensé eso.

Mi inglés había mejorado lo suficiente como para ocupar un lugar al lado de mi lengua nativa y para apartarla del camino con frecuencia. De vez en cuando tenía que buscar alguna palabra en el diccionario, pero la mayoría de las veces eran palabras que cualquier niño americano de once años también tendría que buscar. Como por ejemplo, *curmudgeon* (cascarrabias).

Yo le había tomado aprecio a Norma y a Lou, y también a Philip y Eric, sus dos hijos. Amaba a mis dos padres adoptivos y me encantaba jugar con sus hijos; tuve que aprender a hacerlo, pues nunca antes había tenido que lidiar con bebés en pañales. Philip estaba aprendiendo a hablar y Eric comenzaba a caminar. Lo único que recuerdo es que me gustaba cargarlos y comportarme como su hermano mayor. También era muy divertido tener cerca a Víctor. Y ese verano dejé de hablarle en español, como lo había hecho desde mi llegada. Los perros pueden entender cualquier idioma, pero el que mejor entienden es aquel con el que te sientes más cómodo.

Salíamos a comer frecuentemente, algo que mi familia casi nunca hacía en La Habana. A Luis XVI no le gustaban los restaurantes porque todos le parecían inferiores a Versalles. Mi restaurante favorito en Miami era uno italiano, donde te servían un plato de espaguetis y albóndigas tan grande que era difícil comértelo todo. Pero yo siempre lograba hacerlo, y salía del restaurante sintiendo como si me hubiera tragado una de las bolas de la bolera. Otro favorito mío quedaba cerca, en la calle Coral Way, y vendía perros calientes de un pie de largo. No eran tan buenos como los que preparaba aquel chino en La Habana en la esquina de la casa de mis abuelos, pero eran más grandes, y eso los hacía mejores. Todo lo que le ponían compensaba el hecho de que no estaban fritos, como los del chino, sino hervidos: los pepinos, la cebolla, la mostaza, el sauerkraut, el *ketchup,* que podías rociar con tanta abundancia que chorreaba por todos los lados del pan cada vez que le dabas un mordisco. También estaba la International House of Pancakes. Me volvía loco tratando de decidir cuál *pancake* pedir y con cuál salsa acompañarlo. Era tan abrumadora esta elección, tan emocionante y tan totalmente americana a la vez…

Cada vez que voy a Miami trato de visitar ese sitio, que ha permanecido firmemente anclado en el centro comercial de Westchester. No voy a comer allí. Simplemente me gusta asegurarme de que aún sigue ahí. Ningún otro sitio de los Estados Unidos me remite tanto a mi niñez y a la alegría pura que puede sentir un niño por las cosas más simples, como ocho jarras distintas de sirope.

La International House of Pancakes era mi antídoto a *La imitación de Cristo,* prueba fehaciente de que este mundo no era tan malo ni tan digno de desprecio.

El sauerkraut también era otro gran antídoto, pues estaba repleto de una esencia celestial que me convencía de la presencia divina en la creación. El sauerkraut, entre todas las cosas, era una evidencia sólida de la existencia de Dios.

Sin embargo, no íbamos al cine con mucha frecuencia, lo cual suponía un problema serio para mí. Pero no poder ir no era algo más irritante que los zapatos de bolear. Yo podía soportar este problema, siempre y cuando pudiera distraerme de él. Había muchas otras cosas que marchaban bien. Las películas habían sido una parte esencial de mi vida hasta ese entonces. Yo vivía por las películas, y las utilizaba incluso para interpretar mi propia vida y ponerlo todo en perspectiva. Pero mi vida actual era de cierto modo una película. Yo estaba viviendo un maravilloso guión cinematográfico en la tierra donde se hacían las mejores películas.

No obstante, extrañaba las salas de cine. Un verdadero paisaje debía tener muchas salas de cine, y donde yo vivía era difícil encontrarlas. Tampoco tuve la oportunidad de ir a alguna de las que vi en mis breves incursiones al centro de Miami y a Coral Gables. Me llamaban "entra aquí", pero yo no tenía cómo hacerlo.

Solamente pude ir al cine una vez durante todo el tiempo que viví con los Chait. Y quiso la divina Providencia que fuera nada más ni nada menos que para ver *Los vikingos,* mi película favorita, la más importante de toda mi infancia, que fue lanzada de nuevo en 1962, y proyectada en un cine de Coral Gables.

Era mucho mejor de lo que yo recordaba, especialmente porque esta vez no tuve que leer los subtítulos. Pude concentrarme totalmente en las imágenes de la pantalla, entender todo lo que decían y percibir incluso la diferencia entre el acento británico y el americano. Me uní con los actores de la pantalla, sin ningún filtro entre ellos y yo. Y Janet Leigh se veía más linda esta vez. Anteriormente, no entendía porqué los hombres peleaban por ella, llegando incluso a matarse y a mutilarse, pero esta vez me pareció perfectamente lógico. La escena de la batalla final y el duelo a muerte entre Kirk Douglas y Tony Curtis entraron en perspectiva de un nuevo modo, debido a mi nueva fascinación por los ojos de Janet Leigh.

Estaba en el mundo perfecto, donde se hacían las películas, y mucho más cerca de convertirme en un vikingo. A fin de cuentas, en esta película todos los vikingos hablaban inglés con acento americano. Y Tony Curtis no sólo se parecía mucho a Lou, mi padre adoptivo, sino que en realidad hablaba el inglés con el mismo acento que él.

El paisaje nórdico ya no me parecía tan extraño ni tan lejano, aunque yo estuviera rodeado todavía de palmeras y lagartijas, en lugar de fiordos. Yo estaba algunas pulgadas más cerca de Noruega en el mapa y de un clima frío donde todo era mejor. El hecho de que Florida estuviera unida en el mapa con otros estados donde nevaba le confería un aire de redención. No era tan malo como en Cuba, sencillamente no podía serlo. De ninguna manera. La gracia divina de la nieve se extendía más allá de las fronteras estatales, y llegaba directamente a la Florida.

Antes tenía la convicción de que Europa y Norteamérica eran superiores al resto del mundo precisamente por su clima. Y ahora que estaba al norte del Trópico de Capricornio me sentí mucho menos inferior, y ver *Los vikingos* de nuevo, en esta latitud, me hizo sentir mucho mejor con respecto al exilio. Muchísimo mejor. Estar tan cerca de la nieve era algo muy semejante a la salvación.

Sin embargo, y aunque detestaba reconocerlo, algo hacía que mi vida distara de ser perfecta. Fue algo totalmente irracional: esa sensación que había experimentado por primera vez aquella mañana inicial en el campamento de Florida City. La sensación de estar completamente solo y abandonado para siempre, de estar atrapado con nadie más que conmigo mismo por toda la eternidad. El Vacío. Me perseguía, veladamente.

Yo podía ignorarlo la mayor parte del tiempo porque el hogar de los Chait normalmente era muy concurrido, lleno de gente. Norma y Lou no salían mucho, como suele suceder con los padres que tienen niños pequeños, pero ellos eran gente normal, y de vez en cuando salían. Y era entonces cuando el Vacío atacaba sin vacilación ni misericordia.

Me atacó por primera vez un día de ese verano cuando llegué a la casa y la encontré vacía. Lou estaba trabajando y Norma se había ido a alguna parte con los bebés. En cuanto sólo el perro respondió mi saludó, supe que estaba solo. Ay, ¿qué es esto? En un instante, la casa misma había desaparecido y el perro también. Estaba solo, completamente solo en una Nada abismal. Solo por siempre jamás. Atrapado en mí mismo y en nadie más que yo. El dolor era insoportable.

Afortunadamente, Norma y los niños regresaron pocos minutos después y el dolor desapareció de inmediato. Pero ese momento me asustó bastante.

¿De dónde había salido aquello? ¿Podría atacarme de nuevo?

Yo no sabía qué podía ser ese sentimiento, pero lo reconocí de inmediato, y supe algo con certeza: que no provenía de mi interior. No era algo que yo pudiera controlar. De ninguna manera. Era algo mucho más grande y mucho más fuerte que yo, y definitivamente venía de fuera. Era una presencia, aunque su esencia era la Ausencia.

Desgraciadamente, me sucedió en dos o tres ocasiones más, de la misma forma, cuando llegaba a una casa vacía. Maldición. Pero al menos, estos ataques no duraron mucho tiempo. Tal como había sucedido la primera vez, en cuanto la casa se llenaba el Vacío desaparecía como un demonio expulsado por un exorcista.

Me mantenía a flote en medio de estos ataques, pretendiendo que eran aberraciones absurdas y pasajeras. Entonces, un fatídico sábado, Norma y Lou decidieron cenar en casa de alguien y dejarme con Philip y Eric. "Ya estás en edad de cuidarlos", me dijeron. Yo ya había aprendido uno de los sustantivos más estúpidos de la lengua inglesa, *baby sitter*, que quiere decir "uno que se sienta con los bebés" o "uno que obliga los bebés a sentarse", pero no me había pasado por la mente que terminaría siendo uno.

Bien, pensé: puedo manejar esto. No hay problema. Esto es como sacar la basura: una tarea agradable, una señal de que soy americano y responsable. ¿Y qué si Norma y Lou tardan en regresar? Habrá otros seres humanos en casa. ¿Y qué si son bebés? Además, he superado otros ataques antes y nada de eso puede volver a suceder, de ninguna manera. Sí, puedo manejar esto.

Seguro. No hay problema. Todo estuvo bien al principio. Acosté a Philip y a Eric en sus cunas y les di vuelta unas cuantas veces para asegurarme de que se habían dormido. Philip siempre tardaba en hacerlo, y eso me mantuvo ocupado. *Check and check again*. Asegúrate que se durmió. Los programas de televisión estaban buenos. El canal de televisión NBC siempre presentaba películas en colores los sábados. No películas de basura de serie B, como puedes ver en las tardes, sino películas realmente buenas que han sido todo un éxito en las salas de cine.

¿Podría haber tenido mejor suerte que esta? La película de esta noche es *River of No Return (Río sin retorno)*, protagonizada por Marilyn Monroe y Robert Mitchum. ¡Marilyn! ¿Cómo dejé pasar una película como ésta? Ni siquiera sabía que existía. Está llena de acción y transcurre en el Viejo Oeste durante la fiebre del oro. Marilyn y el testarudo de Mitchum están atrapados en una balsa y se enfrentan a todos los peligros que uno podría esperar en un río caudaloso en el Oeste, cuando los indios eran más numerosos que los colonos blancos. Mitchum es un ímbecil, al igual que todos los hombres que aparecen con Marilyn en la pantalla, y que todo hombre relacionado con cualquier mujer que haya marcado tu corazón. Pero Marilyn es Marilyn. No me importa lo que diga o haga. A mí me gusta mirarla.

Me imagino que Norma y Lou regresarán a las once, antes de que termine la película.

Víctor me hace compañía. Se acuesta a mis pies y permanece a mi lado mientras venero a Marilyn. Él es mi fiel amigo y perro guardián, mejor que cualquier ángel de la guarda. Coño, ¿pero qué pasa aquí? Diez. Diez y treinta. Me empiezo a sentir un poco inquieto. ¿Dónde están Lou y Norma? Esta sensación se acerca, se asoma. No le tengo un nombre, pero la reconozco de inmediato.

Las once de la noche. La película termina, y Marilyn desaparece. Y todavía Lou y Norma no han regresado a casa. Comienza el noticiero local.

¡Señor, ten piedad! Me siento más acorralado que nunca. Y esta vez la emboscada es implacable. Creía que el primer ataque —allá en Florida City— había sido brutal, pero éste hace que parezca un juego de niños. La nada, la ausencia y la desesperación total son insoportables. Me están desollando vivo. Creo que moriré con toda certeza si no me abandona esta sensación. Me sigo diciendo a mí mismo una y otra vez que Norma y Lou regresarán muy pronto y que mi dolor desaparecerá tan rápidamente como apareció.

Las once y media. ¿Dónde podrán estar? ¿Por qué no han llegado todavía? No me preocupo por ellos, ni me imagino que les haya pasado algo malo. De hecho, no preocupo en absoluto. No se trata de preocuparse. Cuando uno se preocupa es porque tiene que enfrentar algún tipo de incertidumbre. Pero esta noche no tengo ninguna incertidumbre o duda. Estoy seguro, seguirísino de estar completamente solo y totalmente abandonado, a la deriva en la Nada y abandonado por toda la eternidad.

Es medianoche. Estoy caminando de un lado a otro en la sala frenéticamente y vigilando constantemente a Philip y Eric. Víctor percibe mi ansiedad y permanece a mi lado, siguiéndome como el buen pastor que es. Sin embargo, parece más una ilusión que un perro real.

No se admiten mascotas en el Vacío. No se admiten animales en el Infierno.

He tenido un salvavidas en mi bolsillo, un número telefónico que no me atrevo a utilizar, donde puedo encontrar a Lou y Norma en caso de emergencia. He querido llamarlos desde las once, pero no me he atrevido. ¿Qué puedo decirles? Por favor, regresen porque la casa se convirtió súbitamente en el *infierno*. Sí, como no.

Ellos pensarán simplemente que soy un mariquita y se enojarán conmigo por estropearles la noche.

Me sorprendo a mí mismo. En efecto, puedo pensar en esto mientras me estremezco. Tengo que cumplir con mis obligaciones y soy lo suficientemente grande para hacerlo. Me digo que de todos modos llegarán en cualquier momento.

Pero como ocurre siempre con un dolor fuerte, llega un punto en que no puedes aguantar más y algo en ti flaquea y tienes que quejarte o gritar. No lo quieres, pero el sonido sale de tu boca y te parece algo raro y extraño, pero te ayuda a lidiar con el dolor. O pierdes el conocimiento y recuperas la conciencia gimiendo, escuchando tus propios gemidos, pero te niegas a aceptarlos como tuyos. O, como ocurre con el asco o el mareo, llega un momento en que tu cuerpo dice: Muy bien, ya basta, fuera con él. Y no puedes detener lo que tus entrañas quieren expulsar.

Me desmorono y los llamo. Invento una historia sobre una pesadilla que me ha aterrorizado. Me imagino que comprenderán esto. Tampoco me importa en este punto lo que puedan pensar ellos o si se enojarán conmigo.

Llegan en menos de diez minutos. El Vacío se desvanece de inmediato, pero el dolor persiste durante un tiempo. En realidad, durante varios días. Me esfuerzo al máximo para explicar mi "pesadilla", pero fracaso terriblemente. Les digo a Lou y a Norma que soñé que me habían llevado a la cima de una montaña muy alta y que fui lanzado desde allí hasta Cuba. Comienzo a llorar a moco tendido, así como lo hice el primer día que llegué a esta casa y al seno de esta familia.

¿Cómo carajo inventé eso?

Norma me dice que no me preocupe, que el punto más alto del estado de la Florida sólo tiene unos trescientos pies sobre el nivel del mar y que está en el norte del estado, a cientos de kilómetros de distancia. No hay una sola montaña a mi alrededor y, además, ella no permitiría que nadie me envíe de regreso a Cuba. Y por supuesto, me abraza.

Gracias, Norma.

Mi adversario había ganado. Sin lugar a dudas. Me había noqueado tres segundos después de comenzar el primer asalto. Para colmo de males, yo estaba jodido desde el comienzo sin las leyes del Marqués de Queensberry. Mi rival no me iba a dar tregua. El *sonomambíche* siguió dándome puños y patadas mientras yo estaba en el suelo, y me hizo papilla.

Después de esa noche, supe que no podía enfrentarme de nuevo a este enemigo. La única ventaja que tenía sobre él era mi certeza de que sólo podía atacarme si yo estaba solo. Fue bastante fácil aprender a evitarlo, pero muy difícil tener que decirle a Norma y a Lou que nunca más deberían dejarme solo. Me demoré en decírselo, esperando futilmente que nunca más salieran de nuevo, del mismo modo en que los niños esperan contra toda esperanza, creyendo que si quieren que algo sea de cierta manera, basta con desearlo con la suficiente confianza. Así que entonces me volvió a atacar un par de veces más, cuando llegué a casa y la encontré vacía. Luego, otro sábado por la noche, ellos me dijeron que iban a salir de nuevo y que yo tenía que hacer de niñera.

Eso fue todo. Hora cero de la conflagración nuclear. Me desmoroné una vez más y les dije que no podía quedarme solo otra vez. Nunca más. No pude encontrar las palabras adecuadas, pero de todos modos intenté explicar mi temor. Lo único que podían entender era que yo tenía miedo. Supongo que era la razón más simple. Pero, de veras, nadie podía entender lo que me sucedía. Ni yo mismo.

Desde ese momento en adelante, cada vez que salían contrataban a una niñera. Y Norma me dejó muy en claro que no estaba muy contenta con eso. Un niño de once años no necesita una niñera, me dijo. Yo carecía de algo, de algo importante.

Yo no podía estar más de acuerdo.

Curiosamente, la maldita niñera de la calle de enfrente, que sólo era un par de años mayor que yo, mantuvo el Vacío a raya. No sé cómo, pero lo hizo. Lo único que pude intuir era que ella encarnaba la presencia de Lou y Norma de algún modo, simplemente porque la habían contratado y porque yo sabía que ellos tendrían que venir a pagarle y le permitirían volver a su casa.

Imaginé eso vagamente; que vendrían por ella, pero no por mí, ni por Philip, Eric o Víctor. Los padres y los familiares tenían la costumbre de desaparecer, pero no mis vecinos ni amigos.

Era una locura. Pero, en ese caso, una vez más, yo estaba loco. ¿Qué otra cosa podía esperar?

Saber que estaba loco no me impidió seguir adelante con mi vida, ni divertirme. Para nada. Me dije que sólo estaba loco en un solo aspecto, y que en los Estados Unidos, la tierra de los excesos, era perfectamente aceptable tener una locura como la mía. Así que, armado con un inglés mucho mejor del que tenía en junio —y equipado con los nuevos espejuelos americanos—, regresé a la Escuela Primaria Everglades en septiembre, listo para comenzar finalmente el sexto grado, con un año de atraso. No más clases marginales en la cabaña de los cubanitos: fui directamente a una clase regular para niños americanos, donde sólo había otros dos cubanos.

No me sentí como un imigrante mientras pedaleaba mi bicicleta rumbo a la escuela aquel primer día.

¿Yo? Soy igual que tú. Mírame. ¿Me veo diferente? Escúchame hablar. ¿Oyes algo raro, algo que recuerde a Desi Arnaz? ¿Sí? Mira lo que hago en el aula. Apuesto a que no sólo estaré a la par contigo, sino que te aventajaré. ¿Fútbol? Sí, puedo con eso. Pregúntame por cualquier película o programa de televisión. Los conozco todos. Vamos, no voy a esperar que me pongas a prueba: seré yo quien te ponga a prueba, ¿qué pasan por la tele los martes a las ocho y media? ¿Música? Sí, ya me sé las mejores canciones, incluída la nueva de Four Seasons con el loco que canta como una niña, *Sherry, Sherry baby*... Pero no me pidas que baile, pues soy un patón, aunque no tenga que bailar con una pareja gracias a Chubby Checker y al Twist. Ven a mi casa, verás cuán normal es todo, lo perfectamente americano que es.

Totalmente, *Leave it to Beaver*, mi vida. Increíble, pero cierto.

Ah, sí. Algo más. *Wanna go bowlin'*? ¿Quieres ir a bolear?

Nueve

—Enséñame a decir malas palabras en español.

No recuerdo cuántas veces me han pedido esto. Todos quieren aprender todo tipo de vulgaridades en español, incluso las niñas. Esto me pone en aprietos, pues decir malas palabras va en contra del primer mandamiento y es una boleta de entrada al infierno. Y si le enseño a alguien a decir vulgaridades, no sólo estaré poniendo en peligro mi destino eterno, sino también el de esa persona, haciendo que mi pecado sea dos veces peor. Y si no digo nada, me seguirán molestando.

Intenté esto, pero sé que el silencio no funciona. Además, si me niego a hacerlo seré un latoso, peor que un mariquita. ¿Qué puedo hacer? Arrojarles un hueso.

—Remolacha —les digo.

—¿Qué es eso?

—Es la palabra en español para 'sexo'; ya sabes, esa palabra tan sucia que empieza con la "F".

—Dinos más.

—Bueno, ¿qué tal "méteme una patada en las nalgas"?

—¿Qué es eso?

—Significa "ve a tener relaciones sexuales contigo mismo"; ya sabes, otra versión de esa vulgaridad que empieza con la "F".

—Gracias, Charles, muchas gracias. Fantástico.

Los tipos de Monty Python me robarían este truco unos años más tarde en su *Libro de frases húngaras*. Nunca sabré cómo lo hicieron.

John Cleese: —Quítate los calzoncillos, Sir William. No puedo esperar hasta la hora del almuerzo.

Eric Idle: —No creo que estés utilizando bien ese libro.

Darles a los extranjeros información equivocada sobre las malas palabras es la venganza suprema, la forma más segura de socavar su civilización y de escapar del infierno, todo esto de un solo golpe.

Ustedes, ladrones de Monty Python, la frase en húngaro que significa "¿Puede llevarme a la estación?", se traduce: "Por favor, acaríciame el culo".

John Cleese, Eric Idle, ustedes dos me deben mucho.

Miles de soldados cubanos fueron a Etiopía en la década de 1970 a pelear en una guerra que los soviéticos no pudieron asumir abiertamente. Si yo me hubiera quedado en Cuba, seguramente habría estado entre ellos, si acaso antes no hubiese terminado en Angola, en la cárcel o ejecutado. Y tal vez yo estaría muerto y tú no estuvieras leyendo esto. Pero lo que más importa es que ellos también me robaron el truco. Su dulce venganza con los locales era enseñarles a decir "el coño de tu madre", y hacerles pensar que estaban diciendo "que tengas un buen día".

Conozco a un cubano que estuvo en Etiopía con las tropas cubanas y se sorprendió al conocer a varios etíopes que lo recibieron el primer día diciéndole —con una gran sonrisa—, "el coño de tu madre". Por supuesto, esta frase solamente se puede traducir al inglés con la palabra que comienza con "F".

Todos ellos también me deben bastante.

Todo el mundo en la Escuela Primaria de Everglades sabe que soy cubano. Maldición. ¿Cómo lo saben? Es mi acento, por supuesto, pero me niego a aceptar el hecho de que todavía no he superado a Desi Arnaz. Creí que mi pronunciación en inglés era perfecta. Me encuentro en total estado de negación.

Entonces, un día, durante la primera semana de escuela, levanto la mano para responder a una de las preguntas del profesor, quien me indica que hable.

—*That's easy* (Eso es fácil) —le digo.

Toda la clase se ríe a carcajadas. Se trata de una risa genuina y prolongada.

Antes de poder preguntarme qué barbaridad he dicho, toda la clase empieza a repetir lo que acabo de decir una y otra vez. Y suena realmente mal.

—¡*Easssssy, eassssssy, eassssssy!* ¡Ja! ¡Qué gracioso! ¡Ja, ja, ja!

No "*eazy*", que es lo que creía haber dicho.

La risa parece eterna. Desde ese día me llaman "Eassssssy boy". A una niña le encanta decirme "eassssssy" cada vez que me ve.

En ese momento, mientras todos se desternillan de la risa, decido dedicarme en un ciento por ciento a borrar todo rastro de acento que haya en mí.

"Juro que nunca más se reirán de mí. Nunca", me digo.

¿Y qué es esta mierda? ¿Qué carajo pasa con estos libros?

Mis libros de geografía y de historia tienen capítulos sobre Cuba y sobre otros países de América Latina. Lo que veo en ellos es espantoso. Según estos libros, cada país latinoamericano es casi igual a todos los demás: todos son muy, muy pobres y terriblemente atrasados. Todos son gobernados por un pequeño número de personas ricas y casi blancas, pero no realmente blancas, que explotan a la pobre gente de piel más oscura y les chupan la sangre. Las fotografías de los libros son demasiado elocuentes: campesinos descalzos y hambrientos detrás de arados tirados por bueyes y niños semidesnudos con sayas de paja. Lo único que les falta son huesos en la nariz. Pero, ¡un momento! ¡Aquí hay uno con un hueso atravesándole la nariz! ¡Y también lleva un arco y una flecha! Maldita sea, no sabía que yo era un salvaje. Mi libro de geografía sólo tiene una fotografía de Cuba, y es de una choza de paja —un bohío— con dos de niños negros semidesnudos y descalzos ante la puerta, con un aspecto *hapless and helpless* (desventurado e indefenso), dos nuevas palabras en inglés endiabladamente similares que acabo de aprender. Mi libro de historia dice que Cuba, así como todos los países de América Latina, está demasiado atrasada como para tener una democracia o una verdadera civilización, y que el poco progreso que existe se debe completamente a la ayuda que los Estados Unidos le han ofrecido desde que liberaron a la isla de las garras de España en 1898. También aprendo que el verdadero héroe de la guerra de la independencia cubana fue Teddy Roosevelt.

¡Jesucristo H. tritura–textos!

Entonces me digo que por eso debe ser que me hacen tantas preguntas bobas:

—¿Qué sentiste al ponerte zapatos por primera vez cuando llegaste a los Estados Unidos?

—¿Había inodoros en Cuba? ¿Televisores? ¿Hospitales? Carros? ¿Pantalones?

—¿Te gustaba montar en burro?

—¿Cómo aprendiste a leer tan rápido si acabas de llegar?

Y así, y así, sin parar. Bien podría colgarme un hueso en la nariz y salir descalzo para confirmar sus peores sospechas sobre mí. Quizá también debería gruñir mucho.

La pregunta más molesta de todas es:

—¿Por qué no eres moreno?

Mi cabello rubio desconcierta a todos.

—Mis antepasados eran bárbaros como los tuyos —les digo.

—Oh.

—Oigan —les digo—, ¿quieren aprender otra frase en español sucio? Aquí va: "soy un comemierda".

—¿Qué quiere decir?

—Bésame el culo, ya sabes, como la palabra que comienza con "A".

Algún día descubrirán que sólo les enseñé a decir: "soy un imbécil". De alguna manera, la palabra "comemierda" no va en contra del primer mandamiento. Yo la uso todo el tiempo. Es sólo un pecado venial.

Bienvenido a Estados Unidos, Charles. Por cierto, ¿podrías decirme por qué todos los cubanos tienen los labios gruesos?

Esa es una pregunta que un chico me hizo en el baño de la escuela. Nunca había pensado que mis labios fueran gruesos. Y menos ahora, cuando tantas mujeres que pueden pagar una cirugía estética se hacen hinchar los labios como si fueran dirigibles.

—Creo que esas bembas de mambo hacen que todos ustedes besen muy bien —me dice el chico en el baño.

Los prejuicios me persiguen adonde quiera que vaya. Es inevitable. No hay niños negros de los cuales burlarse en esta escuela. Es 1962, y las escuelas de la Florida todavía están segregadas. El hecho de que los cubanos no fueran enviados a las escuelas de los negros es algo que todavía me intriga. Después de todo, no nos aceptaban como blancos en aquel entonces, igual que ahora. Pero teniendo en cuenta lo que dicen los textos escolares sobre mí y todos los hispanos, en realidad no se puede culpar a nadie por creer que seamos inferiores.

Quiero ser uno de esos chicos que pertenecen a la guardia escolar, de esos que ayudan a los niños a cruzar las calles: son tan chéveres. Tienen un cinturón lindísimo de la Triple A, la Asociación Americana de Automóviles, que se ciñen alrededor de la cintura y también pasa por encima del hombro derecho, con una placa brillante que tiene las iniciales AAA. Pueden detener el tráfico y controlar el flujo de peatones y bicicletas. Algunos de ellos hasta izan banderas en palos largos. Son casi como policías ¡por el amor de Dios!, o como soldados. Tienen verdadero poder y prestigio. Mantienen su cinturón de la AAA sobre sus pupitres durante la clase entera para que puedas admirarlos todo el día.

No me permiten entrar a la patrulla de la guardia escolar. Arguyen algo sobre mi inglés. Que no está bien del todo, ya saben. Tengo problemas con la letra "S".

Un día mi bicicleta aparece misteriosamente destrozada. Me dispongo a sacarla de la rejilla y es como si hubiera sido aplastada por un camión mientras uno de los guardias AAA echaba una siesta. ¿Qué es esto? ¿Cómo ocurrió? Las ruedas están jorobadas y parecen *pretzels*, esos maravillosos palitroques americanos crujientes y trenzados. Lo único que les falta es la sal. Los pretzels están al lado del sauerkraut en mi lista de nuevas maravillas que sólo se encuentran en América. Pero, maldita sea, el asiento también está destrozado; un buen trabajo. Jack el Destripador estaría orgulloso de ti, quienquiera que seas. La cadena ha desaparecido, al igual que la caja de los cambios. Desaparecida. Y el freno y los cables de los piñones han sido picoteados, como para una ensalada. Pero no todo está perdido. El manillar, los pedales y el marco todavía forman una sola pieza. ¡Carajo, los manillares también han desaparecido!

Me duele explicarles lo de mi bicicleta a Norma y a Lou. Yo esperaba que se enfurecieran y me tildaran de irresponsable, pero son lo suficientemente buenos para comprarme otra bicicleta esa misma tarde.

—Oye, tremenda bicicleta linda y nueva —me dicen un par de tipos mientras la aseguro a la rejilla el día siguiente—. Espero que tengas mejor suerte con ésta que con la anterior.

Dejo de ir a la escuela en bicicleta. A fin de cuentas, no queda tan lejos.

Consigo un amigo en mi clase, un judío muy agradable llamado Toby. Me recuerda mucho a algunos de mis amigos en mi viejo país, allá en la caverna de Platón. Él y yo nos llevamos bien, e incluso me invita a su casa una tarde después de la escuela.

—Oye, no te atrevas a acercarte a Toby —me dice otro compañero de clase al día siguiente, un tipo cuya piel es diez veces más oscura que la mía y cuyo pelo es de color negro azabache. Su rostro permanece grabado en mi memoria con tanta claridad como lo está el de Cristo en el Sudario de Turín.

—¿Qué quieres decir?

—Sabes lo que quiero decir.

—No; no lo sé.

—Sí lo sabes. No te hagas el tonto. Sé lo que te traes entre manos, y tendrás muchos problemas si no te alejas de Toby.

Esto me deja tan atolondrado que me quedo sin preguntas ni respuestas. Y tengo que resistir las ganas que tengo de darle un puñetazo en la cara. Cada célula de mi cuerpo grita que le pegue bien duro, pero mi cerebro entra en acción. La bestia que hay en mí quiere pegarle tan fuerte como sea posible y seguirle golpeando la cara hasta que no quede nada de ella. Imaginar su cara completamente ensangrentada me produce un gran placer, pero una parte de mi cerebro dice que lo suelte porque ellos son mucho más que yo.

El mismo tipo me sigue lanzando las mismas amenazas día tras día. Dejo de fraternizar con Toby en el recreo y cuando termina la escuela. Seguimos siendo buenos amigos en clase, pero todo el proceso de socialización afuera del aula llega a un fin abrupto.

No sé qué cree el cabrón de pelo oscuro que le estoy haciendo a Toby, o qué quiera él hacerme a mí, pero no me interesa saberlo. Por ahora, me doy cuenta de que estos detalles tan desagradables son inevitables.

En el comedor, un chico llamado Curtis me dice que no me acerque a él y que mantenga mis "apestosas manoplas" lejos de su bandeja. Bueno, la palabra no es realmente "apestosas", sino aquella palabra con la "F" que yo les traduzco como *remolacha* a quienes me suplican que les dé lecciones de malas palabras en español.

Curtis es grande y gordo, pecoso y pelirrojo, y le encanta decirme *spic.* Parece un muñeco Howdy Doody grande, y aún no ha descubierto el encanto de los desodorantes para la peste a grajo, como hice yo tres años atrás allá en mi bohío. Sí, en mi bohío de paja y piso de tierra.

Sin embargo, me va bien en clase. Mis calificaciones no se parecen en nada a las que acostumbraba sacar, especialmente en matemáticas, pero se lo atribuyo al hecho de haber perdido un año de escuela en Cuba. Hago un informe sobre Turquía y es todo un éxito. Paso horas dibujando un mapa y termina siendo tan detallado que el profesor expresa un asombro tremendo.

—No está mal para un cubano.

Freddy y yo nos hacemos mejores amigos que nunca. De alguna manera, no me importa mucho cuando Federico se apodera de su cuerpo. La pasamos juntos después de la escuela y durante los fines de semana.

Y tenemos un verdadero desmadre en Halloween. Era mi primera oportunidad de celebrar esta fiesta, y la segunda para él. Freddy era todo un veterano. No había Halloween en Cuba. Yo había visto una vez a algunos niños americanos disfrazados caminando por la Quinta Avenida en Miramar haciendo *trick-or-treat* con cierta frustración, y me había sentido embelesado por su aspecto y su empresa. Luis XVI me explicó de qué se trataba todo en aquel entonces, antes de que Cuba fuera secuestrada y llevada a otra dimensión.

—En los Estados Unidos, los niños se disfrazan y piden dulces de puerta en puerta el día antes del Día de Todos los Santos.

—¿Crees que soy bobo?

—No, en serio, eso es lo que hacen. Mira a esos niños. Eso es lo que están haciendo ahora mismo.

—Pero nosotros no hacemos eso aquí.

—No, no lo hacemos. Y esos pobres niños se van a llevar una gran decepción.

Pero yo no me iba a decepcionar aquí, viviendo con los Chait en Miami. De ninguna manera. Estaba en los Estados Unidos de América y el Halloween estaba garantizado por la Constitución. Estaba estipulado en la Declaración de Derechos, o algo así.

Estaba entusiasmado por Halloween desde septiembre, cuando comenzaron a decorar las tiendas con todo tipo de cosas: calabazas, espantapájaros, tallos de maíz, hojas rojas, anaranjadas y amarillas, brujas, telarañas, calaveras y esqueletos. También muchas cosas espeluznantes pertenecientes al norte, donde nevaba. Me moría de ganas porque llegara y contaba los días. Esto iba a ser mejor que la Navidad, me dije. Más grandioso que cualquier cumpleaños. Me imaginé yendo de puerta en puerta y recibiendo dulces. Me imaginé siendo capaz de destrozar casas con impunidad si no me daban dulces.

Luis XVI no me había contado esa última parte. Y fue la mejor de todas. El derecho a cometer actos de vandalismo, garantizado por la ley.

—Sabes, ya estás un poco mayor para celebrar Halloween —me dijo Norma un día cercano a la fecha mágica.

—¿De veras?

—Casi, pero no del todo. Creo que está bien si sales a pedir dulces, pero ésta será tu última oportunidad. El año que viene ya serás demasiado grande para eso.

Razón de más para disfrutarlo tanto como sea posible, me dije. Será un éxito total. Escasamente podía contenerme a medida que el día se acercaba.

Ni siquiera me molestaba en prestarle atención a la crisis de los misiles de Cuba, que estalló una semana antes de Halloween. ¿La guerra nuclear? No, no puede suceder, por lo menos no antes de Halloween. De ninguna manera. Kruschev, Kennedy y Fidel solucionarán todo esto. ¿Desde cuándo acá tanto lío? Los misiles llevan mucho tiempo allá. ¿Y qué si los genios del Pentágono finalmente convencieron a John F. Kennedy de la amenaza que los cubanos conocen desde hace tanto tiempo?

Finalmente, el día mágico llegó, como lo había predicho yo, sin que ocurriera un holocausto nuclear. No tenía disfraz, pero Norma me ayudó a improvisar uno. Me disfracé de vagabundo, con manchas de churre en la cara y una camisa de franela por fuera. En aquel entonces nadie se atrevía a llevar la camisa por fuera de los pantalones. Yo tenía un aspecto tan desaliñado que la gente creyó que llevaba algo semejante a un disfraz. Freddy terminó con uno muy parecido al mío. Y a ninguno de los dos nos importaba nuestro aspecto. Sólo queríamos recoger caramelos y arrasar con el barrio, al igual que todos los niños estadounidenses.

—Ya sabes —me dice Freddy—, si no te abren la puerta o si no tienen nada para darte, entonces tienes derecho a destruir esa casa de la forma en que prefieras.

—¿Estás seguro?

—Claro que sí.

Y entonces nos aventuramos en la noche tropical armados con bolsas de papel, o jabas, como les decimos los cubanos. Fue incluso mejor de lo que esperábamos. La mayoría de las casas estaban decoradas con motivos de Halloween y todas las luces estaban encendidas. Yo estaba convencido de que todas las calabazas eran ángeles disfrazados, serafines o al menos arcángeles, y no unos cuantos lacayos de los rangos inferiores de la jerarquía celestial. Fuimos de puerta en puerta y en todas las casas nos dieron muchas cosas. Yo no podía creer que esto sucedía en realidad. Sentía como si me hubiera metido en una pantalla de cine y fuera parte de una película —parte de un mundo que era aun más real que los mismos Estados Unidos— o que simplemente estaba teniendo el mejor sueño de mi vida.

—*Trick or Treat*. ¿Truco o golosinas?

El ritual era sublime. Creo que no pronuncié correctamente el conjuro que salió de mi boca, pero no importó. Todos los adultos que se acercaban a la puerta sabían por qué Freddy y yo estábamos allí.

—Déjame adivinar qué eres —me preguntaban algunos de los más locuaces.

—*We're in disguise* (estamos disfrazados) —respondía yo.

Seguramente sonaba como si hubiera dicho *We're in dis-guy,* que no tiene sentido, pero a nadie pareció importarle. Esa noche a nadie pareció importarle que Freddy y yo fuéramos cubanos.

Todos los niños se convierten en duendes como por arte de magia en Halloween, y a nadie parece importarle si la Tierra de los Duendes es americana o no.

Barras de caramelo y chocolate. Santo Dios. Hershey's, Nestlé, Three Musketeers, Almond Joy, Mars, Mounds, Baby Ruth. Todas las marcas buenas. Bolsas de M & M's. Maní. Almendras Jordan. Ju Ju bees. Junior Mints. Hershey's Kisses. Muchos chicles. Un tipo nos dio pastelitos. Pasteles, imagínate. Luego estaban las peores casas donde te daban manzanas, o donde lo único que tenían era un cruel engaño llamado Caramelo de Maíz, que era terrible, pero que calificaba como golosina y por lo tanto no podías arrasar con esa casa.

—¿Estás seguro de que esta porquería puede considerarse una golo-sina? —le pregunté a Freddy.

—Lamentablemente, sí. *Sadly, yes* —dijo el experto.

Fuimos a algunas casas donde no había nadie. ¡*Yuupiii!* Hora de bromear... Nos vengamos, tal y como lo estipula la ley y con mucho gusto. No puedo divulgar la mayoría de nuestras represalias, pues ignoro cuál pueda ser el estatuto de limitaciones a los delitos que cometimos. Sólo puedo decir que fuimos muy creativos. Pegar chicles en las cerraduras de las puertas fue nuestro menor truco.

La emoción de fastidiarle la vida a otra persona era increíblemente estimulante. No hay ninguna sensación que sea tan agradable y tan virtuosa como ésa. Atacamos a los tacaños y a los avaros con todo el celo de los Cruzados, seguros de que la nuestra era una empresa sagrada.

Años más tarde, no sé cuál de las miles de preguntas que pasan raudas por mi mente es la mejor para reflexionar sobre esta situación tan patética, tan impregnada del pecado original y tan llena de pruebas sobre nuestro parentesco con las bestias rugientes.

Hacer el mal puede hacerte sentir tan bien y tan completamente satisfecho. Sí.

Y es aun más satisfactorio ser un cretino cuando llegas a casa con una jaba que está a punto de romperse por el peso de los dulces. Yo tenía suficientes dulces al final de esa bendita noche como para que me duraran los próximos dos meses. Y, por supuesto, todo desapareció en menos de una semana.

Por último, soy total y verdaderamente americano, me dije. Olvídate del acento y de todo el acoso que sufres en la escuela. No me importa. Ahora que he hecho esto, soy alguien de verdad.

Es como si me hubiera muerto y llegado al cielo. Estoy viviendo la vida que siempre quise tener. Soy como esos niños americanos superiores que vi en la Quinta Avenida en La Habana, años atrás, destinados a sufrir una decepción en mi país inferior. Diablos, yo soy mejor que ellos porque estoy aquí, donde hay una verdadera fiesta de Halloween.

Ahora, lo único que necesito para convertirme en un americano de verdad es transformarme en judío y tener un Bar Mitzvah.

Eso es lo que yo pensaba que era normal. ¿Qué otra cosa podía pensar si vivía con una familia judía? Todo lo que había a mi alrededor, así como los niños de mi edad, se estaban preparando para su paso a la edad adulta, y yo me tambaleaba, pedaleando mi bicicleta camino a St. Brendan's todos los domingos.

Ya había ido a un par de Bar Mitzvahs. El judaísmo me parecía una religión muy razonable, y nada amenazante. Sí, es cierto que el hebreo era pesadísimo, pero lo mismo sucedía con el latín. Bueno, tal vez el latín era un poco menos extremo. Pero pasar por un ritual que te transformaba en un hombre era algo que me parecía fantástico, digno incluso de tener que aprender esa lengua extraña. *Baruch* esto, *Baruch* aquello, y *Adonai* para ti también. Y *Eloheinu* mientras estás en ello, y *Melech Ha-Olam* para rematar.

Sí. ¿Por qué no? *Dominus Vobiscum. Et cum spiritu tuo. Oremus.* ¿Cuál es la diferencia?

A fin de cuentas, Jesús era judío. Y le hicieron un Bar Mitzvah. Yo sabía esto. La Virgen María también era judía, y San José, y todos y cada uno de los doce apóstoles, incluyendo a San Pedro, el primer Papa, que ahora custodia las puertas del cielo. Judíos, todos ellos. Y les rezábamos a todos. *Ora pro nobis*, sí, por favor. Eran del pueblo elegido. Elegidos, como mis padres de crianza y los de Tony. Exiliados desde el primer día. Siempre en movimiento. Siempre expulsados, siempre despojados de todo lo que habían conseguido con sus esfuerzos. Siempre ridiculizados. Siempre destrozados y amenazados. Siempre elegidos como chivos expiatorios por esto y aquello. Ofrendas de sacrificio.

Refugiados de primer orden. Ni siquiera me acerco a ellos, ni mi pueblo tampoco.

Se acerca mi decimosegundo cumpleaños, menos de un mes después de Halloween. Sé que no tendré un Bar Mitzvah, pero me encantaría tener uno más o menos dentro de un año a partir de ahora.

Eso haría que todo estuviera bien, aunque tenga que usar uno de esos gorritos estúpidos que se niegan a permanecer en la parte posterior de la cabeza. Ese ritual incluso podría curarme de mi acento y darme otra oportunidad para pedir dulces en Halloween. El próximo año, por esta época, aún no seré un hombre. No.

Todavía seré un niño, escasamente, pero un niño de todos modos, con tres semanas de más.

Un niño muy afortunado, con una bemba de mambo y todo, sin argollas en la nariz, que puede enseñarle malas palabras en español a los americanos mientras suspira por fiordos y Bar Mitzvahs sin la menor preocupación por el dolor que causa la circuncisión o el horror de ver que la cerradura de la puerta de tu casa ha sido cuidadosamente atiborrada con chicle Bazooka.

Oye, Charles, ¿cuál es la palabrota del día? Enséñame una de las peores. Alguna malísima.

Berenjenas.

—¿Qué es eso?

—Es una forma muy cochina de decir "senos".

Yiau. ¿Qué tal una más?

—Me encantaría saborear tu flema.

—Eso suena incluso peor. ¿Qué es?

—Es una forma muy reprobable de decir "me encantaría besarte por todas partes".

—Gracias, Charles. Ustedes los cubanos tienen la mente muy sucia. Gracias.

—Claro que sí. *It's easy for us* (es fácil para nosotros). Es todo lo que podemos hacer en nuestras bohíos, ya sabes.

—¿Qué?

—Vete al carajo, cabrón.

—¿Qué dices?

—Nada. No importa.

Sé que acabo de comprarme un billete de entrada al infierno, sobre todo desde que he dejado de confesarme, pero me importa un carajo. Coño, me importa una *remolacha* volante, un *flying "F."* De alguna manera, y con torpeza, me he dado cuenta de que el cielo y el infierno estan totalmente entrelazados aquí en Miami.

Coño, qué mierda.

Diez

—Sería mejor que le echaras un vistazo a esto —me dice Norma mientras me pasa el *Miami Herald*.

Sé que algo debe estar mal, no sólo por la expresión de su rostro, sino también porque nunca antes me ha hecho leer el periódico.

—Lee este artículo —me dice señalándolo.

Entonces le hecho un vistazo al periódico y, en un instante, el mundo comienza a girar en la dirección opuesta.

Uy.

El artículo en cuestión dice que debido a la crisis de los misiles Castrolandia ha cerrado la puerta a toda la emigración de forma indefinida. Leo el artículo varias veces para asegurarme de haber entendido todos los detalles. Lamentablemente, no es tan difícil llegar al fondo de ello: nadie puede salir de Castrolandia. Nadie.

Mi madre tenía un permiso de salida para mediados de noviembre, justo antes de mi cumpleaños. Estaba lista para viajar.

Y ahora, no podrá salir.

Norma parece estar muy molesta. Supongo que yo también, pero procuro no expresarlo.

Siento rugir al Vacío; lo siento tensionarse, preparándose para atacarme.

Sin embargo, Halloween aún me tiene animado, por lo que soy capaz de activar mis poderes casi sobrehumanos de ignorar la realidad.

—Ah —le digo a Norma—, esto no es permanente; todo cambiará pronto.

—Me temo que no —contesta ella. Se ve sumamente molesta.

Me doy cuenta de que se trata sólo de un poco de lluvia del holocausto nuclear que nunca ocurrió. Fidel Castro está completamente encabronado porque Nikita Kruschev no lo deja aniquilar a Nueva York, Miami y Washington D.C., y entonces les cierra todas las puertas de salida a los cubanos.

"Tendrás que quedarte aquí, conmigo", les dice a mi mamá y a los padres de más de diez mil niños evacuados por vía aérea, y a millones de otros cubanos. "Nadie puede salir ahora".

Ahora que todo el mundo puede ver claramente que él es un simple títere de Moscú, a Fidel le da un ataque como no le había dado hasta entonces. Su rabia no tiene límites. Quería ser visto a toda costa como uno de los líderes más importantes del mundo, uno de los pocos que tenía el poder de apretar un botón y matar a decenas de millones de seres humanos. Le dijo a Nikita que estaba dispuesto a lanzar un ataque nuclear contra Nueva York, y Nikita le recordó que esto significaría el fin de Cuba. "Los borrarían del mapa", le dijo el ruso. Pero Fidel no se inmutó por la destrucción de Cuba. Se moría de ganas de presionar el botón, independientemente de las consecuencias, y le dijo a Nikita que se ocupara de sus asuntos. Y eso fue lo que hizo parpadear a Nikita en su enfrentamiento con John F. Kennedy. Saber que tenía por aliado a un loco le cambió completamente el juego a Nikita.

Los soviéticos retiran los misiles de Cuba, o al menos eso dicen. Veo las imágenes de los barcos soviéticos en la televisión, regresando a la URSS atiborrados de "misiles". En cambio, el presidente Kennedy le asegura a Nikita y a Fidel que los Estados Unidos vigilarán de cerca a todos los exiliados cubanos y nunca más les permitirán que levanten un solo dedo contra Castrolandia.

Ahora que todo el mundo sabe que él nunca tuvo la autoridad para apretar el botón, Fidel tiene que encontrarle una salida a su frustración. He visto a mis gatos comportarse exactamente del mismo modo en muchas ocasiones. Si están frustrados por algo, atacan a otro de los gatos que hay en la casa, especialmente a aquellos que están durmiendo u ocupándose de sus asuntos.

Así que, ahora, Fidel va a demostrarle al mundo que realmente está al mando de Cuba. Sí.

Tardo unos cuantos días en saber de mi mamá, pero cuando finalmente recibo una carta suya, mis peores sospechas quedan confirmadas, así como las de Norma y Lou: la puerta ha sido bien cerrada y ningún cubano puede salir. Estoy en estado de shock. En algún lugar, en una de sus muchas mansiones, Fidel se ríe de todos nosotros.

—Lo siento —dice María Antonieta—. Lo siento mucho. No puedo viajar. Pero encontraré alguna salida, te lo prometo. Cavaré un túnel bajo el Estrecho de la Florida si es necesario.

Claro, ella no tenía manera de saber que tardaría otros tres años para encontrar una salida, y que excavar ese túnel habría sido más rápido que tratar de salir de Cuba con una visa. Nadie sabía qué esperar en aquel entonces.

A excepción de Norma y Lou. Ellos sabían que el cubanito que habían recibido por unos pocos meses se había convertido súbitamente en un huérfano que podría estar con ellos de forma indefinida, quizá para siempre.

¿Qué carajo deben hacer ahora, con esta situación?

Por supuesto, lo único en lo que pensaba yo en ese momento era en mí mismo. Pobre de mí. Nunca se me ocurre que este es un problema mucho más grande de lo que puedo imaginar.

Afortunadamente, mis poderes de negación han aumentado, y ese aumento repentino de la ceguera voluntaria es alimentado por la crisis. Es un círculo vicioso de una belleza poco común. A medida que persiste mi dolor, lo mismo sucede con mi capacidad de negarlo. Estoy más frío que un pescado muerto que lleva doce años congelado. Y mis ojos seguramente tienen casi el mismo aspecto.

Pero no consigo ver esto cuando me miro en el espejo. Me niego a notarlo.

Un pensamiento —uno solo— sigue dando tumbos fuera de mi campo de fuerza protector: "Nunca, nunca más veré a mis padres". Obviamente, lo noto de la misma forma en que alguien nota los ladridos del perro del vecino, pero logro desestimarlo.

¿A quién le importa? Mi cumpleaños se acerca, y lo mismo sucede con otra fiesta maravillosa de los Estados Unidos: el Día de Acción de Gracias; Thanksgiving. Estamos en medio de la temporada de fútbol americano y estoy muy entusiasmado con este nuevo juego —lo último en violencia—, que estoy aprendiendo a jugar. Imagino contusiones monstruosas, tal vez un hueso roto o dos. Lou ha prometido llevarme a un juego de los Huracanes en el estadio Orange Bowl.

No me importa en absoluto que haya pavo en la cena de Thanksgiving. Norma y yo tenemos un acuerdo. Puedo abstenerme de esas aves repugnantes, y Tony también.

Tony y yo cumplimos años con dos días de diferencia, el veintitrés y el veinticinco de noviembre. Así que los Chait y los Rubin deciden celebrar nuestros cumpleaños el Día de Thanksgiving, en la casa de los Rubin.

Maldición. Olvidé la mayoría de las cosas que sucedieron ese día y me quedaré eternamente frustrado cada vez que intente recordarlo. Salvo por una cosa extraña. Uno de mis regalos es una pelota de fútbol, algo que he estado anhelando. Contemplo este objeto ovalado, marrón y hermoso, y sus cordones perfectamente blancos. Admiro la textura de la piel de cerdo y paso mis dedos sobre ella. Lo sujeto y siento su peso perfecto. Lo huelo. Vapores dulces, casi tan perfectos como el DDT o el tubo de escape de una guagua. Quizá incluso mejor.

Maldición, maldición, maldición. ¿Qué carajo me pasa?

¿Por qué estoy llorando como una niña? ¿De dónde vienen estos condenados sollozos? No estoy haciendo esto. No. De ninguna manera, No. Otra vez no. Estos sollozos no son míos, y tampoco lo son esas lágrimas hirvientes que brotan de mis ojos. ¿Qué clase de imbécil soy? ¿Por qué siento con tanta fuerza la presencia de mis padres? ¿O es su ausencia lo que siento? Mierda.

Las luces se apagan. Apagón.

Años más tarde, varias personas que estaban allí ese 22 de noviembre de 1962, me dicen que Sid Rubin puso su mano en mi nuca y hundió mi cara en el cake de cumpleaños. También me dijeron que todo esto fue grabado en película de ocho milímetros, y que muchas personas han visto esa película muda a lo largo de los años.

No tengo ninguna razón para dudar de este cuento. Pero, al igual que alguien que ha sido noqueado con anestesia para una operación, o que alguien que ha recibido un balazo en la cabeza, no tengo el menor recuerdo de nada de esto.

También me dicen que todos comenzaron a reírse y que yo levanté mi cara de la torta en medio de risas, mi cara cubierta de merengue, como uno de los Tres Chiflados.

Me encantaría ver esa película algún día, grabada con el mismo tipo de cámara que utilizaría Abraham Zapruder exactamente un año después, el 22 de noviembre de 1963, para grabar imágenes de la cabeza del presidente John F. Kennedy en el instante en que una bala, perfectamente disparada por un asesino en Dallas, le sacó los sesos.

Las películas de ocho milímetros son confiables y divinas. Y el sonido del proyector es tan reconfortante como música de fondo completamente sagrada.

Razón de más para desear que los Chait hubieran filmado las tres semanas siguientes, cada maldito minuto, en colores vivos. No me acuerdo de casi nada, salvo por el dolor más exquisito, y por una transformación bastante súbita, mucho más sorprendente que la que Tony y yo habíamos experimentado cuando abordamos el vuelo de KLM en La Habana siete meses atrás.

Se hizo un silencio calcinante de nuevo, la formidable transfiguración que te reduce a nada, a mucho menos que nada. La dulce llama, de nuevo, ahora ligeramente familiar, reminiscente de la eternidad y de la nada al mismo tiempo.

Dulce muerte.

Esta vez tardamos más tiempo en morir. Llevábamos tan sólo unos pocos minutos dentro de ese avión en La Habana, cuando ya éramos conscientes de lo que estaba sucediendo. Pero esta vez nos tomó unas tres semanas. Y fuimos muy conscientes de eso.

Se sentía exactamente igual esta muerte, a pesar de su mayor lentitud. Normalmente, tres semanas pueden parecer larguísimas. Pero no en este caso. Recuerdo esa inmolación como si hubiera sido instantánea, y por lo tanto, sólo tengo en mi memoria tres imágenes completamente fragmentadas de las tres semanas que siguieron a mi cumpleaños. Trozos pequeños y retorcidos, cada uno de ellos es un pulido espejo lleno de imágenes idénticas y surrealistas.

No recuerdo quién me dio la noticia, ni dónde ni cuándo, pero poco después de la fiesta de cumpleaños —quizá incluso al día siguiente—, me entero de que Tony y yo debemos abandonar nuestros hogares adoptivos inmediatamente. El plan a largo plazo es enviarnos adonde está nuestro tío Amado, allá en Illinois, pero por ahora, mientras el tío se establece en el norte, seremos trasladados a otra casa de acogida en Miami administrada por un matrimonio sin hijos. Es una estación de paso, me han dicho, no algo permanente.

Sepulto la información en lo más profundo de mi ser sin dilación alguna, y niego que esto pueda estar pasando realmente. No quiero irme de esta casa. De ninguna manera.

Y de repente —a pesar de mis poderes sobrehumanos de negación—, Tony y yo estamos andando en un carro por la avenida Coral Way en compañía de un trabajador social, en dirección este, hacia el centro de Miami. Estamos en Coral Gables, la única parte de Miami que me recuerda a La Habana. Contemplo los árboles gigantescos en la franja del medio de esta amplia avenida. Sus ramas se extienden sobre la calzada, formando un dosel natural tan espeso que impide la entrada del sol. Sus troncos son una masa fibrosa y enmarañada, un revoltijo de cientos de troncos más pequeños entrelazados entre sí, cada uno anunciando su edad, haciendo alarde de una longevidad superior, riéndose de mí y de cada ser humano que disfruta de su sombra. Todos y cada uno de esos árboles son una imagen exacta de los otros más viejos que había en el parque que estaba a cuatro cuadras de mi casa en La Habana, el parque en el que casi me vuelo la mano con un petardo. Me acuerdo de mi madre y de como me abrazó, mi madre oprimiéndome el pecho mientras yo apretaba mi puño lo más duro posible, mi madre diciéndome que todo estaría bien. Recuerdo el dolor. No escucho su voz, pero tengo de nuevo la sensación de lo que sentí al oírla. Allá, tan lejos de aquí.

El trabajador social está sermoneando y hablando de algo que prefiero no escuchar, dándonos detalles sobre la casa de acogida que nos llevará a conocer.

En un abrir y cerrar de ojos llegamos a un barrio muy pobre que Lou Chait me describió alguna vez como "muy, muy malo". Estamos a sólo unas pocas cuadras del estadio Orange Bowl, una parte del cual veo por un instante al doblar una esquina. Nos detenemos en una casa pequeña y de aspecto miserable en una calle sin árboles. El sol cae sobre nosotros como sólo lo hace en los barrios malos, de mal humor, buscando cosas para quemarlas y estropearlas, y recuerdos para chamuscarlos. La luz del sol estalla en un estruendo al golpear las paredes de estuco verde pálido de la casa que está a punto de convertirse en nuestro nuevo hogar. Entramos por una puerta destartalada. Es mi peor pesadilla hecha realidad. Miseria pura. Hasta la humilde choza de los Bécquer luce mejor que esta casucha. Un porche exterior y estrecho con ventanas de celosía, escasamente amueblado. Una pequeña sala, muy oscura, y un comedor igualmente pequeño, un poco menos oscuro. La cocina es uno de los círculos del infierno: todo en ella está rayado y manchado, y el piso de linóleo se ha desteñido y agrietado, y está salpicado de agujeros. Parece un rompecabezas inconcluso abandonado a la intemperie y a la lluvia. El hedor es abrumador y fácil de identificar. Huele a basura rancia. El baño parece tener por lo menos cien años. Una bañadera con patas estilo garra sobre un piso de linóleo que hace que el de la cocina parezca lujoso. Puedo ver mugre debajo de la bañadera: hay mucha. El inodoro podría ser una reliquia de la antigua Roma: el tanque de agua está sobre él, y una tubería oxidada y larga se extiende por la pared. Una cadena de tracción con un desgastado mango de madera cuelga a un lado del tanque de agua.

Todavía no sé qué huele a moho, pues nunca antes lo he olido, pero lo cierto es que detesto ese olor.

Ignoro a todos los muchachos que nos miran mientras recorremos la casa. Ignoro a la mujer que está a cargo de esta casa, aunque ella parlotea sobre esto y aquello. Advierto sin embargo que hay unos diez muchachos y sólo dos habitaciones muy pequeñas para ellos. La mujer que administra la casa y su marido —que es invisible— ocupan el dormitorio más amplio, una habitación que no está incluida en nuestra gira. Ignoro el hecho de que todas las personas que hay en esta casa son cubanas. Ignoro el hecho de que el trabajador social también es cubano.

Tony y yo no decimos nada mientras recorremos la casa. Nada en absoluto. Y de repente, ya no estamos ahí.

Apagón. Oscuridad total.

Tony y yo estamos sentados sobre mi cama en casa de los Chait. La puerta de mi cuarto está cerrada.

Me oigo decir: "No puedo vivir allí. No puedo vivir en esa casa".

Siento que opongo resistencia a lo que está a punto de suceder, tratando de renunciar a ello. Intentando de que no suceda.

"Esta no puede ser mi vida", me digo. "De ninguna manera".

Oigo a Tony decir: "Silencio. Cállate. Basta ya. Allí es donde vamos a vivir de ahora en adelante, y eso es todo. No podemos hacer nada, así que tienes que aceptarlo".

Quizá lloré, pero no estoy seguro. No recuerdo gran cosa, salvo a Tony diciendo una y otra vez: "Vamos a estar bien".

Oscuridad total. Negro azabache.

Estamos de nuevo en Coral Way, en el mismo maldito carro con el mismo maldito trabajador social cubano. Advierto que es demasiado joven como para pasar por adulto. Sigue con la perorata sobre lo buena que será nuestra nueva casa, y el hecho de que ahora seremos parte de una familia grande y feliz.

"Calor de familia", dice una y otra vez. Vamos a estar rodeados de "calor familiar", eso es lo más importante de todo.

¡Cuantas ganas tengo de que se trage la lengua!

Los árboles de Coral Way se transforman súbitamente en ángeles. En ángeles inmensos, poderosos, musculosos. Ángeles exterminadores. Matadiablos de primera clase. Ángeles de la guarda blandiendo lanzas y espadas contra demonios, esforzándose con cada fibra de su ser, dirigiendo con denuedo sus armas al enemigo, sus músculos ondulantes, sus extremidades perfectamente articuladas para aprovechar el poder que hay en ellas y causar el máximo daño posible, sus alas tan tensas y en ángulos tan perfectos como los de cualquier águila cuando desciende en picada para liquidar a su presa: la esencia misma del equilibrio, del equilibrio en sí, aprovechado para un propósito singular, de origen divino.

"Mientras estos árboles estén aquí", me digo, "estaré bien".

Muchos años después, en un día gris y lluvioso, veré algunas estatuas de ángeles dorados amontonadas sobre un altar barroco en Praga. Me recordarán de inmediato aquellos árboles y les susurraré: "¿Qué hacen aquí, tan lejos de Miami?".

Faltan apenas unos pocos días antes de Navidad, y Coral Gables está engalanada para la ocasión, atiborrada de todo aquello que ha sido prohibido en Cuba, donde la celebración de la Navidad es ahora un delito. Me digo una y otra vez que debo empaparme del espíritu de la temporada, pero no lo escucho. No está calando en mí. No puedo hacerlo. Estas guirnaldas y luces y árboles de Navidad y pesebres son un engaño. No es Navidad. No puede serlo. Nada malo puede ocurrir en Navidad o antes de ella.

No tiene sentido.

Las imágenes navideñas tratan de invadir mi mente pero rebotan por fuera de mis murallas como balas de cañón disparadas con una artillería débil. No entrarán; no podrán hacerlo. No pudieron entrar siquiera en la Navidad anterior, cuando tuvimos que fingir que no estábamos celebrando, y cuando no había nada que pudiera pasar por un regalo porque todas las tiendas estaban vacías. Cualquier Navidad pasada, no importa cuán fúnebre haya sido, tiene el poder de matarme ahora mismo. Y entonces los muros de mi fortaleza se erigen, se engrosan y amplían, y los fosos a su alrededor se hacen más profundos y extensos, y se llenan del ácido más puro y fuerte de todos.

Todo completamente negro. Apagón.

Simplemente acepto durante varios años lo que sucedió como algo inevitable, y nunca le preguntaré a nadie por qué sucedió. No me importa saberlo porque prefiero aceptarlo como algo que estaba predestinado. No podría haber sido de otra manera. Es algo muy semejante a un accidente automovilístico: si reproduces de nuevo la escena antes del choque, sólo hará que tus cicatrices te duelan más, tanto las de tu cuerpo como las de tu mente. Lo mejor que puedo hacer es suponer, y hacerlo con un ojo cerrado, con mis manos sobre mi rostro.

Y las suposiciones siempre me llevan a la misma conclusión: que nuestros padres adoptivos pensaron que sólo pasaríamos unos pocos meses con ellos, pero las consecuencias de la crisis de los misiles de Cuba hizo que todo cambiara.

Ahora nadie sabía cuándo podría salir nuestra madre de Cuba.

¿En un mes? No era probable. ¿En diez meses? Seguramente no. ¿En dieciséis? Eso sería ser optimista. ¿En dieciséis años? Tal vez.

¿Tendría que soportarme a mí mismo indefinidamente si yo fuera mi propio padre adoptivo? De ninguna manera. Yo era mercancía estropeada. Demasiado estropeada. ¿Habría soportado a Tony? De ninguna manera, por nada del mundo. Él sólo daba problemas. Las alergias, la sinusitis constante, las jaquecas, la dejadez absoluta y una resistencia obcecada al aprendizaje del inglés son sólo algunos de sus defectos. La lista completa sería demasiado extensa. Él era un obstáculo permanente en una casa pequeña con otros dos adolescentes, un varón y una hembra. Ese abismo que llevaba siempre en su interior era como un agujero negro que se tragaba todo aquello que la luz dejara entrar en casa. Para rematar, se daba duchas de casi una hora de duración y comía demasiados huevos.

¿A quién pertenecíamos realmente? ¿A quién pertenecíamos cualquiera de los diez mil de nosotros que estábamos abandonados a nuestra suerte? Estábamos atrapados aquí sin nuestros padres, y no había marcha atrás. Eso estaba fuera de toda discusión. Nuestros padres habían apostado y perdido, pero la mayoría de ellos nunca se arrepintió de la apuesta. Era mejor que sus hijos estuvieran solos en los Estados Unidos que al lado de ellos en ese infierno tropical, o en algún lugar de la Cortina de Hierro. Era así como lo veían nuestros padres, y como lo veíamos también la mayoría de nosotros los niños. Atravesar la Cortina de Hierro y regresar al infierno no era una opción, aunque fuera el lugar donde estaban atrapados nuestros padres. Estábamos aquí para siempre, nosotros, los de la evacuación aérea invisible que casi nadie advirtió.

Yo, por mi parte, hubiera preferido morir antes que regresar. Me habría tirado incluso a un mar infestado de tiburones para que me devoraran con avidez antes que poner mis pies de nuevo en Cuba. Elegir voluntariamente el Vacío habría tenido tanto sentido para mí como regresar a Cuba. Y muéstrenme a otro niño evacuado por vía aérea que no se sienta del mismo modo.

Tony y yo fuimos más afortunados que la mayoría: por lo menos teníamos un tío en los Estados Unidos. ¿Y qué importa si tenía sesenta y dos años de edad, estaba desempleado, vivía en una ciudad pequeñísima del Medio Oeste y había sido bendecido con una hija minusvalida? Era el hermano de nuestro padre y nuestro pariente más cercano. Nuestros padres adoptivos no eran realmente responsables de nosotros, y todo lo que habían hecho por nosotros sobrepasaba cualquier definición de la compasión y el altruismo. Era un *mitzvah* más brillante que mil millones de soles, una obra bondadosa totalmente desmedida. Había llegado el momento de que fuéramos recogidos por tío Amado.

Así que los Chait y los Rubin trataron de enviarnos donde Amado a través de las mismas agencias que nos habían llevado a sus casas en primer lugar; sin importar quiénes fueran ellos. Pero algo salió mal en algún punto del camino.

En lugar de ser enviados adonde nuestro tío, que vivía su propio infierno tratando de establecerse en Bloomington, Illinois, un pueblo recóndito, tocando cada puerta de iglesia que pudo encontrar, pidiendo muebles usados y ropa de invierno, preguntándose cómo pagar las facturas de la calefacción que ascendían casi a la mitad de sus ingresos, o cómo se suponía que iba a moverse en una ciudad que no tenía transporte público, nosotros fuimos archivados, almacenados, apartados de la vista —o como ustedes quieran llamarlo— en una fosa de almacenamiento.

Se suponía que no estaríamos mucho tiempo allí, en esa casa llena de pandilleros sadísticos que ya habían tenido encuentros con la policía. Técnicamente, no era un hogar para delincuentes juveniles ni un orfanato, pero con toda seguridad calificaba como ambos.

Pero lo que se supone que debe ocurrir no siempre es lo que sucede, simplemente porque hay un plan mucho más grande y complejo que está más allá de nuestro alcance, un plan eterno, del cual afloran partes ocasionalmente en nuestros sueños y son difíciles de reconocer por lo que son, y más difíciles aun de interpretar correctamente.

Tony y yo estábamos predestinados a terminar en esa casa y a vivir en ella durante un número específico de días, un número enorme que nunca me he tomado la molestia de contar, simplemente porque no cambia nada. Lo que sucedió tenía que suceder.

Inmiscuirse con lo inevitable sólo puede causarte problemas, aunque la intromisión ocurra sólo en tu mente. Y lo mismo se aplica si tratas de olvidarte o de borrar todos los recuerdos de ella.

Salto en el tiempo, veintinueve años en el futuro.

Es la mañana de Navidad en Charlottesville, Virginia. Los regalos que hay debajo del árbol están perfectamente dispuestos y envueltos. El árbol también es casi perfecto, tan simétrico como podría esperarse, y está lleno de luces y adornos, ninguno de los cuales son reliquias familiares. Mi adorable esposa Jane y yo hemos pasado varias horas instalando los juguetes y envolviendo los regalos. Nos ha llevado casi toda la noche hacerlo, y apenas hemos dormido.

Todo esto es para los niños; no para nosotros. Jane y yo nunca hicimos esto antes de que ellos nacieran.

Las galletas y la zanahoria en el plato que está cerca del árbol están llenas de mordiscos, y el vaso de leche está casi vacío. Santa Claus y sus renos han probado los bocadillos que les dejamos el día de Nochebuena, y la evidencia está allí para que nuestros niños la examinen.

Incluso tenemos una chimenea, maldita sea, y de la repisa de la chimenea cuelgan medias atestadas de regalos. Parece una tarjeta de Navidad, por el amor de Dios. Lo único que falta es la nieve. Estamos en Virginia, después de todo, donde casi nunca nieva, pero al menos hay escarcha en el césped.

Nuestros dos hijos bajan las escaleras, vestidos con pijamas diseñados por descendientes de los vikingos, que les compramos en un catálogo de Hannah Anderson. Son tan pequeños, tan perfectamente pequeños: tienen tres años de edad y dieciséis meses, un niño y una niña. Tan bellos los dos.

Tan perfectos, que hacen que las pijamas suecas se vean mejor que en el catálogo.

Estoy listo para ellos, más que listo. La cámara de video está encendida. Es totalmente nueva, la he comprado con el dinero de un premio que me gané. Es 1991, y las cámaras de video todavía cuestan muchísimo.

Demasiado. Ah, pero no me importa. He gastado todo el dinero del premio en esta cámara a pesar de que tengo tres elevadísimas cuentas de tarjetas de crédito por pagar, todas con tasas de interés endemoniadamente altas, y aún faltan nueve años para terminar de pagar mis préstamos estudiantiles.

No voy a dejar que este momento se diluya. De ninguna manera. Toda mi vida he estado esperando esto. Y algún día, estos dos querubines estarán felices de ver cómo era esta mañana de Navidad.

Odio la Navidad. La detesto. Es el día más oscuro del año, y habría escapado de ella de haber sido posible. Pero no puedo negar los placeres que tiene para los demás, especialmente para mis propios hijos. Tal vez ellos tengan más suerte con ella que yo. Santo Dios que estás en el cielo, espero que sea así. Es mi deber asegurarme de que sus historias sean diferentes de la mía y de que nunca pierdan la magia; si realmente lo intento, tal vez todo salga bien.

La cámara está filmando y hay un montón de cinta en blanco lista para llenarse de imágenes.

Jane lleva a los niños hasta el montón de regalos que hay debajo del árbol. John Carlos sabe de qué se trata el asunto. Él ha visto todo esto antes, en dos ocasiones, pero de todos modos observa la escena con aire de sospecha. Es así como ha mirado todo desde la primera vez que abrió los ojos. Grace sólo ha contemplado este escenario extraño una vez en su corta vida, pero obviamente no lo recuerda. Parece totalmente aturdida.

Abren un par de regalos y reaccionan de un modo poco menos que perfecto. En realidad, los dos actúan un poco raros. Se mueven con lentitud y desinterés. También tienen una extraña mirada en sus ojos, una mirada que no logro reconocer. No sé si es la luz de la mañana o las luces de colores del árbol de Navidad, pero podría jurar que ambos se ven ligeramente verdes alrededor de las mejillas. Y efectivamente, lo están.

Entonces, ambos erupcionan como pequeños volcanes a la misma vez. El Monte Santa Helena y Krakatoa, uno detrás otro. Una descarga de vómito como no he visto antes. Creía que ya lo había visto todo, como aquella vez en la iglesia donde la boca de mi hijo se transformó en una manguera de bomberos y fumigó a las pobres personas que estaban sentadas detrás de nosotros. Pero este es el mayor estallido hasta ahora.

Vomitan toda la mañana, o al menos así parece. No sabía que tenían semejante volumen en su interior.

Habíamos pasado la cena de Nochebuena en casa de un amigo la noche anterior, y dos de sus hijos estaban enfermos. Sabía que había peligro de contaminación, pero nunca imaginé esto. Debe ser el virus más potente que existe.

Perfecto. Sí. Seguro.

Mientras los niños se recuperan y los regalos de Navidad recientemente limpiados esperan sus manitas perfectas, rebobino la cinta y borro todo lo que he filmado.

Esto no sucedió. De ninguna manera. No podía ser así. Comenzaremos de nuevo.

Sí. Así debe ser. Ellos están mejor. Las erupciones han cesado. Y mira cómo van por sus regalos. Sí, ¡esta es la Navidad!

Más tarde esa noche, cuando los niños se han dormido, Jane y yo nos desplomamos agotados en el sofá y nos preparamos para ver el video que he grabado durante el día.

Retrocedo hasta el comienzo de la cinta y oprimo el botón "Play".

—¿Qué coño es esto? —pregunta mi adorable esposa—. ¿Dónde está el vómito?

—Lo borré.

—¿Qué?

—Lo saqué de la cinta.

—¿Por qué?

Silencio de mi parte.

—¿Por qué?

Más silencio.

—¿Qué te pasa?

—Eh… No lo sé… No me pareció bien dejarlo.

Ahora Jane es la que permanece en silencio. Es la peor clase de silencio, como si estuviera a punto de explotar.

Entonces, durante todas las Navidades después de esa y en muchas ocasiones, una y otra vez, hasta este mismo instante mientras escribo esto, no hay nada más que recordatorios continuos y detallados de lo estúpido que fui al borrar los vómitos.

Ah, pero en aquel entonces, en 1991, en nuestra pantalla de televisión, los niños están abriendo ansiosamente sus regalos, y no hay vómito por ninguna parte.

Perfecto. Sí. Seguro. Tan perfecto como cualquier mentira jamás contada. Tan perfecto como mi Bóveda del Olvido. Y tan perfecto como cualquier crimen perfecto. Sí. Tan perfecto como cualquier cosa que puedes lamentar por el resto de tu vida, especialmente cada vez que llega la Navidad.

Tan perfecto como morir por segunda vez en la vida, a la edad de doce años.

Sí, sencillamente perfecto.

Tan perfecto como encontrar una pluma de ave inmensa en mi terraza cuando salgo por la puerta trasera, cuando acabo de escribir sobre los árboles de Coral Way. Una pluma lo suficientemente grande como para pertenecer a un ángel musculoso, una pluma que mi bella esposa ha dejado intacta para que yo la encuentre, aunque ella no sepa lo que acabo de escribir. Una pluma que se desvanece a la hora siguiente, y que ya no se encuentra por ninguna parte.

Desvanecida. Desaparecida. Completamente.

Once

Las ratoneras están funcionando de lo más bien. Tan pronto suena una, no tenemos que esperar mucho tiempo para que lo haga la siguiente.

Snap. Snap. Snap.

Hace muchísimo frío en la sala y nos apretujamos alrededor de la pequeña calefacción eléctrica que está empotrada en la chimenea falsa.

Snap.

¡Otro más!

Los ratones están muriendo como los soldados en Verdun. Ni siquiera nos molestamos en levantarnos para ver cuántos han muerto. Le echamos un vistazo al primero, y con eso fue suficiente.

La barra de metal había aplastado los sesos del ratón.

Era uno bastante grande.

Bienvenidos a la casa cercana al Orange Bowl, a la casa rebosante de *calor familiar.*

Pero, maldita sea, que frío hace aquí. ¿Y qué es esta nube descomunal que sale de mi boca cuando hablo? Nunca antes había visto algo semejante. ¿Por qué parece que estuviera fumando? ¿Y por qué todo el mundo parece fumar también?

Los filamentos del pequeño calentador son brillantes, de color naranja, y zumban, pero no parecen calentar mucho. Tienes que acercarte bastante para sentir un poco de calor, pero si lo haces, los otros tipos comenzarán a gritarte.

¡Egoísta! ¡Cabrón! ¡Hijo de puta! Las malas palabras no sólo son normales en esta casa, sino que son prácticamente el único idioma que se habla.

La luz de la televisión en blanco y negro que está en un rincón de la sala compite con el resplandor naranja de la calefacción. Están pasando algún programa de vaqueros, y estos tipos tienen un comentario para todo lo que ocurre en la pantalla, acompañado siempre de alguna palabrota. Una fuerte, y no las falsas que les enseñé a todos los niños americanos en la Escuela Primaria de Everglades.

Espero que nieve. Parece hacer el frío suficiente para nevar. ¡Maldita sea, si voy a temblar así, debería nevar!

Faltan pocos días para la Navidad y una ola de frío fuertísina ha llegado a la Florida. Cuando se acaba el programa de vaqueros, el noticiero pasa una gran cantidad de informes sobre los naranjales. Por alguna razón que no comprendo los árboles de naranjas son rociados con agua, y entonces se congelan y las naranjas se cubren de hielo. No entiendo esto. ¿Para qué congelan las naranjas a fin de salvarlas?

No sé qué es más interesante o maravilloso: si las naranjas cubiertas de hielo o el humo que sale de mi boca y nariz, o el sonido de las ratoneras.

¡Snap! ¡Snap! ¡Snap!

Coño, carajo, cómo hay ratones en esta casa. Me cago en la puta ratona que los parió.

Sigo pensando que decir palabras como las que estoy escuchando haría arder a un alma en el infierno por toda la eternidad.

En algún momento durante las noticias, unos tipos se levantan, desocupan todas las ratoneras y las instalan de nuevo con grandes trozos de queso. Y no de cualquier queso, sino de uno muy especial que abunda en esta casa: el queso procesado que nos da el gobierno, que viene en grandes bloques nunca se pudre y sabe a goma.

Coño, estos cabrones son grandísimos. Son enormes, estos hijos de puta.

Los cazadores informan sobre sus capturas. Y tan pronto vuelven a sentarse, las trampas empiezan a funcionar una vez más.

¡Snap! ¡Snap! ¡Snap!

En esta casa no parece haber tiempo para acostarse. Estamos despiertos hasta pasadas las once de la noche, y nadie se está preparando para irse a dormir. A Tony y a mí nos han asignado literas en la habitación principal, que está abarrotada con otras tres camas.

Nuestros compañeros de cuarto tienen diecisiete, trece y ocho años. El mayor cuenta los días que le faltan para cumplir dieciocho años y poder largarse de esta ratonera. El de trece parece ser un tipo bastante normal y agradable. El de ocho parece un poco lento. O tal vez tiene muchísimas ganas de acostarse.

Hay un muchacho que duerme en un sofá en el portal, y otro que duerme en la sala, también en un sofá, y otros tres en el cuarto de atrás, a un lado de la cocina. Todos tienen entre catorce y dieciséis años y son unos cabrones. Nadie tiene que decírmelo. Cualquier idiota podría darse cuenta de esto immediatamante.

Esos tipos están endiablados. Sus ojos lo dicen todo, y lo mismo sucede con sus cuerpos. Se parecen mucho a los tigres enjaulados del circo que yo había visto en La Habana, antes del fin del mundo. Ellos también son poetas y pueden utilizar malas palabras de formas que nunca creí que fueran posibles. Ni siquiera el retrato de la emperatriz María Teresa en mi sala de La Habana —que solía decir malas palabras de la manera más imaginativa en mis sueños— podría superar a estos tipos.

También emplean sus versiones de vulgaridades en inglés, y a veces son difíciles de descifrar. *Asjól. Shí. Fó yú. Modefoco.*

El de diecisiete años se lleva los dedos a la nariz y se saca unos mocos verdes y largos. "¡Oye, mira los ositos que encontré hibernando en mi cueva!". Pega ese tesoro en la parte inferior de la silla y se ríe.

¡Snap! ¡Snap! ¡Snap!

Todos nos vamos a la cama después del noticiero y nos quedamos dormidos con el sonido que hacen las ratoneras. Y con lo que gritan los tipos en el cuarto de atrás: "¡Coño, otro más! *Modefoco!*".

No sé lo que quiere decir *modefoco*, pero sé que no puede ser bueno.

Tony me dice que quiere dormir en la litera de abajo.

—Sube tú, tomaré la más cómoda.

Nos cubrimos con frazadas delgadísimas y muy pronto nos dormimos.

En la mañana se procede al recuento de cadáveres. Veintidós ratones. Veintidós en una sola noche. Los tipos del cuarto del fondo están eufóricos. *Veintidós ratones. Coño, y quedan tantos más.*

—Lástima que no podamos matar a todas las cucarachas del mismo modo —dice otro.

Estoy impresionado, y le doy un vistazo el pequeño montón de cadáveres que hay en el basurero de la cocina. No es algo lindo, pero por lo menos me luce agradable. Nunca he visto tantos ratones muertos, ni tampoco Tony, el gran cazador de todas las criaturas, de todos los tamaños.

Pero, coño, nunca antes he sentido tanto frío. Es increíble. Todos llevamos varias capas de ropa, incluyendo las chaquetas. Pero tal parece que estamos incendiados por dentro con fuego, arrojando humo por la boca y la nariz.

El desayuno consiste en café con leche y pan tostado untado con margarina. No es café con leche genuino, sino instantáneo, disuelto en agua con leche en polvo.

Tony y yo salimos camino a nuestras nuevas escuelas, acompañados por algunos de los otros muchachos. Nuestras escuelas están a la vuelta de la esquina, y justo enfrente una de otra: Escuela Primaria Citrus Grove y Escuela Secundaria Citrus Grove Junior.

Tan pronto salimos, percibo algo extraño. Los carros y la hierba están cubiertos con algo ligeramente blanco.

¿Nieve? ¿Podría ser? No, simplemente no coincide con las imágenes de las tarjetas de Navidad. Pero se ve blanco. Corro hacia un carro y raspo la cosa blanca que tiene encima con los dedos. Es igual a lo que hay adentro de un congelador. La misma cosa que yo raspaba en la parte interior de mi congelador, allá en La Habana.

Allá, en aquel otro mundo, yo solía vaciar la nevera, apilar todos los alimentos congelados en el fregadero de la cocina y meter la cabeza en su interior. Contemplaba esa sustancia milagrosa, la raspaba, la llevaba a mi lengua con mayor reverencia de la que jamás había mostrado por una hostia consagrada, y dejaba que se derritiera. Metía mi cabeza tanto como podía para mirar por todos los lados de ese pequeño congelador y maravillarme con ese material difuso y totalmente distinto a cualquier otra cosa en la tierra, tan aprisionado allí, tan enjaulado.

Hacía esto hasta que el interior del congelador empezaba a gotear o hasta que mi madre o nuestra criada me gritaban y me sacaban de allí. Y, siempre que podía, sacaba una cubeta con hielo y salía corriendo con ella para poder meditar sobre esos cubos milagrosos. Me los llevaba a la boca uno a uno, mientras morían rápidamente bajo el calor tropical, renunciando a sus almas, que sólo dejaban agua detrás.

Yo estaba seguro de que el cielo debía estar lleno de esa escarcha de congelador. El cielo debe contener montañas de escarcha, e imaginaba que era la sustancia que Dios les había enviado a los judíos en el desierto, y que los mantuvo con vida durante cuarenta años. Y que debía ser la sustancia de la que nos hablan todo el tiempo los teólogos, esa cosa llamada gracia que desciende del cielo y se mezcla con tu libre albedrío y te puede convertir en una mejor persona. Me moría de ganas de vivir donde el agua pudiera congelarse al aire libre, con hielo y nieve a mi alrededor.

Y ahora yo estaba raspando esa sustancia del techo de un carro. Y estaba a mi alrededor, en todos los carros y en la hierba.

Éxtasis.

Lo he logrado. Puedo estar viviendo en un hueco infernal, pero he sido bendecido con algún tipo de hielo, y con el tipo de frío que hace que la gente sea mejor. No hay duda de que estoy lejos del trópico, de esa parte del mundo donde la ausencia de frío y de hielo hace que la gente sea inferior.

De camino a la escuela, al doblar la esquina, por poco tropiezo con un basurero grande y gordo que está levantando un gran latón de basura. Dos columnas perfectas de vapor de agua salen de su nariz. Absolutamente perfectas. Lo miro, y él me mira.

—*Crazy kid* (niño loco) —murmura.

La Escuela Primaria Citrus Grove se parece mucho a la escuela que acababa de dejar atrás, en las afueras de Miami. En realidad no es un solo edificio, sino un conjunto de ellos, unidos por pasarelas cubiertas. No hay pasillos interiores de ningún tipo. Para ir de un salón a otro tienes que ir afuera.

No hay manera de escapar del frío en una mañana helada como ésta.

La Escuela Secundaria Citrus Grove Junior, al otro lado de la calle, me recuerda a mi escuela de cuarto grado en La Habana, La Salle, en el Vedado. Es un edificio antiguo, de estilo colonial español, con un patio interior en el centro.

Me despido de Tony en la calle que separa nuestras escuelas. Él entra a su viejo edificio y yo me dirijo al mío, mucho más reciente y con menos aspecto de edificio. Entro a mi escuela con el niño de ocho años; Tony entra a la suya con los otros muchachos de la casa.

Después de una breve reunión con el director y su asistente, soy enviado a una aula.

—Niños y niñas —dice la Srta. Esterman—. Tenemos un nuevo pupilo en la clase. Démosle la bienvenida, por favor. Su nombre es Carlos.

La Srta. Esterman no sabe que acababa de matar y enterrar a Charles.

Todos los niños de la clase clavan sus ojos en mí. Yo no sé qué pensar de ellos, pues no se parecen mucho a los niños americanos de la Escuela Primaria de Everglades. Por un lado, todos se veían mucho más andrajosos, y de aspecto menos americano, con excepción de dos o tres.

Hay un tipo enorme.

Sé lo que seguirá a continuación. Ya estoy acostumbrado a eso. El juramento a la bandera americana. Una lectura de la Biblia por el altavoz. Anuncios.

Sí, todas las mañanas leemos la Biblia en las escuelas públicas de la Florida. Es 1962, y el Dios de Abraham, de Isaac y de Jacob, aún no ha sido asesinado por una decisión judicial de la Corte Suprema de los Estados Unidos.

Nada en particular sucede en la escuela aquel primer día, salvo que immediatamente la señorita Esterman me cae bien. Ella es mucho más agradable que mi maestro anterior, mucho más amistosa, mucho más maternal, a pesar de que es simplemente una "señorita" y por lo tanto no es una madre. Y todos los estudiantes de la clase también parecen apreciarla.

Puedo detectar también una corriente subterránea de tensión en el aula, distinta a las que había sentido antes. Algunos estudiantes parecen incómodos, inquietos y tensionados, a pesar de la evidente simpatía que sienten por la señorita Esterman.

Extrañamente, casi no hay cubanos en mi clase. Como yo vivía en una casa llena de cubanos, esperaba ver a muchos más de nosotros en la escuela, pero resulta que sólo tengo dos compañeros cubanos, y llevan tanto tiempo en los Estados Unidos que hablan español con acento americano. Ambos llegaron a Miami mucho antes de que Fidel se apoderara de Cuba y la convirtiera en Castrolandia.

El almuerzo fue una experiencia nueva para mí, pues me lo había preparado yo mismo, siguiendo las instrucciones de mi nueva madre adoptiva. Era muy fácil de hacer, y no tardé en comérmelo. Escasamente podía considerarse un sándwich: dos rodajas de pan americano insípido untado con Sandwich Spread de Hellmann's. Yo había comido aquello antes, pero con algo de carne y queso. Esa pasta cremosa no era más que mayonesa con algunos pedacitos de pepinillo encurtido. Sabe bien, tanto así que me deja con ganas de comer más sándwiches.

Mi nueva madre adoptiva no se parece en nada a Norma ni a la Srta. Esterman. No hay nada maternal en ella. Parece más una profesora cansada de su trabajo y obsesionada con las reglas. Ella y su marido invisible tuvieron una escuela pequeña en algún lugar en La Habana de la que yo que no había oído hablar, y que llevaba su apellido, El Colegio Ricardo. El sentido común y la decencia dictan que me abstenga de dar sus verdaderos nombres, pues uno de ellos —o ambos— podría estar vivo todavía, y seguramente han estado esperando y rezando durante todos estos años para que ninguno de los que estuvimos bajo su cuidado en esa casa, cerca del Orange Bowl, le diga al mundo cómo era ese lugar. ¿Quién sabe? Tal vez se hayan arrepentido y ahora se hayan redimido.

Así que llamémoslos Lucy y Ricky Ricardo.

Lucy era una mujer bajita, delgada y fuerte, de unos cinco pies y dos pulgadas de estatura, o quizá más bajita aun. Me parecía una Sra. "vieja". Probablemente tenía poco menos de cincuenta años o tal vez cincuenta y pico, con el pelo negro azabache, mal teñido. Destilaba apatía, complementada con estallidos de ira y resentimiento. Su única labor era dirigir nuestro hogar de acogida y cocinar una comida al día. Los muchachos hacíamos toda la limpieza y lavábamos nuestra ropa. Y ninguno de nosotros podía imaginarse qué hacía ella la mayor parte de su tiempo porque cuando no nos estaba regañando o dando instrucciones sobre qué limpiar, permanecía encerrada en el cuarto con aire acondicionado que compartía con Ricky, el Hombre Invisible. De vez en cuando salía a ver un programa de televisión con nosotros, pero su inglés era tan pobre que terminaba haciendo demasiadas preguntas y arruinándonos el programa.

Ricky era unos cuantos años mayor que ella. Tenía un aspecto pervertido y amenazador que me recordaba a Jack Palance, el actor de Hollywood que siempre representaba a villanos. Años más tarde, cuando vi por primera vez la versión de 1962 de Cape Fear, reconocí de inmediato al director de la casa en el detestable personaje interpretado por Robert Mitchum. "¡Es él!", me dije. Ricky siempre insistía en que le dijeran "Sr. Ricardo", y en las raras ocasiones cuando estaba cerca, siempre nos recordaba que había sido el director de su propia escuela en La Habana, *El Colegio Ricardo*. Trabajaba de noche en el *Miami Herald*, haciendo un trabajo que nunca nos reveló, razón por la cual era invisible la mayor parte del tiempo. Cuando nos despertábamos por la mañana, venía camino a casa de su trabajo. Dormía todo el día mientras estábamos en la escuela. Y cuando regresábamos a casa, ya se había ido a trabajar de nuevo. Al parecer, tenía un turno largo. O simplemente no quería regresar a casa. Asimismo, escasamente tenía días de descanso, y no lo veíamos durante gran parte de los fines de semana.

Eso no nos molestaba nada porque cuando mostraba su cara fea, siempre sucedía algo desagradable.

Los pandilleros del cuarto del fondo y el tipo de diecisiete años de mi cuarto dicen que Ricardo le está pegando los tarros a su mujer. Puesto que estos tipos no hacen más que hablar de sexo constantemente, día y noche, me imagino que deben saber algo al respecto. Son expertos autoproclamados que ya han tenido todo tipo de sexo, o al menos creen que lo han tenido.

Desde el primer instante, Lucy y Ricky nos aclaran a Tony y a mí que no les caemos bien. Nos dicen que somos "demasiado finos" —demasiado refinados— y muy malcriados, y que tenemos que ponernos en nuestro sitio. En muchos sentidos, Lucy y Ricky me recuerdan a Fidel, porque les resulta imposible ocultar su desprecio por cualquier persona que haya podido tener una vida un poco mejor o más feliz que las suyas. A Ricky y Lucy no les importa mucho que Tony y yo ya no tengamos ningún privilegio del cual presumir, ni nuestra ropa de antes. Nuestro pecado más grande e imperdonable es nuestro pasado, y ellos intentarán eliminar de nosotros todo aquello que les recuerde el mismo: nuestro tono de voz suave, nuestros gestos, nuestra cortesía, nuestra desorientación y nuestra oposición a decir malas palabras.

El primer día de escuela, tan pronto llegamos a casa, Lucy Ricardo nos enumera las reglas de la casa, algunas de las cuales ya habíamos

aprendido de los otros muchachos durante el breve tiempo que llevábamos allí.

Debemos hacer nuestras camas, desayunos y almuerzos. El desayuno
consistirá únicamente en pan tostado con margarina y café con leche.
Y con diez tipos disputándose una tostadora, está garantizado que el
desayuno siempre será lento y muy divertido. El almuerzo será apenas
dos rebanadas de pan con Sandwich Spread Hellman's. En la escuela nos
darán una cajita de leche.

La cena se servirá a las cinco de la tarde. Después, todos nos turnare-
mos para lavar los platos y limpiar toda la cocina. A cada uno se nos han
asignado días específicos, en grupos de tres y de manera alterna.

Si quieres merienda, tienes que buscártela.

El sábado es día de limpieza de la santa casa. Nadie puede salir los sábados por la mañana bajo ninguna circunstancia. Debemos limpiar toda
la casa, de arriba a abajo, y alternar nuestras labores de acuerdo con un
calendario que lleva Lucy. Después de la limpieza habrá una inspección,
y el que no haya hecho un buen trabajo será castigado durante todo el fin
de semana.

Lavar el Ford Falcon de Ricky y Lucy y limpiar su habitación, son dos
de las funciones que nos asignan.

El domingo es día de lavar la ropa. Todos tenemos que ir a una lavandería, donde lavaremos, secaremos y doblaremos nuestras sábanas y
ropa. Lucy nos dará monedas de veinticinco centavos para las máquinas
y el detergente de lavar. A cada uno se nos asigna la gaveta de una cómoda para guardar toda nuestra ropa, y se supone que debemos mante-
nerla bien organizada. Las gavetas serán inspeccionados al azar, de modo
que siempre pueden tomarte por sorpresa. Quienes tengan las gavetas
desorganizadas serán castigados y tendrán que aprender a organizarlas o
recibirán otras medidas disciplinarias a discreción de Lucy y Ricky.

Cuidar de tu ropa es tu problema. Si la gastas, la rompes o te deja de
servir por que has crecido, mala suerte. Si la situación es desesperada,
Lucy puede llevarte donde la trabajadora social, quien podría darte un
poco de dinero para comprar una prenda o dos. Remendar ropa no es
parte del trabajo de Lucy, y molestar a los trabajadores sociales es un
gran inconveniente que a ella le disgusta profundamente.

Recibiremos un subsidio de setenta y cinco centavos a la semana, todos los viernes.

Si no quieres utilizar el subsidio para pagar tu corte de pelo, puedes ir a la Escuela de Barberos del centro, donde alguno de los estudiantes te lo cortará gratis. Cómo llegar hasta esa escuela, que está a unas treinta y cinco cuadras de distancia, es problema tuyo.

Si quieres ir a la iglesia y hay espacio en el auto, Lucy podría llevarte, si es que tiene ganas de ir. O puedes caminar hasta la iglesia, si te apetece.

La escuela también es problema tuyo, si es que acaso te interesa considerarla como un problema. Recibir ayuda con las tareas escolares también es problema tuyo, si piensas que algo así tiene importancia.

Mantenerte en contacto con tus padres o con cualquier otra persona es tu responsabilidad.

Tu salud también es problema tuyo, al igual que tus dientes y ojos. Los médicos en general, o los dentistas, son para otras personas, no para ti. Las enfermedades, las caries y las lesiones son mal vistas y no están recomendadas. Los dientes o los espejuelos no pueden repararse, y mucho menos sustituirse.

Si tienes un conflicto o dificultad de cualquier tipo con otro residente de la casa, ese también es tu problema. Los hombres deben resolver sus diferencias como hombres, no corriendo a buscar a su papá o mamá, ni cualquier otra persona que pueda reemplazarlos.

Controlar tus sentimientos, si es que los tienes, definitivamente es tu problema y de nadie más. Y será mejor que nunca llores ni te quejes de nada. Los hombres nunca lloran ni se quejan. Y tampoco dicen que extrañan a nadie.

Conseguir amigos no sólo es tu problema, sino que realmente es un problema. Hay demasiados niños en la casa, así que es mejor que no invites a nadie. Si por alguna razón consigues amigos en la escuela o en la calle, es mejor que compartas con ellos en otro lugar. En cualquier otro.

No se debe hablar inglés en la casa. Eso es para la escuela y la calle. Sólo se le permite hablar inglés a la televisión. Y teniendo en cuenta el hecho de que no hay programas de televisión en español, lamentablemente se tiene que permitir esto.

Por el lado positivo, hay algunas cosas importantes que no entran dentro de las normas en absoluto.

Podemos ir donde queramos en nuestro tiempo libre. A cualquier lugar. Y no tenemos toque de queda. Podemos volver a la casa cuando queramos, siempre y cuando estemos allí para el desayuno y la escuela.

Ah, pero todo tiene también un lado negativo.

Los pandilleros de la casa tienen sus propias reglas, que Ricky y Lucy toleran. Y su primer mandamiento es: "No tendrás nada que yo no tenga".

Así que al final de nuestro segundo día allí, Tony y yo ya no tenemos nuestras bicicletas. Los pandilleros del cuarto de atrás las han vendido y se han embolsillado el dinero. Tony y yo cometemos el error de quejarnos a Lucy, y ella nos reprende porque creemos que eso es un problema. Después de todo, ninguno de los chicos llegó a esta casa en bicicleta, así que ¿por qué nos sentimos con derecho de tener algo que los otros no tienen?

Egoístas, nos dice. Mocosos. Malcriados.

También hemos traído otras posesiones: unos guantes de béisbol, la pelota de fútbol que me había hecho llorar, algunos cómics y mi radio transistor, todo lo cual también desaparece de inmediato. Y ya sabemos que no debemos quejarnos.

—Ahora son como nosotros —nos dicen los pandilleros después de habernos quitado todo.

—No —dijo Tony—. Ustedes tienen nuestras cosas.

Su segundo mandamiento es: "Jamás opondrás resistencia".

Y el tercero es: "Deberás temerle a las represalias si no te sometes a nuestra voluntad".

El peor de todos los chicos se llama Miguel. Ya ha pasado un tiempo en la cárcel y tiene un temperamento muy fuerte. Su padre vive en algún rincón de Miami, también es un criminal, y nunca lo llama ni lo visita. Su verdadera familia es la pandilla de Burger King de la Pequeña Habana, en la calle ocho. Los otros dos tipos de la habitación del fondo son menos imprevisibles que Miguel, pero están poseídos por espíritus más iracundos. Son Roberto y Mariano, y han llegado a los Estados Unidos en el bote de pesca del padre de Roberto, quien poco después de llegar decidió que no podía cuidarlos y los abandonó. Nunca los llaman ni los visitan, y su verdadera familia, al igual que la de Miguel, es la pandilla de Burger King.

Esta pandilla es enemiga declarada de la pandilla de McDonald's. *Madónal contra Berguekín*. El territorio en disputa es el corazón de la Pequeña Habana, en South West Eight Street, a la que conocemos como la calle ocho. Nuestra maravillosa casa está a unas trece cuadras del lugar, así que todas las peleas callejeras que ocurren allí casi siempre están fuera de nuestra vista.

De vez en cuando regresan golpeados a casa y no les hacemos preguntas.

Mariano es un artista talentoso. Puede dibujar las imágenes más sorprendentes o copiar cualquier imagen de cualquier cómics, y la suya queda mejor que el original. También le encanta transformar palos de escobas viejas en toletes, sólo con su navaja y papel de lija que ha robado de las ferreterías.

Sus toletes son obras maestras barrocas, increíblemente elaboradas, y mientras más enojado esté, más elaboradas serán sus tallas.

—Son perfectas para sacarle los sesos a alguien —lo oiré decir un día mientras se dedica a tallar una de ellas, puliendo las ranuras del mango con papel de lija de grano fino, casi acariciándolas.

Algo muy adecuado para decir en nuestra casa, dada nuestra afinidad por las ratoneras. Son muchos los sesos que serán destrozados durante las primeras semanas en esta casa. Una noche tras otra, los ratones caen en las trampas que les colocamos, una y otra vez, y después de un tiempo dejamos de llevar la cuenta de los que han muerto. Luego, casi de repente, el chasquido se detiene y los ratones desaparecen.

Los hemos matado a todos, o tal vez han reaccionado y se han mudado a un vecindario peor. Me gustaría seguir a los ratones que han sobrevivido adondequiera que hayan ido, pero estoy atrapado, al igual que Tony y que todos los otros muchachos, incluso los tres pandilleros.

Todos estamos en nuestra propia trampa llamada "calor familiar" por los adultos que nos han arrojado allí.

Snap. Gotcha, modefoco. Te cogí.

"A lavar mi carro, muchachos", nos dice nuestra madrasta.

Doce

Navidad. ¡Cristo, no!

Por favor, no. Por favor…

Es *Nochebuena*. El momento más sagrado del año. Bien sea que quieras que llegue o no, que te guste o no, la Navidad llega, se explaya y te aplasta bajo su peso.

Se supone que un momento sagrado es un anticipo de la eternidad, una irrupción de la vida celestial en el presente. De hecho, es una redención del aquí y del ahora.

En Cuba, incluso en las peores circunstancias, la Navidad nunca dejó de razgar el velo que había entre el cielo y la tierra. Siempre lo dejó en mil pedazos, incluso cuando no tenía con qué romperlo: ni comida, ni regalos, ni adornos, ni árboles, ni luces, ni escenas del Nacimiento.

Aquí, en la casa del calor familiar, la Navidad parece ser algo sofocante y pesado, una columna de humo asfixiante, una broma monstruosamente cruel.

No tenemos árbol de Navidad. Ni siquiera uno pequeño y artificial empotrado en un rincón de la sala. No hay la menor señal de Navidad por ningún lugar.

En nuestra casa de La Habana, mis padres tienen que fingir que la Navidad no existe. Los adornos y las luces que alguna vez colgaron de nuestros árboles de pino importados están empacados en cajas, abandonados en algún lugar de esa casa tan atestada de cosas, junto con el pesebre en miniatura que mi padre Luis XVI había ido armando pieza por pieza, año tras año.

Sólo Dios sabe lo que Luis XVI y María Antonieta estarán haciendo o pensando en esta víspera de Navidad. Y Dios puede guardarse esa certeza para sí en el seno de su Ser Supremo en lo que a mí respecta. No quiero saber lo que están haciendo ellos, ni cualquier otro ser querido.

Las imágenes de Navidad me asaltan todo el día, saturando mis sentidos, traspasándome sin piedad. Transverberaciones inversas, todo lo opuesto a los arrebatos de éxtasis, pero igual de intensas. Escucho el sonido de Navidades anteriores; huelo los árboles de Navidad, veo las luces colgadas por toda La Habana, degusto los turrones, las avellanas y las nueces, siento el aire cálido de la noche soplar en el portal de mi abuela, tan espeso con la huella del mar que casi pide ser no sólo sentido, sino también degustado.

No me encuentro solo aquí en esta casa con tanto "calor familiar", pero el Vacío me sigue rondando sin embargo como un tiburón hambriento. Lo velo con recelo, sospechando un ataque furtivo como ningún otro, en una casa llena de gente.

"Tis the season to be jolly... Don we now as gay appeal..."

"Es época de estar alegres... Pongámonos nuestra ropa navideña..."

Me he visto obligado a aprender algunas letras difíciles en la escuela. A la Srta. Esterman le encanta la música, y los últimos días han sido un continuo festival de canciones. Estoy emocionado por aprender finalmente esas palabras en inglés que acompañan las canciones de Navidad que he escuchado toda mi vida. Pero es sólo mi curiosidad la que está satisfecha con este giro de los acontecimientos. Soy como un principiante al que le han confiado los secretos gnósticos de un culto antiguo y estoy sumamente desconcertado. Los misterios no son en absoluto lo que parecían ser de lejos. Lo que antes sonaba como un abracadabra sagrado, ahora es desenmascarado como el más trivial de los disparates.

"¡Oh, qué divertido es viajar en un trineo descubierto y tirado por un caballo!"

"He traído maíz para tostar".

"Pequeños infantes, todos ellos con los ojos encendidos".

No me jodas. Me parece mentira.

Las palabras demuestran ser los mensajes más crueles, cuidadosamente diseñadas para magnificar cualquier vacío que puedas sentir en tu corazón o lo que sea que te falte en la vida.

"Que tus días sean alegres y radiantes, y que todas las Navidades sean blancas".

"Pasaré la Navidad en casa… La Nochebuena me sorprenderá cuando resplandezca la luz del amor".

"No permitas que nada te desanime… Ah, noticias de bienestar y alegría".

Sí, claro, vete tú a "navidear", y métete de paso algunas noticias y rositas de maíz por la nariz mientras lo haces. ¿De qué tengo que estar alegre, contento, festivo o radiante? Mastica tu muérdago de mierda y ahógate en él. Ni siquiera aquella escarcha que vi, toqué y probé hace unos días cambia nada. Nada en absoluto.

Nunca más estaré en casa para la Navidad. De hecho, jamás tendré un lugar al que pueda llamar casa. La Navidad ha muerto. Está tan muerta y podrida como cualquier Cristo en un crucifijo.

Tenemos una pésima cena de Nochebuena a las cinco de la tarde, como siempre. Sólo estamos nosotros los huérfanos, y Lucy y Ricky. Es la primera vez que Tony y yo posamos nuestros ojos en el Sr. Ricardo, que, aunque después de todo no parezca ser invisible, sí es un hombre de pocas palabras, y mucho menos capaz de irradiar calor familiar que el bacalao congelado que tiene por esposa. La comida es malísima: un puerco grasiento y el consabido arroz con frijoles negros cocinado más de la cuenta. No hay turrones, avellanas ni nueces. No hay nada bueno. No cabemos todos en la mesa, y entonces nos dispersamos por toda la casa y comemos donde quiera que encontremos un lugar cómodo en el cual consumir nuestro banquete. Luego, tres muchachos con mala suerte tendrán que limpiar todo el desorden.

Oscuridad total. Apagón.

Es de noche ya y está oscuro, y estamos en un carro con un trabajador social. Estamos tan apretujados en el asiento trasero que no podemos movernos. Otro carro nos sigue justo detrás, transportando al resto de los residentes de la casa de Ricardo a algún lugar, para celebrar una sorpresa de Navidad.

Estamos de nuevo en Coral Way, que parece ser la única calle que recorren los trabajadores sociales.

Los enormes árboles en la franja del medio me reconfortan mucho más que cualquiera de las decoraciones navideñas que nos asaltan por todas partes. Mucho más que el más alegre y festivo de los árboles de Navidad. En las tinieblas de la noche, estos árboles gigantescos tienen un aspecto aun más imponente y tranquilizador. Me intrigan y me alegran al mismo tiempo. No sé por qué parecen ser lo único bueno que hay afuera, en este Miami maldito, esta Nochebuena. Sin embargo, lo son.

Son una promesa, todos y cada uno de ellos. Y hay tantos… Legiones de ellos, alineados, perfectamente colocados, mensajeros atávicos, vigilantes, centinelas, guardianes, siempre dispuestos a seguir las órdenes buenas, y sólo las buenas.

Nos detenemos en un edificio en algún lugar de Coral Way. Es sencillo y moderno, con grandes ventanales. Nos bajamos del carro y rápidamente invadimos la acera. Las ramas de uno de mis amigos gigantes se sostienen con gracia sobre nosotros, protegiéndonos de las estrellas y del vacío en el que están suspendidas. El ejemplar que está directamente frente a nosotros en la franja del medio de la calle, y bajo cuyas ramas estamos, no es muy diferente de los demás. Simplemente cumple su labor magníficamente. El trabajador social abre una puerta y lo seguimos por una escalera hasta llegar a una gran sala llena de niños y adolescentes de ambos sexos, donde también hay un puñado de adultos.

Un árbol de Navidad grande y bien iluminado ocupa toda una esquina de la sala, y justo a su lado sobresale una enorme pila de regalos muy bien envueltos.

Las grandes ventanas rectangulares que hay directamente detrás del árbol de Navidad revelan una maraña de ramas al aire libre, densamente cubiertas de hojas, cada una de las cuales juega con la luz y la sombra a su manera, ondeando en la brisa ligera y sutil, susurrándoles algo a los faroles.

La música de Navidad suena por un tocadiscos que está situado en algún rincón de la sala. Pero como todos los que estamos allí somos cubanos, nuestras voces ahogan los villancicos. Nunca subestimes el ruido que cuatro cubanos pueden hacer al hablar entre sí. Hay mucho ruido y calor allí, y por un momento parece que no hay otra cosa que hacer, salvo esperar a que pase algo. Los tres pandilleros que viven en mi casa hacen fila cerca de unas adolescentes y comienzan a hablarles. Las chicas sonríen. Ve tú a saber. Tony y yo permanecemos cerca el uno del otro, y de un tipo que parece ser, al igual que nosotros, el más normal y fuera de lugar en nuestra nueva casa, un muchacho flaco de trece años llamado José.

El árbol de Navidad me llama. Mi ídolo, mi dios de las Navidades pasadas. "Arrodíllate y adórame", brama. "Ámame, hónrame, devuélveme al santuario interior de tu alma". Pero, al igual que Federico el Grande de Prusia, que una vez golpeó a uno de sus vasallos con un bastón mientras le gritaba: "¡Debes amarme!", el árbol no consigue ganarse mi afecto. A pesar de todos sus esfuerzos, sigue siendo un simple árbol. Por primera vez en mi vida, me doy cuenta de lo que verdaderamente es un ídolo: algo que me ha engañado, tan deficiente como yo, igual de imperfecto e inconstante.

Me deleito en mi recién descubierta sabiduría, y le huyo al mismo tiempo. Aún no sé que estoy sintiendo con toda intensidad uno de los peores sentimientos del mundo, y uno de los más valiosos. El desengaño. Mis antepasados españoles lo acapararon hace cuatro siglos, cuando su imperio comenzó a resbalar de sus manos codiciosas. Es un duro despertar, el desengaño es un paso necesario en el camino hacia la iluminación. Una bendición, realmente, que casi llega a ser un sacramento.

Hay un montón de refrescos y golosinas de Navidad dispuestos para nosotros, pero me olvidaré de ellos poco después. En lo que estoy concentrado es en el vacío de este intento forzado de alegría navideña y en los regalos amontonados al pie del árbol.

Simplemente tengo curiosidad, y no estoy realmente ansioso de recibir ningún regalo. ¿Qué podrían darnos? ¿Qué podría alegrarme encontrar en una caja que me entrega un perfecto desconocido?

Pronto lo descubriré. Aparece un tipo disfrazado de Santa Claus y empieza a repartir los regalos. "Jo, jo, jo. ¡Feliz Navidad!", dice en español. *"Merri Kri'ma"*, añade en su propia versión cubana del inglés. Algunos de los niños más pequeños —y son muchos— parecen estar encantados con él, y todos se emocionan. Son los primeros en recibir sus regalos, y todos nosotros, los niños y las niñas mayores, esperamos atrás. Finalmente, a todos los allí presentes les llega su turno, y todos abren sus regalos.

La mayoría de los varones recibimos modelos de plástico para armar: un avión y un barco de guerra. Me gustan estos modelos Revell, los mismos que yo solía armar en Cuba antes de que se uniera a la Atlántida en el fondo del mar. Alguna vez me encantaron estos juguetes. Mi cuarto de La Habana estaba lleno de ellos: de mis caballeros medievales con armaduras, de mis gladiadores, de mi barco vikingo, de mis aviones y barcos de guerra. Luis XVI me prometió que los cuidaría muy bien, como si fueran parte de su valiosa colección de arte.

—Son más valiosos que cualquier otra cosa que haya en esta casa —me dijo justo antes de irme.

Yo pasaba mucho tiempo jugando con ellos. Me encantaba cada parte del proceso de ensamblaje: romper las partes de los marcos de plástico de los que colgaban, como frutas en las ramas de los árboles, seguir los diagramas paso a paso, pegar las piezas una a una, fijar las calcomanías, pintar el producto acabado, para después encontrar un buen lugar donde exhibirlos. Pero lo que más me gustaba era el pegamento. Nada en el mundo podía compararse con el olor de esa cosa, salvo por el DDT que rociaban desde un jeep para fumigar nuestro barrio. Lo inhalaba profundamente, tanto como me fuera posible, cada vez que sacaba un poco para aplicarlo a las piezas de plástico. Y era ampliamente recompensado. No era simplemente el modelo en el cual estuviera trabajando lo que parecía asumir un significado nuevo y profundo, sino todo lo demás, incluso las motas de polvo que revoloteaban continuamente en mi habitación, girando como galaxias.

Todo tenía un sentido magnífico, todo parecía mucho más hermoso y apasionante. Sumamente real y digno de amor.

Una vez, mientras armaba un inmenso portaaviones, el cuarto comenzó a girar. Al principio lo hizo de manera lenta e hipnótica, pero mientras me ocupaba de ensamblar y de inhalar, el cuarto comenzó a girar más y más rápido. Y antes de que me diera cuenta, quedé tendido de espaldas en el piso del comedor, totalmente transfigurado.

Recibo dos *kits*, y Tony también: un buque de guerra y un avión de combate. Y le damos las gracias al perfecto desconocido que nos los ha entregado.

Oscuridad total, de nuevo. Apagón.

Estamos de vuelta en la casa con "calor familiar" de Ricardo, en el portal de afuera, ensamblando nuestros modelos de plástico el día de Navidad. Tony y yo no tenemos que dedicarles mucho tiempo a nuestros modelos idénticos, pequeños y simples. Pero nos entregamos de lleno a ellos, de principio a fin. José, el muchacho normal, también ensambla los suyos. Tres barcos de guerra y tres aviones de combate hacen parte ahora de nuestro hogar, pero no tenemos dónde exhibirlos.

No hay ningún problema con eso: los tres pandilleros llegan al portal, agarran los modelos y los destrozan mientras se desternillan de la risa.

—Comemierdas —nos dicen—. Idiotas. Cretinos.

Tengo que contener a Tony, que quiere golpearlos.

—No puedes ganarles —le digo.

—No me importa —ruge.

No sé cómo, pero me las arreglo para contenerlo. No seré capaz de hacerlo otra vez después de este día. Nunca. Y él tampoco ganará nunca. Sin embargo, jamás perderá su dignidad, por más que fuera golpeado de la cabeza a los pies.

—Te mantuve a salvo de esos tipos —me dirá muchos años después por teléfono, mientras respira con dificultad. Y le daré las gracias, a mil millas de distancia.

Salto en el tiempo, dieciséis años en el futuro, mil millas al norte de aquel portal de Miami. Una vez más, es la víspera de Navidad, y estoy en un loft en Nueva York, en el último piso de un viejo almacén en la Calle Duane de Tribeca, en el bajo Manhattan. Unos amigos me han prestado lugar porque están en Chicago para las fiestas. Ellos son maravillosos y este es un lugar fantástico. Los ayudé a mudarse hace cuatro años, y en esa época no vivía nadie en estos edificios. Mis amigos fueron los primeros en habilitar un espacio para vivir en estos viejos edificios abandonados. Pioneros urbanos. Nos divertimos mucho cargando todos sus muebles por las escaleras hasta el quinto piso, sobre todo cuando llegamos al cuarto, donde la escalera se redujo súbitamente a un embudo increíblemente estrecho. Y la diversión llegó a su fin cuando el sofá se atascó en la angosta escalera. Permaneció allí, suspendido sobre la escalera, como una obra de arte. Tratamos de empujarlo hacia arriba, pero lo único que logramos fue atascarlo más. Sacarlo de allí y cargarlo de nuevo hasta la calle fue todo un reto, pero lo hicimos. Y aceptar que no podíamos subirlo de nuevo fue un desafío aun mayor.

La lluvia cae en ráfagas esta Nochebuena. La escucho golpear la claraboya que está directamente encima de mí. Las gotas de lluvia golpean con furia, como lo hacen durante una tormenta, sin un ritmo constante, pero con regularidad, como las olas del mar. La temperatura es demasiado alta para que caiga nieve. Este año no habrá una Navidad blanca. De ningún modo. Estamos a unos cincuenta grados Fahrenheit. Y el día de mañana promete el mismo clima traidor y decepcionante.

Las torres gemelas del World Trade Center llenan los tres marcos de las ventanas de enfrente. Eclipsan todo lo demás, son colosales y están a unas pocas cuadras de distancia, y aunque nadie trabaja en ellas a esa hora, siguen completamente iluminadas, como dos gigantescos árboles de Navidad. Años más tarde, la hija de mis amigos verá, desde muy cerca, cómo salta y muere la gente poco antes del colapso de las torres, y antes que el loft quedara sepultado bajo las cenizas de los muertos, junto a todos sus sueños y esperanzas.

Pero esta noche, en esta víspera de Navidad, no se puede predecir ese horror. Lo único seguro es la lluvia, y mi lamentable fracaso personal.

Esto no debería ser así. ¿Dónde está la maldita nieve? ¿Dónde están la familia y el gozo? ¿Dónde está la alegría?

Estoy en este apartamento con la que pronto será mi ex esposa, de quien he estado separado los últimos dos meses. Fue la primera muchacha con la que salí, y la única en mi vida, pero estoy seguro de que ya no puedo vivir con ella bajo ninguna circunstancia. Esto es algo difícil de admitir, y aun más difícil de expresarlo. Más difícil que admitir que tienes que dejar un sofá en perfecto estado en la calle porque no cabe por la escalera. Esta reunión navideña es un esfuerzo final para honrar una promesa que ya no puedo cumplir. Esta noche he tratado de ser honesto conmigo mismo y con ella, y eso sólo ha empeorado las cosas.

Si todavía fuera capaz de pensar en español, diría: "Coño, qué mierda".

Esto es lo peor que puede pasar, algo menos grave que una enfermedad terminal o una guerra. El exilio o ser abandonado por mis padres biológicos y adoptivos sería mucho más soportable. No quiero estar aquí con ella. Ahora no. Nunca más. Pero no se supone que las cosas sean así.

La lluvia golpea la claraboya, justo encima de mí. La observo con los brazos cruzados debajo de la cabeza desde el sofá jodidamente estrecho que reemplazó al que no entró por la puerta hace unos años. Oigo la lluvia y le busco un ritmo. Estudio el entramado de la red empotrada en los cristales de la claraboya, iluminados desde arriba por el resplandor de las imponentes torres gemelas. La que pronto será mi ex esposa está profundamente dormida. Cómo puede hacerlo, dadas las circunstancias, es algo que ignoro. De nuevo, no la entiendo en absoluto, nunca lo he hecho, y tampoco sé cómo me metí en este lío en primer lugar.

No sé nada.

Ni siquiera sé si he desperdiciado los últimos cinco años en la universidad, estudiando para obtener un doctorado, aunque todo parezca indicarlo. Dos años buscando trabajo como profesor, y todavía no tengo uno. Estoy trabajando en la biblioteca de Yale por un salario mínimo, en un empleo que requiere saber leer en cinco idiomas, y tan aburrido como cualquier otro trabajo de obrero que haya tenido. Mi tarea consiste en asegurarme de que la biblioteca no haya pedido libros que ya tenga. Me paso todos los días ojeando montones de ficheros de una de las bibliotecas más grandes del mundo. Pensé que podría "ascender" y conseguir un trabajo como vendedor en una tienda de vinos, pero terminaron rechazándome por estar sobrecalificado. Tuve que pedir prestado el dinero para comprarme un par de pantalones para la entrevista. ¿De qué me servirán ahora esos condenados pantalones si no es para ponérmelos cuando vaya a divorciarme en la corte?

No sé nada, salvo estos dos hechos: primero, que se suponía que nada resultaría así, y segundo, que esta Navidad es la peor de todas.

Me obligo a dormir, y una imagen me acecha desde un inesperado rincón de mi memoria, probablemente desde la antesala de la Bóveda del Olvido. Veo árboles. Muchos de ellos. Árboles altos que han existido siempre, más antiguos que la tierra. Todos ellos están alineados como soldados listos para la batalla. Sus enormes ramas ocultan el sol y filtran los aguaceros. Todos y cada uno de ellos son buenos, la esencia misma de la bondad. Su voluntad es una con la del Creador. Saben cosas que no sé, y que nadie más en el mundo sabe.

De repente, el nudo en mi pecho comienza a ceder, y la caldera que arde en mi mente se apaga. Por primera vez en varios meses, me siento en paz.

El sueño, el dulce y bendito sueño empieza a flotar en el espacio que hay entre la claraboya y yo, y desciende sobre mí como la gracia, siempre inmerecida. Los árboles revelan su verdadera identidad. A igual que los de Navidad, no son lo que parecen ser, y al contrario de los ídolos, son mucho más de lo que aparentan ser. De repente veo ángeles, legiones de ellos, alineados en perfecto orden, esgrimiendo sus armas, resplandecientes como el sol. Armas grandes y de gran calibre, envueltas en llamas. Sus alas son enormes y se extienden a través de todo Coral Way, como si fueran arcos góticos. No son ángeles debiluchos con arpas. Son ángeles exterminadores, tan fuertes como los levantadores de pesas olímpicos, y totalmente incapaces de arrebatarle un acorde a un arpa.

Cantan al unísono, con sus voces en perfecta armonía:

¡Hosanna en las alturas!
Gloria a Dios en las alturas; gloria a los más bajos de la tierra.
Gloria a los más bajos entre los bajos; gloria a Dios entre los más
*   bajos.*
Gloria al apestoso pesebre del apestoso Belén.
Paz en la tierra a quienes conocen el amargo rostro del fracaso.
Paz en la tierra a los despojados de sus ilusiones y de su amor por
*   ellas. Este día es para ti.*

Oscuridad total. Fundido a lo más negro de lo negro. Entonces, salto repentino en el tiempo hasta el día de hoy, al aquí y al ahora fugaz, hasta el día en que estoy escribiendo este capítulo, un caluroso día de julio, tan lejos de Navidad como podría serlo cualquier fecha del calendario.

Una cierta pluma reaparece en la terraza de atrás, entre los dientes de un gato viejo y curtido que está muriendo de cáncer.

El velo se desgarra, y se escucha un estruendo.

Trece

Está despatarrada en la escalera, su cabeza tan sólo a tres o cuatro pasos de una puerta en la calle Flagler, la sórdida Flagler. Sus ojos azules están completamente abiertos, y nos observa a los tres con la mirada perdida. Su cartera descansa en la parte inferior de las escaleras, a un palmo de mí, casi en la acera. Un hombre delgado con una chaqueta de color claro está parado un poco más arriba, con una pierna en el quinto escalón y la obra en el séptimo. Está completamente inmóvil y se limita a observar a la mujer. Las luces fluorescentes de las escaleras son tan brillantes como las del Orange Bowl y se reflejan en sus pupilas, como dos signos de igualdad inclinados. Dos líneas paralelas, brillantes y verticales en cada ojo. Es rubia, probablemente teñida, demasiado madura para decirle muchacha, pero no tanto como para llamarla una vieja; muy esbelta para pasar por flaca, pero no lo suficientemente rolliza como para decir que es gorda.

Uno de sus zapatos de tacones cuelga del borde de un escalón, aproximadamente a media yarda por encima de su pie derecho. La falda, subida hasta la mitad de los muslos, está completamente arrugada. Lleva medias de malla.

Sólo he visto ojos como esos en el periódico, allá en mi tierra natal, en la caverna de Platón, cuando a los periodistas les gustaba publicar fotografías de todos los revolucionarios que habían sido acribillados la noche anterior.

—Vamos —me dice Tony.

—Pero… mira; creo que está muerta.

—Salgamos de aquí. Esto no es asunto nuestro.

José comenta:

—Sí, vámonos.

—Pero, ¿y qué si está muerta?

—No importa, nos vamos a perder el desfile.

Feliz Año Nuevo. *Happy New Year.*

Sólo quedan unas pocas horas del año 1962, y hemos venido caminando hasta el centro de Miami desde nuestra casa para ver el Desfile del Orange Bowl.

Cruzamos el puente de la calle Flagler, que atraviesa el río Miami, y que desaparecerá algunos años más tarde cuando construyan la carretera interstate 95, esa gran maraña de hormigón empotrada bruscamente en este rincón sucio del centro de Miami. El edificio y la escalera que acabamos de pasar desaparecerán también, al igual que muchas otras cosas.

Nuestra caminata de tres millas había transcurrido sin incidentes hasta aquel momento. No hay mucho que ver en este tramo de Flagler: sólo almacenes desvencijados e insignificantes, tiendas de licores, ruinosos edificios de apartamentos, gasolineras, solares vacíos, concesionarias de automóviles usados y una o dos iglesias de aspecto triste. La clientela de este barrio —nuestro barrio— siempre está corta de dinero en efectivo y de activos. Compran muy pocas cosas y nunca salen a cenar. Y la pobreza no parece molestarles mucho. Lo único remotamente interesante que hemos visto en el camino es un cartel de cartón escrito a mano que dice *"Se habla español"*, en la puerta de una peluquería. Yo nunca había visto uno así.

Nos han dicho que el desfile es todo un espectáculo, pero que no puede compararse con ningún carnaval de Cuba, allá en los tiempos de antaño, cuando todavía era legal divertirse, antes de que toda la isla fuera convertida en un gigantesco campo de esclavos.

No me importa qué tan bueno o malo sea el desfile, simplemente quiero estar fuera de nuestra casa hedionda. Tony y José piensan lo mismo. José es el otro tipo normal que vive en la casa, y nos estamos haciendo amigos con rapidez. Así que nosotros tres estamos en la ciudad, en la primera de las innumerables excursiones que haremos por Flagler, esa calle tan jodidamente fea en el centro de Miami, donde —como acabamos de descubrir— cualquier cosa puede suceder. La rubia que está despatarrada boca abajo en la escalera le confiere un aura de misterio a nuestra aventura. Embelesado, quiero detenerme a mirarla, así como al hombre que yace un poco más arriba, pero Tony me aparta y acelera el paso. Estoy seguro de que acabo de ver un cadáver, pero no puedo camprobarlo.

Nunca lo sabré.

La dejamos allí, tendida boca abajo, y caminamos unas cuadras más hacia el este, en dirección a la bahía de Biscayne hasta que encontramos un sitio agradable para ver el desfile. Hay muchas bandas musicales y carrozas, pero la música no es muy buena, ni tampoco los uniformes de las bandas. ¿Dónde están las chicas en trajes diminutos meneando sus atributos físicos al ritmo de las congas? ¿Qué les pasa a estas hembras tan tiesas? ¿Qué es esta falta de ritmo de las bastoneras? ¿A cuál genio se le pudo ocurrir algo tan insípido, tan dolorosamente alejado de un verdadero carnaval?

Soportamos todo el maldito desfile, tan poco emocionante como ver a una vieja en su sillón tejiendo, pero es gratis, al aire libre y lejos de nuestro hogar. Si pudiéramos, nos quedaríamos siempre afuera y no regresaríamos nunca, pero sabemos que no podemos hacer eso. Así que, tan pronto termina el desfile, nos dirigimos de regreso a la casa con "calor familiar".

Pasamos de nuevo por aquella puerta de Flagler, pero la rubia ya no está tendida en la escalera. La puerta de vidrio que da a la acera está cerrada, pero alcanzo a ver el interior, y esta vez las luces fluorescentes no tienen a su disposición dos pupilas inertes a modo de espejo.

Llegamos a casa un poco antes de la medianoche, justo a tiempo para ver en la televisión una parte del programa de Año Nuevo de Guy Lombardo, en compañía de los demás muchachos, incluyendo a los tres pandilleros, que tienen un chiste para todo lo que aparece en la pantalla. Si no fueran tan pesados me reiría de sus chistes sucios, que son a veces muy cómicos.

Todos nos negamos a mostrar la menor señal de entusiasmo cuando el reloj marca las doce, y nos vamos a dormir poco después. ¿Y qué si es

1963? Todos estamos atrapados aquí, y la fecha del calendario no cambia nada.

Regresar a la escuela en pocos días me parece una bendición, y es casi lo único que me alegra. Pero antes de regresar a la escuela, Tony y yo recibimos un regalo inesperado: Juan Bécquer se aparece una mañana para decirnos que nos ha conseguido un empleo, y que podemos empezar a trabajar de inmediato porque tenemos que ahorrar dinero para cuando llegue nuestra madre.

Ahora que los Rubin y los Chait no nos tienen con ellos, él ha estado tan pendiente de nosotros como le ha sido posible, llamándonos por teléfono, tranquilizándonos y asegurándonos que todo estará bien. Por lo tanto, no nos sorprendemos mucho cuando lo vemos llegar.

No le hacemos ninguna pregunta y nos montamos en su carro, camino a nuestro nuevo empleo. Antes de darnos cuenta, estamos en el interior de un almacén inmenso en una zona industrial de la ciudad. Es el almacén de Sid Rubin, donde Juan trabaja como barrendero.

Nunca antes he visto un lugar semejante. Es enorme, y tiene media manzana de extensión; es un espacio completamente abierto a excepción de las columnas que sostienen el techo, que está a unos doce o quince pies por encima de nuestras cabezas. Las paredes son grandes ventanales de vidrios esmerilados, y la mayoría están abiertos. Puede que sea enero, pero esto es Miami, y hace mucho calor. Las cajas están arrumadas aquí y allá, en pilas casi impecables.

El eco de este lugar me recuerda la glorieta del parque donde un petardo casi me destroza la mano, cerca de mi casa en La Habana.

—Ya es hora de que aprendan algunos oficios útiles —nos dice Juan, mientras nos entrega un par de escobas—. Barran todo el lugar de un extremo al otro. Tony, encárgate tú de esta mitad; y tú, Carlos, barre la otra. Comiencen desde allá y avancen hacia el otro lado. Luego se viran y barren en la otra dirección, y así sucesivamente, hasta que hayan limpiado la mitad del almacén. Esta es la forma de sacarle el máximo provecho a cada movimiento de la escoba: presionen con fuerza el mango hacia abajo con ambas manos mientras empujan hacia delante...

Él nos enseña a ser los barrenderos más eficientes del mundo y a manejar los recogedores de basura como profesionales.

Tardamos unas dos horas en barrer todo el lugar, y vemos que Juan se llena de impaciencia. Se acerca a nosotros una y otra vez y nos pregunta por qué no avanzamos más rápido. También nos muestra toda la mugre que se nos quedó sin barrer, y continúa meneando la cabeza.

—¿Saben algo? Tienen suerte de tener este trabajo. Conozco hombres hechos y derechos que venderían su alma por la oportunidad de hacer lo que están haciendo ustedes; son menores de edad y no podrán conseguir empleos legítimos. Tienen suerte de conocerme, y de que Sid Rubin haya estado dispuesto a contratarlos.

Juan no nos explica que es ilegal trabajar a nuestra edad, y que nuestros salarios —treinta y cinco centavos la hora— están muy por debajo del mínimo exigido por el gobierno federal de los Estados Unidos.

Coño, qué mierda.

Nunca antes he trabajado tan duro. Ni siquiera aquella vez que tuve que limpiar nuestra calle, allá en Cuba, después de embadurnarla de un extremo a otro con las frutas maduras del árbol de un vecino durante una pelea apocalíptica. ¡Ay! Si trabajar es como esto, creo que no me va a gustar mucho, me digo.

Barrer es sólo el comienzo. Una vez terminamos y corregimos la totalidad de nuestros errores, recogiendo toda la mugre que no habíamos alcanzado a barrer, Juan nos asigna todo tipo de tareas, incluyendo trasladar cajas de un lugar a otro y organizarlas en determinado orden.

Tony y yo estamos agotados y aturdidos al final de la jornada. Hemos trabajado casi un turno completo de ocho horas y no logramos entender plenamente lo que nos ha pasado. No puedo decir qué me ha agotado más: si la monotonía de las tareas o el prolongado esfuerzo físico. No estoy acostumbrado a tanta labor, y Tony tampoco. Ni estamos plenamente dispuestos a admitir que hemos descendido oficialmente al rango de trabajadores rasos. Todo un descenso para dos niños de sociedad, que fueron criados en la creencia de que ciertas tareas sólo debían ser realizadas por otros, nunca por nosotros.

Los dos estamos tan sudorosos y sucios que podríamos pasar por trabajadores de una mina de carbón.

—Pueden venir a trabajar conmigo todos los sábados a partir de la próxima semana. Los recogeré y llevaré de regreso a casa.

No sé qué piensa Tony, pero en lo que a mí respecta, me parece una muy buena noticia. Supone todo un día por fuera del Palacio Ricardo, nuestra casa de mierda. Dinero en mi bolsillo. Mucho dinero, más del que he tenido en el bolsillo desde que llegué al exilio. Por el amor de Dios, ¡acabo de ganar tres dólares! Juan tuvo la gentileza de darnos una propina por nuestros esfuerzos: veinte centavos adicionales. Esto hace que nuestros ingresos asciendan a tres dólares. Así que ahora tenemos seis dólares entre los dos.

"Seguramente nos servirán mucho cuando llegue nuestra madre", me digo a mí mismo. "¿Y quién va a notar si cada semana saco un poco para mí?" Nuestra mesada en el Palacio Ricardo era de setenta y cinco centavos por semana. Y se supone que debía alcanzar para los bocadillos y otros gastos, como ir al cine o comprar cómics de vez en cuando. Como la mayoría de las golosinas valen quince centavos y las bebidas cinco, tendré que ser más frugal que Rico McPato, o incluso que mis abuelos maternos, los tacaños más grandes del mundo. Este dinero adicional seguramente me puede ayudar. Sí, y mucho.

Tony sabe perfectamente que se embolsillará todo el dinero para él. Ni siquiera tengo que preguntárselo. Sé lo que está pensando. Sus héroes han sido Rico McPato, Lex Luthor y Ming el despiadado.

—Asegúrense de ahorrarlo —nos dice Juan—. Deben empezar a ahorrar para la llegada de su madre. Tal vez la próxima semana o la siguiente tenga tiempo de abrirles una cuenta bancaria.

Esta es la forma que tiene Juan de asegurarnos que no todo está perdido, que nuestra madre aún está en camino, a pesar de todos los indicios que demuestran lo contrario.

De regreso en el Palacio Ricardo, me siento muy bien por lo que acabo de hacer. Estoy agotado física y mentalmente, acalorado y sucio, tan empapado en sudor que hasta mis pantalones están mojados, pero en el fondo me siento alguien especial, y siento también una nueva emoción. Posteriormente aprenderé a reconocerla como satisfacción, pero en aquel primer día lo único que sé a ciencia cierta es que me siento bien a pesar del hecho de que el trabajo haya sido tan pesado.

Me siento casi como un adulto, y la simple idea logra aturdirme. Ignoro si Tony se siente igual. Su rostro no denota ningún rastro de alegría, y mucho menos de cansancio por lo que acabamos de hacer ni por lo que nos espera de ahora en adelante. Debí saborear mejor ese momento, pues el desengaño nos ataca en el instante mismo en que atravesamos la puerta principal del Palacio.

—¿Así que los muchachos han tenido un buen día en la factoría? —nos pregunta la Sra. Ricardo.

No detecto nada de particular en su voz.

—No es una factoría, sino un almacén —le digo—. Y, sí, hemos tenido un gran día. Ganamos seis dólares entre los dos.

¡Ay! Se nos vino encima toda una pirotecnia verbal; no sabía que la gélida Lucy podía guardar tanto fuego y veneno en su interior. Nos ataca con la misma intensidad de un gran tiburón blanco que quiere comerse un grupo de focas. Me es difícil entender todo lo que nos dice por estar intrínsicamente entrelazado, expresado a un ritmo muy veloz y a gritos.

Al tope de su voz chillona, nos grita:

—¿Quién demonios se creen que son, par de maricones? ¿Por qué creen que tienen derecho a pensar que son mejores que los demás? Bueno, les ha llegado el momento de darse cuenta de que son iguales a todos los demás, o tal vez hasta inferiores, debido a su egoísmo, a su mariconería, y a su actitud. Niños bitongos, hijos de puta. Malcriados. Están acostumbrados a que les sirvan todo en bandeja de plata y que los demás trabajen por ustedes, y a recibir todo tipo de regalos y atenciones, como las literas en las que están durmiendo. ¡Cabrones! ¿Por qué habrían de tener literas ustedes cuando ninguno de los otros chicos tiene una? ¿Porque estudiaron en un colegio de ricos en Cuba? ¿Porque vivían en Miramar y tienen amigos judíos? ¿Quién diablos se cree que es el tal Sr. Rubin para mandarles literas a esta casa y contratar trabajadores para armarlas? ¿Por qué duermen ustedes dos en colchones suaves y nuevos? ¿Y por qué han venido con bicicletas, aparatos de radio, y todas esas cosas que ninguno de los otros niños tienen, y con esa ropa de Burdine's y de Sears? ¿Y por qué dos nobles y poderosos príncipes como ustedes piensan que pueden trabajar cuando ninguno de los otros muchachos lo puede hacer? Qué coño… ¿Quién diablos les da el derecho a ganar más dinero que cualquier otra persona? ¿Y cuándo piensan que van a trabajar? ¿Los sábados? Olvídense de eso. ¡De ninguna manera! El sábado es el día de limpieza aquí, y ustedes tienen que cumplir con sus deberes. Y olvídense del domingo también. Ustedes no pueden trabajar. Eso es todo. No hay excepciones para nadie. Nadie puede ser especial aquí. Nadie, nadie, ¿comprenden? Nadie: ¿entienden? Maricones, puñeteros hijos de un juez. Bueno, aquí, como lo ven, no hay juez. Ningún juez que mueva los hilos a favor de ustedes. Ningún maldito abogado-barrendero les conseguirá trabajo para que ustedes se llenen los bolsillos de dinero. Ningún patrón pasa por esta puerta, y nadie aquí puede ser favorito de nadie. No, señor: ¡Aquí me tienen que besar las chancletas! *Cabrones*. Hijos de puta…

Eso fue lo que nos dijo, más o menos. Siguió diciéndonos más cosas por el estilo hasta que su voz se apagó. Los tres pandilleros, que tenían una sonrisa de oreja a oreja, gozaron con cada sílaba. Los demás se esfumaron con mayor rapidez que las cucarachas en la cocina cuando enciendes la luz. *¡Zas!*

Ay. ¡Nuestros empleos! Pero al menos supe de dónde habían salido las literas. Me pareció extraño que Tony y yo fuéramos los únicos con camas nuevas.

Oscuridad total. Apagón.

La calle Flagler se convierte rápidamente en nuestra mejor amiga, en nuestra salida de emergencia, en nuestra protección contra la locura. El centro de Miami está lleno de cines y algunos de ellos cobran apenas treinta y cinco centavos por entrada para los estudiantes durante los fines de semana. Tony y yo salimos todos los viernes por la noche tanto como podemos después de trabajar en la cocina, y caminamos hasta el centro de la ciudad, a unas tres millas de distancia. Vamos a ver prácticamente cualquier película, salvo en las que actúe Doris Day. No somos exigentes. De vez en cuando tenemos suerte y la película resulta ser un gran clásico como *Espartaco*, o algún estreno maravilloso como *El profesor chiflado* o *Jasón y los argonautas*. Ni siquiera podemos soñar con ir a los teatros más agradables para ver algo como *Lawrence de Arabia* o el *Dr. No*. Eso costaría demasiado, tal vez un dólar. Pero no nos importa. Nos atrevemos incluso a ver *Flipper*.

También nos encantaría ir los sábados, pero nuestra mesada no nos alcanza. Y entonces, simplemente salimos a caminar de noche, a veces por la calle ocho, en el barrio que algunos de los habitantes de habla inglesa llaman la Little Havana. Nos mantenemos lejos de Burger King y de McDonald's, donde se reúnen las pandillas. De todos modos, no hay nada allí que nos podamos dar el lujo de comprar, nada en absoluto, a excepción de un pastelito de guayaba de vez en cuando. Los batidos de frutas tropicales están fuera de nuestro alcance. Tan por fuera como la luna.

Deambular al aire libre se convierte en nuestra obsesión. No estamos buscando nada ni a nadie; simplemente huimos, desgastando las suelas de nuestros zapatos. Cuatro meses después, las pegaré con el esparadrapo negro que ha robado Miguel, para que no se desprendan de los zapatos. Utilizaré casi una yarda en cada zapato diariamente porque la parte superior del zapato y la suela se resisten a estar juntas. Los agujeros de las suelas serán mucho más difíciles de reparar.

Luego descubrimos accidentalmente un tesoro. Tony descubre una biblioteca pública. Está tan desesperado por encontrar una válvula de escape que escucha atentamente lo que le dice su profesor sobre esta pequeña sucursal de la Biblioteca Pública de Miami situada en la Calle Siete del Noroeste, y vamos allí casi todas las noches entre semana tan pronto terminamos nuestras labores en la cocina. Es un lugar tranquilo y tiene aire acondicionado. Podemos leer libros o echarles una ojeada. Nuestros carnets de la biblioteca se convierten en nuestros nuevos pasaportes, y reemplazan a los cubanos, que ya son inútiles. El mío funciona realmente como un pasaporte hacia el pasado y el futuro y, finalmente, me permite descubrir mi profesión. Tony, en cambio, decide no utilizar el suyo de la misma forma, sumergiéndose cada vez más en su abismo interior.

El mundo que se abre ante mí en esa biblioteca no tiene fronteras de ningún tipo. Es infinito y eterno. Ese espacio ilimitado me llama cada día con más fuerza. Cada vez que pongo mis pies en ella, digo "Whoa" —o *Guau* en castellano—, como alguien que llega a la cima del Monte Everest o consume una droga alucinógena por primera vez. Y mis "Guaus" se hacen más contundentes después de cada visita a esa biblioteca pequeña y destartalada, y de la cual probablemente nadie vaticinó que marcaría una diferencia para cualquiera de los babosos del barrio.

Y ningún rincón de ese universo infinito me llama con más ímpetu que el pasado. Antes de darme cuenta, estoy obsesionado con el tiempo, especialmente con la idea de que sólo poseemos el pasado, lo que fue, pero ya no es. Pensar que el presente se transforma continuamente en pasado me emociona hasta el delirio, así como saber lo mucho que hay por descubrir en el pasado me produce arrebatos de éxtasis.

No estoy bromeando.

Cuando tropiezo en esa biblioteca con la idea de que lo único que existe es el pasado y que éste es tan real como el presente, o incluso más puesto que habían muchas cosas en aquel entonces y tan pocas ahora, me pasmo inicialmente, pues mi mente va rezagada con respecto a mi alma y, en el vacío creado por ese rezago, advierte por primera vez que lo considerado como verdadero es simplemente una percepción errónea de la realidad y una visión infinitesimal de ésta. Obviamente no me doy cuenta pero, en medio de aquel transporte tan arrebatador, me he convertido en un historiador. Uno con esparadrapo en los zapatos, sin una idea cierta de hacia dónde se dirige, pero un historiador a fin de cuentas.

Los zapatos tienen mucho que ver con esta revelación, pues hacen que el presente se vea muy mal. Y mis recientes escaramuzas con lo que la gente llama la "historia" también tienen mucho que ver con eso.

Formo parte de uno de los mayores éxodos infantiles desde La Cruzada de los Niños, pero nadie parece saber esto ni importarle. Soy un peón en medio de algo que la gente llama "la Guerra Fría", y al parecer, esto tampoco le importa un comino a nadie. Acabo de ver al presidente John F. Kennedy en persona, el 29 de diciembre de 1962, así como a su esposa la reina Jacqueline, y los dos han prometido a las decenas de miles de cubanos reunidos en el estadio Orange Bowl —incluyendo a los veteranos que han regresado de la fracasada invasión de Playa Girón— que Cuba volverá a ser libre. El hombre más poderoso y la mujer más encantadora del mundo me han prometido un futuro seguro, pero lo único que puedo percibir desde mi privilegiada posición, cerca de la fila superior del Orange Bowl, es el pasado que nos ha traído hasta este lugar a mí y a todos los demás. Todos estamos allí porque el hombre que nos está prometiendo un futuro brillante ha traicionado a los veteranos de La Brigada 2506 al enviarlos a una derrota segura, así como también traicionó a todos los cubanos al prometerle a Nikita Kruschev que no nos permitiría luchar contra el régimen totalitario que se apoderó de nuestra isla. Por lo que a mi suerte se refiere, el Presidente Señor Futuro, JFK, Rey de Camelot, realmente se ha cagado en el pasado, y también en el presente. Para colmo de males, también cargo con el lastre de un padre que no sólo vive en el pasado, sino que también pretende recordar todas sus encarnaciones con gran detalle, un padre cuya memoria se remonta a varios miles de años, pero que no está aquí conmigo en este coliseo moderno o en aquel palacio situado a pocas cuadras de distancia, y quien tampoco está haciendo nada, absolutamente nada, para corregir esa injusticia ni para arreglarme los zapatos.

No importa el hambre que siento, que bien podría estar relacionado con mi éxtasis. La dieta del Palacio Ricardo comienza a hacer mella en mí. Todos los que vivimos allí recibimos una sola comida al día, y bastante pobre. Los monjes no ayunan en vano: pruébalo, deja de comer y alcanzarás el éxtasis. Coño, aunque seas un maldito ateo, podrás ver a Dios si tienes suficiente hambre.

Ay. Y José, pobre de él. Es el único amigo que tenemos en esa casa. Es un año mayor que yo, y dos años más joven que Tony. Es nuestra fiel imagen, aunque es hijo único, y por lo tanto, vive en una dimensión más oscura de la soledad. Había estudiado en un buen colegio de La Habana y tuvo una infancia feliz, llena de amor, del tipo que nunca jamás podrás encontrar en los Estados Unidos, independientemente de cualquier consideración. Sus abuelos eran gallegos, al igual que los nuestros. Su padre era dueño de una ferretería en La Habana, pero la Revolución se la robó, tal como lo hizo con todos los negocios. Estuvo abierta por un tiempo y el padre de José se vio obligado a trabajar como empleado del Estado, pero cuando ya no había herramienta alguna con la cual llenar los estantes, la ferretería dejó de existir. José no tiene idea de lo que hace su padre ahora, ni su madre. Al igual que nosotros, estuvo condenadamente cerca de reunirse con sus padres en Miami, pero la reunión fue aplazada indefinidamente gracias a las consecuencias de la crisis de los misiles.

¿Guerra Fría? Coño, qué mierda. De fría no tiene nada. Todos los que vivimos en el Palacio tenemos quemaduras de tercer grado.

José es muy delgado. Demasiado. Lleva varios meses siguiendo la Dieta del Palacio Ricardo, y se le nota. Tony y yo consideramos brevemente llamarlo El esqueleto, pero desechamos la idea cuando nos damos cuenta de lo buena gente que es. En ese momento, no tenemos ningún indicio de que muy pronto seremos tan delgados como él.

José nos ayudará a mantenernos cuerdos. Y cuando finalmente logremos abandonar esa casa para siempre, él se quedará allí, y Tony y yo nunca lo volveremos a ver ni le devolveremos las dos corbatas que nos prestó, las cuales tienen unas pequeñas etiquetas con su nombre cosido en ellas, etiquetas bordadas con todo el amor que él perdió. No tengo ninguna disculpa de peso para perderle la pista a José, y Tony tampoco, a excepción de una: que todos los que vivíamos en el Palacio Ricardo estábamos desesperados por olvidarnos del tiempo que habíamos pasado allí, por borrarlo y enterrarlo en la oscura y profunda Bóveda del Olvido. Además, él tampoco nos escribió nunca, a pesar de que tenía nuestra nueva dirección.

Dondequiera que estés, José, quienquiera que seas ahora, Tony, tú y yo seguimos unidos por un vínculo atemporal. Ese pasado es tan real como el día de hoy, quizá incluso más real, pues nos ha probado y moldeado de formas que todavía no podemos discernir. Realmente odio tener que decirlo, pero ese infierno está en nosotros y lo llevamos todo el tiempo a cuestas, así como la rubia tumbada boca abajo en la calle Flagler transmitía el reflejo de la luz fluorescente en sus ojos muertos y desorbitados mientras yacía allí, despatarrada en la escalera con un solo zapato, su pelo y falda hechos un completo desastre.

Y, por cierto, ese breve momento durante el cual la vimos y no hicimos nada más que alejarnos, permanecerá siempre con nosotros, al igual que todos los demás. Y nunca sabremos de una vez y para siempre si estaba o no realmente muerta cuando la vimos, si estuvo mal que nos detuviéramos para observarla o que los encantadores Sr. y Sra. Ricardo nos castigaran por nuestro pasado, por el de ellos y por el de nuestros padres.

Guau. Whoa.

Qué hambre tengo.

Mi estómago está rugiendo. Necesito un bocado.

Catorce

Allá van de nuevo las cucarachas.

Todas desaparecen en el instante en que enciendes la luz de la cocina. *¡Zas!* El movimiento es lo único que puedes detectar a tu alrededor en ese instante fugaz que hay entre la oscuridad y la luz. *¡Zas!* Puntos que se mueven al unísono en busca de refugio. Si un artista pudiera captar todo esto y mostrarlo… El más excelso arte cinético de la Madre Naturaleza. Es hermoso, a su propio modo grotesco. Sublime.

Nos habíamos despojado de los ratones, pero las cucarachas eran invencibles. Ellas son las verdaderas dueñas de esta vieja casa de mierda: *El Palacio de las Cucarachas*.

Rociamos la cocina de arriba a abajo con insecticida Black Flag además de otros, pero todo es en vano. Le echamos insecticida incluso a toda la vajilla, a ollas y sartenes, y cada vez que comemos ingerimos un poco de él. Coño, algo que huele tan mal debería matar a las cucarachas, pero éstas parecen prosperar con él. Engordan más y más, multiplicándose en una progresión exponencial que no tiene nombre. ¡Cómo me gustaría poder utilizar DDT! Es una sustancia sublime. No sólo tiene un olor celestial, sino que mata todo aquello más pequeño que tú dotado de un exoesqueleto, tres pares de patas articuladas, ojos compuestos y dos antenas.

¡Zas!

Malditas cucarachas. Tenemos miles de ellas, especialmente en la cocina. Están por todas partes y se meten en todo. A veces caminan sobre nosotros por la noche y nos despiertan. Si nunca te has despertado de un sobresalto al sentir las seis patas de una cucaracha caminando sobre tus labios o sus antenas tanteando en tus narices, entonces no has vivido, mi amigo.

Una vez, abro el gabinete que está arriba del fregadero para buscar mi taza —la roja— y llenarla con agua de la pila para beber. Espera, ¿qué es esto? Siento en mi labio superior un tremendo cosquilleo. Retiro la taza de mi boca, miro su interior, y veo una cucaracha grande y gorda nadando en el agua, agitando sus antenas y tratando de salir.

Escupo el agua que he tomado, vierto el contenido de la taza en el fregadero y la cucaracha empieza a correr en círculos alrededor del tragante. Me quito el zapato y la aplasto con mucho gusto. Sí, me encanta: Muérete, puta! Si no has oído alguna vez el crujido de una cucaracha gorda al ser aplastada ni has visto brotar sus entrañas amarillas, entonces tienes algo pendiente, mi amigo.

También tenemos alacranes. El subsuelo de la casa está plagado de ellos. Y sólo son superados en número por las cucarachas que hay adentro de la casa; pero están bien allí, y saben cómo ocultarse, incluso mejor que ellas. Tenemos que revisar cuidadosamente los zapatos antes de ponérnoslos y sacudir toda nuestra ropa cuando la sacamos de las gavetas. También tenemos que examinar minuciosamente nuestras camas antes de acostarnos.

He pasado toda mi vida temiendo a los alacranes. Mi padre, Luis XVI, fue picado por un escorpión cuando era niño, en La Habana, y nunca se cansó de contarnos esa historia. Hacia 1912, los zapatos utilizados por los niños llegaban hasta los tobillos, lo que hacía muy difícil ver si había bichos adentro. Un día su tía Uma lo estaba vistiendo, y al momento de calzarle los zapatos él comenzó a llorar, y cuanto más lloraba, más se esforzaba su tía en ponérselos. Ella creyó que él simplemente era un niño malcriado. Pobre papá. El escorpión que estaba en el zapato lo picó con fuerza, y se le hinchó el pie como un globo.

Tampoco faltan arañas. Y realmente saben cómo ocultarse, mejor que cualquier otra criatura. De vez en cuando vemos una muy grande y la matamos. Sí. Aplastar una de ellas es mucho más agradable que aplastar cucarachas.

Somos nosotros, o ellas.

Serpientes no, gracias a Dios. De vez en cuando vemos una pequeña afuera, deslizándose a través de las hojas del césped. La dejamos a su suerte. ¿Por qué? No lo sé. Si Tony no las mata es porque deben tener algo especial. También hay algunos cangrejos de tierra, pero no son tan afortunados como las serpientes. Emiten un crujido celestial cuando los aplastamos con una piedra.

Sí, somos nosotros, o ellos.

Las lagartijas son escasas. Esto me sorprende, pues el patio trasero de los Chait estaba lleno de ellas. Tal vez sea por la poca vegetación que hay a nuestro alrededor y la falta de espacios donde pasar el rato y distraernos con las lagartijas. Esto a mí no me afecta, pero Tony está muy decepcionado. Si él tuviera lagartijas a las cuales torturar, esta casa podría parecerle más soportable.

Tampoco hay ranas, seguramente porque todo el barrio es muy árido. En el primer lugar de acogida en el que estuvimos había aspersores en todas las casas, y puedes apostar a que los encendían al menos una vez al día. El césped era exuberante y los arbustos densos. Una vez vi una rana cerca de la escalinata de la casa de los Chait; tenía el tamaño de una pelota de fútbol, y ninguna salva de pedradas la haría moverse de su sitio. Aquí, nadie riega su césped ni el jardín y las ranas se mantienen alejadas. Tony también está decepcionado por esto.

Y, hablando de la hierba: no tenemos podadora de césped. Sin embargo, tenemos un par de tijeras de mano, las cuales hacen un buen trabajo al cortar la hierba espesa de la Florida, que crece sin necesidad de riego. ¿Y qué si tardas casi cinco horas de rodillas para cortar todo el mal llamado césped? *Clip, clip, clip.* Es un trabajo agradable, y ayuda a templar el carácter. Uno de los tres pandilleros sostiene que esto le ha hecho aumentar muchísimo el tamaño de los músculos de sus antebrazos. Le encanta mostrarles a todos cómo se tensan los músculos de su antebrazo derecho. También hace abdominales y flexiones de pecho a todas horas. Mariano está obsesionado con sus músculos y con el sexo.

Todos los muchachos mayores están obsesionados con el sexo. Es de lo único que hablan los tres pandilleros, y Armando, el chico mayor de todos, quien no ve la hora de cumplir dieciocho años. También tenemos a un par de tipos más grandes que pasan solo un mes o dos en nuestra casa y desaparecen tan pronto cumplen los dieciocho años; ellos también están obsesionados con el sexo. No hablan de otra cosa.

Pero, ante todo, hablan de su propia frustración y de cuánto les encantaría tener algunas revistas sucias en sus manos.

Una hermosa tarde, uno de ellos llega a casa completamente emocionado, tanto que no cabe en sí. Acaba de robar una revista nudista, que en aquel entonces oscilaba entre sucia y algo sucia, un poco más fácil de encontrar que una revista realmente sucia como *Playboy*. Corre por toda la casa mostrándoles a todos su tesoro, pasando las páginas, diciendo:

—Échale un vistazo, échale un vistazo, ah hombre, échale un vistazo a esto. ¿Alguna vez has visto algo mejor?

No puedo contestar que "sí", pues esas mujeres desnudas no tienen buen cuerpo, y no deberían sentirse orgullosas de mostrarlos. De hecho, lo poco que puedo ver de esa revista me permite concluir que si alguien en la tierra debería llevar ropa o vestidos, ellas son las candidatas más indicadas.

Echo un vistazo aunque sea pecado. No puedo evitarlo. Este tipo prácticamente me mete la revista en la cara. Pero todas las mujeres que veo en esa revista son bastante feas. Creo que tal vez esto puede considerarse un pecado venial, y no uno mortal. O tal vez ni siquiera sea pecado. Si una mujer es tan fea que preferirías verla vestida, ¿puede entonces considerarse un pecado el ver su desnudez?

Yo ya había visto mujeres desnudas más atractivas en algunas de las viejas revistas de *National Geographic* que había encontrado en una casa recién abandonada en mi barrio, allá en La Habana. Todo lo demás que había en esa casa fue confiscado por el gobierno, a excepción de aquellas revistas con bordes amarillos en sus portadas. Una cubierta engañosamente recatada negaba el hecho de que en su interior se escondían mujeres desnudas.

Armando, el chico mayor de la casa, es el más obsesionado con el sexo. Duerme en nuestra habitación, y muchas veces reza el rosario antes de irse a dormir. Ha intentado varias veces que todos participemos, pero ha desistido porque el resto de nosotros nos dormimos de uno en uno y él termina recitando las Ave Marías completamente solo. Al parecer, tuvo una enseñanza religiosa muy diferente a aquella con la que fuimos maldecidos Tony y yo, en la que el sexo era un pecado. Según él, podías rezar el rosario mientras participabas en una orgía, y luego ir directamente a la iglesia y comulgar. Ningún tipo de acto sexual es un pecado, nos dice, bajo ninguna circunstancia.

A veces nos hace cuentos de prostíbulos y de todo lo que ha hecho en ellos. Como era costumbre en algunas familias cubanas, un tío suyo lo había llevado por primera vez a un prostíbulo a los catorce años, y después había vuelto muchas veces por su cuenta. O al menos eso nos dice. Le encanta detenerse en los pormenores de cada visita que hizo a estos *bayús*, como les decíamos en Cuba. A diferencia de las sesiones del rosario, éstas nos mantenían despiertos a todos. No sé como reaccionan los demás —especialmente Paquito, de ocho años de edad—, pero yo estoy abrumado. Posteriormente, cuando me enseñen a manejar un carro en la escuela secundaria y me obliguen a ver películas de accidentes automovilísticos reales llenas de cadáveres mutilados, tendré una sensación similar a la que me evocaban las anécdotas libertinas de Armando.

Un muchacho mayor que estuvo temporalmente en el Palacio Ricardo, y de cuyo nombre no puedo acordarme, tiene historias aun más espeluznantes que las de Armando. También nos da muchos consejos.

Nos dice que hay que halagar a la gente. Que todo el mundo te tratará mejor si le besas el trasero y finges que los aprecias mucho.

Tienes que concederle algo a ese muchacho: practica lo que predica. Siempre le está diciendo a Lucy Ricardo lo bien que se ve, lo amable que es, lo rico que cocina y cómo quisiera que su madre fuera la mitad de amable. Y así sucesivamente. Lucy se lo cree todo y le concede todo tipo de privilegios. En más de una ocasión, los vemos enfrascados en un agradable *tête-à-tête* en la mesa del comedor o en la cocina, mientras la chef Lucy deja quemar el arroz.

—Ustedes son unos burros —nos dice una mañana al desayuno, cuando ni Lucy ni el señor Ricardo están en la casa—. Le prestan mucha importancia a la mierda que les echan encima estos dos cabrones. Necesitan besarles el trasero como lo hago yo. Esa es la única manera de conseguir algo en la vida: fingir que amas a los que te pueden hacer favores; así ellos no tardarán en creer que realmente los amas, y entonces podrás conseguir lo que quieras de ellos.

Ninguno de nosotros se atreve a decirle hipócrita.

—¿De verdad creen que quiero intimar con esta bruja y su chulo de marido? No. Pero, ¿acaso ven que ellos me den órdenes a todas horas? No. ¿Por qué? Porque los he engañado por completo. Si eres amable con la gente, así la odies a muerte, siempre podrás salirte con la tuya.

Una verdadera lección. Todos tenemos que admitir que su deshonestidad lo ha llevado muy lejos.

—Este tipo no es un genio ni nada por el estilo —dice Miguel, el pandillero—. Sí, es cierto que Lucy le da un montón de privilegios, pero tener que acostarse con ella a todas horas, de día y de noche, es un castigo más fuerte que el que recibe cualquiera de nosotros. Coño, es peor que todo lo que tuve que soportar en la cárcel. Yo preferiría incluso la silla eléctrica a eso.

También estoy aprendiendo algunas cosas en la escuela, pero todas parecen ser poco prácticas, aunque muy interesantes. Salvo por un tema improbable.

A la Srta. Esterman le encanta mostrarnos los espectáculos musicales de Broadway. Yo había oído muchas óperas en mi casa. Luis XVI las escuchaba constantemente. Me había aprendido incluso algunas de las letras de *Vesti la Giubba*, no porque quisiera, sino simplemente porque mi padre ponía esa canción con mucha frecuencia, una y otra vez. Sus palabras quedaron alojadas en mi cerebro, y nunca pude borrarlas.

Ridi, Pagliaccio, sul tuo amore infranto! Ridi del duol, che il cor t'avvelena! (¡Ríe, payaso, a tu amor destrozado! ¡Ríe del dolor que envenena tu corazón!)

Ahora tengo otras letras almacenadas en el mismo lugar, pero éstas han sido grabadas más recientemente, en inglés, y no son tan deprimentes.

There were copper-bottomed tympani in horse platoons, thundering, thundering, all along the way. Double-bell euphoniums and big bassoons, each basson having its big fat say. (Había timbales de cobre en los pelotones de caballos, truenos, truenos a lo largo del camino. ¡Bombardinos de dos campanas y grandes fagots, cada uno esgrimiendo motivos importantes!)

Y muchas otras cosas por el estilo. Demasiadas.

Me aprendo estas letras porque quiero, porque me acercan más a las raíces de la nueva lengua de la que me he enamorado y me hacen sentir como un americano. No hay otra cosa que tenga el mismo poder hipnótico, la misma capacidad de engañarme y de hacerme pensar que podría renunciar a mi antiguo yo y dejarlo atrás, meneándose como el rabo de una lagartija cuando se lo cortan. Los rabos de las lagartijas terminan finalmente su danza espasmódica y se pudren. Eso es lo que quiero que le suceda a Carlos.

Vivir en el Palacio de las Cucarachas rodeado de cubanos y ser llamado Carlos en la escuela sólo me hace desear con más fervor la inmolación total de mi antiguo yo. Si yo fuera capaz de estrangular a Carlos mientras duerme, lo haría. Qué emocionante sería. Olvídate de estrangular a Lucy y a Ricky Ricardo o a los tres pandilleros. No hay muerte que anhele con mayor intensidad que la mía.

¿Por qué no podría The Music Man pertenecer a mí, o yo a él? ¿Por qué no podría haber nacido en River City, Iowa, o en Gary, Indiana, Gary, Indiana, Gary, Indiana? ¿Por qué no puedo llamarme Harold Hill o Meredith Wilson? ¿Por qué no puedo borrar mi pasado de una buena vez y empezar de nuevo, o simplemente tener un nuevo nombre y lugar de nacimiento? ¿Quién sería capaz de decir que no son los verdaderos? ¿Me veo diferente a cualquier otro blanco americano? No. ¿He sido marcado en la frente como un esclavo? No. Pero mi lengua me delata.

Todavía hablo con acento. Y la Srta. Esterman escribe en mi informe escolar que debo esforzarme más para eliminarlo. Este comentario me da rabia. No con ella, sino conmigo mismo. Sé que ella sólo dice la verdad. Y también sé que sólo quiere animarme a que me esfuerce más, porque cree que soy capaz de matar a Carlos. Pero ahí está, a la vista de todos, en mi certificado escolar: Carlos sigue vivo, avergonzándome, diciendo *easssy* en lugar de *eazy*, enredándose con la palabra *trough*.

Al menos puedo escribir bien en inglés. No tengo acento allí, en el papel: esas palabras me pertenecen por completo. Las palabras escritas son como los billetes de dólar o los pasaportes norteamericanos; los legítimos, quiero decir, no los falsificados: me llevan adonde quiero ir, sin que nadie me haga preguntas tontas ni me mire como si yo fuera un marciano. Las palabras escritas me hacen totalmente inidentificable. Con ellas puedo liquidar para siempre a Carlos y hacerlo desaparecer. Un crimen perfecto, pues no quedará ningún cadaver para arrojar a la basura; ningún *corpus delicti* para ver, en primer lugar.

Así que me esfuerzo mucho en moldearle la lengua a Carlos, y trabajo igualmente duro para acumular todo un arsenal de palabras en inglés que, si las deletreara correctamente, me permitirían matar al cubano que hay en mí. Es fácil amar el inglés: algunas palabras son poemas en sí mismas. Puedes escribirlas en una página —sólo una por página— y cada una de ellas podría pasar por un poema. O también podrías escoger algunas al azar, como números de lotería, organizarlas por orden alfabético y obtener un poema dadaísta, que si se hubiera escrito en 1919 podría haber sido digno de ser publicado en una de las revistas Dada, tal vez en *Jedermann sein eigner Fussball* ("Cada hombre es su propia pelota de fútbol").

> *Ankle. Awkward.*
> *Bark. Beef.*
> *Clod.*
> *Dam. Dribble. Drizzle. Drool.*
> *Eel.*
> *Fool.*
> *Gaffe. Geek. Gawk.*
> *Lawnmower. Love.*
> *Neck. Nipple.*
> *Oaf.*
> *Pitch.*
> *Shoehorn. Snowflake. Spill. Spool.*
> *Warm. Whorl. Wrist.*
> *Yardarm.*

La ortografía no es ningún problema en absoluto, a pesar de que el inglés es totalmente loco en este aspecto. En español, cada letra se pronuncia siempre exactamente del mismo modo. Así que cada vez que aprendo una palabra nueva en inglés, también memorizo instantáneamente su ortografía en español. Esto hace que todas las vocales mudas se hagan visibles, y lo mismo sucede con todas las consonantes. *Omelette* se pronuncia *Omlet* en inglés, pero se escribe Ome-let-té en español. *Treasure* se pronuncia Trezur, pero se escribe *Tre-a-súr-é*. Y así sucesivamente.

Esto explica por qué tantos niños extranjeros tienden a ganar el concurso de ortografía National Spelling Bee en los Estados Unidos. Es más fácil para nosotros los extranjeros, especialmente cuando estamos tratando de matar al extranjero que hay en nosotros.

Así pues, cuando un buen día nos asignan una tarea en la clase de historia, decido asombrar a la Srta. Esterman con mi escritura. La tarea consiste en comparar la Grecia antigua con el Imperio Romano. No tengo que pensarlo mucho. Me pregunto qué diría un americano. ¿Y cómo lo diría? Con comerciales, por supuesto. ¿Qué hay más americano que los comerciales? Habiendo vivido con una familia que tenía dos bebés, la siguiente pieza del rompecabezas encajaba sola en su lugar. Un comercial acerca de productos para bebés, naturalmente. Ya he visto bastantes y entiendo el tono utilizado en la mayoría de ellos.

"Aquí está: ¡el nuevo pañal romano! Robamos la idea de Grecia, es cierto, pero la mejoramos, como hemos hecho con todo lo demás. Los antiguos pañales griegos estaban hechos de cuero. Funcionan, sí, pero ¡es tan difícil sujetarlos y mantenerlos limpios! Y tienes que matar a un montón de vacas y cabras, lo cual los hace muy caros, especialmente porque después de una semana no hay manera de que huelan bien, no importa cuántas veces los golpees con una piedra en el arroyo. Y tardan una eternidad en secarse. Los nuevos pañales romanos, en cambio, son de tela. Muy económicos y duraderos. Los puedes lavar una y otra vez y siempre huelen a nuevo. Se sujetan con firmeza y facilidad, secan con rapidez y no hay necesidad de matar vacas ni cabras, al menos no para esto. ¡Bebés felices! ¡Padres felices! ¡Ganado feliz! ¿Qué más se puede pedir? Así que, ¡a comprar romano ahora! Sabemos cómo mejorar todo lo griego".

Lo mismo aplica para teteras y chupetes: "Los griegos están hechos con corteza de árbol. Se gastan rápidamente y las astillas son una gran desventaja, especialmente si quieres que el bebé esté tranquilo. Los romanos son de cuero. Son suaves, duran más tiempo y no tienen astillas. En primer lugar, los griegos fueron unos genios por inventar chupetes, biberones y teteras, sí, pero no escogieron los materiales adecuados. El cuero es horrible para los pañales, pero maravilloso para las teteras y chupetes".

Y así con los otros tres productos de la misma línea: jugetes, corrales, y cunas.

Pasan dos días. La Srta. Esterman está en su escritorio, como de costumbre. Pero en esta ocasión está muda. Literalmente. Con mi ensayo en la mano derecha, ella procura decir algunas palabras pero éstas no parecen dispuestas a salir de su boca.

—Carlos… (silencio) dónde… cómo… (silencio) ¿Por qué escribiste esto?

Uh, oh. Me parece que esto no es bueno.

—Esto… esto es…. Nunca antes había visto algo parecido.

Uh, oh. Requetemalo.

—Esto es… tan… tan… maravilloso. ¿Cómo… cómo se te ocurrió esto?

—*I don't know* (no lo sé). ¿Hay alguna otra manera de hacerlo? —le pregunto.

Saboreo la sangre durante algunos minutos, regocijándome por la muerte súbita de Carlos. Lo he matado, lo he liquidado. Dame una pluma y una hoja de papel y cada vez lo mataré y lo enterraré más hondo.

Maldito Carlos. Tendría que haber dicho *"I dunno"*, en vez de *"I don't know"*. Pero no importa; le clavé una estaca en el corazón. La próxima vez será una bala de plata. Vamos a ver por cuánto tiempo puede soportar este tipo de embates. Sobre todo, si sigo viendo la televisión e imitando los acentos que oigo en la televisión. Mis programas favoritos deberían surtir efecto, especialmente *El Show de Andy Griffith* y *Los Beverly Hillbilies*. No se porqué, pero los actores de estos dos programas tienen acentos que son mucho más fáciles de imitar. Deben ser los más americanos, y los mejores actores, formados en las mejores academias de entonación.

Y entonces, sin saberlo, me enseñan a hablar sureño, pues todos los actores en esos programas hablan como campesinos del sur de los Estados Unidos.

Todo cambia para mí después de ese ensayo. Estoy seguro de que puedo ser un americano, no sólo pasar por uno, sino serlo de verdad. No tengo que ser un refugiado, un exiliado que casualmente habla sin acento. Puedo apropiarme del acento y del idioma, y dejar que él se apropie de mí. Puedo venderle mi alma.

De prisa, Inglés, tráeme un contrato y lo firmaré con sangre.

Es una muerte agradable. ¿O debería llamarla asesinato? ¿O está bien llamarla muerte y asesinato? ¿Qué palabra del inglés utilizas cuando te matas a ti mismo y te conviertes en una nueva persona? *¿Selficide?* No,

espera, este es uno de esos casos molestos en que aflora el latín. *Sui.*
¡Maldición! ¡Significa *yo* en latín! La palabra correcta es *suicide*, y no es
una palabra buena. Cuando cometes suicidio, no queda una versión tuya
aquí en la tierra. Ninguna, salvo el cadáver en descomposición. Esto significa algo completamente distinto, y es demasiado cercano al sentido de
suicidio en español. Todas esas palabras del inglés derivadas del latín son
muy fáciles de aprender porque realmente no son inglesas. Son palabras
que hay que evitar a toda costa. Entonces, ¿cómo llamo a lo que acabo de
hacer en inglés? ¿Genuino o "gen-you-aynne", como diría Andy Griffith?

¿Cubanicidio? ¿Carloscidio? No, maldita sea, eso tampoco funciona.
El sufijo "cidio" no es anglosajón. También es latín: del *caedere* "cortar,
matar, tajear". Maldita sea. El *cide* de *insecticide* es el mismo que el *cidio*
de *insecticidio*. En uno de mis programas favoritos de la radio en La Habana hicieron un chiste de este sufijo latino, que también está presente
en español. En *La Tremenda Corte*, Tres Patines, el eterno chivo expiatorio, siempre era llevado a juicio por cargos de algún tipo de "cidio":
lechonicidio, retraticidio, espejicidio, y así sucesivamente.

Así que, Jesús mío, ¿cómo se supone que debo llamar a esta apacible
muerte en inglés?

Selfsquashing?

¿Por qué no? *Squash* es una de esas palabras sublimes en inglés, un
poema en sí misma, ya se utilice como un sustantivo o un verbo. Poco
importa que el sustantivo y el verbo aludan a cosas muy diferentes. La
palabra misma ha sido extraída de los cielos, de la lengua en la que nuestra madre Eva escribió sus poemas, aquella lengua condenada por Dios
en Babel. En el caso del sustantivo, el vegetal en cuestión —un tipo de
calabaza— muchas veces es bastante extraño en su forma y color como
para merecer una palabra tan extraña y aparentemente dispar. Y la belleza del sustantivo aumenta por el hecho de que la calabaza se asocia a
menudo con la temporada de otoño y Halloween, el día festivo con el
nombre más hermoso de la lengua inglesa, y Thanksgiving, que le sigue
en segundo lugar. O también está el *squash,* un juego reservado a unos
pocos privilegiados, que se juega en espacios cerrados y sofocantes con
raquetas pequeñas y una pelota que puede aplastarte un ojo y sacártelo
de tu órbita si te descuidas. En el caso del verbo —aplastar—, *to squash,*

la palabra transmite el sonido producido por un acto violento. Aplasta una cucaracha y escucharás *"squash"*. Aplasta un cangrejo de tierra o un escorpión y oirás el mismo sonido agradable, sólo que con más fuerza.

Sí, Carlos se aplastó a sí mismo con ese ensayo. Se aplastó hasta quedar plano como una cucaracha en el fregadero de la cocina. No pudo moverse lo suficientemente rápido como una cucaracha —*¡zas!*—, y su exoesqueleto no fue lo suficientemente fuerte para asimilar el golpe que le asestaron las palabras de su ensayo.

"Squash", eres historia, Carlitos.

Ya me cansé de ser amable contigo. Eso no te lleva a ninguna parte, independientemente de lo que te diga alguien que viva temporalmente en el Palacio Ricardo. La hipocresía nunca es una política acertada, especialmente con alguien cuya cultura incita a los tíos a llevar a sus sobrinos de catorce años a prostíbulos, o a rezar el rosario y hablar de orgías al mismo tiempo.

Cualquier país con prostíbulos merece ser abandonado a su suerte y olvidado. Este es el rasgo cultural más bajo que se pueda tolerar, más vergonzoso que una nudista vieja y fea, o que cualquier palabra mal pronunciada. Más repugnante que una cucaracha en los labios o que hablar con acento.

Ya es hora de que Charles se ponga en su sitio, *Car-lii-tous*. Ahora mismo.

Quince

Estamos en algún rincón de los Everglades y es tan fuerte el calor que te sientes achicharrado. Los hornos y los fogones son menos calientes que esto. Estamos aquí con un montón de hombres en trajes camuflados que están preparándose para la próxima invasión a Cuba.

Estos tipos no están jugando ningún juego. Esto es en serio. Y esas balas que están disparando son de verdad y pueden matarte. Extraño tanto este sonido de los disparos que no se oye en Miami. Era mi canción de cuna todas las noches en La Habana. Me encanta volver a oírlo.

Estos soldados realizan maniobras durante todo el día, reciben instrucción sobre las tácticas y el combate mano a mano, y se arrastran por trincheras y debajo de alambradas de púas, mientras alguien dispara sobre sus cabezas. Los tipos que están a cargo se comportan como soldados profesionales, o al menos dan la impresión de que saben lo que hacen. Todos hacen ejercicios y se arrastran, dando todo de sí.

Tony y yo nos limitamos a observar. Queremos participar, pero nos dicen que somos demasiado jóvenes. Es emocionante, pero también muy frustrante. Quiero sentir balas silbando sobre mi cabeza. Y me gustaría aterrizar con estos tipos en Cuba dentro de unos meses, o el próximo año o el siguiente. En algún momento. En cualquier momento.

Me gustaría poner de mi parte, aunque en el fondo sé que sería inútil.

Al final del día, el hombre que está al mando da un discurso conmovedor en el que agradece a los hombres su dedicación y valentía, asegurándoles que esta vez sus esfuerzos no serán en vano. No se habla de la invasión de Bahía de Cochinos. Mencionar ese tema sería tan innecesario como señalar dónde está el sol o cuánto estamos sudando todos.

Estamos aquí porque aquella invasión fracasó. Y su derrota fue culpa del presidente John F. Kennedy, su hermano Robert y sus asesores, que decidieron lanzar la invasión de exiliados en el peor lugar de todos —en un pantanal—, y luego los abandonaran por completo, después de haberles prometido apoyo militar. Estos hombres que están aquí en los Everglades han prometido volver a intentarlo sin ayuda de nadie. Lo que están haciendo en este lugar es ilegal, pero no nos importa. ¿Y qué si John F. Kennedy le prometió a Nikita Kruschev que mantendría controlados a los exiliados cubanos? ¿A quién le importa? La isla es nuestra, y somos nosotros quienes debemos reclamarla, no él ni Nikita. Además, los cubanos llevan un siglo y medio invadiendo la isla desde sus bases en la Florida. Es una parte esencial de la historia cubana, un patrón recurrente e ineludible: un régimen represivo expulsa a los que se atreven a desafiar el *status quo*, pero ellos viajan a los Estados Unidos, recolectan fondos, compran armas, invaden la isla y tratan de derrocar a los opresores. Una y otra vez. En el siglo XIX, José Martí, nuestro héroe nacional por excelencia, pasó mucho tiempo en el exilio en los Estados Unidos, principalmente en Nueva York, y también en Tampa. Llegó a la isla con una fuerza invasora y fue acribillado a tiros por los españoles en una escaramuza. Nuestro primer presidente, Tomás Estrada Palma, pasó varios años luchando contra España por nuestra independencia, pero fue expulsado y pasó mucho tiempo en un pueblito desconocido del norte del estado de Nueva York, enseñando en una escuela privada. Mientras estuvo allí, en medio de la nada, trabajó incansablemente para garantizar que la isla fuera invadida de nuevo. La gran mayoría de nuestros héroes nacionales estuvieron exiliados en algún momento o en otro, y todos ellos lucharon contra la opresión desde sus bases en los Estados Unidos.

Esto incluye al opresor actual, Fidel Castro, quien pasó mucho tiempo en Nueva York y Miami reuniendo fondos y armas para invadir a Cuba y derrocar al dictador mulato Fulgencio Batista.

Sólo tengo doce años y sé esto. Todos los cubanos lo saben, incluso los campesinos más pobres y analfabetos. No puedes librarte del opresor desde adentro; tienes que lanzar una invasión desde el otro lado del mar.

Pero John Fitzgerald Kennedy es un hombre de palabra, y grupos como este, con el cual estoy hoy, son perseguidos por todas las autoridades estadounidenses, incluyendo el FBI. Si sorprenden a estos hombres, todos sus equipos y armas serán confiscados y ellos serán juzgados y enviados a prisión. La CIA tiene sus propios planes para Cuba, pero tiende a no involucrar a los cubanos, y las pocas veces en que lo hace, éstos siempre salen mal librados. Básicamente estamos excluidos de sus operaciones, salvo cuando necesitan soldados de a pie, dispuestos a caer sobre sus propias espadas. *Flash forward*. Salto en el tiempo, nueve años en el futuro: un puñado de cubanos irrumpen en la sede del Partido Demócrata en el Hotel Watergate, en Washington D.C, para buscar documentos que podrían vincular a algunos demócratas con el Partido Comunista. Casi nunca son mencionados por su nombre en las noticias. Incluso aquellos para quienes trabajan no se mencionan cuando los cubanos son conducidos ante los tribunales. Para todos, son simplemente "los cubanos". Los demás cómplices son mencionados siempre por sus nombres. Y, por supuesto, todos los cubanos terminan en la cárcel.

Volvamos a los Everglades y a 1963.

Tony y yo estamos allí con Juan Bécquer, quien ha venido a rescatarnos una vez más. Cada dos o tres semanas nos recoge el sábado, cuando hemos cumplido con nuestras obligaciones de limpiar, y nos lleva a su casa. Y casi siempre nos tiene algún tipo de sorpresa. Este fin de semana es el entrenamiento de los hombres para la guerra. No sabemos cuál es su papel en todo esto. Él no da órdenes ni las recibe. Es una especie de gerente, que se asegura de que las cosas sucedan.

Los Bécquer ya no viven en la cabaña de madera. Se han mudado a un pequeño apartamento dúplex en un barrio un poco menos deteriorado. Nunca antes había visto un edificio igual. Desde fuera parece una casa, pero tiene dos puertas delanteras y otras dos atrás, una al lado de la otra. Son dos apartamentos en una sola casa, un dúplex, con un área de casi mil pies cuadrados. Podemos oír todo lo que sucede en el otro apartamento, y viceversa. Pero no importa: los vecinos también son cubanos. Todos los habitantes de ese dúplex de ladrillo rojo están acostumbrados a escuchar voces altas.

Salir del Palacio Ricardo a cualquier hora es una bendición. Irse por un día y medio es sencillamente maravilloso, casi un lujo, aunque no haya nada que hacer en la casa de los Bécquer. Sin embargo, intentan mantenernos entretenidos junto con sus dos hijos pequeños: una niña de cinco años y un niño de dos. Tony y yo no sabemos como jugar con niños de esa edad, pero esto no le molesta a nadie. Al igual que todos los hogares de refugiados, esa casa es una colmena. Es un torbellino de actividad constante en un espacio mínimo. Cada vez que Tony y yo vamos de visita a ese apartamento de quinientos pies cuadrados que alberga a cuatro adultos y cuatro niños, está repleto de gente.

Y nadie parece preocuparse por la falta de espacio personal.

Tony y yo dependemos de estas escapadas, ya que constituyen el único y auténtico calor familiar que hay en nuestras vidas, el único simulacro de normalidad. Juan y Marta Bécquer son muy amables con nosotros, al igual que los padres españoles de Marta. Nos incluyen en todo lo que hacen. Nos llevan de compras. Hacemos muchas cosas con ellos. Vamos a la playa. Y también al autocine. Los viejos se quedan en casa, pero el resto nos apretujamos en el carro de la familia y generalmente vemos una función doble. Sólo tenemos que pagar una suma fija por el carro, sin importar cuántas personas estemos adentro. Los refugiados no podrían pedir un mejor trato.

No puedo decidir si me gustan los autocines o no. Definitivamente, la configuración exterior tiene algo de mágico. Todos esos carros, estacionados debajo de una pantalla gigante, bajo las estrellas. La caseta del fondo donde venden comida y refrescos, el continuo tráfico de peatones desde y hacia ese lugar, la comida en sí, que sabe mejor que la de los cines normales. Todo esto se me parece más a un carnaval que a un teatro. Y me recuerda las fiestas cinematográficas que hacían los sacerdotes italianos —vecinos nuestros— al aire libre en nuestra calle de La Habana. Como todo lo que se extrae de un contexto familiar, la extrañeza de lo que ocurre le confiere un aire muy especial. Pero también hay un aspecto negativo: para empezar, el calor. Es imposible escapar de él. Y en el sur de la Florida siempre sentirás mucho calor de noche. Además, los pequeños altavoces que cuelgan de la ventana del carro son malísimos. Es difícil escuchar la banda sonora a través de ellos, especialmente con todo el ruido que hay en el ambiente. ¿Tengo que mencionar a los mosquitos? Después de todo, se trata de Miami, y los Everglades no están muy lejos.

Los niños de Juan y Marta llevan almohadas y frazadas, y en general se duermen rápidamente en la parte trasera del carro, lo cual está bien. Algunas de las películas que vemos no son exactamente para niños. No por las escenas de sexo o por las malas palabras, que todavía no han llegado a la pantalla en 1963, sino por los temas. Sobre todo porque son tan aburridos que te dan ganas de gritar. Una de las funciones dobles casi me produce un derrame cerebral: dos películas insoportablemente pesadísimas, protagonizadas por Paul Newman y Joanne Woodward: *Desde la terraza* y *El largo y cálido verano*.

Volver al Palacio de Ricardo todos los domingos por la noche es dificilísimo, hasta después de ver dos películas de mierda en un carro hirviente. Pero cualquier cosa es preferible a estar en esa casa.

Obviamente, casi ni se me ocurre pensar que la familia Bécquer no tiene obligación ninguna de ocuparse de dos niños que no tienen ningún parentesco con ellos. Más bien, lo único que pienso es por qué no nos rescatan todos los fines de semana.

Cómo me gustaría que alguien lo hiciera.

He dejado de pensar en mi familia de Cuba, que bien podría estar muerta porque, en esencia, lo está. Hablar con ellos por teléfono fragmentariamente, tres minutos cada dos meses, es muy semejante a hablar con los muertos a través de un tablero Ouija: nunca estás seguro de si quienes están al otro lado son simplemente un producto de tu imaginación. Las cartas tampoco son gran cosa: siempre cuentan lo mismo. A veces tengo la sensación de que sólo hay una carta que recibo una y otra vez, con sólo una o dos palabras cambiadas. Ellos están bien, indefectiblemente, y nuestra madre siempre está tratando a toda costa de encontrar una manera de salir de Cuba. Y luego están las mismas palabras tranquilizadoras, una carta tras otra. Esto me recuerda al eco con el que solíamos jugar en el Bosque de La Habana, en los acantilados del río Almendares, resonando antes de desvanecerse. Muy pronto, nuestra madre se reunirá con nosotros. Muy pronto, muy pronto, muy pronto… He leído las mismas palabras una semana tras otra, y después de cada lectura estas se hacen cada vez más débiles. Luis XVI y María Antonieta no pueden decirnos que nos reuniremos con ellos allá en Cuba, porque todo el correo es abierto y leído por las autoridades cubanas, y si expresas eso o cualquier otra cosa que pueda dar a entender que Castrolandia dejará de existir, tus cartas serán destruidas y nunca llegarán a su destino.

En el fondo, renuncio a toda esperanza de reunirme con mi familia. Lo que siento no es desesperación, sino puro entumecimiento, incluso indiferencia. Ni siquiera tengo que hacer un esfuerzo consciente para pensar en mis padres ni en nadie. Y como cada vez planeo con mayor intensidad matar a Carlos, el tiempo adquiere un aire totalmente nuevo para mí. No tengo pasado ni futuro. Lo único que tengo es el presente, el cual es eterno. Hasta la próxima semana se me hace muy lejana. Olvídate del próximo año: está demasiado lejos, y no difiere mucho de cien años o de mil.

El mundo tiene un pasado que estoy empezando a descubrir a medida que me apasiono por la historia. Pero, a fin de cuentas, yo no tengo pasado. Esto hace que la historia sea aun más interesante, pues el mundo parece tener una dimensión que me falta a mí.

En el Palacio de Ricardo nadie está obligado a escribirle a sus padres. Somos obligados a hacer todo lo demás, pero no eso. De todos modos les escribo, y Lucy me proporciona un sobre y un sello. A Tony no le gusta escribir. Lo animo, pero él nunca hace nada que no quiera hacer. Mis cartas también son siempre iguales: *Estamos bien. Me muero de ganas de verlos de nuevo. La escuela es maravillosa y Miami también. Esta casa es muy agradable…*

Uno de los pocos consejos que nos da Lucy Ricardo es el siguiente: si les escribes a tus padres, nunca les digas que algo anda mal. Diles que todo está bien y que estás muy feliz aquí. Como no pueden hacer nada para ayudarte, es mejor que no se preocupen demasiado por lo que no pueden solucionar.

Un buen consejo, sobre todo cuando se trata de Tony. Su situación es funesta. Lucy y Ricky la tienen cogida con él y los pandilleros escasamente lo dejan respirar. Siempre termina involucrado en peleas con los del cuarto del fondo. Y en más de una ocasión, Ricky Ricardo le ha entrado a golpes. Una vez, en particular, casi se le va la mano.

Una de esas pocas tardes cuando está en casa, Ricky se dedica a revisar nuestras gavetas para asegurarse de que nuestra ropa esta cuidadosamente guardada. Y cuando llega a la gaveta de Tony el tipo, se encabrona.

—¿Qué coño es esto? ¡Mira este lío! ¿Quién te crees que eres? ¿En dónde crees que estás, maricón? ¿En tu mansión de Miramar, donde alguna criada o niñera organizará tu desorden?

—No —dice Tony—. Estaba esperando que lo hicieras por mí.

Ricky arremete contra Tony, quien intenta contraatacar. Le acierta algunos golpes, pero Ricky es demasiado grande para él; lo arrincona contra la pared y comienza a golpearlo con los puños y los pies, destilando veneno de su boca con cada golpe.

—¡Cabrón, requete sinvergüenza, maricón! ¿Quién te va a ayudar ahora? ¿Dónde está tu padre? ¿Dónde está el juez tan importante? ¿Eh? ¡Que venga y te ayude ahora, bitongo de mierda!

Y así sucesivamente. ¿Para qué entrar en detalles? Los insultos y las malas palabras arrecian después de cada patada y puñetazo, pero una pregunta retórica que Ricky le hace una y otra vez lo resume todo, y seguramente a Tony le duele más que cualquiera de los golpes.

—¿Dónde está tu padre ahora?

Buena pregunta, Ricky. Magnífica pregunta. Eso mismo me he preguntado yo.

¿Y yo qué? ¿Por qué no hago algo para detenerte cabrón? ¿Por qué no saco un cuchillo de la cocina y apuñalo tu barriga grasienta? O mejor aun, ¿por qué no te abro un tajo, te saco las entrañas y te meto dentro la ropa de Tony, toda bien dobladita? ¿Por qué no te corto la lengua y te lleno la boca de calzoncillos sucios?

No hago nada. Sé que sería peligrosísimo. Además, soy mucho más pequeño que Tony. Y este lugar es muy semejante a los campos de concentración nazis que he visto en las películas. Cada acto de desafío es respondido con una crueldad desproporcionada.

Cesan los golpes. Ricky toma la gaveta de la cómoda y vacía su contenido sobre la cabeza de Tony.

—Ahora, limpia este desastre… —gruñe.

A lo cual le siguen, naturalmente, más insultos creativos. Ricky era un poeta tan laureado como los tres pandilleros cuando de decir palabrotas se trataba. Y siendo un hombre maduro, con más experiencia en las cosas de la vida, se podría decir que en realidad los superaba.

Oscuridad total. Apagón.

Varias palizas después, Tony sigue igual de desafiante. Nadie hará que doble su ropa con cuidado. Nadie puede obligarlo a hacer nada. Y nadie puede hacerlo llorar.

Desafortunadamente, su actitud desafiante se extiende a la escuela, en la que simplemente se desvanece. Deambula por la Escuela Secundaria de Citrus Grove como la antítesis de un fantasma. Mientras que un fantasma es un espíritu sin cuerpo, Tony es ahora un cuerpo sin espíritu. Un zombi. Va a clase y se sienta en su pupitre, y es contado como presente, pero realmente no está allí. Está más ausente que los niños cuyos pupitres están vacíos. Sólo Dios sabe dónde está, y qué tanto se las ha arreglado para sumergirse en el abismo que ha traído de Cuba. Cada vez siento que está más distante de mí. Sé que está ahí, conmigo, pero al mismo tiempo sé que no está ahí. Siento que tiene un campo de fuerza impenetrable a su alrededor que crece más y más fuerte cada día que pasa.

Oscuridad total de nuevo.

Es primavera, lo cual realmente no significa nada en Miami, excepto que ahora el calor se hace insoportable. Entregan las notas escolares. Tenemos que llevarlas a casa para que las firme uno de nuestros "padres tutores". Las notas de Tony podrían ganar un premio a la regularidad. Saca "F" en todo; la nota más baja. Hay una cierta belleza física en ellas, en esa columna que repite la misma letra.

Mis notas tampoco son para presumir. Me resulta difícil concentrarme en la escuela. Por primera vez en mi vida, saco muchas "C", sumadas a los comentarios de la Srta. Esterman que dicen que ella sabe que me puede ir mucho mejor y que debería apretarme el cinturón, esforzarme más en mis tareas y tomármelo todo con mayor seriedad.

Nada podría importarle menos a Ricky y a Lucy Ricardo. Firman las tarjetas con nuestras notas sin decir palabra. Sin embargo, a Juan Bécquer sí le importa. Él ha estado supervisando nuestras notas, aunque no es nuestro tutor legal. Cuando ve las "F" de Tony, pierde la calma, y hace lo que nadie debe hacer con él. Trata de corregir su comportamiento por medio del castigo.

—No pasarás este fin de semana con nosotros —le dice Juan a Tony—. Tienes que quedarte aquí. No puedo recompensarte. Tienes que aprender a ser responsable, a darte cuenta de que siempre que metes la pata debes pagar un precio. Te quedarás aquí este fin de semana pensando en lo que has hecho y cómo puedes mejorar. Sólo llevaré a Carlos.

No puedo creer lo que estoy oyendo. Aunque apenas tengo doce años, sé que esta no es la manera de tratar a Tony. Esto sólo lo llevará en la dirección opuesta. Y es injusto. Si él no puede ir, entonces yo tampoco quiero ir.

—Me quedaré con Tony —le digo.

—¡Ah, no! No lo harás —responde Juan—. Tú te vienes conmigo. No discutas.

Varios minutos de protestar y discutir no resuelven nada, especialmente porque Lucy llega y me ordena que me vaya de la casa.

Tony dice:

—Es mejor que te vayas; yo estaré bien. Vete antes de que haya más problemas.

Sé que está mal, pero no puedo hacer nada al respecto. Me monto en el carro con Juan y ese fin de semana resulta ser el más terrible de todos. Me siento sucio, literalmente, como si mi cuerpo estuviera cubierto de lodo. La mugre que siento encima es pesada, y me empuja hacia abajo. Pero hay algo más pesado en mi interior. No puedo localizarlo, físicamente, aunque lo siento por dentro, en todas partes. Nada ha ejercido tanta presión sobre mí como esto. No hay nada que me haya hecho sentir tan mal y odiar a todo el mundo, y a mí más que a nadie.

Judas debió sentirse igual. "Por eso se ahorcó", pienso en voz alta, mientras vago sin rumbo por el patio de los Bécquer. Estudio las hojas de hierba, tan espesas y ásperas. No puedo elevar la vista al cielo, pues el peso que hay sobre mí me impide hacerlo. Entierro todos los demás recuerdos de ese fin de semana en mi Bóveda del Olvido, con excepción de uno: Juan Bécquer sermoneando sobre la responsabilidad, tratando de convencerse a sí mismo de que ha hecho lo correcto.

Oscuridad total, una vez más.

Salto en el tiempo, un par de meses hacia adelante. Los Bécquer se han mudado de nuevo. Ahora viven en una casa más grande y linda en Hialeah, un barrio que me confunde porque está en Miami, pero no forma parte de ella. Se está llenando rápidamente de refugiados cubanos, y es donde por primera vez veo un cartel que dice "English spoken here" (Se habla inglés). Los Bécquer tienen una casa entera para ellos, aproximadamente dos veces más grande que el dúplex.

Hialeah está lejos del Palacio Ricardo.

Tony me dice que los Bécquer nos han invitado a pasar el fin de semana en su casa, pero que Juan no puede recogernos y que debemos ir en autobús, o guagua, como decimos los cubanos.

—¿Estás seguro? —le pregunto. Esto me suena extraño.

—Sí. Llamaron por teléfono cuando estabas afuera.

Podría ser cierto. Yo me había pasado un largo rato afuera, cazando grillos. Había una verdadera plaga bíblica: miles y miles de grillos por todas partes. Tal vez fueran langostas, como las de Eqipto. No eran verdes. No. Eran negros, con un poco de amarillo y rojo. Y eran enormes. Llené jarras de ellos por montones, únicamente por el placer de atraparlos.

Alguien tenía que detenerlos. Y Lucy Ricardo había guardado un montón de jarras vacías con tapas.

—¿Estás seguro? —le pregunto de nuevo—. No lo estás inventando, ¿verdad?

—Juro por Dios que no estoy mintiendo. Nos invitaron. Lo juro; *mal rayo me parta* si no. Te lo juro.

Un mapa de tránsito de Miami nos ayuda a determinar qué autobuses tomar. Es complicado, pero finalmente entendemos cuál es la ruta y nos vamos rumbo a Hialeah.

En algún lugar a lo largo de la ruta, en el segundo o tercer autobús, tenemos una experiencia desagradable con un conductor que quiere mandarnos a la parte trasera cuando nos oye hablar español. Y no es sólo el conductor del autobús el que nos molesta, sino también algunos de los pasajeros. Entierro los detalles en lo más profundo de mi Bóveda predilecta, y me aseguro de que nunca salgan de ahí. Decido que sólo recordaré la naturaleza de las cosas desagradables, pero no los detalles. No obstante, recuerdo que la palabra *spic* es pronunciada varias veces, y que Tony responde: "De ninguna manera nos vamos a cambiar de asientos. Ni se te ocurra pensarlo, y mucho menos obligarnos".

Llegamos a la parada final, todavía a muchas cuadras de la casa de los Bécquer. Caminamos durante lo que parece ser una eternidad bajo el sol asesino de la Florida. Estamos en verano y no hay sombra aquí, en las calles de Hialeah. Pienso en los dibujos animados en los que he visto un hombre cruzando el desierto, el cráneo de una vaca a sus pies y un buitre sobrevolando en círculos. Esto es peor que el Sahara, me digo. Estoy sediento, y el esparadrapo con el que he pegado mis zapatos está llegando al límite de su resistencia. El hecho de que no llevo calzoncillos tampoco ayuda mucho. Los pantalones me raspan.

Ya no tengo ropa interior. Se ha gastado.

Cruzamos un lote vacío y lo que veo me sorprende. Cactus. El lote está lleno de pequeñas matas de cactus, cientos de ellas. Así que pienso que este es un desierto, después de todo. Si no supiera más, creería que se trataba de un espejismo. Pero sé qué aspecto tienen los espejismos reales. Miami está lleno de ellos en verano. Basta con mirar cualquier calle larga, y verás algo brillante en la distancia como lagos relucientes. Los cactus están cerca y puedo tocarlos. Trato de arrancar uno, pero sus espinas resisten con éxito. Lo dejo en paz, y me chupo la sangre de la yema del dedo.

Finalmente llegamos a la casa de los Bécquer y tocamos el timbre. La madre de Marta abre la puerta. La expresión de su cara lo dice todo. No necesito hacerle ninguna pregunta. Ella no sólo se sorprende, sino que también se horroriza al vernos en los escalones, y expresa claramente su molestia.

—Pero, ¿qué hacen aquí? —nos pregunta—. ¿Por qué están aquí? ¿Que se les metió en la cabeza? ¿Y ahora qué?

Ella es lo suficientemente amable para dejarnos entrar. Y cuando Marta y Juan llegan a casa, nos dejan quedarnos. Pero me doy cuenta de que no están muy contentos al respecto. Se han mudado y tienen mucho que hacer. Tony habla apenas lo necesario, pero parece no darse cuenta del malestar que les está causando a nuestros benefactores. Quería salir del Palacio de Ricardo, y lo hizo.

Esta mentira inmensa no podrá entrar nunca en la Bóveda del Olvido. Es demasiado grande. Y se asemeja mucho a una especie de augurio o de presagio.

Salto en el tiempo, dieciocho años hacia adelante. Es el cuatro de julio de 1981 y estoy en la casa de Tony en Chicago. Es tan pequeña como el dúplex de los Bécquer, e igual de hacinada. Se halla ubicada en un extremo del noroeste de la ciudad, en un barrio polaco todavía desconocido para mí. Demasiado lejos del lago Michigan. He venido a pasar el verano en Chicago, después de haberme ausentado durante muchos años, y estoy tratando de volver a conectarme con mi hermano, cuyo campo de fuerza ha resultado impenetrable durante mucho tiempo. Estoy haciendo una investigación en la Biblioteca Newberry y escribiendo las conferencias para mis cursos de otoño. En el mes de septiembre comenzaré un nuevo puesto de profesor en la Universidad de Virginia y tengo mucho que hacer antes de empezar. Tony trabaja en el aeropuerto O'Hare cargando víveres para los aviones.

—*Time for fireworks* (Es la hora de los fuegos artificiales) —dice Tony.

Va a su habitación, y lo sigo. Abre la puerta del armario. Casi no hay ropa allí. No hay lugar para ella. Tiene un arsenal de armas de todo tipo: rifles, pistolas, ametralladoras, cajas y cajas de municiones, granadas, un lanzagranadas. No son juguetes. Son armas de verdad.

—Beneficios secundarios. Vale la pena trabajar para la CIA —me dice—. El único inconveniente es recibir un tiro de vez en cuando, y que te jodan después.

Identifico un fusil de asalto Kalashnikov AK-47 en el arsenal.

—Toma esto —me dice, dándome una pistola calibre .45 muy linda y pesada.

Agarra una M1911 idéntica, y una caja de balas.

—Vamos al techo —dice.

—¿Y el AK-47? —le pregunto.

Se ríe.

Subimos al techo por una escalera de tijera. Es una casa tipo rancho de un solo piso, y subir no es ningún problema. Nos sentamos en el techo y observamos el cielo rosado en busca de fuegos artificiales. Los fuegos artificiales son ilegales en Chicago, pero algunos de los vecinos de Tony saben cómo evadir las leyes. Así parece. Vemos unos cuantos cohetes iluminando el cielo y oímos las explosiones a nuestro alrededor. Parece como si hubiera una guerra allá afuera. El un sonido familiar y reconfortante de algún modo me parece extraño. En ese techo, siento que Tony y yo estamos de nuevo en nuestra habitación en La Habana, bromeando como solíamos hacerlo antes de dormir, escuchando las bombas y los disparos en la distancia.

—*Party time* (Tiempo de fiesta) —dice.

Él dispara primero. *Pow*. Yo sigo su ejemplo. Descargamos nuestras pistolas en el cielo rosado de Chicago. Recargamos y descargamos de nuevo. El ruido que hacemos es celestial, y también lo es el olor a pólvora que nos envuelve. Sé que lo que estamos haciendo es ilegal, pero no me importa. Estoy con Tony.

Rendirse. Desatarse. Libertad absoluta. Paz.

No me he sentido tan bien en mucho tiempo, tan irresponsable, tan íntegro.

En mucho, mucho tiempo. Demasiado.

Dieciséis

H oy la Srta. Esterman no está con nosotros. En su lugar tenemos a una profesora sustituta: es una viejita, muy pequeña y delgada; pareciera que sus huesos pudieran romperse en cualquier momento y que su fragilidad se extiende a su carácter.

Parece una abuelita.

La tensión reprimida que había sentido en nuestra clase durante los últimos meses aflora a la superficie tan pronto terminan el Juramento a la Bandera y la lectura de la Biblia.

Todo comienza cuando pasa lista. Ella dice un nombre y varios niños responden "presente" al mismo tiempo. Una y otra vez. Uno muchacho llamado Richard dice "presente" después de cada nombre que escucha, excepto el suyo. Es uno de esos niños cubanos que llevan tanto tiempo en Miami que tiene nombre inglés y no sabe hablar correctamente el español. Es el más alto de la clase y tiene el pelo rubio y los ojos azules. Parece un niño de un coro inglés, pero debajo de su apariencia angelical hay un volcán a punto de entrar en erupción. Destila veneno por todos los poros, aunque sólo por fuera de clases. En el salón, la Srta. Esterman lo tiene subyugado con algún tipo de hechizo, el mismo que utiliza con el resto de nosotros.

Pero hoy, sin la Srta. Esterman, no hay ningún hechizo.

De repente, todos los que han estado conteniendo sus impulsos rompen las cadenas, y Richard asume el control. El pase de lista tarda una media hora, y sólo Dios sabe qué es lo que la profesora sustituta reporta a la oficina del director. Es imposible que ella pueda saber que estudiantes estábamos allí, y mucho menos quién es quién.

Es la primera lección del día. La profesora hace una pregunta y Richard levanta la mano. Ella le da permiso para responder.

Richard se levanta y responde en su español deficiente: "Tú eres la vieja más fea, más flaca y más mocosa que he visto en toda mi vida".

—¿Qué? ¿Podrías repetir eso? No entendí lo que dijiste —dice la profesora.

El otro estudiante que también habla español se ríe con disimulo. Estoy tan sorprendido que no atino a reírme. Todos los estudiantes parecen asombrados, aunque también se divierten.

—Te dije que eres feísima, más flaca que una vaca muerta de hambre y que tienes la nariz llena de mocos.

Richard se sienta.

—Oh, lo siento… Tampoco entendí esta vez. ¿Podría decirlo una vez más?

Una niña de la clase grita:

—Él no sabe inglés. ¡Acaba de llegar de Cuba!

—Oh… Entiendo.

La pregunta inicial es respondida por otro chico, y pasamos a otro tema. O al menos así parece ser durante unos minutos. Luego, Richard empieza a sabotear a la profesora, lanzándole más insultos en español.

Diez minutos después de hacer esto, la clase comienza a disolverse en el caos. La profesora sustituta, quien parece incapaz de darse cuenta de lo que está pasando, sigue intentando avanzar con el tema que la Srta. Esterman le ha dejado.

En menos de una hora, todos estamos conversando y comportándonos como si la profesora sustituta no estuviera allí en absoluto. Finalmente, se da por vencida y se sienta en su escritorio sin hacer nada.

—Muy bien, chicos, si esta es la forma en la que quieren comportarse, que así sea —dice—. Es su problema si no quieren aprender lo que tienen que aprender —añade.

Nos divertimos mucho a la hora del almuerzo hablando, bromeando, y haciendo lo que nos da la gana. Dado que la Escuela Primaria Citrus Grove no tiene comedor, sino una modesta cafetería sin ningún lugar para sentarse, almorzamos en el aula, como siempre. Yo sólo tenía mi sándwich habitual de pasta cremosa —*pain américain à la Hellman's*—, pero la mayoría de los otros niños compran almuerzos y los traen a sus pupitres. Esto quiere decir que algunos de ellos tienen más de un alimento para consumir. Me como mi sándwich y bebo la ración de leche de ocho onzas que me dan gratis, y varios compañeros empiezan a jugar con la comida.

Food fight! ¡Guerra de comida!

Muy a mi pesar, veo cómo se arrojan los unos a los otros las delicias que a mí me gustaría comer. Los pastelitos, en particular, se ven buenísimos. Peor aun, y en lo que a mi desconcierto se refiere, no tengo nada que lanzar, a excepción de lo que me tiran, lo cual me como.

Es en este punto que la disposición de los pupitres entra en juego. La Srta. Esterman siempre cambia de lugar los pupitres. Como no están fijos al suelo, nos hace cambiar constantemente de lugar con el objetivo de desarmarnos. Hoy los pupitres están perfectamente alineados para la batalla: estamos en cuatro filas perpendiculares a la mesa de la profesora, con dos filas a ambos extremos del salón y un corredor amplio en el medio. Esto significa que estamos divididos en partes iguales: dos filas a un lado del aula frente a dos filas en el otro, con una línea de trincheras y una tierra de nadie en el medio.

Afortunadamente, nadie le lanza ningún objeto a la profesora sustituta, que continúa sentada en su escritorio en medio del caos como si nada descomunal estuviera pasando. Dejarla en paz nos permite continuar con lo nuestro.

Suena la campana. El almuerzo ha terminado. Los niños que tenían platos y bandejas los llevan a la cafetería y no tardan en regresar. Tuvimos un momento de calma en la guerra, una tregua momentánea, al igual que la acaecida en el frente occidental, en la Navidad de 1914, entre los alemanes y las fuerzas franco-británicas, de corta duración. Sin más comida para lanzar, acudimos a nuestros pupitres en busca de proyectiles adecuados. Al principio son bolitas y aviones de papel. Pero el mero hecho de hurgar en nuestros pupitres en busca de munición nos revela accidentalmente una eficaz estrategia de defensa. Los pupitres tienen tapas que se abren y se cierran, y si mantienes la tapa abierta, tendrás un escudo ideal para resguardarte.

Al parapetarnos detrás de nuestros escudos, nos armamos con algo que pide a gritos ser utilizado, precisamente porque tiene la misma forma de un proyectil: las crayolas para colorear. Las hacemos volar. Y me refiero a toda la clase. Ni un solo pupilo se opone al juego. Todos y cada uno de nosotros lanzamos nuestra artillería de colores por todo el aula.

Las crayolas se estrellan contra los pupitres y se rompen. También chocan contra las paredes porque no todos tienen buena puntería o brazos fuertes. Cuando se nos acaban las crayolas enteras, empezamos a recoger las astillas esparcidas en el suelo. Lanzarlas mientras te ocultas detrás de la tapa que te sirve de escudo ya es difícil, pero lanzarlas mientras recoges astillas del suelo es aun más difícil. Por lo tanto, es ahí, en ese momento, cuando empiezan a presentarse las primeras bajas. Soy golpeado varias veces. Menos mal tengo mis espejuelos, pues alguien me acierta con un veloz proyectil justo en un ojo, dejándome una mancha púrpura en los lentes. Yo también acierto algunas descargas, entre ellas una que da de lleno en el ojo de uno de los muchachos más simpáticos de la clase, alguien que casi era amigo mío. Él se estremece y se lleva la mano al ojo. Siento un gran remordimiento de conciencia y también me estremezco de algún modo en mi interior. Pero eso no me amilana ni me detiene. Se trata de matar o morir; cada uno por sí mismo, y Dios contra todos.

Las crayolas dan paso a lápices y plumas, a la tiza de la pizarra e incluso a los cartuchos de tinta, esos tubitos de plástico que insertabas en las plumas a comienzos de la década de 1960. Algunos de los cartuchos de tinta estallan en los pupitres, en las paredes, en el suelo y en los mismísimos combatientes.

La refriega parece durar una eternidad. Entonces suena el timbre y terminan las clases. No sé si mis compañeros la vieron al salir, pero lo que es a la profesora sustituta yo no la vi cuando salí por la puerta. Al igual que todos los demás, me voy a casa un poco despeinado y manchado. Y dejamos el aula como si hubiera sido azotada por un tornado.

Sé que todos nos hemos metido en tremendo lío y que nos costará caro. Pero eso no sucederá hoy, me digo; es un problema de mañana. Yo vivo el presente, el momento del ahora eterno. Sólo puedo pensar en lo mucho que me divertí y en cómo me gustaría no haber golpeado a ese tipo en el ojo.

Llego a casa y el resto del día transcurre como cualquier otro en el Palacio Ricardo. Una mala comida a las cinco de la tarde, hacer los deberes de la cocina, ir a la biblioteca, regresar lentamente mientras buscamos botellas vacías de refrescos que podemos vender a dos centavos de dólar, ver televisión una o dos horas y a la cama.

Amanece y me despierto tembloroso. De repente, el ahora se ha convertido en el día del juicio final. En la cocina hay la misma prisa de costumbre, y la jerarquía habitual. Al igual que el mono más inferior de la manada, algunos de nosotros tenemos que esperar hasta que los machos alfa terminen de comer antes de poder pensar en nuestro turno. Tony y yo comemos la consabida tostada con margarina, bebemos el habitual café instantáneo con leche en polvo y salimos rumbo a la escuela. Tan pronto cruzo la puerta del aula, sé que ha llegado el día del juicio.

El director está allí, de pie, muy serio, junto a la Srta. Esterman, que parece completamente traicionada. No dice nada y ella tampoco. Hay también un par de trabajadores que limpian todo el desorden que hemos dejado. Uno de ellos está retirando las astillas de crayolas que se han pegado a las paredes. El otro está recogiendo la "munición" orgánica del suelo. Realizamos los rituales matutinos de rigor: el Juramento a la Bandera y la lectura de la Biblia, que se escuchan a través de las bocinas de la escuela. Los trabajadores dejan de limpiar, y nosotros nos miramos unos a otros y nos hacemos gestos sutiles, los cuales denotan un gran nerviosismo. Miro de soslayo a Richard. Sus ojos están fijos en la parte posterior del aula, como la aguja de una brújula indicando el norte. Luego lo sorprendo mirando furtivamente a la Srta. Esterman y al director con el rabillo del ojo.

Para mi gran alivio, nadie tiene un parche en un ojo.

La Srta. Esterman es la primera en romper el silencio.

—Ustedes saben por qué está aquí el director Tal y Mascual. Él tiene algo que decirles.

El director arremete contra nosotros, no gritando y vociferando, sino pinchando sutilmente nuestras conciencias con recordatorios candentes de todo lo que nos han enseñado nuestros padres y maestros, los mismos principios en los que habíamos procurado no pensar desde anoche. No puedo hablar por los demás, pero mi conciencia ha sido liberada de la jaula donde la encerré ayer, y ahora es como un oso herido y furioso, campeando allí donde quiera que le de la gana.

Ay. Coño. Me están aplastando. Y la culpa mana como la sangre roja y caliente de una herida abierta. Pero tengo que reconocer, mientras mi conciencia me pulveriza, que lo que estoy viendo es algo cómico, incluso hilarante.

Mientras el director Tal y Mascual habla, los trabajadores limpian con ahínco, raspando las pinturas de las paredes y del piso, borrando las manchas, barriendo y fregando. De alguna manera, algo muy adentro de mí me dice que debería reírme de esto, y que se trata de una de las cosas más divertidas que haya visto jamás. Es muy semejante a las secuelas que deja un pastel arrojado en una película de cine silente, excepto que en esta escena el director nos está regañando por haber arrojado el pastel. Y yo estoy esperando que de un momento a otro uno alcance al director en plena cara.

Casi espero a que comience a sonar la obertura de *La urraca ladrona* de Rossini por la bocina que acaba de transmitirnos la Palabra de Dios a todos nosotros, los disolutos.

Pero esto no es una película de Charlie Chaplin. Es la vida real, y el director Tal y Mascual nos asigna una tarea difícil. Debemos escribir un ensayo en el que expliquemos nuestra conducta: "¿Por qué hice lo que hice, sabiendo que estaba mal hecho?". Es un golpe bajo. El más bajo de los bajos. ¿Qué es lo que él espera que digamos?

Pero, un momento, espera, tal vez no sea un golpe bajo. ¿Eso es todo? ¿Es este acaso nuestro castigo? ¿No nos van a suspender? ¿No seremos detenidos? ¿Esto y nada más?

Maldición. Sí, hay algo más. Él les va a escribir una carta a todos nuestros padres y tutores detallando la naturaleza de nuestra conducta vandálica, y ellos tendrán que firmarla y devolvérsela. También les enviará nuestros ensayos, los cuales tendrán que firmar y devolver.

Exhalo un suspiro de alivio y me río para mis adentros. En mi caso, eso no tendrá ninguna repercusión. A Lucy y a Ricky no les importará esto en absoluto. Puede ser que ni siquiera lean lo que les daré para firmar. Es lo que hacen siempre. "¿Qué es esto?", preguntará Lucy. Es la única que firma nuestros cuadernos. Siempre nos pregunta qué hay en las hojas de papel que le entregamos y nunca las lee, lo hace sólo para cerciorarse si le hemos dicho la verdad. Cuando se trata de asuntos de esta índole, ella confía de lleno en nosotros porque su inglés es muy pobre, y también porque nosotros le importamos un comino.

Tengo suerte. Por una vez en la vida, ser huérfano resulta ser algo a mi favor.

Escribir el ensayo es más difícil de lo que esperaba, a pesar de que tenemos el resto del día para hacerlo. No es una tarea, sino nuestra única actividad del día. Acudo a mi conciencia con cautela, pues está arremetiendo. Ruge y me ataca. Yo retrocedo. Si confiara en esa bestia, tendría que escribir mi ensayo con sangre. Diablos, no. De ninguna manera. Así que hago lo que puedo: apelo a la otra bestia que habita en mí, esa que siempre es condescendiente, dulce y malvada a la vez, la que tiene muy buena opinión de mí y de mis más bajos impulsos.

Doctores Freud y Jung y todos sus discípulos —fieles o no—, por favor, ríanse si quieren. No es necesario que oculten sus sentimientos. Este es el tipo de cosas que los mantienen ocupados a ustedes en algo útil.

No tuve la culpa, digo en mi ensayo. Tuve que defenderme. Sí. Yo no fui quien empezó, pero cuando los objetos comenzaron a volar por el aula, se convirtió en un asunto de honor y defensa propia. ¿Qué otra cosa podía hacer? ¿Que los demás me lanzaran crayolas, tizas y cartuchos de tinta a su antojo? ¿Esconderme detrás de mi pupitre como un cobarde afeminado? Hasta las hembras estaban tirando cosas. ¿Qué tipo de varón sería yo si hubiera permanecido sentado? ¿Y dónde estaba la profesora sustituta en todo esto? ¿Por qué no hizo algo? ¿Por qué no me protegió de los proyectiles? Sí, ya sé que está mal destrozar un aula y faltarle al respeto a una profesora, pero recibí fuertes golpes de crayolas. Me duelen. Y mi ropa quedó completamente manchada, tal vez de forma permanente. Y vivo en un orfanato, ya saben. Tengo que lavar mi ropa, y tengo muy poca. Si algo se estropea tengo que reponerlo. Entonces, ¿dónde estaba la profesora? Su responsabilidad era impedir que los estudiantes se volvieran locos. No soy uno de ellos, de los locos alborotadores. Tuve que defenderme de ellos bajo las circunstancias más apremiantes. Soy un buen muchacho. Un niño muy bueno, que vive en el infierno y es una víctima. Sí. Tengo que soportar muchas cosas cuando salgo del colegio, así que lo mínimo que esta escuela puede hacer por mí es proporcionarme un ambiente seguro y acogedor.

Además, yo también lo siento. Lo siento mucho. Quisiera que los demás no me hubieran convertido en un delincuente.

Tremendo ensayo. Si esto fuera un juicio en un tribunal, seguramente me absolverían. Pero hay todavía una sombra oscura allí, en mi conciencia, que mi ensayo no logra exorcizar: la imagen vívida de una de mis crayolas golpeando a un compañero en el ojo. Esa imagen no me deja en paz y me molesta más que todo lo sucedido ayer. Así son las cosas conmigo: imágenes que siempre me revelan la verdad, silenciosamente, sin palabras. Uno siempre puede utilizar las palabras para engañarse a sí mismo y a los demás. De alguna manera; las imágenes, en cambio, no mienten.

La crayola le golpeó el ojo cuando lo tenía abierto. Él no me estaba mirando. Estaba detrás de la tapa de su pupitre, mirando en otra dirección. Mantuvo su mano en el ojo durante un largo tiempo y dejó de lanzar objetos. Vi el dolor en su rostro, y luego en la mirada que me lanzó con su ojo ileso. Me quemó la conciencia. Esa mirada lo dijo todo, y así lo percibí.

De ninguna manera podía admitir esto en mi ensayo. Y ese es el mayor problema de todos.

Pero igualmente, ¿por qué no conservo ninguna imagen de la profesora sustituta después de las dos primeras horas de ese día? ¿Dónde diablos estaba ella? ¿Por qué no está allí? ¿Por qué no están tampoco mi madre y mi padre para leer la carta del director y mi ensayo rídiculo? ¿Dónde están? Las imágenes no mienten, pero es necesaria toda una vida para interpretarlas. Incluso cuando llegues al final de tu vida, a esa muerte final que te sacará de tu cuerpo, no habrás agotado su significado.

Somos mentirosos naturalmente, pero las mentiras que nos decimos a nosotros mismos se parecen mucho a las promesas y los votos que les hacemos a los demás. Son una proyección de lo que quisiéramos que fuera cierto.

Salto en el tiempo hacia el futuro, veintiocho años aproximadamente.

Mi primogénito tiene apenas tres años de edad, y está tomando amoxici-
lina, un antibiótico líquido para una infección. Si de aspectos angelicales
se trata, este angelito nos llegó hasta nosotros desde el cielo más alto.
Irradia luz, literalmente. No hay el menor rastro de malicia en él ni el
más mínimo indicio de sombra en su interior, y mucho menos de cualquier bestia feroz.

Debe tomar este antibiótico rosado varias veces al día. Sé que él lo
sabe. También sé que él es lo suficientemente grandecito como para
comprender algunas cosas por sí mismo, tales como la necesidad de
tomar una medicina cuando está enfermo. Así que decido dejar que la
tome él solito. Es nuestro primogénito, y Jane y yo estamos aprendiendo
sobre la marcha, tratando de hacerlo lo mejor posible, improvisando
sobre el camino, lo cual me parece lógico.

Lleno un pequeño vaso de plástico semejante a un dedal con la dosis
correcta. Dejo el vaso en la mesa. Él está viendo una grabación de *Tho-*
mas the Tank Engine, su programa de televisión favorito. Cuanto me hubiera gustado que ese programa hubiera existido cuando yo tenía su
edad. A veces creo que me habría gustado más que a él.

—Hora de tu medicina. Aquí está —le digo—. Bébela.

Salgo de la sala, dándome palmaditas en la espalda por ser un padre
iluminado y tan diferente del mío, Luis XVI, quien solía golpearme con
el cinturón. Él no se habría molestado por algo tan mínimo como su-
ministrarles un antibiótico a sus hijos. Esa era una labor de mujeres.
Además, ni él ni mi madre habrían confiado en mí. Ella habría llevado el
líquido rosado a mis labios e inclinado el vaso con sus manos hasta que
su contenido se deslizara por mi garganta. Y habría estado atenta para
cerciorarse de que lo tragara, y tal vez me habría pedido que abriera la
boca y sacara la lengua para demostrarle que realmente lo había hecho.

Yo no. Me siento iluminado. Este niño vivirá la mayor parte de su vida
en el siglo XXI. Ha llegado el momento de dejar atrás el sórdido pasado y
de hacer las cosas de un modo diferente. Puedo confiar en que mi hijo se
tome su medicina. Él es un niño bueno.

Me ocupo de darle la comida a nuestra hija Grace, que sólo tiene un
año. Ella necesita mi ayuda simplemente porque está muy pequeña. Su
hermano mayor, en cambio, ya tiene edad suficiente para hacer algunas
cosas por su cuenta.

Una media hora más tarde voy al baño para enjuagar algo en el lavamanos y lo que veo me hace tambalear.

Hay un gran charco de color rosado en el lavamanos.

Guau. Esto duele.

—Oye, John Carlos, ven acá, por favor. Estoy en el baño.

El querubín viene desde la sala. Me mira fijamente con sus grandes ojos azules.

—¿Qué es esto? —le pregunto señalando el charco rosado.

Él se asoma por el borde y echa un vistazo. Duda un momento.

—No lo sé —dice, finalmente.

—¿Te tomaste la medicina?

—Sí —dice, asintiendo con la cabeza.

Pero sus ojos develan una historia diferente. Está sorprendido, confundido y asustado.

—¿Qué crees que es esto que hay aquí?

Otro momento de silencio.

—¿Es tu medicina?

—No.

Un perfecto temblor de la cabeza. Un desconcierto en los ojos, no menos perfecto.

—Pero es exactamente igual a tu medicina, ¿verdad?

—Sí —continúa asintiendo con la cabeza.

—Bueno, eh, esto nos pone ante un misterio. El frasco de la medicina está en un estante alto en la cocina y tiene una tapa a prueba de niños, lo que significa que no puedes alcanzarlo ni abrirlo. Yo no hice esto. Mamá tampoco. Y Grace no puede hacerlo. La única medicina que pudo derramarse fue la del vasito plástico que te di en la sala. Pero tú te la tomaste. Entonces, ¿de dónde salió esto? ¿Cómo fué que esto pasó si te tomaste la medicina?

—No lo sé.

Esta vez se encoge de hombros. Y sus ojos celestes son ahora dos pozos sin fondo. Puedo ver el vórtice de un agujero negro formándose dentro de él. Es un espectáculo increíble.

—¿Estás seguro de que no lo sabes?

Silencio. Mucho silencio.

—No.

—No hagas esto otra vez. ¿De acuerdo?

Fin de la conversación. Su primera mentira. Su primer fracaso en mentir. Él lo sabe. Yo lo sé. Vendrán otras mentiras. Muchas más, todas y cada una de ellas encubriendo un deseo, y el eco del aullido bestial en su interior.

De tal palo, tal astilla…

Diecisiete

Kirk Douglas cuelga de una cruz, como Jesucristo. ¿Qué es esto? Yo sabía que él no podía derrotar al ejército romano, pero esto es el colmo. Kirk y Cristo son dos polos opuestos. Kirk es Einar el Vikingo, no el Príncipe de la Paz. Kirk no luce bien en la cruz, como tampoco los cientos de extras crucificados a lo largo de la Vía Apia. Es como si les hubieran puesto trajes de Santa Claus a todos ellos: una gran burla de Cristo. Jean Simmons tampoco debería estar allí, mostrándole su bebé a Kirk. Los crucificados no tienen novias, y mucho menos bebés. ¿Qué clase de sacrilegio es éste? Y también le falta acción a esta maldita película. Sí, tuvo algunas luchas de gladiadores y escenas de batallas, pero esta película no se compara con *Los vikingos*, aunque Tony Curtis, uno de los actores de esa, también actúa en ésta.

Llevo tres años esperando para ver *Espartaco*, aproximadamente una cuarta parte de mi vida. Había leído sobre esta película en Cuba, en 1959, en la misma revista que había cubierto las operaciones de la guerrilla de Fidel en las montañas, un periodicucho semanal llamado *Bohemia*. Cada semana recibíamos una nueva noticia sobre el rodaje de Espartaco, y el progreso del circo de Fidel, ahora que él había cambiado de rol, pasando de ser un glamoroso guerrillero de la selva a máximo líder de la isla. *Bohemia* todavía le era fiel a finales de 1959, a pesar de que Fidel estaba reprimiendo a la prensa de un modo tal que hacía que Batista pareciera una maestra de kindergarten en una escuela de pacifistas. La censura estaba a la orden del día, y los censores eran particularmente sensibles. Cuando *Espartaco* fue lanzada en 1960, Cuba había entrado en la Inquisición, y la policía ideológica no permitió que la película se proyectara, a pesar de recrear una revolución.

Así que, irónicamente, ninguno de nosotros pudo ver *Espartaco* en Cuba gracias a los censores del Santo Oficio Revolucionario. Supongo que ver el fracaso de una revolución en la pantalla grande podría ser percibido por las autoridades como una especie de amenaza al pensamiento correcto. La imagen de Kirk/Espartaco crucificado les pareció peligrosa.

Imagina a Fidel en una cruz, con el Che y Raúl a cada lado. Si estuvieras a cargo del control ideológico de la llamada Revolución, no querrías que nadie se imaginara eso. De ninguna manera.

Pero ya no estoy en la tierra de la censura y del control de las ideas. Soy libre como un ave, justo después de que las aguas del diluvio han amainado y Noé ha descendido del arca. No sólo estoy en los Estados Unidos, sino que vivo en una casa donde a nadie le importa lo que haga mientras cumpla con mis deberes. Si yo llegara completamente borracho o drogado con heroína, nadie se daría cuenta ni le importaría un bledo. Y ahora que he desarrollado una pasión por la historia antigua, ver esta película o cualquier otra que me lleve al pasado se ha convertido en una obsesión. Necesito ver la historia recreada en la pantalla. Por lo tanto, cuando me entero que van a poner *Espartaco* en uno de los teatros de la calle Flagler, me pongo muy contento, y doy las buenas nuevas a todos en el Palacio Ricardo, pensando que a nadie le importará.

Aparentemente, no soy el único que ha estado esperando esta película. Todos en nuestra casa están muy interesados en verla, y terminamos haciendo una excursión por la calle Flagler. El Palacio se desocupa y deambulamos por Flagler como una manada de lobos. Hasta los pandilleros vienen con nosotros.

Creo que algo saldrá mal en algún momento. Esto es demasiado extraño.

Sin embargo, para mi gran sorpresa, no ocurre ningún incidente. No hay discusiones, peleas, ni disgustos de ningún tipo. Es una película muy larga y endiabladamente lenta, pero todos nos concentramos en ella. Tony y yo somos los únicos dotados de un rasero de oro con el cual medirla —*Los vikingos*—, pero ambos tenemos que reconocer que a pesar de ser tan larga, es una gran película. Todo el mundo está profundamente conmovido. ¡Que tristeza la derrota de Espartaco! Sin duda alguna, los esclavos deberían haber ganado, o al menos Kirk debería haberse escapado con un disfraz o que alguien hubiera muerto en su lugar. Tendría que haber pensado en sí mismo, antes que en su noble causa.

Pero Kirk Douglas tiene la costumbre de interpretar personajes que hacen cosas estúpidas al final, como por ejemplo, rechazar el egoísmo. Tal como sucedió en *Los vikingos*, Kirk accepta el desprendimiento total, y pierde la vida en el proceso.

Aunque me lamento tanto como los demás, desde el principio de la película sé que Espartaco fracasará porque he leído su historia en la biblioteca. Aguardo un desenlace triste, pero nadie más lo hace. Todos esperaban un final feliz de Hollywood. Y esto ocasiona problemas cuando regresamos a casa.

Roberto, uno de los pandilleros, no puede tolerar la injusticia de que Espartaco fuera derrotado. Lo repite una y mil veces, ignorando el hecho de que se trata de una épica basada en la historia. Todos asienten unánimemente, menos yo. Mientras más expresa Roberto su disgusto con el guión de la película, más difícil me resulta morderme la lengua.

¡Ay! Hasta que llega un momento en que no puedo soportarlo más. Inmediatamente después de que Roberto dice por enésima vez que la película no tuvo un buen final, dejo mis cartas sobre la mesa. **Desafortunadamente.**

—Espartaco no podía ganar porque perdió en la vida real.

—¿Qué quieres decir? —me pregunta Roberto.

—El Espartaco real perdió. Esta película simplemente cuenta su historia.

—¿Quieres decir que no querías que ganara Espartaco?

—Me hubiera gustado que ganara, pero yo sabía que iba a perder. Después de todo, estaba peleando contra Julio César.

¡Guau! Eso es todo. ¡Cuidado! Roberto comienza a gritarme, usando cuanta palabrota existe. Les ahorro los detalles. La causa de su furia es la siguiente: que yo soy tan malo como los romanos que tenían esclavos y aplastaron el levantamiento de Espartaco.

—¡Ahí estás de nuevo, maricón, cabrón de mierda, defendiendo los privilegios de los ricos!

Puñetazo va, patada viene. Trompón, patada, puñetazo. Patada. Unos golpes más… Y falta más.

Si alguna vez has pensado que todos los exiliados cubanos eran ricos o de clase media, olvídalo. El éxodo de Cuba no fue impulsado por las tensiones sociales sino por la represión política, y todos los asuntos de clase que quedaron sin resolver también se marcharon al exilio, junto a todos los que nos fuimos. Había tanta tensión de clase en el Palacio Ricardo como en Cuba, Manhattan, Liverpool o Hong Kong. El papá de Roberto había sido un humilde pescador, y Roberto me tenía tanto resentimiento como a Fidel, sólo que con una gran diferencia: Roberto no era un megalómano revolucionario.

Los cubanos pobres podían odiar a Fidel tanto como los cubanos ricos, y muchos lo hicieron. A nadie le gusta que le digan qué pensar, o estar amordazado para siempre, o que sólo le prometan pobreza y lucha. Nadie, salvo quienes buscan vengarse de los supuestos opresores o quienes piensan que pueden intercambiar los roles y quitarles todas las cosas a sus vecinos.

Las mismas tensiones de clase por las cuales Ricky y Lucy Ricardo nos odian a mí y a Tony, hacen que Roberto explote cuando le hago ver que el Espartaco de verdad realmente había fracasado y que la película no podía tener otro final.

No es que Roberto se interese por el Espartaco histórico. En lo absoluto. Es precisamente el hecho de haber revelado esta terrible verdad lo que lo hace montar en cólera. Que la revelación provenga de alguien a quien él considera privilegiado la hace todavía peor. Irónicamente, lo que él no parece intuir en absoluto es que yo vivo en el presente, y que mis antiguos privilegios están tan alejados de mí como la cruz de Espartaco o el diluvio de Noé.

No contesto al estallido de Roberto ni a sus patadas y puñetazos. Sé que cualquier cosa que yo diga lo puede enfurecer más. A pesar de que los dos estamos en la misma situación difícil, él no está dispuesto a desprenderse de sus prejuicios y de su resentimiento hacia mí. Y yo no estoy preparado para recibir una paliza de nuevo.

A Tony y a mí nos golpean con frecuencia. Tony no lo aguanta, pero yo soy mucho más pequeño que los pandilleros, y aprendí de la manera más dura que cualquier desafío de mi parte sólo conducía a más golpes al final del día. También aprendí que a los pandilleros les encanta hacernos la vida imposible. Se valen de cualquier pretexto para hacerlo.

Unas semanas antes de la furia por Espartaco, Roberto y Mariano me habían golpeado por una simple observación acerca de una película de ciencia ficción sobre una expedición al espacio que estábamos viendo en la televisión…

—Oye, mira, otra vez lo mismo: sólo hay una mujer en esta película —digo como un estúpido.

Las reacciones son demasiado predecibles. Más me hubiera valido morderme la lengua.

—Sí, ¿y qué? Está buena.

—Sí, mírale las tetas. Coñooo. Me encantaría tocarlas.

—Olvídate de las tetas. Mírale el resto del equipo.

Mi estupidez no conoce límites y vuelvo a abrir la boca:

—Estas películas son todas iguales. El papel de la actriz consiste en ser tonta y más débil que los hombres, caer en manos del monstruo y darles a los hombres la oportunidad de rescatarla. Y ella necesita tetas grandes. Es parte del negocio. Por eso es que el monstruo o el extraterrestre la secuestran en primer lugar. Los monstruos de Hollywood aman las tetas grandes, tanto como cualquier hombre de la tierra.

—Maricón, hijo de puta… bla, bla, bla, bla…

No necesito contarles sobre la paliza que recibo. Incluso en materia de originalidad, estos tipos están limitados por el reducido número de palabrotas a su disposición. Y también están en desventaja por un *machismo* que raya en la histeria. Todo el que no está de acuerdo con ellos es un maricón.

Me acusan de que no me gustan las hembras, mientras me muelen a puños.

Idiotas. Si supieran la magnitud de mi obsesión por las hembras y la profusión de experiencias místicas que he tenido simplemente al contemplar la manera en que el pelo de una muchacha le roza las mejillas, la forma de sus tobillos, la línea del puente de su nariz o simplemente el timbre de su voz. Comemierdas. Sus golpes no me duelen tanto como la vista de unos labios, unas piernas o unos senos perfectos. ¿Quieren hacerme daño, cretinos? ¿Realmente quieren hacerme un gran daño? Muéstrenme una mujer bella. No hay nada que me duela más que eso.

La verdad, la belleza y la bondad. Todas ellas duelen en lo más profundo siempre que se cruzan en tu camino. Sin embargo, no hay nada que me duela más que una mujer hermosa. ¡Ay! A veces la visión es capaz hasta de matarte o de hacer que anheles la muerte.

En la pantalla, en las salas de cine, veo algunas mujeres hermosas que me matan. Honor Blackman como la diosa Hera en *Jasón y los argonautas*, Connie Stevens en *El profesor chiflado*, Jean Simmons en *Espartaco*. Connie, sobre todo, me produce un dolor exquisito y me sugiere subliminalmente que me convierta en un profesor. Muy a mi pesar, veo destellos de Marilyn Monroe en la televisión, ahora cuando está muerta y podrida en su tumba. Me siento particularmente emocionado cuando un programa de noticias muestra escenas donde ella le canta *Feliz cumpleaños* a John F. Kennedy. Me había perdido semejante epifanía cuando ocurrió, poco después de que me mudara con los Chait en mayo de 1962, y estoy paralizado por lo que veo. Un ¡guau! no le haría justicia a esto. Lástima que le hubiera cantado a ese comemierda. Lástima que no la dejaran permanecer allí, en el micrófono, cuando el Sr. Presidente John F. Kennedy Bahía de Cochinos subió al escenario. Ella era mucho más importante que él, y mucho más agradable de ver. Lástima que ahora sea un cadáver. Espero que la hayan enterrado con ese vestido. Ninguna otra mujer será digna de usarlo jamás.

Sin embargo, llevo muchísimo tiempo sin ver a una muchacha hermosa en la vida real. De alguna manera, la Escuela Primaria Citrus Grove parece pasarlas por un filtro y excluirlas. Ninguna de mis compañeras de escuela me produce el tipo de dolor adecuado. Esto es bueno hasta cierto punto porque dada mi situación y mis zapatos amarrados con esparadrapo, no estoy en condiciones de gustarle a ninguna hembra.

No hay espejos grandes en el Palacio Ricardo, así que no me doy cuenta de cómo la dieta de la casa ha cambiado mi apariencia física. No sólo estoy alarmantemente delgado, sino también ligeramente deforme. Mi espalda, sobre todo, está torcida y curvada y, en consecuencia, mi pecho está abultado. Como lo único que veo de mí en el pequeño espejo del baño es mi cara, no puedo percatarme de esto. En mi opinión, mi aspecto no tiene nada de malo, salvo por mi ropa y mis zapatos.

Salto en el tiempo al futuro, brevemente, un par de meses después.

Tony y yo bajamos de un avión de Aerolíneas Ozark en Bloomington, Illinois, y somos recibidos por nuestro tío y nuestra tía y por sus hijas, junto con otra gente agradable que no hemos visto nunca antes.

La tía Alejandra se lleva la mano a la boca cuando nos ve. Luego nos abraza y nos dice:

—¡Ay, Dios mío, pero qué flacos están! ¿Y qué te pasa en la espalda, Carlos?

No comprendo la pregunta y no sé qué decir, salvo "¡Que bueno verte!"

Oscuridad total. Regresemos de nuevo a finales de la primavera de 1963, que ya es realmente verano en Miami y hace más calor que en un horno.

Paquito, el niño de ocho años, contrae viruela mientras visita a sus familiares. Al igual que Tony y yo, él sale algunos fines de semana. Está cubierto de ampollas de pies a cabeza y es puesto en cuarentena en el portal exterior.

Demasiado tarde. No toma mucho tiempo en regarse la infección. Pocos días después, casi todos los inquilinos del Palacio de Ricardo terminamos contagiados. Sólo se escapan dos o tres porque ya les ha dado viruela. El Palacio se convierte en una enfermería en la que no hay médicos o enfermeras, ni medicinas de ningún tipo. Nos asamos vivos en el calor de Miami mientras lidiamos con las ampollas y la fiebre. Jesucristo H. Sanador de leprosos, esto es el colmo. Nunca me he sentido tan mal ni tan incómodo. Tony y yo estamos invadidos de viruela; tenemos ampollas en nuestros oídos, en bocas y narices, y allá abajo, en las partes pudendas. Nuestro amigo José gana el premio al mayor récord de ampollas. Pasamos el tiempo contándolas mutuamente cuando cede la fiebre, a excepción de aquellas que tenemos en nuestras partes íntimas, cuyo conteo queda a discreción de cada quien, lo cual es aceptado sin cuestionamientos en nuestro estricto código de honor.

Lo juro. Mal rayo me parta. Tengo cinco ampollas en los cojones.

Durante el peor de los momentos, cuando nuestra fiebre es altísima, Tony y yo recibimos una de esas llamadas inesperadas de tres minutos desde Cuba. Y les decimos a Luis XVI y a María Antonieta que todo está magníficamente bien. Que nunca hemos estado mejor, y que no nos falta nada. Estamos en una casa hermosa, nos encanta la escuela y nunca nos hemos sentido mejor. Nunca jamás. No se preocupen por nada. Y, sí, nos veremos pronto aquí, no allá. Adiós…

Perdemos casi dos semanas de escuela y regresamos a nuestras aulas cuando las vacaciones de verano están a punto de comenzar. El último día de clases, la Srta. Esterman se convierte en una vidente y predice lo que cada uno de nosotros hará con su vida. Me dice que trabajaré para las Naciones Unidas y que dominaré varios idiomas. Poco sabe ella el efecto que tendrá en mí la segunda parte de su profecía. Tony mantiene su regularidad, lo ponchan en todas las asignaturas y no se le permite pasar a décimo grado. Esto me alegra egoístamente, pues significa que el próximo año, cuando yo esté en séptimo grado, estudiaremos en la misma escuela secundaria. Él ya se ha ganado una reputación en la escuela de matón, y nadie se mete con él.

Pero en casa, las cosas son muy diferentes. Mientras más desafiante se vuelve él, más difícil le hacen la vida Ricky Ricardo y los tres pandilleros.

Pero de vez en cuando ocurren milagros y la redención se aparece en el rincón más improbable. Tan pronto terminan las clases, y cuando todos estamos ante la posibilidad de tres meses de aburrimiento y encarcelamiento implacables, Miguel, el peor de los pandilleros, descubre una forma de convertir nuestro tiempo libre en oro. *Zig–Zag,* una revista de humor cubano, está buscando vendedores sin reparar en la edad. Lo único que les importa es que vendas tantos ejemplares como puedas. La revista cuesta diez centavos, y el vendedor se queda con la mitad de cada copia vendida, un total de cinco centavos. Sólo tienes que ir a la oficina de *Zig–Zag* en la Pequeña Habana, pedir tantas copias como creas que puedes cargar y marcharte con un montón de ganancias potenciales. Ni siquiera tienes que depositar dinero alguno porque ellos confían en que regresarás, pues saben que si logras vender algunas revistas querrás volver de nuevo la próxima semana, y la otra. O tal vez, si eres un buen vendedor, irás varias veces al día por otra pila para vender.

Ética para refugiados. Un poco diferente de la del mundo perfectamente consolidado.

Lo mejor de vender *Zig–Zag* es el dinero. Sin embargo, una ventaja adicional es la revista en sí, la más apreciada por los exiliados cubanos. *Zig–zag* tuvo una larga tradición en Cuba: fue una de las publicaciones satíricas y atrevidas, destilando siempre un alto contenido de ácido político. Me encantaba leerla. *Zig–Zag* no comulgaba con ningún tipo de autoridad. Y estaba llena de magníficas tiras cómicas, incluidas las de Antonio Prohias, quien, ya en el exilio, le vendería su "Espía vs. Espía" a la revista *Mad Magazine*. Muchas de las portadas de las revistas *Zig–Zag* que leo y reparto una semana tras otra han sido dibujadas por Prohias. Y como era de esperarse, *Zig–Zag* fue una de las primeras publicaciones en ser aplastadas por los censores de Castrolandia. Y, lógicamente, su contenido cáustico aumentó de manera exponencial al resucitar en el exilio.

A excepción de Paquito, cada uno de los residentes del Palacio Ricardo nos convertimos en vendedores de *Zig–Zag*. Lo habrían recibido aun con ocho años, pero él no quiso trabajar. Vamos a la Pequeña Habana, recogemos las revistas y salimos en todas las direcciones, tras haber concertado de antemano la distribución del territorio. Bueno, hasta cierto punto. No somos exactos, pero todos acordamos no competir entre nosotros. Sabemos que expandirnos tanto como sea posible significa el máximo beneficio para todos. Dios bendiga a los Estados Unidos. Dios bendiga la libre empresa y la libertad de expresión. Quiero cambiarme el nombre y llamarme *Zig-Zag*: así de grande es mi amor por esta revista.

Esta es la razón por la que vine aquí. Es por esto que estoy en el exilio. Esta es la razón por la cual no tengo padres: para poder vender esta revista. Si me hubiera quedado en Cuba, lo que hago ahora no sólo sería imposible, sino también ilegal. No sólo estoy vendiendo humor anticastrista, sino también ejerciendo el simple acto de vender de puerta en puerta un producto y quedarme con una parte equitativa de las ganancias.

No he sido tan feliz desde que puse los pies por primera vez en el Palacio Ricardo. La pila de revistas que cargo bajo el brazo no me pesa nada. De hecho, me alegra. Es un dispositivo antigravedad que me permite levitar de puerta en puerta en compañía de Tony. Caminamos millas y millas, tocamos todas y cada una de las puertas con el mismo rigor obsesivo-compulsivo de Immanuel Kant, y vendemos casi todas las revistas. La Pequeña Habana es el mejor territorio, y es lo suficientemente grande para todos nosotros. Cuando tocas una puerta, sabes que un cubano la abrirá. Pero después de un par de semanas, Tony y yo decidimos aventurarnos en *terra incognita* porque muchos de los cubanos residentes en la Pequeña Habana nos dicen que ya la compraron. Sabemos que hay cubanos desperdigados por todas partes y decidimos ir al norte de la calle Flagler, adonde nadie ha ido antes.

Nos hacemos ricos. Más o menos, según como lo vemos. Pero es necesario caminar mucho y tocar demasiadas puertas, pues sólo una de cada diez te la abre un cubano, y de éstos, sólo uno de cada ocho compra una *Zig–Zag*. Muchos nos dicen que les gustaría comprarla, pero no pueden gastar los diez centavos que vale. Los que no son cubanos nos cierran las puertas en la cara tan pronto les decimos que estamos vendiendo una revista de humor cubano, pero eso no nos detiene. Sin embargo, de vez en cuando algunas personas que hablan inglés son lo suficientemente amables para comprarnos una. Ya estoy más allá de la vergüenza, y no me importa mucho si la línea que media entre la mendicidad y la venta se diluye de vez en cuando. Cada *Zig–Zag* que Tony y yo vendemos representa cinco centavos en el bolsillo. Esto significa que podemos comprar comida, incluso sándwiches y pasteles cubanos, chicles, Twinkies, barras de caramelo y Coca-Colas y Seven-Ups para saciar nuestra sed mientras gastamos los zapatos un poco más, así como el esparadrapo que los conserva.

Aprendemos algunas cosas entre puerta y puerta. Para empezar, nos familiarizamos íntimamente con la sordidez y con muchos de los residentes marginados y discriminados de Miami. Nosotros los exiliados cubanos llegamos sin nada y poblamos estos barrios de mala muerte porque lo único que podíamos darnos el lujo de poseer era lo más malo y más barato de Miami. Sin embargo, estos barrios no los construyeron pensando en nosotros, y eran vecindarios pobres desde mucho antes de que nosotros apareciéramos sin un centavo. Antes de que llegáramos, estos barrios estaban llenos de habitantes de los bajos fondos, de hombres y mujeres que se habían refugiado aquí en el Sur provenientes de algún lugar del norte. Sólo Dios sabe qué sueños habían abrigado cuando se refugiaron acá, buscando la luz del sol, la diversión y la fortuna, sólo para terminar en algún agujero infernal, en una casa tan destartalada y abandonada como la del Palacio Ricardo, o peor aun, donde tenían que pasar buena parte del día aplastando cucarachas o escondiéndose de los cobradores de cuentas y de los niños que vendían revistas cubanas.

Los niños no abundaban en este barrio del Orange Bowl, y lo mismo sucedía con los jóvenes. Casi todas las puertas que tocábamos las abrían viejos y viejas estadounidenses, quienes parecían haber sido despojados de su dignidad día tras día durante los últimos cuarenta años más o menos. Los edificios de apartamentos eran de lo peor: estaban calcinados por el sol, semiderruidos, en el punto más lamentable que se pueda alcanzar en materia de deterioro. Las cavernas de estuco estaban llenas de ancianos estriados de arrugas que tenían peste y bolsas descomunales debajo de los ojos o manchas de nicotina en los dientes y en los dedos. Muchos de ellos carecían de dientes, al menos cuando abrían la puerta. A veces nos decían: "Espera un minuto", y regresaban con todos los dientes en su lugar.

Ir de puerta en puerta sin omitir una sola es una tarea muy emocionante y ardua. Pero como nunca sabías dónde ibas a encontrar un comprador, el reto de encontrarlos te mantenía en movimiento. Toc, toc. Ring, ring. Sabías de inmediato si estabas frente a un cubano o un americano. Los rasgos faciales y el tono de la piel no eran los signos reveladores en este caso. Los cubanos se mostraban sorprendidos y cansados, pero sanos. La mayoría eran más bien jóvenes, y algunos tenían hijos. En cambio, todos los americanos parecían como si ya hubieran entregado el alma o desearan hacerlo con todas sus fuerzas.

A los cubanos les preguntábamos simplemente: "¿Zig–Zag?", mientras que a los americanos les decíamos: "Ah, disculpe, estamos vendiendo una revista cubana, siento molestarlo".

De vez en cuando nos topábamos con algo desagradable, incluso peligroso. Un día nos encontramos con José, nuestro compañero de casa, que va caminando por la calle de enfrente, en dirección opuesta a nosotros. Un hombre alto y corpulento camina a su lado, hablando sin parar. Lo que vemos nos parece extraño, pero Tony y yo no le damos muchas vueltas al asunto porque José nos saluda como si nada.

Más tarde, cuando estamos en casa, José nos dice que el tipo era un pervertido que estaba tratando de llevárselo a su casa y que lo había seguido durante más de una hora, contándole en detalle todas las perversidades que él quería enseñarle a gozar.

Algunos ancianos nos invitan a Tony y a mí a sus apartamentos destartalados, pero sabemos que no debemos aceptar sus invitaciones. Los personajes más preocupantes en este sentido son los viejos.

No ganamos una fortuna, pero nos sentimos delirantemente felices con cada nickel —cinco centavos— que nos metemos en los bolsillos. A veces ganamos un dólar por cabeza después de un arduo día de trabajo. Devolver los ejemplares que nos sobran a la oficina es algo doloroso, pero la gente allí es tan agradable… mucho más amables que Ricky y Lucy Ricardo. Siempre nos dicen algo que nos hace sentir mejor.

—Oye, cuenta cuántas vendiste y no cuántas has devuelto.

Y nunca nos tratan con dureza ni nos hacen trampas con el dinero. En realidad parecen felices de devolvernos la mitad de lo que les damos.

Si hubiéramos permanecido en Cuba, donde todo el mundo trabaja para el Estado y todos reciben exactamente el mismo salario independientemente del empleo que tengan o de lo bien o mal que lo hagan, Tony y yo no seríamos más que esclavos enaltecidos. Tanto él como yo sabemos esto, aunque sólo somos unos niños. También sabemos que un dólar al día es más de lo que gana cualquier adulto en Castrolandia, gracias al marxismo-leninismo.

No puedo hablar en nombre de Tony, pero vender estas revistas me parece la compensación suprema: el medio más seguro de justificar mi vida en el exilio. Es cierto que no podría desatar en mi isla una revuelta de esclavos como la de Espartaco, pero no obstante siento que me he rebelado. He abofeteado a mis amos y los he escupido también al liberarme de sus garras y vender revistas que se burlan de ellos. Al igual que el hijo de Espartaco —sostenido al pie de la cruz por Jean Simmons—, yo puedo ser libre aunque mis padres todavía estén en cautiverio. Además, ellos son felices al saber que su hijo ha escapado de una vida de servidumbre forzada y de silencio al igual que Espartaco, aunque, a medida que ese hijo va de una a otra puerta destartalada de Miami, ambos cuelgan en sus cruces allá en Cuba, al lado de millones de personas a lo largo de la Carretera Central que va de un extremo al otro de la isla, en nuestro equivalente de la Vía Apia.

Ahora, si yo pudiera encontrar a una Jean Simmons para mí que me matara constantemente con su belleza, este alzamiento de esclavos emprendido por mí sería una victoria total.

Dieciocho

—*Cottonmouth!*

—¿Qué? ¿Qué carajo es eso? —pregunta José.

Nunca antes he oído esa palabra. Pero no tengo que preguntar qué significa porque veo a la serpiente mocasín de inmediato. Nunca antes he visto una tan grande ni tan agresiva.

Sale de debajo de una roca en la orilla del río y se abalanza sobre el hombre que tiene la vara de pescar más pequeña. Él retrocede y la golpea con su palo, pero ella lo sigue acechando con su boca blanca y abierta, enseñándole cada ápice de los colmillos.

Cuanto más la golpea él con la vara, más agresiva se vuelve la serpiente. Destila veneno y no le teme a nada ni a nadie. Todos los que están allí, en la orilla del río, retroceden varios pasos.

Agarro una piedra y se la tiro a la serpiente. La otra gente hace lo mismo. La serpiente comienza a retroceder cuando se ve atacada por seis o siete de nosotros. Nadie le acierta, pero la andanada de piedras nos da la oportunidad de saltar a un lugar seguro, alejarnos de la orilla y resguardarnos en el césped que está un poco más arriba. Seguimos tirándole piedras, y la serpiente se da vuelta, se desliza en el agua y se aleja nadando.

La estela en forma de "V" ondulante —algo que no he visto antes, ni siquiera en las películas— despierta en mí la misma sensación que una aleta de tiburón apareciendo en la superficie del mar.

Seguimos lanzándole piedras hasta que desaparece en el río.

—Gracias por la ayuda, *boys*. Muchas gracias.

—Nunca he visto una culebra como esa —dice otro pescador.

—Casi, te muerde, socio —dice el que gritó "*Cottonmouth*".

Ninguno de los que vivimos en el Palacio Ricardo dice mucho aparte de "guau", o algún otro monosílabo para expresar el asombro. En inglés, por supuesto. Todos estos tipos con varas de pescar hablan inglés. Dos de ellos son negros, y obviamente han venido de otro sector de la ciudad, ya que es 1963, y Miami todavía está segregado. Como dirían las elites locales, sólo hay *spics* y *poor white trash* (gente blanca pobre) en nuestro vecindario.

No nos importa mucho todo ese asunto de los derechos civiles que escuchamos a todas horas en las noticias. No nos incluyen a nosotros, los *spics,* aunque casi nadie nos considere blancos y nos digan con frecuencia que nos sentemos en la parte trasera del autobús.

Por supuesto, a diferencia de los negros americanos, no hemos tenido que soportar la segregación más que unos cuantos años. Y eso supone una gran diferencia.

Tampoco nos importa mucho lo que está sucediendo en el resto del mundo. Tenemos nuestros propios problemas. Y hemos descubierto el río de Miami, que está a unas diez cuadras del Palacio Ricardo, cerca de la intersección de la Calle 11 y la Avenida 22 del Noroeste. Es un lugar virgen, no contaminado aún por la ciudad. Para llegar allí tenemos que atravesar un campo de hierba alta que, sabemos, bien podría estar lleno de culebras. No es el cauce principal del río, sino uno secundario. Nos quitamos los zapatos para meternos en el agua y sacar los pececitos en frascos. Luego los llevamos a casa y tratamos de mantenerlos con vida, pero todos siempre se nos mueren. Utilizamos incluso una parte del dinero que ganamos vendiendo la revista *Zig–Zag* y compramos comida para peces, pero de todos modos se siguen muriendo.

También nos hemos resignado a ver cómo la gente con varas de pescar pesca peces que son más grandes y que se pueden comer. Nos pasamos horas y horas allí, explorando la orilla del río o simplemente contemplando el paisaje. Ocasionalmente vemos a alguien navegar río abajo o remontar la corriente en un bote. Siempre nos saludan, pero nunca les devolvemos el saludo.

—¿Por qué no nos invitan, cabrones?

Años más tarde, el Dolphin Expressway pasará justo por aquí. Gran parte de esa autopista con peaje será trazada a lo largo de este río, haciendo desaparecer lo que está aquí, y nadie podrá vaticinar sus constantes y monstruosas congestiones de tráfico. Pero ahora, en el verano de 1963, este es uno de los últimos lugares silvestres que quedan en esta parte de la ciudad.

Los pescadores nos han echo cuentos sobre los caimanes y manatíes.

—Sé de botes que han sido volcados por cocodrilos y manatíes no lejos de aquí —nos dice un anciano de rostro arrugado—. Si sigues este río hacia arriba, todo se hace más agreste y salvaje.

Era lo único que tenía que decirnos para despertar nuestro interés en remontar el río.

Lo exploramos a pie, lo remontamos tanto como podemos, y también lo recorremos en sentido contrario, hasta desembocar en el río principal, donde hay todo tipo de muelles y barcos.

A Tony se le ocurre algo. ¿Por qué no tomar un bote prestado? Uno pequeño. Nadie se dará cuenta, y menos si lo hacemos de noche. Al principio me parece un poco descabellado, pero mientras más lo pienso, más me atrae la idea. Un bote de remos estaría bien. Sin un motor delator. ¿Quién se va a dar cuenta?

Nuestra primera excursión es un gran éxito. En la oscuridad de la noche, "tomamos prestado" un bote de remos y navegamos río arriba, en dirección a la selva descrita por el anciano. Es una noche sin luna y no hay alumbrado eléctrico; el río es una cinta de color negro oscuro rodeado de sombras y silencio. Remar contra la corriente no es tan difícil como pensábamos. Los remos se sumergen rítmicamente en el agua. *Slish, slosh, slish, slosh*. Es lo único que oímos. No hablamos para que nadie nos oiga.

Vamos río arriba en busca de la selva. Pero al igual que nuestros antepasados, quienes perdieron sus vidas en busca de El Dorado o de la Fuente de la Juventud, no la encontramos. Los árboles se ciernen por doquier sobre nosotros y sólo hay un silencio absoluto a nuestro alrededor, aunque podemos sentir la ciudad un poco más allá de la orilla.

—¿Qué pasa si hay un manatí o un caimán debajo de nosotros? —susurra José.

—Podemos entrarle a palos con los remos —dice Tony.

Y, por supuesto, inmediatamente siento que algo enorme se agita debajo de nosotros. No veo nada. Es demasiado oscuro para ver algo. Pero la simple mención de caimanes y manatíes me hace imaginar su presencia. Me imagino nuestro bote volcado por una bestia, como los barcos balleneros en la película *Moby Dick*. Los caimanes, manatíes y las serpientes mocasín nos atacan, y ahí se acaba el cuento.

—Cállate —susurro—. Nos descubrirán.

Las sombras gigantescas no desaparecen del río. Al contrario, se multiplican en mi mente. Pero esta es una aventura maravillosa, y vale la pena correr el riesgo. Tony tiene razón: al menos tenemos remos con los cuales golpear a los caimanes y a los manatíes. Pero, ¿qué podemos hacer con respecto a las serpientes mocasín? Es mejor no pensar en eso y disfrutar de nuestra aventura.

Y cuán hermoso es el río en la noche. Cuán oscuro y silencioso. Algunas estrellas despuntan arriba de nosotros, en medio de la bruma generada por las luces de la ciudad. A derecha e izquierda acechan sombras grandes y pequeñas, y podemos imaginar lo que queramos: bosques vírgenes, ruinas antiguas, aldeas amazónicas. Somos tan libres y tan plenamente autosuficientes nosotros tres: Tony, José y yo. Estamos tan lejos de todo y de todos, que realmente podríamos estar en una selva remota o incluso en otro planeta. No sé qué sentirán los demás, pero el peligro que acecha debajo, a nuestro alrededor y en mi mente, no me asusta mucho, ni tampoco la posibilidad de ser sorprendidos con un bote de remos "tomado prestado". Todo lo contrario: me estimula, me estabiliza y me hace sentir más vivo.

Esta es la gran vida.

Si pudiéramos, remaríamos todo el trayecto hasta el final del río o iríamos hasta los Everglades, donde está la gran selva. Si remáramos sin detenernos, tal vez podríamos llegar allí al amanecer y nadie nos encontraría. Pero entonces, ¿qué?

Llega un momento en que todos estamos de acuerdo en que es hora de regresar. Y lo hacemos. Dejamos el bote en su lugar, cruzamos el solar grande y vacío, sumergidos en la oscuridad, y regresamos a casa.

Mientras atravesamos el solar, Tony comienza a hablar de las serpientes de coral, de lo venenosas que son y de cuántas están seguramente listas para mordernos en los tobillos en ese mismo instante.

—Cállate —le digo.

Él se ríe.

Tomamos el bote prestado con tanta frecuencia que pierdo la cuenta. Y cada vez remontamos la corriente un poco más. Pero nunca encontramos una selva. Ninguna. No hay caimanes, manatíes ni serpientes mocasín. No obstante, el terror me atrae y emociona. Miami está lleno de cocodrilos, y todo el mundo lo sabe. Miami también está lleno de propietarios de embarcaciones a quienes no les gustaría ver que las suyas han sido "tomadas prestadas" a altas horas de la noche por tres delincuentes.

Me reconforta recorrer el río en plena oscuridad, a pesar de todos los peligros. Me tranquiliza como ninguna otra cosa. No se asemeja en nada a la seguridad que me ofrecían los brazos de mi madre. De hecho, es justo lo contrario, pero tiene el mismo efecto en mí. No tengo mi oreja reclinada en su pecho. No escucho el aire que entra y sale de sus pulmones con el mismo ritmo de las olas rompiéndose contra el Malecón. Y ciertamente no oigo el sonido del latido de su corazón, ese latido eterno, el sonido primordial, el pulso de todo el universo haciendo eco en ella y en mí. Pero siento la misma calma, la misma disolución de las fronteras que hay entre la fuente vibrante de la vida y yo, la misma sensación de bienestar absoluto, la certeza de que he nacido para este momento, que, obviamente, es eterno.

Si no puedes verte a ti mismo ni a nada a tu alrededor, y lo único que oyes es el sonido de los remos sumergiéndose en el río, ¿dónde comienzas y terminas? ¿Dónde estás tú y dónde está el mundo? ¿Acaso no está el mundo en ti, y tú en el mundo, cada uno enteramente en el otro?

Cuanto más se disuelven los límites de mi cuerpo, más reconforta el peligro a mi alma. Y lo mismo vale para diluir la frontera generalmente espesa que hay entre el bien y el mal. Estoy pecando ahora, sí, pero no del todo. Esto nos hace mucho bien, y el propietario del bote nunca lo sabrá. Devolveremos su propiedad en buen estado. Ser malo mientras se es bueno es algo sumamente emocionante.

Ningún parque de atracciones puede compararse con esto. De ninguna manera. No hay nada que se le acerque siquiera.

Sin embargo, lo bueno no dura, especialmente en el Palacio Ricardo, donde los tres pandilleros insisten en estar al tanto de todo y se sienten con derecho a reclamar cualquier cosa que hayas descubierto y que aún no les pertenezca...

—¿Dónde han estado?

Es fácil mentir cuando nos hacen esa pregunta.

—¿Por qué tienen los zapatos embarrados de fango?

Esta otra también es fácil de eludir.

—¿De dónde sacaron esos peces que hay en las jarras?

Imposible evadir ésta.

Por lo tanto, se enteran del río y van a inspeccionarlo. Se aparecen un par de veces mientras estamos allí. Descubren los muelles y los botes, que les interesan mucho más que la selva.

A Miguel se le mete en la cabeza robar un bote. No "tomarlo prestado", sino robárselo. No es un bote de remos, sino una lancha de motor.

—Puedo esconderlo río arriba y robar gasolina de los otros barcos —dice.

Finalmente comprende que no es una buena idea. Así que decide robar un motor portátil que pueda llevar a tierra firme. Y él espera que alguien se lo compre, aunque sea bajo condiciones sospechosas.

Este genio criminal trata de reclutarnos como cómplices. Pero incluso los otros dos pandilleros, Roberto y Mariano, se niegan a hacer algo tan estúpido. Están mucho más interesados en pelear contra la otra pandilla de la calle ocho y en robar objetos pequeños de las tiendas.

Su frustración aumenta, y Miguel se vuelve cada vez más violento e impredecible. Una mañana sale desnudo de la habitación del fondo y se orina en nuestras tostadas del desayuno, gritando de júbilo. Nos amenaza continuamente a todos y nos promete una represalia inminente si nos negamos a participar en el robo del siglo. Una noche, mientras estoy sacando la basura, se me acerca por detrás y me golpea la parte trasera de las piernas con un palo grande. Aúlla de placer, pensando que me ha fracturado las piernas. No es así, pero me cuesta un poco levantarme del suelo, y nunca más volveré a recibir un golpe tan fuerte como ese.

Luego comienza a ausentarse durante largos períodos. Y cada vez que reaparece, se mantiene solo y no habla con nadie.

Una tarde llega la policía y lo detiene. Resulta que el maldito motor está en nuestra azotea, un escondite "perfecto". Sin embargo, no podría decirse lo mismo de sus cómplices, un soplón que accedió a "ayudarlo" para congraciarse con la policía.

Adiós, Miguel. Otra vez a la cárcel. No aúlla de placer cuando se lo llevan de la casa. En absoluto. Los otros pandilleros no dicen nada: Roberto y Mariano tienen un compañero menos en el cuarto. Y más espacio para ellos.

Y cuando se va Miguel, un nuevo chico se une a la familia. Un pelirrojo pecoso, idéntico a Archie, el personaje de los cómics. Lo único que le falta es el corbatín. Un tipo simpático. Muy buena gente. Normal. Un gran alivio. Afortunadamente para él, le asignan un sofá en el porche exterior en vez de la cama desocupada por Miguel, y que está en el cuarto del fondo. Y tan pronto pongo mis ojos en él, percibo que José, nuestro único amigo en la casa, es la viva imagen de "Torombolo". No estoy bromeando; lo único que le falta es la gorrita estúpida en forma de corona. Tremenda coincidencia, aunque no hay ninguna Verónica ni Betty a la vista.

Sí: también hay pelirrojos en Cuba.

Mientras tanto, Lucy Ricardo le hace imposible la vida a Tony por cuenta de las llamadas telefónicas de un amigo que consiguió en la escuela. Tony siempre le dice "Gordo". Como tiene instrucciones estrictas de no invitar a sus amigos al Palacio, el Gordo se limita a llamarlo por teléfono. Pero tal parece que eso también es un problema. A Lucy le molesta el hecho de que Tony pase mucho tiempo hablando con el Gordo y la cuenta del teléfono llegue más alta. Pero también hay un trasfondo de mala voluntad enquistado en su resentimiento. Muy pronto, Lucy empieza a acusar a Tony de ser maricón, y lo amenaza anunciándole que si no deja de recibir llamadas telefónicas del Gordo le escribirá a nuestra madre y le dirá que su hijo es homosexual. Se burla abiertamente de la masculinidad de Tony, finge ser él hablando por teléfono y dice cosas como "Gordo, Gordo, ¡oh!, cuánto te amo", una y otra vez.

Tony me jura que matará a Lucy y a Ricky.

Por esa misma época, un día nos vamos a dormir, como de costumbre, a altas horas de la noche. Pero esta vez, Tony va al baño después de mí. Normalmente, él siempre va primero y se mete en la cama mientras yo estoy en el baño. Pero esta noche le he ganado el turno. Y entonces, henchido de orgullo por ser el primero en entrar al baño, me acuesto y de repente, ¡zas!, todo se desploma. Me caigo con colchón y todo, encima de la litera de mi hermano. ¡Cataplam!

No me he herido, simplemente estoy aturdido. Tony sale corriendo del baño y encuentra a nuestros compañeros reunidos alrededor de la litera. Si él hubiera estado en su lugar como acostumbraba hacerlo, habría sido aplastado. Nos reímos muchísimo, y buscamos un lugar en la sala para poner su colchón. ¡Qué gracioso! Todos continuamos riéndonos como locos de camino a la tierra de los sueños.

Una inspección más detenida revela que las cuatro esquinas de la litera superior cedieron al mismo tiempo. Los tornillos y soportes simplemente decidieron, de manera simultánea, no seguir sirviendo de sostén. Tal parece que estaban cansados. O tal vez alguien los hizo sentir muy fatigados, a propósito.

Yo no digo nada. Tony tampoco. Pero sabemos que no se trata de una casualidad.

Jesucristo H. Omnividente. ¿Ves esto desde allá arriba, a la diestra del Padre?

Aparentemente, sí.

Tony encuentra una imagen religiosa en su bolsillo. Simplemente aparece ahí. No tiene la menor idea de dónde ha salido. Milagrosamente aparece un buen día, mientras el remolino descendiente lo hunde cada vez más en su abismo. Es una estampa de San Martín de Porres, canonizado recientemente —en 1962— por el papa Juan XXIII, quien casualmente acaba de morir. Vimos los grandes titulares de prensa en un quiosco en la calle Séptima una noche mientras regresamos de la biblioteca, poco antes de que la imagen apareciera misteriosamente en el bolsillo de Tony.

Investigo sobre San Martín de Porres en la biblioteca. Vivió en el Perú a finales del XVI y principios del siglo XVII, y tardó mucho tiempo en ser canonizado, no porque no hubiera hecho milagros ni contara con la admiración de sus compatriotas, sino porque era de ascendencia africana. San Martín quería ser sacerdote en la orden de los dominicos, pero no pudo hacerlo debido al color de su piel. Entonces se convirtió en un hermano laico que les barría, limpiaba y cocinaba a los dominicos blancos de Lima. También dirigió la enfermería, hizo curas milagrosas y muy pronto todos los limeños comenzaron a buscarlo. San Martín también podía comunicarse con los animales, al igual que San Francisco de Asís o

San Antonio en el desierto, o Adán en el Jardín del Edén antes de comer la manzana, pues estaba en perfecta armonía con la naturaleza. Incluso persuadió a los ratones para que no entraran a la cocina, allá en Lima.

Y Tony le reza a San Martín en busca de ayuda. Sácanos de aquí. Cuanto antes, mejor. Por favor, apúrate. No podemos aguantar mucho tiempo más.

En cuanto a mí, he dejado de rezar.

Una tarde en la que hace mucho calor, una trabajadora social aparece de repente para tratar algunos asuntos en el Palacio Ricardo, probablemente algo relacionado con Archie o Miguel, quien se ha marchado recientemente.

Se azora al vernos a Tony y a mí.

—¿Qué están haciendo aquí? —nos pregunta—. Se supone que estén con su tío.

Puedo ver que está horrorizada, pues se ha cometido un gran error. No cabe la menor duda.

Y pronto después nos lleva a comprar ropa nueva al Sears de Coral Gables. Nos dice cuánto podemos gastar y nos ayuda a escoger ropa, incluyendo zapatos nuevos. Y como era de esperarse, tanto en el camino de ida a la tienda como en el de regreso al Palacio Ricardo, los árboles gigantes montan guardia en Coral Way, tal como lo hacen siempre. Llevaba mucho tiempo sin ver a estos grandes amigos, en quienes pienso constantemente, y cuyas imágenes saturan mi imaginación con bastante frecuencia. En la densa sombra proporcionada por sus miembros poderosos y su follaje —bajo el arco de alas que se extiende sobre la calle— Tony y yo tomamos el camino de regreso al maldito Palacio Ricardo.

Mientras tanto, todo tipo de cosas ocurren. Nuestro tío Amado ha sido contactado en Bloomington, Illinois, a pesar de que es difícil comunicarse con él, pues no tiene teléfono. Para que pueda recibir una llamada telefónica, deben hacerse arreglos previos para que él esté en un teléfono público o en la casa de un vecino a una hora determinada. Las cartas tardan mucho. Y no es gran cosa lo que se puede decir en un telegrama. Pero, repentinamente, todos los obstáculos desaparecen y se concretan planes para enviarnos adonde él tan rápido como sea posible.

"Euforia" es una palabra que no describe adecuadamente el estado de Tony y yo al escuchar la noticia. Y lo mismo sucede con "éxtasis".

El español no ofrece mejores opciones, ni ninguna otra lengua. No hay un idioma en la tierra que contenga una palabra que pueda describir cómo nos sentimos, a excepción de la lengua original perdida en Babel, la utilizada por Eva en todos sus poemas. Ella tenía una palabra para esa sensación, porque podía recordarla, mucho antes de que ella y Adán arruinaran el mundo. Era así como ellos se sentían todo el tiempo, en aquel entonces.

Corremos a la biblioteca y buscamos Bloomington en todas las enciclopedias. Pues resulta que hay un montón de Bloomingtons, uno en casi todos los estados. Pero el de Illinois parece ser un lugar bastante bueno. Sólo tiene unos 36.000 habitantes, y está justo al lado de otro pueblo con un nombre muy divertido: Normal, que sólo tiene alrededor de 15.000 habitantes. Imagínense eso. ¡Normal! Y estas ciudades gemelas están justo en medio de algo llamado el Corn Belt (Cinturón del Maíz) de Bloomington/Normal, como lo denominan algunas enciclopedias, tienen algunas fábricas, grandes empresas de seguros, dos universidades, y un Templo Másonico del Rito Escocés —vaya nombre misterioso—, donde cada primavera hay una representación de la Pasión de Cristo.

Oh, no. ¿Allá también hay Semana Santa? ¿Será que nunca podremos escapar de ella? Seguramente la representación teatral de la pasión debe ser una lata, aunque todos los actores del Templo del Rito Escocés lleven faldas y gaitas en lugar de trajes de la época de Cristo.

Sin embargo, en Bloomington fabrican aspiradoras. Lo cual es tremenda ventaja. Ellos fabrican cosas. Por fin viviremos en el mundo industrializado. Y también nieva. ¡Nieva! Santo Dios del Cielo, finalmente iremos a un lugar donde cae nieve.

Tony y yo vamos a la Escuela de Barberos de la calle Flagler, en el centro de Miami, para un último corte de pelo gratis. Esta vez recibimos el premio gordo. Nos asignan unos verdaderos principiantes. Tony y yo seremos las primeras cabezas a quienes ellos les cortarán el pelo. Mi corte sale medianamente bien, apenas tan deficiente como todos los anteriores: sólo una media docena de trasquiladas y un remolino gigantesco e indomable. El aprendiz de barbero que me atiende muestra un poco de talento. Sin embargo, Tony es mucho menos afortunado. Su barbero bisoño se esfuerza en mantener la calma, pero finalmente se da por vencido. El maestro que dirige la escuela se acerca y echa un vistazo.

Sacude la cabeza y exclama:

—Lo siento, chico, pero esto no tiene arreglo.

¡Qué horror! Toma una de las maquinillas eléctricas de los aprendices, se acerca a la cabeza de Tony con absoluta determinación y le corta lo que quedaba de su cabello. Tony sale como si hubiera acabado de enlistarse en la Infantería de Marina, completamente rasurado.

Se establece una fecha para nuestro viaje a la tierra de la nieve: el domingo primero de septiembre. Nueve meses y dos semanas después de que fuimos arrojados al Palacio Ricardo. No tenemos muchas cosas para empacar, de modo que el trabajo es poco. Y no tenemos corbatas. En algún momento durante nuestra estancia en esta casa, las corbatas que trajimos de Cuba han desaparecido. Y entonces José nos presta las dos que tiene. Estamos en 1963 y, si eres cubano especialmente, no puedes montar en avión sin saco y corbata.

Lucy Ricardo nos da un regalo rarísimo para nuestro tío: un trozo del queso más apestoso que haya tenido la desgracia de oler. No hago preguntas. Tony tampoco. Y somos lo suficientemente tontos e inocentes como para llevarnos el queso, empacado en un cartucho de papel. El queso gotea y no tenemos más remedio que llevarlo a bordo, con nosotros. De ninguna manera lo vamos a meter en nuestro equipaje. La bolsa del queso se irá manchando cada vez más, y su olor penetrante aflorará cada vez más durante el transcurso del día. A lo largo del viaje los pasajeros nos preguntan qué es ese olor tan repugnante. Tendremos que decir: "Es un queso".

Ahora bien, esta es una muerte agradable. Nos despedimos de José y prometemos mantenernos en contacto. A los demás, en cambio, no les prometemos nada. Como siempre, Ricky Ricardo no se ve por ninguna parte, lo cual está bien. El tipo se estaba volviendo cada vez más amenazador; de vez en cuando nos pellizcaba la cara y nos hablaba con voz afeminada.

Es un día hermoso este primero de septiembre. El cielo es desgarradoramente azul y las nubes están en todo su esplendor. Esta vez no hay *pecera* en el aeropuerto donde te desnuden para revisarte y te hagan despedir de tus seres queridos a través de un de vidrio grueso. De todos modos nosotros no tenemos seres queridos de los cuales despedirnos. Ya lo hicimos con los Bécquer por teléfono, y también con los Chait y los Rubin.

Abordamos el avión de Eastern Airlines así como lo hicimos hace dieciocho meses con el de KLM, en Cuba. Pero no somos los mismos muchachos. Lejos de ello. Tony y yo hemos muerto al menos tres veces desde entonces. Y cada vez es más fácil hacerlo.

El silencio lacerante nos despoja de lo que somos. No nos sorprende, y más bien le damos la bienvenida. Ambos estamos encantados de dejar nuestras vidas atrás.

Será un largo día de viaje. No es un jet, sino un avión de hélices, y tiene que hacer escala en Atlanta y Cincinnati antes de llegar a Chicago, donde cambiaremos de avión en el aeropuerto con el mayor tráfico aéreo del mundo, y en el que Tony terminará trabajando varios años.

¡Qué bella muerte! ¡Y totalmente agradable! De hecho, es lo opuesto al dolor. Se trata de un trance místico. Es así como los santos que saben que irán directamente al cielo se deben sentir cuando mueren, o como se sienten las almas al ser liberadas del purgatorio.

Una familia cordial se sienta al otro lado del pasillo en el avión: un hombre, su esposa y dos hijos adolescentes, un varón y una hembra. El varón se parece a Jimmy Olsen, el de las tiras cómicas de Supermán. Ya he visto a Archie en persona, y he vivido un tiempo con Torombolo. ¿Quién será el siguiente? Espero que Lois Lane, o la Mujer Maravilla. O Betty y Verónica. ¡Que sean hembras, por favor!

Estas amables personas se dirigen a Cincinnati, ciudad en la que viven. Son americanos genuinos. Ohio tiene que ser el más americano de los estados, en mi opinión, si sus habitantes tienen el mismo aspecto que ellos.

Despegamos. Ya estoy acostumbrado: siento un tirón familiar mientras me envuelve el ardiente silencio. ¡Fuego! ¡Fuego! ¡Fuego! Gracias, hermano fuego, gracias, hermana muerte. Veo el Orange Bowl desde arriba por primera vez, y también el río Miami. Veo que no hay selvas en sus márgenes. Veo a los ángeles de Coral Way: sobresalen como una extensa cinta verde. Veo un mar color turquesa debajo de mí y, brevemente, las islas del litoral. El mar es vagamente familiar, pero esa agua no forma parte de mí. Casi nunca tuve la oportunidad de nadar en ella. Al este, el sol despunta en el horizonte. Tiene un camino realmente largo por recorrer antes de sumergirse en el oeste, ese anfitrión incandescente y amarillo, tan semejante y tan distinto de aquel sol poniente, radiante y naranja que dejé en Cuba.

El avión vira bruscamente hacia el noroeste. Y el mar desaparece.

Del Norte al Noroeste. Al Cinturón de Maíz.

El padre de Jimmy Olsen nos pregunta, haciendo una mueca:

—Oigan, chicos, ¿qué es esa peste tan desagradable?

Le digo que es el queso, pero lo que realmente quiero decir es: "Mi antiguo yo".

Diecinueve

Me río hasta más no poder. No hay nada en el mundo que se pueda igualar a esto. De ninguna manera. Me estoy riendo tan fuerte que creo estar a punto de desmayarme en cualquier momento.

Y no estoy borracho o drogado, ni nada de eso. Sólo me he tomado un par de cervezas. Son demasiado caras aquí, y soy un refugiado. Si eres un refugiado, lo serás por siempre.

—¿Qué? ¿Cuánto vale esta cerveza? Claro, dame una que me dure toda la noche.

Imaginen por favor un fuerte y persistente acento de Chicago con las siguientes palabras: *Waaat? Ya waant how much fer dis beeeerrr?* Aquí en Chicago siempre decimos "seguro". Es una palabra multipropósito, y se pronuncia "shurrr".

Es el verano de 1973. Estoy en la Second City, Chicago, y las personas que están en el escenario, a poca distancia de mí, en ese espacio tan pequeño, están redefiniendo la comicidad a medida que improvisan, valiéndose de nuestras reacciones o ignorándolas por completo. Probablemente están drogados, pero eso parece ayudarlas a rasgar un velo que nadie ha roto antes.

El tipo más gracioso, sin duda, es John Belushi, un gordo de Albania, que trasciende al pequeño escenario. Este tipo es un ángel rebelde, pero no completamente caído del cielo. Tiene que serlo. Debe haber algunos de ellos en el medio del cielo y la tierra. Es probable que haya hecho reír tanto a Dios que éste decidió enviarlo a la tierra y no al infierno. Está en algunas longitudes de onda celestes burlándose de la creación misma, llevándonos a todos los presentes a un nivel increíble de iluminación, situado en algún lugar intermedio entre la blasfemia y la beatitud.

Soy adicto a la risa, que disuelve todas las polaridades y me ayuda a ver que los polos opuestos pueden, de hecho, coincidir. Para un refugiado, la vida entera no es más que un cúmulo de contradicciones, y encontrar la verdad simultáneamente en dos pensamientos contradictorios es esencial para la supervivencia. Así que no puedo tener una dosis suficiente de estos espasmos causados por las funciones cerebrales más elevadas, este guiño incontrolado de nuestro tercer ojo, estallido de la chispa divina en el núcleo del alma.

Belushi sabe todo lo que se puede saber sobre la verdadera naturaleza de la risa, aunque no pueda ser capaz de explicártela, especialmente esta noche. O para el caso, tal vez en ninguna. Ha estado alterado siempre que vengo aquí. Él es un estado alterado en sí, siempre.

Los otros tipos que lo acompañan en el escenario también son ángeles rebeldes, seguramente. Sin embargo, pertenecen a un rango ligeramente inferior al de Belushi. Uno de ellos, Bill Murray, se le aproxima, al igual que John Candy, ese tipo gordo, y Joe Flaherty, el tipo alto, y los otros de Toronto que se presentan esporádicamente: Dan Aykroyd, Eugene Levy, y Gilda Radner.

Vengo aquí tan a menudo como puedo. Esta noche estoy acompañado por mi esposa, con quien me casé hace seis meses, y un par de buenos amigos que también se casarán y mudarán a Nueva York en menos de un año. Son los que acabarán viviendo en el loft de Tribeca. Pero esta noche estamos en Chicago, donde vivimos, y ellos son nuestros amigos desde la secundaria.

Tengo el pelo largo, un bigote como el de Pancho Villa, y estoy a punto de dejarme crecer toda la barba. Creo que necesito hacerlo para tener éxito en la universidad. En menos de dos meses iré a estudiar Religión e Historia en Yale. En ese entonces aún no sé que fui aceptado en un programa de doctorado en lugar de uno de maestría, pues nadie me ha explicado en qué consiste la diferencia. Soy un ignorante en esos asuntos. Cuando eres un refugiado, lo serás por siempre. Simplemente he asumido que si lo único que tengo es una licenciatura, tendré que demostrar que puedo con una maestría antes de emprender estudios de doctorado. En un par de meses estaré gratamente sorprendido y aterrado al mismo tiempo al enterarme que he entrado directamente en el programa más avanzado.

Tan pronto llegue a New Haven, descubriré que soy un estudiante de doctorado y que casi todos los demás asistentes a mis seminarios tienen alguna maestría, con excepción de sólo dos o tres *schlemiels*, quienes sólo contamos con cuatro años de formación universitaria. También descubriré que si bien tengo una beca que cubre mi matrícula, el premio que he recibido me impide trabajar y ganar dinero para sobrevivir. Es casi una farsa cruel. Y un problema muy grave para mi esposa, y por ende, también para mí. De hecho, es una condena de muerte para nuestro matrimonio.

Sin embargo, tendré razón en algo. Cuando llegue allí, todos los tipos que están en mi programa tendrán barba. Y espejuelos.

Yo tengo unos con marcos dorados y antiguos, diseñados en 1911. No más basura plástica. La era de plástico ha quedado atrás para siempre. Nadie volverá a utilizar armaduras de plástico, sobre todo las negras y rectangulares, y mucho menos las que asemejan máscaritas de carnaval. Los espejuelos redondos ya han calado para siempre. Y el pelo empapado de grasa también ha muerto. Los hombres no volverán a echarse más pegotes de ningún tipo en el pelo, y tampoco volverán a afeitarse.

Por cierto, ya no soy cubano. Dejé de serlo cuando me casé y me fui del apartamento de mi madre. Soy chicagoense. Todo el mundo en Chicago viene de otra parte, incluso los indígenas americanos. Tenemos un barrio lleno de ellos, Uptown, que está a sólo cinco cuadras del edificio de mi madre. Todos proceden de otros estados, principalmente del Oeste. Los nativos pottawottamies se han extinguido hace mucho tiempo. Lo único que queda de ellos son los nombres que les dieron a algunos lugares. Y mi esposa y yo vivimos justo enfrente del Indian Boundary Park, (Parque de la Frontera India) que alguna vez sirvió de límite entre los colonos blancos y los indígenas a quienes aquellos querían exterminar. Nuestra calle, la Avenida Rogers, fue antiguamente la línea fronteriza. Y ahora nosotros vivimos en el lado de los colonos.

La familia de mi novia es judía, proveniente de Europa del Este.

Todo el mundo aquí es de otro lugar, incluyendo a los padres de John

Belushi. Son de Chicago y de los Estados Unidos al mismo tiempo. Diablos, ni siquiera tienes que ser ciudadano para ser americano, ni hablar inglés para obtener la ciudadanía de este país. Mi madre presentó el examen de ciudadanía en español el año pasado; todavía no habla inglés, y nunca lo hará. Pero ya es ciudadana. Y el director de mi escuela secundaria tenía un mapa del mundo en su despacho con tachuelas de colores por todas partes. Cada una de esas tachuelas marcaba un país representado por al menos un estudiante de nuestra escuela. Todos los continentes, salvo Australia y la Antártida, estaban repletos de tachuelas. Si hubieran colocado una por cada estudiante, la isla de Cuba habría sido borrada en su totalidad.

Había suficiente cubanos allí, en La Escuela Secundaria Senn, para cubrir con tachuelas casi todo el mapa de la oficina del director. Rayos, el simple desbordamiento habría podido inundar a Australia y Nueva Zelanda. Muchos habíamos salido de Cuba en la evacuación aérea, sin nuestros padres. Éramos tantos que comencé a pensar que ninguna familia en Cuba había quedado intacta. Quienes vivimos la experiencia de la evacuación aérea nunca hablábamos de esto, ni de las casas de acogida, el reasentamiento y todo lo demás. Lamentablemente, muchos estábamos demasiado ocupados con malos profesores y compañeros de clase agresivos. Sólo un puñado fuimos admitidos en los cursos más avanzados, porque los consejeros no creían que podíamos ser brillantes o que estábamos lo suficientemente motivados. Y, a pesar de la tachuela en el mapa del director que podíamos reclamar como propria, lo cierto es que nosotros éramos prácticamente invisibles. La escuela era tan grande que simplemente desaparecimos, como si se tratara de algunas especies agregadas a un sopa. Pasábamos desapercibidos hasta que llegaba la ocasión, una vez al año, de fotografiar a los miembros del Club Español para el anuario. Este club era prácticamente ciento por ciento cubano. Copábamos todo el escenario del auditorio. Yo no pertenecía al Club, pero me colaba en la foto sólo para estar con mis compañeros *cubiches*. Muchos de ellos tomaron clases de español con el fin de obtener una "A" fácil, o para amargarles la vida a nuestros profesores de español. Era su forma de desquitarse por su sufrimiento en las otras clases.

—Disculpe, Sra. Throckmorton, pero "arrastrar" no se pronuncia así. Hay que hacer rodar la "r" así: rrrrrrrrrrrrrrrrrrrrrrrrrrrrrrrrrrrrrrr.

Tengo dos empleos, tal como lo hago cada verano: uno de día y otro de noche. Trabajo unas sesenta horas a la semana. Mi trabajo de día es una farsa. Estoy trabajando para la Administración del Seguro Social, pasando información sobre los trabajadores discapacitados de los archivos de los organismos locales a formularios de papel que serán enviados a Washington D.C. Un mono amaestrado podría hacer mi trabajo, y probablemente mejor que yo, pero se requiere un título universitario para este empleo. Somos más de un centenar de personas las que participamos en esta farsa en un salón enorme de un edificio en el centro de Chicago. Se suponía que tardaríamos dos meses en completar este proceso, pero algún genio en Washington no hizo bien las cuentas o algo así. Casi no hay trabajo por hacer, pues recibimos los archivos y los enviamos de regreso en menos de dos horas. Dado que este proceso sólo tiene lugar tres veces a la semana, no es mucho lo que tenemos que hacer. No obstante, nos pagan la semana completa.

Así que todos leemos mucho o hacemos los que nos de la gana y recibimos nuestro sueldo. Después de un mes o algo así nos volvemos más osados y llevamos barajas y juegos de mesa al trabajo, y pasamos el tiempo jugando póquer, Risk, Monopolio, o lo que sea. Leo un montón de novelas que nunca tuve tiempo de leer en la universidad porque también sé que no tendré el tiempo para hacerlo en Yale. Y así logro ampliar mi educación.

Por fin leo *Moby Dick*. Y el libro es mucho mejor que la película.

Es el mejor trabajo que he tenido. Cómo me gustaría que todos los demás fueran como éste.

Mi trabajo de noche es el mismo que he tenido desde 1966. Trabajo en Jewel, un supermercado. Este verano trabajaré en la sección de vegetales. Desempaco y organizo las frutas y las verduras, y peso lo que compran los clientes. Es un trabajo maravilloso y me encanta. Este es mi segundo Jewel. Tuve que irme del primero porque un gerente racista e intolerante se ensañó conmigo. Hizo un gran esfuerzo para hacerme sentir incómodo trayendo frecuentemente a colación el tema de mi hispanidad y quejándose de la cantidad de *spics* que trabajaban para él. También intentó deshacerse de mí asignándome tareas en las que yo fracasaría y que él podía utilizar en mi contra, como por ejemplo, ensamblar los carritos del supermercado con un cronómetro en marcha.

—Hasta un *amigo* estúpido debería armarlos en cinco minutos cuando más. Y un *amigo* que esté en la universidad debe hacerlo en tres.

Los carritos venían en unas cajas llenas de docenas de piezas sin instrucciones, por lo que yo tardaba mucho más de ese tiempo en hacerlo.

—Otro error y te vas de aquí, *amigo*.

Así que busqué otro empleo antes de que me despidiera.

El supermercado Jewel en el que trabajo ahora queda a sólo tres cuadras de mi apartamento, y puedo llegar muy rápido si cruzo las vías del ferrocarril de Chicago and Northwestern, que pasan justo detrás del supermercado. Es ilegal hacer eso, por supuesto, pero estamos en Chicago, y no soy el único que viola las leyes.

Tenemos nuestra forma de lidiar con las infracciones en esta ciudad.

¿Queeé? Pero, oficial, la luz estaba en amarillo. Oiga, oficial, déjeme explicar... Oh... ¡Mi madre!... ¿Qué es esto? Oiga, oficial. Mire, señor, parece que se le cayó un billete de veinte... Mire al lado de sus pies, señor.

Sin embargo, yo debería tener más cuidado, pues tenía el pelo largo y un bigote estilo Pancho Villa. Es mucho más difícil lidiar con los policías de Chicago cuando tienes cierto aspecto. Mis clientes me dicen el "tipo *hippie*".

Mi esposa y yo creemos ser felices, y tal vez lo seamos tanto como nunca más. Yo nunca reparo en lo desagradable, siempre évito discusiones, siempre niego lo evidente y siempre sepulto todo aquello que sea doloroso. Ella es todo lo opuesto, y me niego a reconocerlo. Estoy convencido de que fuimos hechos el uno para el otro.

Seguro. *Shurr.*

Mi madre y mi hermano han salido del panorama. Mi esposa quiere que yo corte los lazos con ellos tanto como sea posible. Dice que son muy pesados.

Mi madre está viviendo con Lucía, la hermana de mi padre, que llegó a los Estados Unidos en 1971, a los setenta y seis años de edad. Inicialmente se fue a vivir a Bloomington con su hermano —nuestro tío Amado— pero las cosas no funcionaron. Y entonces mi madre la recogió, y ahora viven en el apartamento del cual he escapado, un sótano con tuberías y radiadores en el techo.

Tony vive con su nueva novia en el extremo noroeste de la ciudad, no muy lejos del aeropuerto O'Hare. Ya se casó una vez y se divorció de una cubana, y prefiero no decir nada al respecto, salvo que ver a Tony intercambiando votos matrimoniales con ella en la Iglesia de Santa Ita era como ver un par de trenes a punto de chocar sin poder hacer nada para evitarlo. El matrimonio duró unos dieciocho meses, mucho más de lo que yo esperaba. Su nueva novia, con quien se casará dentro de un año más o menos, es mitad polaca y mitad alemana. También es divorciada, y tiene una hija de su primer matrimonio.

Tony y yo casi nunca hablamos ni nos vemos. Su campo de fuerza se ha hecho totalmente impenetrable. Y yo vivo en un mundo completamente distinto al suyo, en el mundo de los libros. Mi hermano dejó de trabajar en la imprenta, entró a la escuela de negocios de la Universidad Northwestern, se fue de ella, estudió computadoras, y consiguió un empleo decente como técnico en una fábrica de cafeteras. El lugar donde trabaja actualmente es una computadora gigante. Ocupa prácticamente todo el edificio y encuentras cables por todas partes, debajo del suelo y arriba del techo, ocultos detrás de paneles removibles, así como cientos de bobinas y rollos de cinta. Y almacenes llenos de carretes. Es 1973, y los microchips están a punto de cambiar todo esto de forma radical. Así que, en lugar de mantenerse actualizado con los cambios, Tony también desertará de ese mundo y comenzará a trabajar recogiendo perros callejeros y como cobrador de deudas antes de terminar cargando alimentos en los aviones en el aeropuerto O'Hare.

El aeropuerto será una fiesta interminable y desenfrenada para él. Y también encajará perfectamente allí, porque cuando tiene una buena racha se siente tan elevado como una cometa, y también puede ser muy cómico. A veces incluso más que John Belushi.

Muy pronto, empezará a desaparecer durante largos períodos de tiempo y nadie sabrá adónde se ha ido o si está vivo o muerto. Nuestra madre se volverá casi loca de preocupación cada vez que esto suceda, pero nadie podrá hacer nada al respecto. Y él reaparecerá tan inesperadamente como desapareció y, de alguna manera, logrará mantener su empleo en el aeropuerto y seguir de juerga mientras está allí, sin parar.

Con mucha frecuencia, al final de la jornada, él y sus compañeros de trabajo abordarán un vuelo a Las Vegas —sin pagar, por supuesto—, se irán de fiesta, y volarán de regreso para trabajar al día siguiente por la mañana. Una y otra vez. Y la fiesta terminará por venirse abajo con el tiempo.

Flashback, marcha atrás diez años miserables, al primero de septiembre de 1963.

Tony y yo hemos llegado a Chicago a las cuatro de la tarde. Sólo falta un vuelo más.

Acabamos de atravesar más de seis estados en perfectas condiciones atmosféricas. No hay una sola nube que bloquee nuestra vista, desde Miami a Chicago. Tony y yo hemos compartido el asiento de la ventana en intervalos de media hora, y lo que hemos visto desafía cualquier descripción. No vamos en un jet, así que volamos bajo y podemos ver muchas cosas.

Nunca jamás volveré a pensar en la tierra del mismo modo. Es demasiado pequeña. Si somos capaces de recorrer esta gran distancia en menos de un día y sentir que estábamos volando sobre un mapa, entonces todos estamos jodidos. El "mundo" debería ser mucho más grande que un mapa. Debería ser casi infinito.

Pero lo que hemos visto, no importa cuán pequeño parezca ser, nos ha dejado sin palabras. La tierra roja de Georgia. Las montañas de Tennessee. Las granjas con vegetación exuberante de Kentucky. El paisaje de Ohio, Indiana e Illinois, como un edredón de retazos, formando hermosas cuadrículas perfectas. Tantas carreteras yendo en todas las direcciones. Tanta tierra.

El Lago Michigan. Santo Dios. He esperado tantos años para ver esta maravilla. Un lago de agua dulce tan grande que parece un vasto mar, unido a otros cuatro, todos formando una extraña flor o una mancha de tinta. Un mar interior que se congela. ¿Quién podría pedir más? Yo había pasado horas enteras en la caverna de Platón estudiando los mapas del mundo, imaginándome en los lugares donde me gustaría vivir —no en mi patria atrasada—, y los Grandes Lagos siempre estuvieron entre los primeros lugares de mi lista: cualquiera de ellos. Erie y Ontario estaban bien, aunque no eran tan buenos. Habría preferido todos los lagos de Manitoba. Y también la Bahía de Hudson, Nueva Escocia, Terranova, Escandinavia, Escocia, Groenlandia e Islandia.

Chicago. ¡Ja! ¡Qué broma! Llevo varios años riéndome de este lugar, porque el nombre termina con "cago", que significa "defecar" en español. Pero esta ciudad sobre la que acabamos de volar no tiene nada de lo cual reírse. Es enorme. Tiene un bosque de rascacielos, y no apenas unos cuantos en el centro. También es bellísima, y me recuerda mucho a La Habana. Cuando nos acercamos a la orilla del lago, veo una avenida que se parece mucho al Malecón. Y el lago es de un azul casi turquesa.

El aeropuerto O'Hare consta básicamente de líneas rectas: horizontales y verticales. No hay líneas diagonales ni curvas de ningún tipo, salvo en un lugar donde convergen un par de terminales, uniéndose caprichosamente en un atrio circular. Es la definición misma de la modernidad. Y, a pesar del hecho de que está revestido de vidrio, parece ser más sólido que cualquier otro edificio.

También es muy grande.

Tony y yo tenemos que recorrer una tremenda distancia para ir de una terminal a otra, pero no nos perdemos.

Esperamos en O'Hare una hora aproximadamente, y luego abordamos el avión de Ozark Airlines que nos llevará a Bloomington. El avión está completamente destartalado. Parece una reliquia de la Segunda Guerra Mundial. Nos preocupan las dos tablitas de madera atadas al timón de la cola. Y el interior del avión no nos inspira más confianza que el fuselaje: está tan deteriorado como la parte exterior. ¿Podría esto explicar por qué hay tan pocos pasajeros?

Sin embargo, el vuelo transcurre sin problemas, y tendremos la oportunidad de ver muchas cosas allá abajo porque este avión vuela a menor altura que el de Eastern Airlines.

Illinois está conformado por líneas rectas, al igual que el aeropuerto O'Hare: cuadrados y rectángulos en varias tonalidades de verde. Los rayos oblicuos del sol poniente tiñen de ámbar los cultivos de maíz y de soya. Vemos unos cuantos árboles aquí y allá. Casi todo el paisaje es una sucesión de cultivos a cielo abierto. Hay muchos, completamente planos. Una casa aquí y allá, grupos de árboles, algunos arroyos serpenteantes que parecen perturbar las líneas rectas, un poblado o dos y algunos lagos.

Me pongo a buscar pinos, aunque ya no sea un idólatra. De aquí provienen los árboles de Navidad. Simplemente siento curiosidad: quiero ver árboles inmensos, que tengan cien pies de altura. Y de vez en cuando veo algunos cerca de las granjas. O al menos eso creo.

Comenzamos el descenso después de unos cuarenta y cinco minutos de vuelo. Todo está bañado en oro bajo la luz del sol menguante. Pero, ¿dónde está Bloomington o Normal? Todo está cubierto de cultivos de maíz, y de repente, guau… una pista de aterrizaje. Descendemos abruptamente. El descenso es rápido y el aterrizaje brusco. Muy brusco. Y el avión se menea y gira casi como un trompo, pues la tercera rueda se encuentra en la parte trasera y no en la delantera.

Tony y yo nos miramos y nos reímos, muy nerviosos.

Nos sorprendemos al ver a un montón de gente reunida. Es una multitud, y están afuera, a la intemperie, con altas plantas de maíz como telón de fondo. Ellos y el maíz, impregnados de oro.

—¿Están aquí para recibirnos? —pregunta Tony.

Bajamos a la pista, y vemos a nuestro tío, tía y primas conduciendo a la multitud hacia nosotros. Tienen casi el mismo aspecto de la última vez que los vi. Las primas están un poco más altas, pero básicamente igualitas que antes. Me agrada mucho verlas. Nos acercamos como en cámara lenta. Nuestra tía se tapa la boca y nos lanza una mirada extraña. Nuestro tío sonríe. Todos nos abrazamos. La tía nos recuerda que estamos demasiado delgados y me pregunta qué le pasa a mi espalda. Nos presenta a todos los integrantes de la multitud. Son personas bondadosas que han ayudado a nuestro tío y a su familia durante el último año, y sin quienes su vida sería insoportable.

Nos presentan al Sr. y a la Sra. Foster, que le han permitido a nuestro tío utilizar su teléfono. La Sra. Foster terminará siendo mi profesora de matemáticas en octavo grado. Nos reunimos con el reverendo Nordquist y con toda su familia. Es un pastor presbiteriano que le hace muchos favores a nuestra nueva familia: la mayoría de los muebles que ellos tienen han sido donados por los feligreses de su templo, al igual que la ropa de invierno, y la que nos espera en nuestro nuevo hogar. El reverendo Nordquist es un activista por los derechos civiles, y todo el tiempo lleva un pequeño pedazo de arpillera en la solapa para que la gente sepa que no descansará hasta que se apruebe la Ley de los Derechos Civiles. Nos presentan a la Sra. Junk y a sus hijos adolescentes. Ella lleva a Amado y a su familia al supermercado una vez por semana para que puedan hacer compras. Tiene una cómoda guaguita Volkswagen, y es abordo de ella que vamos a casa desde el aeropuerto. No cabemos todos, pues mucha gente vino a recibirnos, y terminamos formando una pequeña caravana.

Pero antes de entrar en la guaguita, le entrego el queso apestoso a mi tía Alejandra. Misión cumplida, y en conserva para la posteridad. Alguien toma una foto de este destello de eternidad, tan infinitamente minúsculo e inmenso a la vez. Tony aparece echándole el ojo a una muchacha, y yo estoy aguantando el cartucho de queso maloliente debajo de mi brazo izquierdo, con un aspecto medio delirante.

Nunca jamás me he sentido tan feliz. De veras. Lo juro. De camino a la ciudad veo enormes árboles de Navidad por todas partes. Pinos descomunales y otros árboles que jamás he visto, muchos de los cuales hacen que los de Coral Way parezcan insignificantes. Todas las casas tienen techos inclinados, y la mayoría de ellas son de madera, con ornamentos elaborados. Sólo había visto casas como éstas en las postales de Navidad. Muchas de las calles están adoquinadas con ladrillos rojos, y los carros hacen un sonido maravilloso al pasar sobre ellos: un *Uirrrrrr* grave, prolongado y constante. Pasamos junto a un edificio de aspecto muy moderno, con un ala que se parece mucho a un platillo volador.

—Esa es nuestra escuela secundaria —dice la Sra. Junk.

Estoy un poco confundido por su apellido porque en ese momento no estoy seguro de si realmente se pronuncia "Junk", "Yunk" o "Yonk". Pronto sabré que es viuda, y que su marido murió hace algunos años al explotar la caldera de la calefacción de su casa.

Nos hace preguntas sobre nuestro viaje y nos muestra los sitios emblemáticos de la ciudad. Me siento tan extasiado que escasamente puedo responder a sus preguntas. Todo aquí es apasionante; cada pequeño detalle. Es tan diferente, tan completamente distinto a todo lo que he visto, incluso en las películas. Esto es lo verdaderamente real. Esta es la tierra de la nieve, y me siento más drogado de lo que estuve con el pegamento de los modelos plásticos de juguete, o que Robert Mitchum después de consumir marihuana y cocaína.

Nos detenemos en una casa antigua adornada con dos enormes árboles de Navidad afuera.

—Bueno, éste es su nuevo hogar —nos dice la Sra. Junk.

Aunque está algo destartalada, la casa aún tiene un aspecto muy agradable. Más tarde, cuando aprendo un poco más sobre arquitectura, podré decir que es una casa estilo Arts and Crafts, construida a comienzos del siglo XX. Es un derroche de triángulos yuxtapuestos, con una fachada baja y un portal cubierto de cristal coronado por un techo a dos aguas que va del este al oeste, y dos hastiales destacándose en una diagonal que se eleva de norte a sur por encima del pórtico.

—Nuestros árboles de Navidad —le digo a Tony.

La casa de al lado es enorme, y en su jardín está el árbol de Navidad más grande que haya visto en la vida. Es tan alto como la casa misma, y se extiende hasta la parte superior del techo, a tres pisos de altura. A diferencia de los dos árboles que hay enfrente de nuestra casa —que se ven un poco estropeados—, éste es perfecto.

—Mira eso —le digo a Tony.

—Es un *blue spruce* (abeto azul) —nos dice la Sra. Junk.

Mis instintos idólatras se despiertan nuevamente.

Entramos a la casa. Al igual que el exterior, está un poco desaliñada pero hermosa. Un arco curvo separa la sala del comedor. La pared de la sala es un ventanal que da al portal delantero, el cual está compuesto por ventanas. Si no fuera por los altos árboles de Navidad de enfrente y por la densidad de su sombra, podría filtrarse una gran cantidad de luz. El espacio está decorado con un viejo sofá y un sillón, ligeramente raídos pero bastante dignos como para dejarte saber que aún tienen mucho que ofrecer, al igual que una mujer hermosa en cuyo rostro empiezan a aparecer las primeras arrugas. Una televisión perfectamente cuadrada ocupa un rincón, justo debajo de una lámina enmarcada de un jardín. Completa la decoración de las paredes un retrato de Jesucristo. Es una imagen que nunca había visto: una versión del rostro de Jesús que no me asusta. Este Jesús no está sangrando ni sufriendo, y su mirada no se fija en ti. Tampoco puede seguirte con sus ojos, pues su cabeza está inclinada a la derecha, casi totalmente de perfil. Sus ojos azules logran ser visibles, pero tienen una expresión lejana. Este Jesús parece bondadoso y se ve un poco cansado. Quizá también preocupado. Parece como si estuviera esperando un corte de pelo en la Escuela de Barberos. No tengo forma de saber que estoy mirando un ícono americano protestante: la "Cabeza de Jesús", de Warner Sallman, pintado en 1940 en Chicago, y que para el momento en que poso mis ojos en él ya ha sido reproducido quinientas millones de veces. Este ícono está colgado justo encima del sillón, que —como pronto sabremos— está estrictamente reservado para el tío Amado. Jesucristo H. del Medio Oeste: ¡qué contraste con todas las atormentadas, sanguinolentas, dolorosas y terroríficas imágenes católicas de nuestro Salvador! No hay duda: el Hijo de Dios se ve mejor aquí, en el Cinturón del Maíz. El comedor también tiene un amplio ventanal que da al camino de la entrada y a la casa de al lado con su gigantesco abeto azul. La cocina es amplia, con un rinconcito para el desayuno: dos bancos y una mesa, además de una ventana que da al patio trasero. Tony y yo tenemos un cuarto grande en el primer piso, con dos ventanas grandes y un clóset con estantes y gavetas. También hay un baño para nosotros al lado de la habitación. Los otros dos cuartos de la planta baja están vacíos, lo cual es una lástima porque son hermosos, especialmente el de adelante. Dos de las paredes son ventanales, y la pantalla de la lámpara del techo es un vitral: en medio de la más variada vegetación llena de trazos anaranjados y amarillos, unas libélulas púrpuras y azules brillan con la luz. Es una obra de arte, muy superior a cualquiera de los candelabros de cristal que había en mi casa, allá, en ese lugar que ya no existe. El tío Amado dice que tiene que mantener los dos cuartos cerrados y vacíos porque no podría pagar la calefacción.

Durante el resto de mi vida suspiraré por ese espacio ventilado e inutilizado.

Tío Amado, tía Alejandra, Marisol y Alejandrita tienen las habitaciones de arriba y su propio baño. Y como ventaja adicional, hay una buhardilla llena de cosas, incluyendo viejos álbumes de fotos familiares que pertenecen al propietario de la casa, un tal Sr. Guttman.

Luego veo otra ventaja: un sótano. Es el primero que he visto en toda mi vida, excepto en una película. Es enorme como una mazmorra medieval, pero muy limpio y bien iluminado. Esto me hace pensar que nos hemos mudado a un castillo.

La cena es sencilla. Sándwiches de jamón y queso apestoso, que resulta saber mucho mejor de lo que huele. Los sándwiches vienen en tajadas de pan blanco americano. No tienen cortes diagonales, verticales ni horizontales. Devoro el mío y no saco tiempo para agradecerle a Dios. Las rebanadas de jamón han sido cuidadosamente cortadas por el tío

Amado, que les retira toda la grasa con paciencia y mucha concentración, como un relojero que trabaja con pequeños engranajes y resortes. Lo veré hacer esto mismo cada noche en la mesita de la cocina durante los dos años, dos meses y dos días que pasaré en su casa. Es un ritual para este arquitecto que lo ha perdido todo, y que, literalmente, tiene que contar hasta el último centavo cuando va de compras. Él tiene que retirarle la grasa a todo en el universo y reducirlo a lo más esencial. Y esto incluye al jamón. Tendré muchas conversaciones maravillosas con él mientras realiza este ritual nocturno y esencial. Corta, corta, corta.

Aprenderé mucho de este tío sabio.

No tenemos nada que sea típicamente cubano para comer, a excepción del queso apestoso, porque no hay ningún lugar en Bloomington donde comprar algo que sea remotamente tropical. No hay frijoles negros, plátanos, mangos ni malangas. Tampoco hay yuca ni azafrán para hacer nuestro arroz amarillo. No hay filetes finamente cortados. Tampoco hay pasta de guayaba ni café espresso. Incluso es difícil encontrar pan francés, que es lo más parecido en el mundo a un pan cubano.

¿Y qué? Tal vez valga la pena prescindir de estas cosas a cambio de una vida en el norte, donde nieva y todo es casi perfecto.

Vemos la televisión después de cenar. Es domingo por la noche, y presentan *Cámara oculta*. Nos hemos perdido el programa de Ed Sullivan. Descubro otro inconveniente menor: sólo tenemos un canal para ver. Bloomington no tiene estaciones de televisión. Nuestro televisor —un modelo antiguo— sólo recibe señales de VHF, lo que significa que no puede captar señales muy lejanas. Y el único canal que tenemos es la cadena CBS, que transmite desde Champaign, a unas treinta millas al sureste de nosotros. En los otros canales no se ve nada en absoluto. Las otras redes transmiten en UHF desde ciudades grandes como Peoria, y somos tan incapaces de captar sus señales como las que podrían emitir seres extraterrestres desde las galaxias lejanas.

Tampoco tenemos teléfono. No hay con qué pagarlo.

Pero no me importa, ni siquiera un poco. Tony y yo hemos sido redimidos de la esclavitud y de una existencia tropical. A partir de ahora viviremos en el mundo real y no seremos trogloditas encadenados del cuello a la pared de una cueva, constantemente engañados por las sombras. Miami era sólo la boca de la caverna de Platón. Este lugar, lo sé, está mucho más allá. Aquí, la verdadera luz lo inunda todo, plenamente, todo el tiempo.

Y será en esta sala, donde estoy viendo *Cámara Oculta*, donde descubriré por primera vez la luz verdadera. Claro, no lo sé todavía.

Salto en el tiempo diez años más tarde, de nuevo a 1973.

Hemos estado en la carretera todo el día y mi esposa ha llorado sin parar durante todo el trayecto de Chicago a Buffalo. Es agosto y hace un calor infernal. Nuestro Chevy Nova de mierda no tiene aire acondicionado, y he manejado a unas 80 o 90 millas por hora durante todo el viaje, con las ventanas abiertas. El ciclón que entra raudo al vehículo nos mantiene ligeramente refrescados, y su rugido implacable amortigua el llanto de mi mujer. Dadas las circunstancias, no tenemos muchas oportunidades para hablar.

Ella empapa una almohada con sus lágrimas en un Holiday Inn de Buffalo, dejándola como una esponja gigantesca y empapada. No voy a escurrirla porque, a diferencia del Dios de los Salmos, no quiero contar las lágrimas. Simplemente quiero que dejen de brotar.

Estamos rumbo a New Haven, Connecticut, y mi esposa es sumamente infeliz.

Estoy tratando de revivir el primero de septiembre de 1963, cada momento glorioso uno tras otro. Lo vivo en mi mente una y otra vez. Cada pequeño detalle. Lo he estado haciendo todo el día en el carro, y lo hago ahora. ¡Ah, cuanta falta me hacen unas lascas de aquel queso apestoso, ahora mismo!

Algunas muertes son mucho más dulces que otras.

Ay.

Veinte

—Aquí no puedes llamarte Carlos —me dice un tipo en la tienda donde estamos comprando el uniforme para la clase de gimnasia—. No es americano. ¿Hay alguna versión inglesa de tu nombre?

—*Charles* —le digo.

—Ah… que bien. Pero tampoco querrás ese. Nadie te va a decir así. Serás *Charlie* o *Chuck*.

El tipo parece saber mucho. Y me pregunta por mi nombre cuando me vende unos zapatos de tenis Converse High Top que acabo de probarme, pues se supone que lo escribirá en ellos con un marcador.

—Si te interesa saberlo, *Chuck* es mejor que *Charlie*. Te da más peso; serás mucho más feliz con *Chuck* que con *Charlie*.

—Ah —le digo, sopesando mis opciones. Tengo que pensar rápido. El nombre que escriba en mis zapatos será el que llevaré en la escuela, y tal vez para siempre. *Chuck* suena brusco. Nunca antes he oído ese nombre, pero tiene un timbre semejante a Buck o a Flash, los dos héroes espaciales interpretados por Buster Crabbe. Y Chuck también se parece a Buster. Oye, este sí que es un nombre.

Es una decisión difícil. ¿Puedo cambiar mi nombre tan radicalmente sin haberlo pensado primero? ¿Por qué no? "Gracias; que sea Chuck".

Y entonces escribe "Chuck Nieto" en mis zapatos mientras sonríe. Una semilla de rápida germinación ha sido sembrada en mí, que pronto eliminará a Carlos y a Charles y me convertirá en *Chuck Neat-o*. Este conjunto de nombre y apellido —*Chuck* y *Nieto*— es una combinación letal porque nadie en Bloomington será capaz de pronunciar "Nieto" correctamente.

—¿Qué? Dilo de nuevo. ¿*Neat-o*?

—No. Es *knee-a-toe*.

—Oh, está bien, *Neat-toe*.

¡Aaaaaargh!

Después de haber sido despojado en Miami de Eire, mi segundo apellido, he renunciado a recuperarlo. Está tan muerto y enterrado como mi identidad cubana.

Toda mi vida, hasta el día en que puse mis pies por primera vez en la Escuela Primaria Everglades, yo había tenido dos apellidos, cada uno igualmente importante: el de mi padre, Nieto, y el de mi madre, Eire. Pero todo cambió en un instante en aquella escuela de Miami.

—Sólo un apellido por estudiante —dijo el asistente del director—. No se pueden tener dos. Elige uno.

Fue la *Decisión de Sofía*, al revés. ¿Es mejor rechazar a tu padre o a tu madre?

Reflexiono brevemente sobre lo que podría ocurrir si Chuck le hiciera el reclamo a Eire mañana, durante el primer día de escuela. Podría ser arriesgado, dada la enorme dificultad que parecen tener los americanos para pronunciar algo en otro idioma. Eire es más difícil para los americanos que Nieto. *Chuck Eerie. Chuck Ire.* O Chuck *Air*. No es que sean los mejores. O, ¿qué tal la combinación completa: *Chuck Neat-o Eerie, Chuck Neat-o Ire*, o *Chuck Neat-o Air*? ¡Carajo, olvídalo!

Me gusta mi nuevo nombre: *Chuck*. Le conviene a mi nuevo yo, aquí en el norte, en el reino de la luz y de la nieve. Pienso que podría ser como Buck Rogers si adopto ese nombre, o como Flash Gordon. Y podría ser superamericano.

Comemierda, me dice Carlos. No le gusta que otra vez lo entierren de esta forma. Y jura venganza contra Carlos y Chuck, y amenaza a Charlie en caso de que este imbécil decida reclamarle algo.

La escuela comienza mañana. Llegamos a Bloomington justo a tiempo. El lunes fue día festivo, Día del Trabajo, y todo estuvo cerrado. Hoy nos estamos preparando para la escuela, comprando todo tipo de cosas con el dinero que nos dio la trabajadora social de Miami. Mi tío no habría podido pagar esto. Hemos recorrido Main Street en ambos sentidos y encontrado todo lo que necesitábamos. El centro de Bloomington está cerca de nuestra casa y podemos ir a pie. Tío Amado va a pie a Lundeen y Hillfinger, la firma de arquitectura donde trabaja como delineante raso, que está cerca de la Corte, que es un edificio con una cúpula que está en pleno centro de la ciudad. Parece una versión pequeña del Capitolio de La Habana, que, a su vez, es una versión pequeña del Capitolio de Washington D.C. Pronto descubriré que a los hombres gordos y viejos les gusta pasar su tiempo sentados en las escalinatas de la Corte. Parecen esculturas alineadas de manera permanente.

Todos los edificios de Main Street son de ladrillo rojo. No hay uno solo que sobresalga, y ninguna de las tiendas es grande. El edificio más alto es la sede de la compañía de seguros State Farm Insurance: doce pisos, suficientes para hacer ver pequeñas a las edificaciones contiguas. La tienda más grande está una cuadra al oeste de Main Street, y supe de ella por primera vez en la clase de la Srta. Esterman, cuando escuchamos *The Music Man: Montgomery Ward me envió una bañera y un serrucho…*

Tío Amado nos dice que los artículos en Montgomery Ward son muy, muy, pero muy caros. Cuando vamos a gastar nuestro dinero, él nos dice que sólo hay dos tiendas de la ciudad a las que podemos ir: la de Goodwill y la del Ejército de Salvación. Nos dice que la ropa usada que venden allí es prácticamente nueva y que puedes encontrar grandes rebajas. Afortunadamente, las dos quedan cerca de casa, en uno de los sectores más pobres del centro, lo cual no deja de sorprenderme cuando pasamos por allí. ¿Qué? ¿Miseria, aquí, en el norte?

La biblioteca pública también está en el centro, y mucho más cerca de nuestra nueva casa que la biblioteca de Miami del Palacio Ricardo. Hago planes para ir lo más pronto que pueda.

Nuestro barrio está un poco estropeado, pero es evidente que alguna vez fue el mejor de la ciudad. Sobresaliendo por encima de los techos, los árboles centenarios dan sombra a las calles, muchas de las cuales aún están adoquinadas con ladrillos rojos en lugar de asfalto, y algunas de las casas todavía tienen horcones para los caballos. Hay muchísimas casas palaciegas. Muchas tienen torreones y un montón de gabletes. Pronto sabré que son de estilo victoriano. Descubriré también que la mayoría han sido transformadas en casas de apartamentos y que las pocas que todavía conservan su forma original están habitadas por ancianas solitarias.

Nuestra casa parece más destartalada a plena luz del día que bajo el crepúsculo, sobre todo cuando se la mira desde el patio trasero. Los árboles de Navidad del frente piden a gritos una poda, y el revestimiento y las ventanas bien podrían recibir una mano de pintura. El patio trasero necesita mucho trabajo. Se nota que una vez fue hermoso. Tiene un enrejado viejo y deteriorado y también un estanque de cemento para peces del tamaño de una bañadera grande, lleno de rocas y de escombros que parecen haber sido arrojados deliberadamente y que yacen sepultados bajo tres pulgadas de agua estancada. Los bordes del estanque tienen piedras de río de diferentes colores, y se asemejan mucho a un collar de piedras preciosas que estuviera empañado. Tan pronto lo vemos, Tony y yo decidimos restaurar este tesoro y devolverle su antigua gloria. Nos gustaría meter cosas para que se congelen en invierno y verlas suspendidas dentro del hielo. Procuro imaginarme un bloque de hielo lleno de soldaditos plásticos, los cuales emergen en todas las direcciones.

La cerca que rodea el borde exterior ha visto días mucho mejores. Y lo mismo sucede con el garaje que hay al otro extremo del patio y que da a un callejón.

¡Qué concepto éste! ¡Un callejón! Una calle que pasa por detrás de las casas y que se utiliza como una vía de servicio. Tu basura sale por ahí, y no por la calle. ¡Qué tan civilizado y perfecto! Cada manzana de Bloomington tiene un callejón. También hay un barril muy grande donde se quema toda la basura de papel. Es más que perfecto. ¡Fuego! ¡Sí!

Tan pronto sabemos para qué es ese barril, Tony y yo nos ofrecemos como voluntarios para quemar papeles todos los días. Pasaremos mucho tiempo allí; nos convertiremos en incineradores imaginativos y en científicos. No sólo arrojamos todo tipo de artículos que no son de papel para ver qué les sucede al someterlos a temperaturas abrasadoras, sino que ensayamos también con cada lata de aerosol desechada por nuestra familia para ver si realmente explota cuando la arrojemos al fuego, tal como lo anuncian las terribles advertencias impresas en ellas. También llevaremos la cuenta del tiempo mientras esperamos a que exploten —o no— para saber cuáles estallan más rápido. Después de dos años de pruebas, no encontraremos una sola que no explotará inmediatamente.

Sin embargo, ninguna de nuestras revolucionarias investigaciones ha sido divulgada hasta el día de hoy.

El garaje está lleno de trastos interesantes que podemos ver por la ventana que da al patio, pero está cerrado con llave y no nos atrevemos a forzar la puerta. Todo lo que hay allí pertenece al Sr. Gutmann, el dueño de la casa, y no queremos meternos con él.

¡Ah, pero cuánto daría yo por entrar a ese garaje! Me asombra que alguien guarde tantas cosas que nunca usa y que ni siquiera venga a echarles una mirada ni a limpiarlas. Los Gutmann son la antítesis de los refugiados. A Tony esto no le asombra tanto como a mí. Simplemente se limita a observar que los Gutmann no son muy distintos de nuestro padre, Luis XVI, y que él y yo teníamos más cosas —y más valiosas— allá, en la caverna de Platón.

Y cuando dice esto, comprendo cuán profundamente he enterrado a mi antigua personalidad. Y luego lo olvidaré, y volveré a ser de nuevo Chuck Neat-o de manera casi inmediata.

El miércoles, apenas tres días después de nuestra llegada, comenzamos el año escolar. La Escuela Secundaria Junior de Bloomington está a una cuadra y media de nuestra casa, y presta sus servicios a toda la ciudad. Está ubicada en las instalaciones de la antigua escuela secundaria, un edificio grande de ladrillos de 1930 con un ligero estilo *art deco*, de tres pisos de altura y con una cafetería en el sótano. Cuenta con un gimnasio enorme y una piscina olímpica. Está lejos de la calle, tiene un jardín enfrente y unos arces que casi duplican la altura del edificio. En el interior, los pasillos están llenos de casilleros. Todo eso me deja asombrado, pues nunca he visto una escuela como ésta. Lo que más me sorprende es el hecho de que ni un centímetro cuadrado de esta escuela esté al aire libre. Todo es tan contenido, tan protegido del mundo exterior, tan antitropical y tan auténtico en su aceptación de los rigores del invierno, que me muero de ganas de que este acabe de llegar.

Me siento simultáneamente entusiasmado y aterrorizado cuando pongo un pie dentro de este edificio. No solo soy nuevo en la escuela y en una nueva ciudad, sino que también he salido del entorno seguro y protegido de la escuela primaria para entrar al mundo asombrosamente nuevo de la escuela secundaria, donde no tienes el mismo profesor durante todo el día y continuamente debes cambiar de aula. También sé que tendré que ponerme un uniforme en la clase de gimnasia —algo totalmente extraño para mí— y, aparte de esto, darme una ducha después, aunque no esté sudando.

Esto es lo más pavoroso de todo, y lo más preocupante. ¿Qué? ¿No confían en que lo haga en casa? ¿Y acaso creen que me voy a desnudar delante de todos esos muchachos todos los días? ¿Están locos? ¿Son sádicos? Pero soy dolorosamente consciente de que esto también me habría ocurrido en Miami, donde las reglas eran las mismas. Parece ser una obsesión americana muy rara y perversa. Al menos me siento aliviado al saber que voy a desnudarme en el mundo de la luz y no a la entrada de la caverna de Platón, que estaba llena de todo tipo de pandilleros y pervertidos.

Veo a algunos pandilleros dando vueltas fuera de la escuela y me sorprendo. ¿Pandilleros en el mundo real? Espera, este es el reino de la luz. ¿Cómo es posible? Pero es inútil negar lo evidente. Ellos también están aquí. Estos tipos son fácilmente identificables en cualquier lugar, independientemente de la geografía o la cultura. Pero aquí parece haber muchos menos de los que vi en la Escuela Secundaria Citrus Grove Junior, donde estaría ahora mismo si San Martín de Porres y Dios no hubieran intervenido.

Me tranquilizo de inmediato al ver a mi profesor de cabecera, un tipo alto y rubio con el pelo muy corto y espejuelos negros de plástico. Pasa la lista y me da a escoger un nombre: "¿Charles, Charlie o Chuck?". Vacilo de nuevo, y entonces digo: "Chuck", como si ese hubiera sido mi nombre de pila. Nos explica detalladamente cómo será nuestro primer día, y luego nos manda a la próxima clase.

Estuve a punto de perderme algunas de sus instrucciones porque el árbol de arce que hay afuera del aula me fascina. Está inclinado contra el vidrio y bloquea todo lo que hay detrás de él. Lo único que podemos ver son sus hojas y ramas. La luz salpicada del sol está en continuo movimiento mientras las hojas se mecen en la brisa y el salón se inunda con una luz verdosa. La única ventana que pueda compararse con ésta es la de Coral Gables, en aquel salón adonde fui a la fiesta de Navidad. Me duele reconocerlo, pero ésta la supera. Las hojas juegan con la luz y la comparten conmigo. Y tienen una forma hermosa. Estos árboles me hacen sentir protegido, así como los árboles de Coral Way, aunque aquí me parece que no necesitara protección alguna, de nada ni de nadie.

Voy de un aula a otra y todos mis profesores resultan ser agradables. Definitivamente, el mundo del norte es mucho mejor. Luego voy a clase de gimnasia y conozco al Sr. Henker. De acuerdo: él es diferente, pero no sé cómo clasificarlo. Es hielo puro. Este hombre irradia todo lo contrario al calor. Tiene un corte de pelo al ras, como el de mi profesor de cabecera, pero también tiene un tatuaje en su antebrazo: una cabeza de bulldog y las siglas U.S.M.C. Nos dice que nos pondrá en forma, que nos transformará en hombres hechos y derechos, y que más nos vale esforzarnos al ciento por ciento —o más— en su clase.

Me dirijo al tipo que está sentado a mi izquierda y le digo algo convenientemente escéptico y sarcástico. Él me responde en los mismos términos. No lo sé todavía, pero acabo de conocer a mi mejor amigo, uno de los más entrañables que tendré en la vida. Se llama Gary y también es nuevo en la ciudad. Su familia se ha mudado desde el sur de Illionis. Y de todos los muchachos a cuyo lado podría haberme sentado, tenía que ser precisamente junto a él.

Mister Henker nos dice que más nos vale que mañana tengamos todos los implementos adecuados para la clase de gimnasia. Nos asigna los casilleros, nos explica cómo ducharnos y vestirnos en menos de cinco minutos, y nos deja ir.

El resto de aquel primer día es tan maravilloso como podrías esperar en el reino de la luz. A la hora del almuerzo me doy cuenta de que hay muchos negros en la escuela. Esto es algo nuevo para mí. Yo creía que en todas las escuelas americanas había segregación racial. ¡Guau, qué gran cambio! Aquella marcha en Washington y el discurso de Martin Luther King de un par de días antes empiezan a marcar una diferencia. También advierto que nadie me pregunta por mi acento ni de dónde vengo. Nadie. Ni mis profesores ni mis compañeros. Tampoco puedo dejar de notar que en esta escuela hay niñas más hermosas de las que he visto en toda mi vida. No es sólo por las rubias, aunque hay muchas y son las primeras en llamar mi atención. En esta escuela, aquí en el reino de la luz, el color del pelo no supone ninguna diferencia. La perfección abunda.

Estoy abrumado, y en la sexta clase el dolor se apodera de mi alma. Demasiadas bellezas con demasiados rasgos perfectos. Me resulta difícil concentrarme en otra cosa. Dame un rasgo y podré contar dos docenas de hembras / muchachas que lo tienen perfecto. Y no sólo se trata de chicas con uno o dos rasgos perfectos. No. He visto a varias con muchos rasgos perfectos, y a algunas que parecen ser simplemente perfectas. Total y perturbadoramente perfectas.

Las piernas son, de lejos, la perfección predominante. Pantorrillas como no he visto nunca antes en ninguna chica ni en ningún lugar; deliciosamente curvas y simétricas, terminando en tobillos firmes y redondeados. Son tantas y tantas. Y el dolor que me producen es exquisito.

Al final del día casi puedo levitar. Con un sufrimiento espiritual, sí, pero también lleno de euforia. Me siento abrumado por toda esta belleza, y más emocionado aun que cuando aterricé en el aeropuerto. Decir que estoy drogado no logra transmitir la menor idea sobre mi estado.

Voy a otras clases y me siento más y más delirante. Artes industriales; ¡qué concepto! Una clase donde puedes jugar con madera y metales y aprender a usar herramientas eléctricas. Esto no es una escuela, sino un parque de diversiones. No lo sé todavía, pero esta clase terminará por darme muchos momentos de felicidad con el aserrín, las limaduras metálicas, los taladros, las sierras de cadena y las retroexcavadoras. Y el profesor de mi última clase, Sr. Noden, me envió a la estratosfera. ¡Qué inspiración la suya! Estudios sociales de todo tipo. Pensé que sería una clase aburrida, pero, oye, en este mundo abundan las sorpresas, así como las piernas perfectas de las muchachas. Este hombre ama lo que enseña. Puedes percibirlo de inmediato. Lo único que hizo fue exponer lo que íbamos a ver este año, pero hizo que pareciera una aventura. Aún no lo sé, pero el Sr. Noden sabrá exactamente qué hacer con mi pasión precoz por la historia, y también me enseñará cómo enseñar, aunque es algo que todavía no me ha cruzado por la mente.

También me encanta mi casillero del pasillo, el candado de combinación y la combinación en sí. 17-8-23. Perfecta. Pero podría prescindir fácilmente del casillero del gimnasio.

Después de la escuela regreso al verdadero calor de familia que hay en casa. Son mis familiares. Los conozco desde siempre, remontándome incluso a lo más profundo de la caverna de Platón.

Tío Amado siempre ha sido el único miembro sensato y pragmático de la familia de mi padre y, como era de esperarse, esto le ha causado cierto dolor, teniendo en cuenta que todos los demás eran completamente disfuncionales. No obstante, él siempre me ha simpatizado, por más que los otros lo criticaran. Puede parecer frío en ciertas ocasiones, pero nunca es duro ni áspero. Y nunca lo he visto enojado. A Tony y a mí nos parece extraño e irracional que albergue esperanzas de regresar a Cuba y de recuperar su negocio y su propiedad. Tal como Tony y yo vemos las cosas, todo eso ha desaparecido, se ha esfumado y es irrecuperable. Claro está que Tony y yo somos dos mocosos que no tienen idea de nada y no podemos siquiera vislumbrar qué se puede sentir al dejar atrás absolutamente todo por lo que has trabajado durante toda tu vida, y a los sesenta y dos años de edad, o qué se debe sentir al estar en la cima de tu profesión y caer luego a lo más bajo. Él escribirá cartas a los periódicos americanos de manera incansable, corrigiendo las malísimas descripciones de Cuba que publican o alabando las maravillas de los Estados Unidos que los americanos no logran apreciar. Me pedirá que lo ayude con el inglés, y éste se convertirá en uno de mis momentos favoritos del día, al repasar esas cartas con tío Amado. Escribirá dos o tres cartas por semana durante los dos años, dos meses y dos días que viviré con él. Claro, Tony y yo creemos que está perdiendo el tiempo. Pero disfrutaré al ayudarlo con esta obsesión quijotesca, sin dejar de pensar nunca en la paradoja de que este hombre, mucho más sabio y versado que yo, tenga que pedirle a un niño que lo ayude con su inglés.

Su esposa, tía Alejandra, es mucho más joven que él. Siempre ha sido muy amable con nosotros y tiene una gran capacidad para decir algo apropiado y suavizar cualquier situación incómoda. Sin embargo, sufre frecuentes migrañas, y a veces tiene que encerrarse en su cuarto. No habla ni una palabra de inglés y, después de un año, no ha hecho ningún esfuerzo por aprender el idioma. En una ciudad como Bloomington donde nadie habla español, esto la aísla por completo. Es comprensible. Al igual que muchos refugiados de su edad, ella no ve su situación actual como permanente. Para ella, se trata de algo tan fugaz como una interrupción de la señal en la televisión. Cree que regresará a Cuba en cualquier momento. Tal vez la próxima semana. Lo que más me sorprende es cuánto la ama tío Amado, quien continuamente se esfuerza para complacerla. Él quiere lo mismo que ella. Este no fue ciertamente el caso de mis difuntos padres Luis XVI y María Antonieta.

Marisol, la hija mayor de tío Amado, es dulce, pero un poco lenta física y mentalmente. Es un poco mayor que Tony, y durante los primeros tres o cuatro años de su infancia, la diferencia en su desarrollo fue tan preocupante que Amado y Alejandra les pidieron a nuestros padres que no los visitaran más, pues ver los progresos de Tony les destrozaba el corazón. Marisol está en la escuela secundaria, pero en clases especiales. Dos años después de su llegada a los Estados Unidos, todavía tiene algunos problemas con el inglés y con todas las materias en general. Su equilibrio es precario y tiene que usar zapatos ortopédicos. No es difícil imaginar cómo la tratan los demás estudiantes.

Aunque todavía no lo sé, llegará un día en que oiré a alguien decirle "Moose" (Alce) y perderé el control por completo. Le daré un puñetazo al tipo antes de darme cuenta de lo que acabo de hacer. *Chuck Neat-o* se sorprenderá, sin saber de dónde ha salido esta reacción. Carlos tratará de convencerlo del valor de lo que ha hecho: defender el honor de la familia, pero Chuck fingirá que no le entiende.

Alejandrita, mi otra prima, es sólo unos meses menor que yo. Siempre nos hemos llevado bien. Es inteligente, cómica y talentosa. Es todo aquello que no puede ser Marisol. No obstante, tiene una desventaja: debe soportar el sentido protector casi paranoico de su padre que, como todos los miembros de la familia Nieto, cree que el mundo es demasiado peligroso y que la única manera de sobrevivir es permanecer tan encerrado como sea posible. Amado no la deja ir sola a la escuela, a pesar de que ella está en sexto grado y que la escuela queda a sólo tres cuadras de la casa. Tan pronto llegamos Tony y yo, habremos de acompañarla todos los días a la escuela. Tony eludirá esta responsabilidad pero yo la disfrutaré, en parte porque me gusta mucho Alejandrita, y también porque, finalmente, podré cumplir el papel de un hermano mayor.

Durante estos primeros días le hago a mi nueva familia un millón y medio de preguntas sobre el clima. ¿Cómo es el otoño? ¿El invierno? ¿La primavera? Estoy especialmente interesado en saber cuándo empezará a hacer frío y cuándo cambiarán las hojas de color. Estamos en septiembre y el clima no es diferente del que estoy acostumbrado. Hace calor durante el día y no hay mucho frío por la noche. Dormimos con las ventanas abiertas y escuchamos la sinfonía más sorprendente de insectos, muy diferentes a los que hemos escuchado hasta ahora. El patio está lleno de grandes grillos de color verde, e imagino que nos dan una serenata para arrullarnos.

Es un sonido reconfortante. Mucho mejor que los disparos y las bombas.

Veo mi primer cardenal. Mi primer arrendajo azul. Conejos. Ardillas. Y nada de lagartijas. Ninguna en absoluto. ¡Por fin me he librado de ellas! Aquí, las ardillas parecen haber tomado el lugar de las lagartijas antediluvianas. Están por todas partes. Tío Amado les ha hecho un refugio en el cerezo que hay afuera de la cocina. Les construyó un cobertizo a unos seis pies de altura del árbol, y les deja mazorcas de maíz. Teniendo en cuenta lo cuidadoso que es Amado con su dinero, el gasto que supuso este cobertizo demuestra lo mucho que se preocupa por estas criaturas exóticas. Vemos más a las ardillas que a la televisión. Mi tía Alejandra se sorprende especialmente con la manera en que agarran las mazorcas de maíz y con el método que aplican para comérselas.

—¡Mira, se las comen con las manos igual que nosotros!

Alejandra se ve espléndida cuando contempla las cosas más simples. Tiene la capacidad de hacer que las cosas más mundanas parezcan maravillosas, incluso milagrosas. No sabe lo que está haciendo, pero me enseñará una habilidad muy útil, que es también, al mismo tiempo, una gran manera de drogarme naturalmente.

Duermo como nunca antes y tengo dificultades para distinguir la diferencia que hay entre el sueño y la vigilia. Ambos parecen ser igualmente agradables e irreales. No tengo pesadillas ni siento miedo mientras concilio el sueño. No tengo nada qué temer, ni cucarachas o escorpiones de los cuales preocuparme. No hay nada espeluznante, ni siquiera el retrato de Jesús encima de la silla de mi tío, que es lo primero que ven mis ojos al momento de entrar por la puerta principal. Jesucristo H. Reconfortante, ¡qué bien! El Vacío ha estado por fuera de la pantalla de mi radar durante nueve meses o algo así, y casi lo he olvidado. No hay razón para preocuparme de eso ahora. Esta casa no sólo está llena de gente, sino que, además, nunca salen a ninguna parte. No pueden hacerlo porque no tienen carro.

Oscuridad total. Apagón.

La Habana, simultáneamente. La luz del sol grita como siempre, repercutiendo sobre todo lo que se halle expuesto a la canícula. El árbol que hay afuera de mi casa ha crecido mucho desde que me fui. Un montón. Mi casa se ha colmado con más obras de arte y antigüedades, compradas subrepticiamente a coleccionistas que abandonaron el país antes de que la puerta se cerrara de golpe. Ernesto duerme ahora en el cuarto que una vez fue mío y de Tony. Justo al lado, el Comité para la Defensa de la Revolución mantiene los ojos puestos en mi casa y en mis padres. No les gusta el hecho de que Tony y yo nos hayamos escapado.

Mis padres reciben la noticia de nuestro traslado a Bloomington y sienten un gran alivio. Más tarde descubriré que no sabían lo horrible que había sido el Palacio Ricardo, pero que sí lo sospechaban. Su ignorancia en este sentido resultó siendo casi una bendición, teniendo en cuenta que no podían hacer nada por nosotros.

Luis XVI siente un gran vacío en el corazón, y mientras más grande y doloroso, más se sumerge él en su colección de arte y más pierde el contacto con la realidad a la que se enfrentan sus hijos un día tras otro. Le duele que Amado, un hermano a quien no quería mucho, esté criando ahora a sus hijos. Paradójicamente, sólo su desconcierto lo mantiene cuerdo. Mientras tanto, su corazón —literalmente y no en el sentido figurado— empeora cada vez más. Nada de esto se nos dice a Tony y a mí, por supuesto.

Mentir es a veces el más venial de los pecados, quizá incluso un acto virtuoso.

Mi mamá, María Antonieta, ha estado buscando la forma de salir de Cuba, pero no ha tenido suerte. Constatar que no podía abandonar la isla fue un golpe devastador para ella, más fuerte de lo que podía soportar. La puerta de salida de Cuba fue cerrada herméticamente en noviembre de 1962. Pero si persistes y encuentras las conexiones oportunas en los lugares adecuados, podrías tener suerte y lograr salir. Ella agota todas las posibilidades que tiene a su alcance, importunando a todo el mundo, y sin llegar a ninguna parte. Sus familiares en España no pueden hacer nada por ella. Las relaciones diplomáticas de tío Filo resultan ser inútiles.

Todas las puertas están cerradas. Ella llora mucho. Una enormidad. Y con mucha frecuencia.

Oscuridad total. De nuevo en Bloomington.

Nunca pienso en mis padres. No lo he hecho en varios meses, y tengo aun menos motivos para hacerlo ahora que estoy aquí. Les escribiré cartas todas las semanas y las llenaré con todo tipo de detalles, pero en una especie de piloto automático. No sé cuales son sus rutinas diarias ni cómo se sienten, o que están tratando de hacer para reunirse con nosotros. Y realmente no me importa saberlo. Siento esta extraña emoción pasajera que reconozco como una especie de amor o de fijación, un deseo atávico de mantenerme conectado con ellos, aunque muy similar a la fijación que tengo y al cariño que siento por todos y cada uno de mis recuerdos. Lo único que alcanzo a reconocer es que mamá y papá no son más que simples recuerdos. Sí, ya sé que están vivos, pero bien podrían estar en Urano o en Plutón, o en una de las estrellas del cinturón de Orión.

¿Por qué me siento así? No, no les estoy preguntando a los expertos, ni mucho menos a los doctores Freud y Jung. A veces me hago esta pregunta. Sé que es raro sentirme así. Me esfuerzo en demostrarme que todavía quiero verlos o que los necesito. Pero en el fondo sé que estoy fingiendo. A ninguna de mis personalidades le importa esto. Pregúntenle a Carlos, a Charles, a Charlie y a Chuck, y ellos te darán la misma respuesta, si es que son honestos. Todos están muy contentos con el estado de cosas. Sólo han pasado cinco días desde que salí del Palacio Ricardo, pero ya tengo claro que el tiempo que pasé allí me despojó por completo de cualquier apego que hubiera sentido hacia mis padres. Huesos blanqueados en el desierto, sepultados por la arena: a eso se reduce todo lo que alguna vez sentí por ellos.

O al menos eso es lo que creo sentir al nivel de la conciencia cotidiana y de los sueños. Otra parte de mí, mucho más profunda, está atada y amordazada en ese momento, pero es todo lo contrario de los huesos calcinados. Está muy viva y herida, y grita detrás de su mordaza esperando la menor oportunidad para escapar. Muy pronto conoceré a este prisionero. Terminará por escapar. Pasará rugiendo, enloquecido, jurando vengarse de Carlos, Charles, Charlie y Chuck.

El Vacío logrará liberarlo y lo poseerá como una legión de demonios.

Pero por ahora no tengo nada de qué preocuparme. Nada en absoluto. Por fin estoy fuera de la caverna de Platón, viviendo en el reino de la luz. El otoño casi está aquí ya, y el invierno no puede tardar mucho en llegar. Un par de meses tal vez, tres como máximo. Pronto estaré saltando sobre montones de hojas rojizas y doradas, y tal vez haga una hoguera enorme con ellas. Amado me ha dicho que se pueden quemar las hojas en la calle. Las contaré mientras caen, del mismo modo en que lo hago con los rasgos perfectos de las hembras de mi escuela. Y quedaré tan transfigurado por cada hoja multicolor como por cada rostro y cada par de piernas perfectas. El dolor será sublime. También veré pronto la nieve y contaré los copos mientras caen uno a uno. Me deslizaré en ella cuando se acumule en el suelo, montaré en trineo, haré bolas y muñecos de nieve y atraparé los copos con mi lengua mientras caen del cielo, dejando que todos y cada uno de ellos se disuelvan como una hostia consagrada, y con la misma reverencia. O incluso más.

Estoy bien. De lo más bien. Perfectamente. Estoy más narcotizado que un adicto a la heroína.

Estoy esperando que nieve en Bloomington.

Veintiuno

Todo sucedió con mucha rapidez. Un día, las hojas eran de color verde, y al día siguiente se levantaron en contra de la clorofila. Los árboles estallan en llamas y yo también. Recojo algunas de las hojas que caen al suelo. La mayoría contiene casi todo el espectro cromático. La forma de sus diseños me recuerda a los caleidoscopios. Definitivamente, las de arce son las más hermosas. Todas y cada una de ellas me transfigura.

Guardo las más espectaculares en las páginas de los libros con la ilusión de que nunca se deshagan ni se desmoronen. Algunas se conservarán bien por un tiempo, y mi euforia despertará en numerosas ocasiones simplemente con sacarlas de su refugio.

El aire frío también me apabulla, especialmente en las noches. Ver tu propio aliento se me antoja sobrenatural. No me importa qué tan normal les parezca a los que viven aquí. Para mí es un milagro. De nuevo he visto escarcha, y en varias ocasiones. Otro milagro. Es más fácil detectarla en el techo del garaje, a primera hora de la mañana, desde la mesa del desayuno, donde la saludo con una rebanada de pan americano todas las mañanas. La tostadora está justo debajo del alféizar de la ventana, sobre la mesa, y las rebanadas saltan con la misma rapidez con que me las como, untadas con margarina. No hay mantequilla: los refugiados no pueden darse el lujo de comprarla.

La escuela es mi adicción. Aquí, los imbéciles y los pandilleros están reducidos a la mínima expresión, y las muchachas parecen hacerse más hermosas con cada día que pasa. Nadie me ha preguntado de dónde vengo. Nadie ha hecho una sola observación sobre mi acento. ¿Será que ya lo he perdido? Es difícil saberlo, y *Chuck* no va a preguntar: "Oye, ¿podrías decirme por favor si hablo inglés con acento?".

Sigo moldeando mi acento y forma de hablar con Andy Griffith y los Beverly Hillbillies. Afortunadamente, los dos programas son transmitidos por la cadena CBS, la única que podemos captar en nuestro televisor antiguo. Practico por mi cuenta cuando no hay nadie cerca.

Mi nuevo amigo Gary es uno de los muchachos más agradables y cómicos que haya conocido. Todo es una broma para él. Pero vive en las afueras, por la carretera 66, cerca de la Mansión Ewing —una de las atracciones turísticas de la ciudad—, que limita con Normal. No es fácil reunirnos. Eddie, mi otro nuevo amigo, también es muy buena gente. Y vive a pocas cuadras de mi casa, en la calle Olive, en mi barrio, así que podemos reunirnos muy a menudo.

Cuando los colores del otoño alcanzan todo su esplendor, nuestra familia es invitada a un picnic en el campo, en un lugar llamado Funk's Grove, donde Abraham Lincoln se detuvo una vez para darle de beber a su caballo en un manantial sulfuroso. Pobre caballo. El manantial apesta. Y su hedor no es nada comparado con su sabor. Es tan asqueroso que expulsas de inmediato el sorbo bebido. Este picnic ha sido organizado por las personas que dirigen el programa de americanización en Bloomington, y uno de ellos nos ha llevado a todos nosotros en su carro. Son personas bondadosas que les enseñan el idioma inglés y el sistema americano de gobierno a los pocos extranjeros que hay en la ciudad. La mayoría de ellos son inmigrantes que viven aquí desde hace mucho tiempo. Tío Amado y tía Alejandra asisten a estas clases: con cuánta disposición, es algo que no puedo saber. Estas personas también ayudan a los nuevos inmigrantes de muchas otras formas, y es probable que Amado no quiera causarles molestias.

Casi todos son alemanes.

—*Vould you like anozzer Viener* —me pregunta un hombre amable cuando me siento cerca de la pequeña fogata donde se están dorando los perros calientes.

—¿Una qué?

—Una *Viener*—dice—. Una *Viener*—repite.

De repente, entiendo lo que quiere decir.

—Sí, gracias, me encantaría otro perro caliente.

Es un día de otoño tan espléndido como uno pudiera desearlo. Aquí, en Funk's Grove, hay una arboleda rodeada por un mar aparentemente infinito de cultivos de maíz, y la luz del sol hace que todo parezca en llamas.

Por ahora, sé con certeza que somos la única familia que habla español en la ciudad. Un día, en el Woolworth's del centro, una niña se nos acercó cuando estábamos hablando en español, y nos miró con la boca y los ojos tan abiertos que pensé que se le iban a salir. Su madre se acercó de puntillas, la tomó de la mano y se la llevó sin decir una palabra. En Normal hay otra familia que habla español; son cubanos, pero llevan tanto tiempo allí que ya casi han dejado de serlo. El padre de esa familia es profesor de español en una universidad; vive con su esposa en los Estados Unidos desde la década de 1940. Sus hijos no hablan español. No podemos visitarlos porque viven muy lejos. Pero la única vez que vinieron de visita a nuestra casa me sentí agradecido de la distancia entre su casa y la nuestra. Me aburrieron tanto que por poco me quedo dormido.

La mayoría de los extranjeros de la ciudad parecen ser alemanes. En la Escuela Secundaria de Bloomington, el único extranjero en séptimo grado —aparte de mí— es un alemán. Y es objeto de frecuentes abusos. A cada rato, mis compañeros le dan el saludo nazi y un *¡sieg heil!*

Nadie repara en mí, pues no parecen saber que Cuba existe. Así que Chuck Neat-o navega sobre aguas potencialmente peligrosas y pasa inadvertido. Soy un muchacho más, con uno de esos extraños apellidos que terminan en "o". ¡Qué bueno que nadie parezca saber nada de Cuba! De lo contrario, estaría recibiendo el saludo con el puño izquierdo cerrado y una ronda constante de "Venceremos". He leído los textos de historia y geografía de nuestra clase de estudios sociales para saber lo que dicen sobre mi patria, y no difieren en nada de los que yo tenía en la Florida. Según estos libros, vengo de uno de los países más primitivos de la tierra, y también de los más corruptos e inestables en términos políticos. Toda América Latina, incluida Cuba, es como un niño hambriento que corre alocadamente buscando ayuda de países más adelantados, semi-desnudo y en un estado casi salvaje.

Temo el día en que lleguemos a este tema. Seguramente tendré que lidiar con las preguntas tontas. Y será muy difícil conservar la calma.

Pero tengo otras cosas que resolver ahora en el otoño de 1963, en Funk's Grove, cuyo nombre es perfecto, ya que "funk" quiere decir "estado de depresión" en inglés.

Es probable que a todo el mundo le parezca —y también a la cámara—, que la estoy pasando de lo más bien, pero la pura verdad es que me encuentro en la más profunda de las agonías. Esta mañana, antes de venir aquí al campo, el Vacío se abalanzó sobre mí sin ningún aviso.

Me desperté, preparé mi pan tostado y el café, me senté en la mesa de la cocina, miré hacia el patio trasero, y ¡*zas*!

Tanto tiempo sin verte. ¡Ponte en guardia!

¡Paff!

Jesucristo H. Crucificado, ayúdame.

En un abrir y cerrar de ojos, el mundo a mi alrededor pierde sus límites y todos sus contornos se disipan. Lo único que puedo percibir es este vórtice de la nada, el vacío y la soledad absoluta. A la ausencia pura. Lo reconozco de inmediato por lo que es, pero soy incapaz de hacerle frente a su vastedad. Para empezar, esta casa está totalmente llena de gente. No estoy solo. Y por si fuera poco, he sido delirantemente feliz en estas últimas semanas, y estas hojas de otoño me han llevado más alto aun de lo que yo creía posible a través de la euforia.

¿De dónde diablos ha salido esto?

Le digo a Tony cómo me siento. Por primera vez le revelo a alguien este terrible secreto. Entro en detalles tanto como puedo. Él no sabe qué hacer. Me dice que ignore mi sensación, que es sólo una extraña coincidencia y que pronto pasará.

Lo único que puedo decir es que espero que tenga razón, pero que no creo que él haya entendido realmente lo que intento decir. Se encoge de hombros y me dice de nuevo "olvídate de eso; ya se te pasará".

Pero el Vacío se niega a desaparecer. Va conmigo a Funk's Grove, me arruina el picnic y todo lo maravilloso y divino de este día de otoño. El Vacío no me había seguido nunca antes a ningún lugar, o intentado apoderarse de mi alma mientras yo estaba al aire libre, o sentado en un carro, tan cerca de otros cuerpos que apenas si podía moverme.

De regreso a casa, al cruzar un cultivo tras otro de maíz cosechado, cuando el resplandor de la luz dorada se hace cada vez más intenso devastándolo todo con su fulgor híper celestial, ahuyento al Vacío con un solo pensamiento: esta noche veré televisión con mi familia. No estoy solo. ¡Ja! ¿Qué tal eso?

Un programa de televisión, en particular, me ayuda a ganar la pelea porque lo veo atentamente y utilizo sus imágenes para desorientar al Vacío. Es uno de los programas más estúpidos de la televisión americana: *Mi marciano favorito*. Pero no es el programa en sí el que me saca de mi estado, sino el simple hecho de que lo veo en compañía de mi familia.

Esta vez soy yo quien le propina el nocaut. Y el Vacío queda tendido en la lona, esperando el conteo. ¡Ja! Ahí lo tienes. Aniquílate a ti mismo, cabrón.

Pero esto me deja convulsionado. Si el Vacío puede saltar sobre mí de una forma tan inesperada e intensa cuando estoy rodeado de gente, ¿qué podré hacer si aparece de nuevo?

Respondo con algo que he aprendido a hacer muy bien: decido olvidar este incidente y enterrarlo tan profundamente como sea posible en mi Bóveda del Olvido. Por desgracia, todo cuanto puedo hacer es dejarlo en una sala de espera, en la antecámara de la Bóveda del Olvido. Pero, por más que empuje y forcejee, no podré llevarlo a la Bóveda.

La vida retoma su maravilloso ritmo habitual. Y todo parece acelerarse a medida que los días se hacen más cortos y las noches más largas.

Tratamos de quemar algunas hojas en la calle al día siguiente del picnic, pero lo único que hacen es despedir humo. Al parecer, sólo sabemos convertir las hojas en incienso. Desistimos después de una hora más o menos, y simplemente las amontonamos en la acera, donde serán recogidas por un camión de la ciudad. Espero que sean quemadas en una gran hoguera, en las afueras de la ciudad.

Los árboles están desnudos y el aire es siempre fresco, Tony y yo nos dedicamos a esperar atentamente la llegada de la nieve. Todas las noches vemos el pronóstico del clima a la espera de buenas noticias, pero no son alentadoras. El año pasado nevó por primera vez a finales de octubre. Pero este año hay un maldito patrón climático conocido como veranillo, o Indian Summer, que se está prolongando demasiado. Hay heladas por la mañana, pero no cae nieve.

Ah, chico, me encantan los suéteres y el abrigo de invierno que me dieron los presbiterianos. Éste tiene más de veinte años, pero es de lana pura y mantiene el frío a raya. Parece una prenda propia de una expedición polar, pero su estilo me importa un bledo: es la cosa real: ha visto muchos inviernos, y eso ya lo hace mejor que cualquier abrigo nuevo. Me encanta mi gorro de lana, mi bufanda, guantes y orejeras de K-Mart, la gran tienda que hay por la Carretera 66, donde la Sra. Junk nos lleva de vez en cuando. Es el único lugar donde podemos darnos el lujo de comprar cosas nuevas.

Miro constantemente el termómetro que tío Amado ha colocado en la parte exterior de la ventana del comedor. Cada día que pasa, la temperatura desciende más…

Gracias, Dios.

¡17 de noviembre! Es algo… absolutamente inolvidable. Ráfagas de nieve. Los copos caen suavemente y se desintegran en el suelo. Parecen paracaidistas minúsculos, cientos de ellos, flotando, girando, dando vueltas en el viento, chocando contra todo y derritiéndose de inmediato. Ninguno sobrevive a su caída desde el cielo. No pude contemplarlos en la escuela cuando comenzaron a llenar el aire, tal como yo lo habría deseado, pero tan pronto llego a casa me acerco a las ventanas del comedor para estar atento al espectáculo. La casa victoriana de al lado es un telón de fondo perfecto, y especialmente el pino gigante. Sí, es nieve, pero no se está amontonando. Estoy fascinado y terriblemente frustrado al mismo tiempo. Allí está otra vez este asunto de los refugiados: la continua e irritante coincidencia de los opuestos, la unión indisoluble entre lo maravilloso y lo terrible.

Veintidós de noviembre, un día antes de mi decimotercer cumpleaños. Si todavía viviera con los Chait, quizá me habrían celebrado un Bar Mitzvah. Pero estoy tan lejos de semejante ritual como de mis padres y de todo mi pasado. Estoy a punto de convertirme en un hombre según la ley judía, que, tal como yo la entiendo, es el acuerdo original entre Dios y su pueblo elegido. Estoy disgustado porque esta parte del acuerdo ha sido anulado, y decepcionado de que mi paso de niño a hombre no sea reconocido como es debido.

Pero, qué demonios, estoy aquí, en la Tierra Prometida, en esta Jerusalén del Cinturón del Maíz, y eso me convierte de alguna forma en judío igualmente elegido y, de acuerdo con su ritual, también en un hombre.

Y ni me doy cuenta que he sido un hombre desde que puse los pies en la pecera del aeropuerto de La Habana.

A mediodía, en la cafetería, algunas de las mujeres que nos sirven la comida comienzan a llorar súbitamente. Una grita, otra gime. Estoy en la misma mesa de siempre, pidiéndoles las sobras a mis nuevos amigos como de costumbre. Me dicen "el Gorrón" porque siempre que alguien deja un alimento sin probar en la mesa pregunto: "¿Te vas a comer eso?".

La noticia se extiende como la pólvora: el presidente John F. Bahía de Cochinos Kennedy ha recibido un balazo en Dallas. Y podría estar muerto. Varios de mis compañeros de mesa celebran. Evidentemente, no están tan tristes como las empleadas de la cafetería.

Nos ordenan ir de inmediato a nuestras aulas por los altavoces. Así que todos devolvemos las bandejas a su sitio, arrojamos las sobras a la basura y vamos adonde nos han ordenado.

El profesor de mi aula, el del corte al rape, nos dice que no sabe mucho más que nosotros, pero que es un hecho que alguien le pegó un tiro al presidente Kennedy. Pobre Míster-Feliz-cumpleaños-Señor-Presidente-vestido-ceñido a la piel-Marilyn-Monroe-John Fitzgerald Kennedy. No hay ninguna duda.

El director da la noticia por el altavoz. El Presidente Jódanse-Ustedes-los cubanos-Kennedy está muerto. Váyanse a casa, todos ustedes. Corran a casa. Refúgiense en ella. Nuestra historia acaba de dar un giro brusco e inesperado.

Nadie tiene que decirlo: esto es algo más grande que todos nosotros juntos. Aquí, en la tierra de Lincoln, los asesinatos presidenciales son tomados mucho más en serio que en cualquier otro lugar.

Recojo a Alejandrita en su escuela y caminamos juntos a casa. Observo los adoquines de ladrillo rojo de la calle Evans. Me digo que recordaré este momento hasta el día de mi muerte y que veré esos ladrillos cada vez que recuerde este día. Y tengo razón. Mencióname al Presidente–Hagamos-un-Pacto-con-Rusia-Kennedy, y veré los ladrillos de inmediato. Todos y cada uno de ellos, con sus mellas y abolladuras y el cemento intermedio.

El locutor Walter Cronkite confirma una y otra vez que el Presidente-Crisis–de–Misiles-Kennedy ha muerto. Estoy pegado a la televisión, al igual que todo el mundo.

Veintitrés de noviembre. Mi decimotercer cumpleaños se ve ensombrecido por la historia. Realmente me importa un bledo mi cumpleaños. Estoy más allá de asuntos triviales, especialmente porque no he pasado de la niñez con un ritual apropiado. Me regalan un juego de Tinker Toy, que viene en un envase tubular, no muy diferente a los utilizados para envasar whisky de malta escocés. No es muy apropiado para mi edad este juguete infantil, pero sé cuánto le pudo haber costado a tío Amado, y agradezco el gesto.

Tan pronto veo a Lee Harvey Oswald morir a causa de unos disparos en televisión, en vivo y en directo, sé con certeza que los cubanos tuvieron algo que ver con esto. Sin lugar a dudas, pues tenía conexiones con Moscú y La Habana. Y esta convicción permanecerá arraigada en mí por el resto de mi vida.

Vemos el funeral hasta el final en el canal 3, el único que capta nuestro televisor, acompañados por el ícono de Jesucristo H. Cinturón del Maíz. Tía Alejandra está fascinada principalmente por el caballo sin jinete. Me pregunto si le habrán inyectado algún tipo de droga para que esté tan nervioso. Un impresionante número de líderes mundiales marchan en el cortejo fúnebre, entre ellos el emperador de Etiopía y el primer ministro Francés Charles De Gaulle. También un grupo de británicos, incluyendo a la Reina y a su inútil esposo. El canciller alemán. E incluso Anastas Mikoyan, un ruso que había realizado más de una visita a Cuba. Fidel no se ve por ninguna parte.

Día de Acción de Gracias. 28 de noviembre. Thanksgiving. ¡Maldita sea! ¿Dónde está la nieve? ¿Qué clase de broma cruel es ésta? La canción tradicional de esta fiesta da por sentado que debe nevar este día:

El caballo sabe cómo llevar el trineo,

A través de la nieve blanca amontonada, ¡oh!

Y el calendario de Currier & Ives que hay en la pared de la cocina da el mismo mensaje irritante. *Hogar del Día de Acción de Gracias*, dice, o algo por el estilo, y la lámina muestra una casa y un paisaje rodeados de nieve.

Mierda. Es sólo porque estoy aquí. La luz del sol tropical contenida en mis venas está calentando demasiado a Bloomington.

Treinta de noviembre. Sábado. Es el cumpleaños de mi madre. Está cumpliendo cuarenta y tres años.

Nieve.

Santo Dios. Cayó durante la noche, mientras yo dormía. Me tomó por sorpresa, tanto como la Revolución Cubana. Sólo que ésta es la mejor, y no la peor de las sorpresas. *Sanctus, Sanctus, Sanctus.* ¿Cómo es posible tanto blanco? ¿Cómo es posible todo esto? *Baruch atah Adonai.* Es un millón, un billón de veces más hermoso de lo que jamás había imaginado. Sin duda alguna el cielo debe ser algo semejante a esto, a este tipo de bomba extrasensorial.

Agarro mi chaqueta, guantes y gorra —después de tanto esperar—, me pongo las botas de goma sobre los zapatos y salgo corriendo por la puerta trasera.

Estar en medio de la nieve es casi más de lo que puedo resistir. Cada sensación es nueva, atolondrante. El sonido que hace cuando caminas sobre ella. La forma en que amortigua todos los sonidos a tu alrededor, sean grandes o pequeños. La manera como se siente bajo tus pies, en tus manos. Su frialdad, su humedad. Su sabor mismo. La forma en que todo es transformado, purificado y redimido por ella. Lo envuelve todo. Es la misericordia final. Puedo hacer mi primera bola de nieve y tirarla contra la pared del garaje. *¡Splat!* Ah, ¡oye! *Splat.* ¡Qué dulzura! Corro a la calle, asegurándome de no estropear mucho la nieve. Es tan frágil. Lo único que tienes que hacer es tocarla para dejarle una cicatriz. Me encanta el sonido que hacen los carros cuando pasan sobre ella. No han limpiado la nieve de nuestra calle y los carros la aplastan con un rugido sordo y apagado. Un carro lleva cadenas en sus gomas. Santo Dios. Cadenas. Y qué sonido tan celestial el que hacen: whirr, clank, whirr, clank…

Tony y mis dos primas salen. Nos tiramos bolas de nieve.

Por esto, y sólo para esto, nací yo.

Pocos días antes de Nochebuena, el reverendo Nordquist nos lleva a Chicago con su hijo y un amigo. Vamos al Planetario Adler y al Museo de Ciencia e Industria, y al llegar a la ciudad comienza a nevar. Es una nieve húmeda que se adhiere a todo y se derrite a su vez en las carreteras y las aceras. Todo es blanco, gris o negro, salvo por los adornos de navidad que están por todas partes, iluminados con colores verdes, rojos y dorados. El Lago Michigan también es gris y blanco y está parcialmente congelado. Esta ciudad es aun más impresionante de cerca, al nivel de la calle, y es increíblemente grande. Hace que La Habana y Miami parezcan pueblos pequeños como Bloomington. Regresamos a Bloomington después de atravesar el Cinturón del Maíz en la noche, con la luna brillando sobre el campo cubierto de nieve, tan plano, tan blanco todo que parece como un sueño dentro de un sueño. Me pellizco y me río en voz baja.

Es la víspera de Navidad. Hemos tenido tres nevadas, así que hay mucha nieve en el suelo esta noche. Hace cinco días nevó, y todo es tan perfecto como en las tarjetas de Navidad. Pero está comenzando a calentar. ¿Por qué este giro cruel de última hora? ¿No se supone que las noches deben ser más frías? Vamos a una fiesta de Navidad patrocinada por el programa de americanización en algún sótano en el centro de Bloomington, cerca de Montgomery Ward's. Me devuelvo un año atrás, a ese mismo día y a la misma hora. Veo los árboles de Coral Way en mi mente. No hay árboles angelicales aquí. Pero puedo ver la nieve a través de las ventanas del sótano. No hay regalos; sólo una fiesta con un tipo vestido de Santa Claus hablándoles a los niños pequeños del trineo que lo espera afuera y de sus doce renos, y del reno que se llama Rudolph, que tiene la nariz roja. Todo esto en un acento alemán fuertísimo.

¡Santísimo colmo!

No tenemos árbol de Navidad en casa. No podemos comprar uno, y mucho menos los adornos. Por lo tanto, prescindimos de esto. Sin embargo, en el sótano donde se celebra la fiesta hay uno, y es bonito. No lo odio, como me pasó con el de Miami. De hecho, me parece endiabladamente bonito. Lo venero en secreto, mientras el idólatra que hay en mí despierta una vez más.

Tía Alejandra tiene una migraña muy fuerte y por eso no está con nosotros. Se ha quedado en casa, devastada por el dolor. A los alemanes del programa de americanización les da lástima, y deciden darle un poco de alegría en Navidad. Así que nos llevan de vuelta a casa en una pequeña caravana, y cuando todos salen de sus carros empiezan a cantar villancicos frente a la puerta. Son tres o cuatro canciones a todo pulmón, justo debajo de la ventana de su cuarto. La nieve que hay alrededor nuestro se está derritiendo con rapidez. Gotea, gotea, gotea la nieve en el techo. *Slish. Slosh,* hace la nieve cuando la pisamos. *Alle Zusammen,* dice uno de los alemanes.

"Angels, ve haf heardt on…" "Silent night, holy night…" "Hark! Zé heraldt angels sing…"

Alemanes cantándole villancicos en inglés a una cubana que sólo habla español y tiene una terrible migraña, mientras la nieve se derrite en el Cinturón del Maíz, bajo un cielo estrellado.

Entonces, hay un cambio repentino a un idioma del cual me enamoro inmediatamente.

> *O Tannenbaum, O Tannenbaum*
> *wie treu sind deine Blätter!*
> *Du grünst nicht nur*
> *zur Sommerzeit,*
> *Nein auch im Winter, wenn es schneit.*
> *O Tannenbaum, o Tannenbaum,*
> *wie treu sind deine Blätter!*

Jesucristo H. Dios encarnado, ¿puede haber algo mejor que esto? Tal vez. ¿Qué tal un poco más de nieve ahora, en vez de este deshielo? Que caiga mucha, aquí y ahora, antes de que cesen los cantos.

Más allá de los números

———

¿**P**uede acaso describirse adecuadamente la felicidad?
No.

Eso dicen los grandes místicos.

Pero no necesitas que nadie te lo diga, especialmente esa gente que come muy poco, nunca se emborracha y se abstiene del sexo. Ya sabes esto.

Cuando se logra el objetivo final, las palabras fallan. Se estrellan contra la cumbre de tus esperanzas y caen al suelo heridas de muerte por tu propia sensación de insuficiencia.

La felicidad es nuestro objetivo final, aunque a menudo se nos escapa.

Ah, pero puede encontrarse de vez en cuando.

O mejor, es preferible decir que ella te puede encontrar. Perseguirla suele ser algo inútil. Lo único que puedes hacer es esperar que se te aparezca.

Pero cuando llega, la poesía se seca.

Pregúntale a cualquier poeta. No hay poesía sin angustia.

No puede existir poesía excelsa sin amor no correspondido.

Cuando no hay ausencia, no hay necesidad de decir nada.

La presencia te hace callar.

Ay. Pero el dolor causado por la ausencia puede producir una sensación maravillosa porque es un síntoma de amor.

¿Hay algún dolor más exquisito que el producido por la constatación de que lo más ansiado siempre estará ausente y totalmente fuera de nuestro alcance?

¿Y hay un éxtasis superior al producido por la presencia súbita e inesperada de aquello que deseamos con más ahínco?

¿Hay alguna bendición más paradójica que la de aceptar este éxtasis como algo fugaz? ¿O algo más doloroso y feliz que aceptar su evanescencia?

¿Dónde está el límite que separa al dolor del éxtasis cuando te das cuenta de que lo pasajero también es de alguna manera eterno? ¿Que sin importar cuán fugaz parezca, esta presencia siempre ha existido y existirá? ¿Que no podrá ser tuya por siempre, pero que sentirás su ausencia y dolor eternamente?

¿Hay algún dolor o éxtasis más divino que aceptar que nunca podrás albergar la esperanza de aferrarte a lo que reconoces como el propósito mismo de tu vida, la única razón de tu existencia?

No.

La renuncia es la máxima felicidad, y el máximo dolor.

Pero no puedo renunciar. De ninguna manera. No aquí en Bloomington. Mi apego a este lugar es muy fuerte. Pero, maldita sea, este libro que estoy leyendo me dice que debo dejarlo todo y a todos a un lado, incluso a mí mismo. Se trata de *La imitación de Cristo*, el libro que mis padres me dieron cuando me fui de casa. En realidad es un libro espantoso. No hay muchos peores que éste. Me asusta tanto que casi me mata cada vez que me atrevo a leerlo.

Renuncia a todo, dice el libro.

Pero todo en mi vida actual es tal y como lo he deseado. No puedo pedir más. Sé que no puedo permanecer así para siempre, pero todo lo que tengo es el ahora —no el ayer o mañana— y este ahora es el más agradable de toda mi vida. Yo nací para estar aquí y vivir esta vida. Otra persona podría pensar que esta vida mía es dura; sin embargo, para mí es simplemente perfecta. Todo en ella me encanta, hasta las cosas más dolorosas. He descubierto que el dolor puede ser algo bueno —una bendición— si lo aceptas cuando es inevitable. No hay alegría sin dolor.

No sé nada sobre el yin y el yang, sobre la coincidencia de los opuestos ni sobre la ley de Nietzsche, según la cual lo que no te mata te fortalece, pero sí sé una cosa: que he desarrollado una afición por el dolor, especialmente del tipo que te ayuda a constatar que puedes hacer muchas cosas supuestamente imposibles para ti.

Estoy apegado a mi dolor perfecto y a mi alegría perfecta, inseparables ambos.

A la edad de trece años, tengo una lista infinita de cosas perfectas a las que me encanta estar aferrado y a las que quiero permanecer apegado para siempre. A fin de cuentas, la perfección, la infinitud y la eternidad son tan inseparables la una de la otra como la verdad, la belleza y la bondad, y como las tres personas de la Santísima Trinidad.

No en vano fui a una escuela católica durante tantos años, allá, en esa cueva infernal donde nací. Algo sé de teología.

Mi lista de cosas perfectas no tiene principio ni fin, ni clasificación alguna. La siguiente es apenas una muestra de tales cosas escogidas al azar:

Ropa de segunda mano de Goodwill y del Ejército de Salvación.

La tostadora en la ventana del rincón de la cocina.

Los panes de diez centavos de A & P que compras con tu propio dinero duramente ganado y que nadie más en casa puede tocar.

Tostar un pan entero y comérselo en una sola sentada.

La revista *Mad*.

La nieve que cae durante la noche.

La lluvia que se congela en la noche.

Ver la labor del hielo cuando te levantas por la mañana y el mundo está completamente glaseado, incluyendo cada aguja de pino y cada hoja de hierba.

Deslizarte en trineo por una calle adoquinada con ladrillos, recubierta de nieve y hielo.

Esquivar por pocos milímetros a un carro cuando te tiras a toda velocidad por la pendiente de una colina.

El Sr. Henker torturándote en la clase de gimnasia, diciéndote a ti y a todos tus compañeros "niñitas" a todas horas, pisándote el estómago mientras haces abdominales, o la espalda cuando haces flexiones.

Nadar justo después de almorzar.

El poste largo con un gancho en el extremo que cuelga en la pared de la piscina.

El Sr. Henker agarrando un gancho frente al trampolín, obligándote a saltar, y elevándolo cada vez más.

Desnudarte delante de treinta tipos, día tras día, y que no te importe.

El mal olor que tienen algunos casilleros en el gimnasio.

Repartir periódicos después de la escuela y los sábados y domingos por la mañana, especialmente cuando la temperatura está por debajo de cero.

Usar ropa interior larga de lana.

Sentir que tu respiración se congela en tu máscara de lana a quince grados fahrenheit bajo cero.

Doblar los periódicos en cuadrados y lanzarlos a los portales como si fueran platillos voladores.

Romper ventanas con periódicos doblados que no han dado en el blanco original.

Ver cómo los periódicos se elevan de forma inesperada y aterrizan en el techo.

Oír a un viejo que está sentado en su portal exclamar "huuumpf" cuando le das de lleno en el pecho con el periódico que has lanzado de manera errática.

Practicar tu inglés campechano mientras repartes periódicos, y que los clientes te sorprendan hablando contigo mismo.

Enterarte de que algunos de tus clientes se refieren a ti como "ese niño extraño".

Recibir quejas de los clientes porque no reciben su periódico o porque a veces lo descubren en el techo o en otros lugares inapropiados.

Provocar al perro agresivo que siempre está encadenado.

Ser perseguido por el perro agresivo que se ha soltado de su cadena.

Tratar de cobrarles a los clientes la cuota de suscripción semanal de los periódicos, y que te paguen con monedas de un centavo, o que no te paguen.

Tener que darle al periódico una parte de tus ingresos porque no todos tus clientes te han pagado.

Hablar con tu prima Alejandrita.

Ver como tu prima Marisol corta cupones de periódicos y revistas.

Lavar y brillar el Ford Custom sedán verde y blanco, modelo 58 de dos puertas, que compró tío Amado con los trescientos dólares que ahorró recogiendo cupones en el supermercado.

No tener teléfono en casa.

Caminar cuatro cuadras hasta el teléfono público más cercano.

Saludar a viejos desaliñados que viven en el hotelucho donde está el teléfono público.

Ir al cine cada semana, ya sea al cine Castle o al Irving, ambos a pocas cuadras de tu casa.

Ver *Lawrence de Arabia* en el cine Irving con toda tu familia.

Ver al *Dr. No* y a *Goldfinger* en el cine Irving con tu hermano.

Poder ver un solo canal en el viejo televisor en blanco y negro.

Montar en una bicicleta con llantas grandes y gruesas aun más vieja que el televisor, que no tiene cambios y es muy pesada y difícil de pedalear en las lomas.

Palear la nieve después de una tormenta de nieve.

Saltar en la nieve acumulada.

Pelear con bolas de nieve.

Ser golpeado en un oído con una bola de nieve.

Golpear de lleno a tu hermano mayor en la cara con una bola de nieve.

Lavar tu ropa en casa en una lavadora vieja que te obliga a pasar cada prenda por un escurridor.

Ver como tu ropa interior pasa por el escurridor.

Colgar la ropa en las cuerdas que tío Amado puso en el precioso estudio sin calefacción, donde entra un aire helado, bajo la luz de la lámpara de cristales de colores.

Contemplar las libélulas dibujadas en la pantalla a través de tu aliento condensado.

Planchar tu ropa.

Descubrir que tus primas plancharán tu ropa si les pagas cinco centavos por prenda.

Ser informado por la monja de la escuela dominical de que lavar la ropa el domingo es un pecado mortal, sin importar cuáles sean las circunstancias.

Montar tu bicicleta en un lago recién congelado, en el Miller Park.

Oír el crujido del hielo mientras se agrieta debajo de ti.

Atrapar ciento cincuenta peces en un solo día de verano en el Miller Park con tu amigo Eddie, y arrojarlos de regreso al lago.

Atrapar cangrejos con redes en el arroyo que hay detrás de la casa de tu amigo Gary.

Llamar *"crawdads"* a los cangrejos de río.

Hundirte en la parte más profunda del arroyo, y recorrer cinco millas en bicicleta de regreso a casa, totalmente empapado, a una temperatura casi bajo cero.

Construír tu propia patineta con un viejo pedazo de madera y patines metálicos de la tienda del Ejército de Salvación.

Descubrir que tu patineta de fabricación casera no puede ir en línea recta ni siquiera cuando bajas las pendientes más inclinadas, a pesar de las líneas rectas y verdes que has pintado en su superficie.

Caerte y rasparte la rodilla derecha hasta el hueso.

Las muchachas de rasgos perfectos.

La absolutamente perfecta Peggy, en la clase del Sr. Noden.

Todas las demás chicas perfectas cuyos nombres desconoces.

Enamorarte perdidamente de la muchacha que tiene los ojos más hermosos de toda la escuela, tal vez del mundo entero, y un magnífico sentido del humor.

Pensar que tal vez le gustas a esa muchacha.

Pasar una tarde espléndida con ella, durante la cual ella te toca el hombro.

No volverte a poner nunca más la camisa que llevabas el día en que ella te tocó porque ahora es una reliquia sagrada.

Hacer la promesa de recordar el mes, día y año en que esta belleza te tocó, así como la hora, 3:17 de la tarde, y la temperatura, 72° F.

Darte cuenta de que no tienes ninguna oportunidad con esta muchacha porque tú y tu familia son muy pobres.

Renunciar a los ojos perfectos y a todo lo que es esta hembra.

Saber que tu hermano trabaja en el restaurante Steak and Shake de Normal, el primero que existió, el precursor de todos los Steak and Shake.

Saber que tu hermano va en bicicleta a Normal todas las tardes después del colegio y que llega a casa a medianoche o a la una de la mañana, sin importar cómo esté el clima, sea primavera, verano, otoño o invierno, o incluso cuando la temperatura está por debajo de cero.

Saber que tu hermano gana mucho dinero, especialmente con las propinas.

Saber que tu hermano ha conseguido un segundo trabajo en el restaurante italiano Casella, donde las propinas son mejores.

Ver el primer Ford Mustang de tu vida el día en que la familia de Gary te lleva a practicar tiro al plato en el campo.

Practicar tiro al plato y observar los arcos de los proyectiles sobre los cultivos de maíz.

Sentir el culetazo de la escopeta en tu hombro al disparar.

Errar el blanco.

Dar en el blanco.

Escribirles una carta a tus padres todos los jueves, en la que les das un informe detallado de todo lo que has hecho, visto, oído y sentido.

Saber que nunca verás de nuevo a tus padres.

Ser visitado por los primos segundos o terceros de tus primos, que vienen de otra ciudad.

Ver cómo una de las primas de tus primas entra súbitamente en trance durante la cena y es poseída por el espíritu de una mujer alemana que ha muerto hace mucho tiempo, y que habla a través de ella en español con un fuerte acento alemán.

Oír toda clase de profecías en boca de esta mujer poseída, ninguna de las cuales está relacionada contigo ni con tu hermano.

Sentirte aliviado de que la alemana muerta no se haya metido contigo.

Ver a miles de muchachas estúpidas en la televisión gritándoles a todo pulmón a esos cuatro tipos que visten trajes idénticos y que dicen llamarse The Beatles.

Ver a otros tipos ingleses en la televisión, un grupo llamado The Rolling Stones, que te recuerdan mucho a los tres pandilleros con los que vivías antes.

Ir caminando a la biblioteca pública con tu hermano o sin él, y sacar libros prestados.

Pagar multas en la biblioteca por libros con fechas vencidas, una y otra vez.

Ver el ícono del Jesús del Cinturón del Maíz que está colgado sobre la silla de tu tío y sentirte extrañamente reconfortado por su presencia.

No confesarte nunca, no examinar tu conciencia ni hacer un balance de tus pecados uno por uno, ni de su frecuencia o de las circunstancias bajo las cuales los cometiste.

Caminar casi dos millas hasta la iglesia cada domingo por la mañana con tu hermano.

Padecer otro ritual insoportablemente largo el Viernes Santo, y encontrarte con un montón de viejas que llevan pieles de zorra sobre sus hombros.

Darte cuenta de que muchas de las zorras que ahora abrigan a esas viejas, cuando estaban vivas se mordían sus propias colas.

Salir de la iglesia el Domingo de Pascua en una tormenta de nieve, y oír como todos se quejan de ella.

Ser atacado por el Vacío una y otra vez.

Lanzar algunos puñetazos que hacen retroceder al Vacío.

Leer ese libro horrible —*La Imitación de Cristo*— cada vez con mayor frecuencia, y descubrir que no te asusta tanto como antes.

Pensar que ese libro funesto que has odiado durante tanto tiempo no es tan espantoso ni tan descabellado como lo era antes.

Pensar que lo realmente temible no es el libro en sí, sino el mundo que te rodea, no porque tu vida sea mala, sino precisamente porque tu vida es tan agradable y todo lo que aprecias podría desaparecer en un instante, incluso la tostadora que tanto utilizas, la mesa en la que está, la casa en la que te encuentras y las personas que la habitan.

Creer que el apego a este mundo podría ser tu mayor problema, además del Vacío.

Intuir que podrías noquear fácilmente al Vacío si renunciaras a todos tus apegos.

Sospechar que eres un idiota.

Tener la esperanza de no serlo.

Creer que tienes tiempo para averiguar si lo eres o no.

Soñar con esa muchacha de los ojos azules, que te gusta tanto.

No soñar nunca jamás con los seres que más quisiste.

Veintidós

E l maldito Ford tiene toda la culpa.

Ese sedán Ford Custom 1958 verde y blanco de dos puertas que tío Amado compró por trescientos dólares con el dinero ahorrado con los cupones de las tiendas, ha cambiado mi vida de forma inesperada.

Ha desatado al Vacío.

De repente, Amado, su esposa y sus hijas pueden ir a donde les de la gana. Lo que significa que, con frecuencia, llego a una casa vacía porque a ellos les encanta salir juntos, así sea ir simplemente al mercado A&P para comprar una docena de huevos.

Y entonces, cuando llego a casa, el Vacío se abalanza sobre mí de inmediato.

Intento ponerle resistencia, pero siempre saca provecho de mi debilidad. Decirle que muy pronto la casa será un hervidero de gente es algo que no lo amilana. Nada lo hace. Cuando cruzo la puerta y me encuentro solo en la casa, todas mis defensas contra la Ausencia Absoluta se evaporan al instante.

¡Paf! Soy noqueado en una fracción de segundo.

Esto se repite de manera instantánea, todas y cada una de las veces. Es un torbellino emocional y espiritual sin fin, un ahora eterno que nadie querría vivir. Ausencia Absoluta, dolor absoluto.

Sin embargo, una noche es peor que cualquier otra. Llego a casa después de visitar a mi amigo Eddie, y no hay nadie. Es invierno, y ya está oscuro a las cinco de la tarde. Tony está trabajando, como siempre. Y no hay rastro de mis familiares.

Así que vuelvo a casa de Eddie fingiendo que no tengo mi llave y que no puedo entrar a mi casa. No hay la menor posibilidad de poder contarles la terrible verdad a Eddie y a sus padres: que necesito que haya gente alrededor mío con el fin de no volverme loco.

Paso las tres horas siguientes yendo y viniendo de la casa de Eddie a la mía, sintiéndome más desesperado con cada minuto que pasa. Finalmente, en una de las tantas salidas, cuando creo estar llegando al límite de la cuerda, veo algunas luces encendidas en casa cuando me acerco por el callejón.

Estoy salvado. Gracias a Dios.

Pero sigue ocurriendo lo mismo: siento que me vuelvo loco siempre que llego a mi casa vacía. Y cada vez que aparece, el Vacío tiene un efecto más contundente sobre mí. Muy pronto estaré achicharrado, o algo peor. Quedaré reducido a átomos de carbono dispersándose en todas direcciones en el espacio a la velocidad de la luz.

Tiene que haber alguna manera de superar esto. Pero, ¿cómo?

El idólatra que hay en mí, el troglodita supersticioso, susurra:

—*Pssst.* ¿Dónde está el libro que se supone que tiene una respuesta para cada pregunta; aquel que tus padres irresponsables te obligaron a traer?

Sí, claro. Todas mis tentativas anteriores para obtener la guía divina dentro de esta cámara de los horrores habían fracasado irremediablemente. Este libro no es más que una fuente de terror y desesperación.

Pero mi dolor es tan grande que arriesgaré casi cualquier cosa. Incluso este juego supersticioso, que, tal como me ha enseñado la experiencia una y otra vez, no sólo es inútil sino siempre lamentable.

Así que abro *La imitación de Cristo* al azar, y mis ojos ven un pasaje que dice: "Prepárate pues para la lucha, si quieres alcanzar la victoria… Si quieres ser coronado, lucha con valentía y resiste con paciencia. Sin trabajo no hay descanso, y sin lucha no hay victoria".

Tremenda sorpresa. Por primera vez, este libro me está hablando a mí, y lo que dice tiene sentido. Debe ser una casualidad.

Así que puse a prueba de nuevo aquel texto miserable. Paso las pá-

ginas de atrás hacia adelante, y me detengo en una parte posterior del
libro.

Encuentro otro pasaje que tiene sentido. ¡No puede ser! Esto, también, es mera coincidencia. Una vez más. Repaso otra vez las páginas
hacia atrás y hacia adelante, y encuentro otro texto elocuente. Es demasiado extraño. Después de todo, es probable que este libro sirva de algo.
¿Será posible?

Dejo el libro a un lado, nervioso tras este pensamiento, y decidido a
no leerlo de nuevo.

Y entonces antes de que me de cuenta de lo que estoy haciendo,
comienzo no sólo a abrirlo al azar a menudo sino también a leerlo de
principio a fin, lentamente. Mientras más sentido adquiere, más lo leo y
más confundido me siento. ¿Qué me pasa? Esto es una locura. ¿Será que
me he vueto loco? ¿Cómo puede ser que todo lo que he temido durante
tanto tiempo parezca ser ahora increíblemente dulce, y tan semejante a
la llave que abre todos los secretos del universo? Nunca antes me había
sucedido algo así. Ni siquiera nada que se le aproximara. Nada ha cambiado tan radicalmente como este libro.

Las cosas son como son. Lo que ves es lo que es. El dolor es el dolor.
El mal es el mal. El horror es el horror. Las iguanas son lagartos repugnantes, tal vez prueba incluso de que Dios no puede existir, o de que si
existe, entonces quizá no sea muy bueno. Una iguana no puede convertirse de repente en Marilyn Monroe ni en la Perfecta Peggy de la clase del
Sr. Noden.

Entonces, ¿cómo es que este libro horrible me ha jugado esta broma?
¿De cuándo acá la abnegación, la humildad extrema, el vaciamiento del
yo, la devoción a un Dios crucificado y el desapego a todo lo mundano
equivalen a la felicidad? ¿De cuándo acá la abstinencia de una recom-
pensa trae consigo algo que no sea la frustración?

He leído el libro con sumo cuidado, casi como si estuviera desar-
mando una bomba. Pero poco después me siento profundamente su-
mergido en él, y asiento en señal de acuerdo, incluso en el más repulsivo
de los pasajes, el que me pide abrazar el sufrimiento y anhelar una cruz
como las de Jesús y Espartaco.

De ninguna manera.

Varios años después leeré sobre los monjes budistas, los cuales llegan a una iluminación repentina cuando sus maestros los golpean con un palo en la base de la nuca mientras meditan en proposiciones ilógicas. E inmediatamente sabré cómo funciona ese golpe y cómo se siente, aunque yo nunca tuve un maestro que me golpeara. Pero sí tuve un libro que me hizo exactamente lo mismo.

Todo cambia de una vez. Un velo se rasga con estruendo, la luz lo inunda todo y nada se ve igual. Por primera vez en mi vida siento que soy el amo de mi propio destino, no porque tenga una mejor opinión de mí, sino todo lo contrario. Aceptar mis propias limitaciones es algo fundamental, y lo mismo sucede con el hecho de aceptar como una verdad incuestionable que un poder superior esté dispuesto a ayudarme a superar todo cuanto el mundo me depara, tanto desde afuera como desde adentro.

La Pascua está cerca. Mi mente trastabilla y lo mismo sucede con mi corazón y mi voluntad. Ahora estoy en el mundo Bizarro, donde todo es lo contrario de lo que debería ser. Ya no soy el que era dos meses antes, ni tampoco el mundo.

Lo áspero es suave. Lo amargo es dulce. El dolor es alegría. La oscuridad es luz. El negro es blanco.

Lo invisible ilumina lo visible.

El absurdo sale al rescate de la lógica.

El amor propio produce angustia.

El odio a sí mismo conduce al éxtasis.

La abstinencia se convierte en el mayor encanto de todos.

Rezar se convierte en la única conversación que tiene sentido.

Creer se hace tan natural e inevitable como respirar.

Dudar resulta ser tan poco sorprendente como exhalar el aire.

Perdonar se convierte en la única opción razonable.

La tentación deja caer su máscara.

El remordimiento reclama su corona.

La pérdida pierde su aguijón.

El dolor recobra sus alas.

El ahora se vuelve eterno. La eternidad comienza ahora, en este instante.

Lentamente, y después de mucho vacilar, veo destellos fugaces de algo tan increíble que Carlos, Charles, Charlie y Chuck se sienten obligados a inclinarse ante Él, dar gracias a Él, y a confiar sin reservas en Él. Esta respuesta es un reflejo físico, y no sólo espiritual. Inclinarse, arrodillarse, postrarse ante Él es un reflejo tan automático como cerrar los ojos bajo una luz resplandeciente.

Jueves Santo. Llego a mi casa y está vacía. Miro fijamente al Jesucristo del Cinturón del Maíz que cuelga sobre el sillón vacío de mi tío. Son más o menos las cuatro de la tarde y el sol resplandece a través de las ventanas del comedor mientras se oculta en el horizonte. Es una luz extraña porque hay nubes negras acercándose peligrosamente al sol. Es el tipo de nubes que suelen advertir de la presencia de un tornado.

El terror que he sentido de estar solo durante tanto tiempo aumenta en mí como si estuviera participando en una carrera salvaje. Siento el vacío a punto de abalanzarse sobre mí. Conozco demasiado bien sus estrategias y puedo sentir que se acerca más rápido que la velocidad de la luz.

"Ponte en guardia". *Dukes up!*

Antes de poder hacer algo, una presencia llena la habitación en un abrir y cerrar de ojos y se expande hasta alcanzar el tamaño del universo entero. La luz invade la sala. El Vacío choca con esta Presencia y se evapora al instante bajo la luz cegadora. La fuerza del impacto me hace perder el equilibrio y me lanza al suelo, de rodillas, ahí mismo, junto a los pies del sillón de mi tío, bajo el Jesús protestante, dulce Cristo del Medio Oeste, siempre tan humano, tan infinito y presente. Mientras lo observo, el maldito Vacío silba, escupe, tose y se desvanece.

Este no es un simple golpe de gracia. Es una especie de aniquilación. ¡Y así fue!

Tardaré varios años en comprender lo que sucedió allí, en esa sala. Pero sé con certeza, mientras me levanto del suelo, que he muerto de nuevo y que ya nada podrá ser igual. También sé que esta nueva vida será mucho mejor que cualquiera de las anteriores. No porque vaya a ser menos dolorosa a partir de este momento, sino porque el dolor tendrá mucho más sentido, y me parecerá incluso como un hermoso regalo de esa Presencia que he sentido hoy por primera vez.

Viernes Santo. Good Friday —Viernes Bueno. Es bueno, buenísimo. En serio, de verdad. Por primera vez en mi vida.

Domingo de Resurrección. Ahora, por fin, entiendo lo que es la Pascua. Anteriormente, la resurrección era una palabra vacía. Ahora hace que las cosas horribles se vean primorosas, incluso las peores, como los crucifijos.

Ya no tengo necesidad de temerle a la Ausencia de nuevo, o por lo menos eso creo. Pero todavía tengo mucho que aprender.

Salto en el tiempo hacia delante, dos años exactamente. Primavera de 1967. Estoy viviendo en Chicago, con mi madre y Tony.

He pasado los últimos dos meses releyendo *La imitación de Cristo*, absorbiendo de manera lenta y metódica lo que tiene que decirme. Cualquiera que sea el efecto que haya tenido este libro en mí la primera vez, parece un rasguño superficial en mi alma comparado con la inmolación que he experimentado en esta ocasión. Estoy abrasado, consumido. No sólo porque he madurado y cuento con más muertes y resurrecciones a mi haber, sino también porque en esta ocasión he seguido las instrucciones del libro y he leído atentamente los cuatro evangelios del Nuevo Testamento. He acudido directamente a la fuente, y lo que he encontrado allí me ha transformado. Desde muy niño había escuchado fragmentos en la iglesia, semana tras semana, pero nunca les había prestado demasiada atención a los textos ni a su poder. Ni siquiera después de ver la luz dos años atrás.

Si vas a imitar a alguien, especialmente a un Salvador, debes leer por lo menos los pocos textos sagrados en los que están consignados sus hechos y palabras.

Todo cambia ahora de nuevo. Lo que yo sabía se ha eclipsado por una luz mucho más brillante, como una pequeña vela en una habitación iluminada repentinamente por un sol brillante. Y esa metáfora no alcanza siquiera a sugerir la magnitud del cambio que ha tenido lugar en mi interior. Las palabras fracasan. Todas las metáforas también. Si nada de esto te ha sucedido alguna vez, no existe ninguna explicación que pueda serte útil. Es muy semejante a intentar describirle los colores a un ciego; intenta explicarle el verde en todos sus matices. Y todos los otros colores. Buena suerte...

No obstante, si alguna vez te has enamorado profundamente, tal vez serías capaz de entender. ¿Cómo se puede decir esto con palabras? Los poetas han fracasado en su intento desde la aurora de los tiempos.

Y mi gran suerte en esta época de cuaresma es que me he enamorado de dos maneras simultáneas: de una Presencia noble que exige una entrega absoluta, y de la rubia que se sienta a mi lado en la clase de historia, ejerciendo un hechizo constante y total sobre mí. El evangelio me quema y me incinera. Esta rubia hace lo mismo, pero no de una forma tan minuciosa. No puede. Mi desgracia es que estos dos tipos de amor no se conjugan muy bien, especialmente cuando ella está en último año y tú apenas en segundo, y sólo la ves cuarenta minutos, cinco días a la semana, en el ambiente firmemente controlado de una clase de historia.

En mi opinión, el abismo que hay entre Dios y yo es mucho más estrecho que el que existe entre esa rubia perfecta y yo, aunque ella se siente a menos de dos pies de distancia de mí.

Así que hago todo lo que puedo, dadas las circunstancias, sucumbiendo totalmente a ambos tipos de amor, y esperando lo mejor. Y en ambas dimensiones, estoy envuelto en llamas como la zarza ardiente de Moisés, siempre en llamas, pero nunca consumido.

Mi vida cotidiana cambia del modo más radical en la dimensión espiritual, donde mi contacto con cosas más elevadas no está limitado a cuarenta minutos durante cinco días a la semana. Comienzo a ir a misa todas las mañanas antes de clases, y rezo constantemente cada vez que puedo, llenando cada minuto y cada segundo con un cierto tipo de conversación mental que el Dr. Freud y la mayoría de sus discípulos diagnosticarían como un desorden obsesivo-compulsivo, patológico y delirante de la peor especie, pero no así el Dr. Jung y otros expertos. También ayuno durante la Cuaresma con la misma disciplina de un atleta olímpico, y una vez que termino, me resulta imposible hacer a un lado este tipo de renuncia. Cuanto más renuncio a mi voluntad, más fácil se me hace dominarla y más grande es la paz que siento. Prometo renunciar a todo por completo.

¡Ay! Pero, esta renuncia es más difícil de lo que pensaba. Renunciar a los alimentos y a las bebidas es una cosa. Pero renunciar a la forma en que Christine, la rubia, me hace sentir es imposible, pese al dolor punzante y sagrado que me produce. Ella es tan hermosa, tan inteligente y tan sumamente cómica, tan... tan... tan de todo. No hay más que decirlo: todo lo noble y bello, ella lo tiene en abundancia. Si al menos no estuviera dos años adelante de mí, yo podría tener una oportunidad de pasar un tiempo con ella por fuera de clase.

Sí, claro. Sigue soñando.

Sé muy bien que no tengo ninguna posibilidad, pero me entrego a ella de todos modos, en mi interior, y me dejo llevar por el enorme tsunami que me envuelve y me transporta a la dimensión espiritual. ¿De qué me sirve abrirme a ella y tratar de pasar más tiempo a su lado? Realmente debería renunciar a esto. Debería ser un monje. Sí, definitivamente. O tal vez un sacerdote.

Tengo que resolver este dilema.

Así que hablo con el párroco de mi iglesia, monseñor Picard. Le digo que estoy dividido entre Dios y esta rubia. Me aconseja que me inscriba en el Seminario Quigley, una escuela secundaria a cargo de la Arquidiócesis de Chicago en la que muchachos de mi edad se preparan para entrar al sacerdocio. Escribe la dirección en una hoja de papel y me lo da, así como un médico le entrega la receta a un paciente.

—Ve tan pronto como te sea posible —me dice.

Llevo esta receta en la mano durante todo el trayecto en el tren, hasta las puertas del seminario, que resulta estar al borde del distrito de los *night clubs* de Chicago, en la calle Rush. Me paro en la puerta y miro hacia el patio; es total y celestialmente gótico. Cada detalle atrae mi atención hacia arriba, hacia adentro y más allá. Miro el papel que tengo en mis manos, la tracería de piedra perfectamente simétrica del rosetón, las grandes puertas, el hollín y la suciedad que se han asentado en la fachada imponente, las torres, los rascacielos circundantes que la hacen ver diminuta, y mis manos comienzan a temblar. Entonces mi cuerpo entero se siente como si estuviera siendo aplastado desde todas las direcciones, como una uva en un lagar. Una sensación abrumadora que no consigo reconocer surge en algún lugar de mi interior y se apodera de mí.

No es miedo. No es indecisión. Es una certeza que no he tenido nunca antes. Es como si una mano invisible me estuviera empujando hacia afuera y una voz retumbante y silenciosa me estuviera diciendo que me largue. Esto no es para ti. Esta no es tu vocación. Vete a casa, regresa a la Escuela Secundaria Senn. Hay otros caminos, muchos otros, y el tuyo está ahí afuera, esperándote. Pronto te llamará. Espera.

Así que salgo corriendo, rápidamente, de regreso al metro, como si estuviera huyendo de un voraz incendio o de una avalancha, y me dirijo de nuevo hacia el norte, a Edgewater, el barrio profano al que pertenezco.

Es en la clase de historia, mientras estoy sentado al lado de Christine, cuando descubro mi camino. Se hace evidente para mí de manera gradual, cuando los días se prolongan, el aire se calienta, los árboles comienzan a florecer y Christine revela su hermosura más y más, que tengo que ser un historiador y un maestro, y que debería concentrarme en la historia de mi propia religión. Es por eso que estoy en la tierra. Nada de lo que nadie me diga en los próximos diez años me persuadirá de dejar ese camino que veo extenderse ante mí de un modo agradable, preciso y recto.

En cuanto al camino hacia Christine, desgraciadamente, también es muy claro. Es un callejón sin salida. Ella se gradúa siendo la mejor de su clase. Entrará a la universidad, en otra ciudad. Y a mí me restan dos años de escuela secundaria. Eso es todo. Adiós.

Lo único que puedo hacer es disfrutar cada día y repetir mi mantra: renuncia. Renuncia. Cuando llega aquel horrible último día, me agencio una entrada para la ceremonia de graduación, y le digo adiós, buena suerte. Y ella hace lo mismo. Tomamos caminos separados. Curiosamente, sin embargo, su ausencia sólo intensifica los sentimientos que tengo hacia ella, y esto me desconcierta. ¿Cómo puede ser tan difícil renunciar a alguien que ya no está ahí presente?

Años más tarde, San Juan de la Cruz me lo explicará todo en sus poemas.

Me encontraré tres veces con Christine después de su graduación, por pura casualidad. Y cada vez que esto sucede, habré tenido un presentimiento extraño acerca de ello, antes de que ocurra. Para ser honesto, llamar "premonición" a la certeza que sentía es no hacerle justicia a esa intuición, algo así como decirle "casa" al Palacio de Buckingham, o "coincidencia" a un milagro. Cada uno de nuestros encuentros y conversaciones me dejan totalmente eufórico, desconcertado y paralizado. Es como algo del otro mundo.

Renuncio a ella sin renunciar verdaderamente.

Ella se va. Pasan varios meses. No tengo más premoniciones. Enton-

ces, el veintiocho de mayo de 1968, mientras se acerca el final de mi tercer año, leo un titular del *Chicago Tribune* en un quiosco de prensa de
camino a la escuela, al cual casi ni le presto atención: "Estudiante de
Chicago Asesinada".

"Otra mala noticia", me digo a mí mismo. ¿Qué más hay de nuevo?

En el instante en que cruzo la puerta principal de mi escuela, me asalta
la sensación de que algo anda mal. El estruendo habitual y la energía des-
bordante del vestíbulo de la entrada han desaparecido, sustituidos por un
murmullo y algunos sollozos. Todo el mundo se mueve como en cámara
lenta. No hace falta preguntar por qué. Una amiga me da la noticia de
inmediato: la estudiante del titular no es otra que Christine, quien fue
asesinada a puñaladas una hermosa mañana de primavera en un idílico
campus de una universidad del Medio Oeste, y su cadáver ensangrentado
fue abandonado detrás de unos arbustos, como un maniquí estropeado
y desmembrado. Jerucristo H. Clavado y Lanceado. Una grieta enorme
se abre en el tejido del universo, y me traga entero en un instante. Me
caigo hacia atrás y me golpeo contra la pared. Sé que un muro me sostiene, pero realmente no está allí, así como no estoy yo ni hay nadie
alrededor mío.

Fundido al negro. Apagón. Negro azabache.

Bendita Bóveda del Olvido, maravilla del cielo, qué encantadora eres.
Por favor, guarda ese día y los siguientes. No recuerdo nada después de
ese momento, hasta el funeral. Guau. ¿Qué clase de broma cruel es ésta?
No me jodas. El ataúd es un insulto completamente vulgar, como lo es la
música del órgano de mierda, y las flores asquerosas, y los sollozos apa-
gados, y las palabras y las oraciones insípidas pronunciadas en esa ofen-
siva funeraria en la Avenida Ashland. Y estos insultos despreciables me
despiertan del mismo modo que una infusión de sales aromáticas.

"¡No!", grita mi alma al despertar.

Como soy un idiota, sólo ahora vengo a comprender lo que no pude
cuando estaba viva Christine, en el momento en que su hermana me
dice, en voz baja, allí, en la funeraria:

—¿Tú sabes? Ella te amaba realmente, ella te amaba de verdad.

La renuncia adquiere un nuevo significado ese día, al igual que Dios
y el universo mismo, y el Vacío. Una gran sorpresa, una importante mo-

dificación de mi actitud, pero no de mi rutina diaria. De ninguna manera. Misa todas las mañanas, oración incesante día y noche. A veces me duermo mientras estoy de rodillas, y es así como me encuentra mi madre una mañana, al pie de mi sofá cama. Tampoco hay cambios en curso: mi camino sigue siendo tan recto, preciso y claramente iluminado como antes. Simplemente he tenido una caída abrupta que no puedo entender.

Después de ese día veo los crucifijos de una manera muy distinta y los valoro más, y sobre todo las cinco llagas. Y permanezco fiel a mi búsqueda, la que juré continuar mientras estaba sentado justo al lado de Christine en la clase de historia. La vida continúa, y el mundo gira sin Christine. Me encuentro una trigueña que parece ser mi alma gemela y nos hacemos novios. Un amor de otro tipo se apodera de mí, del tipo que requiere compromisos constantes y momentos difíciles y un número indecible de discusiones y peleas. Entro a la universidad, estudio Historia y Religión, me caso con ella, y luego me dedico a obtener mi doctorado en Historia y Religión.

Y en algún momento en 1978, diez años después del asesinato de Christine, mi camino parece llegar a un abrupto callejón sin salida. *Whoa.* Sólo veo una maleza impenetrable y una selva oscura y espesa delante de mí. Y esta jungla asfixiante y de pesadilla me envuelve, devorando con rapidez el camino luminoso que había seguido, el cual termina de una manera tan dolorosa como mi sendero al lado de Christine. A mi alrededor, y adondequiera que mire, sólo veo una selva maloliente carcomida por las lianas, sin brújula para orientarme ni machetes bien afilados para despejarla. No puedo encontrar un trabajo como profesor. Mi matrimonio se va a pique. Pierdo el interés en todo lo que había amado alguna vez, incluyendo la historia. He dejado de rezar. Tal como veo las cosas, ya no hay nadie con quien hablar. No hay Presencia alguna, sólo los golpes fuertes del Vacío de tanto en tanto. Y cuando por fin consigo un trabajo, es en un rincón oscuro del mundo: en Ninguna Parte, Minnesota.

Lo único que me sigue gustando es correr grandes distancias, algo que practico con la misma pasión que reservé alguna vez para la oración. Corro, luego existo.

Salto en el tiempo hacia adelante, a junio de 1980. Ahora tengo el doble de la edad que tenía cuando llegué a casa aquel Jueves Santo de 1965. Enseño en la Universidad de Ninguna Parte y voy al bar Buckhorn con demasiada frecuencia. He renunciado a renunciar. Olvídalo. Lo único que persigo es la belleza evanescente: es lo que único que me reconforta y de lo cual tengo alguna certeza.

Compañera del alma, compañera de mierda. Seguro. Sigue soñando. Eso no existe. ¿Caminos? Tal vez para algunos, pero no para mí. ¿Dios? Sí, claro. Definitivamente existe. Pero sólo bajo mis condiciones.

Estoy en París, viajando solo, viviendo como un vagabundo. No tengo un hotel donde dormir esta noche, pero esto es algo que no me molesta nada. Es un día soleado de junio, y París está tan desgarradoramente pleno de sí mismo como cuando es frío, gris y húmedo. El clima nunca marca una diferencia aquí. Nada hace una diferencia. París es lo que es. Excesivo.

Más que demasiado.

Estoy sentado en el suelo, con mi espalda recostada contra un árbol, en la plaza *du Vert Galant*, un pequeño parque en el extremo occidental de la *Île de la Cité*, muy semejante a la proa de un barco. El río Sena fluye a mis dos costados, y se reúne para formar una corriente directamente delante de mí, y correr sin división alguna bajo el *Pont des Arts*. He estado escribiendo cartas y tarjetas postales por largo rato, haciendo dibujos en ellas y contemplando el paisaje, pensando en lo extraño que es estar en este lugar —que nunca antes había visitado— y sentirme más en casa que en cualquier otra parte del mundo. Me siento arraigado, por primera vez en mucho tiempo, y más firmemente anclado a esta pequeña isla de lo que me sentí nunca en esa isla con forma de caimán donde nací.

Sospecho que mi difunto padre Luis XVI tiene algo que ver con esto.

Siento zarcillas creciendo en el centro de mi alma, enterrándose debajo de mí, ramificándose en todas las direcciones de manera rápida y persistente, descendiendo al centro mismo de la tierra. No quiero irme de aquí, y prometo permanecer firme. Al diablo con ese puesto de profesor en Minnesota. Trabajaré como barrendero aquí, si es necesario.

Sin embargo, no conozco a nadie en esta ciudad, y los parisienses se niegan tercamente a entender la forma en que hablo su idioma. Si el Vacío realmente quería liquidarme, puede hacerlo aquí mismo, en este extraño lugar donde me siento más solo que nunca. La Ausencia podría hacerme enloquecer, saltar al Sena y ahogarme, como han hecho tantos amantes abandonados aquí mismo.

—*Come and get me* (Ven y atrápame) —le digo en voz baja, en inglés—. Ven, trata de atacarme. Te desafío a que lo hagas.

Pero no pasa nada.

El aire está inmóvil. El estruendo armonioso de París resuena aquí, muy cerca del agua. Es como si todas las ondas sonoras vinieran a este lugar porque se sienten tan a gusto aquí como yo. Intento percibir la presencia de mi padre muerto, el decapitado rey de Francia, a quien podría agradarle o no estar de nuevo en París. Él no está aquí. Está ausente, como siempre, a pesar de su profunda influencia.

—Ponte en guardia, cabrón —le susurro de nuevo—. Otra vez me atrevo a desafiarte.

Nada.

En cambio, la Presencia que desde hace varios años había desterrado silenciosamente al Vacío de mi vida, empieza a cortar todas las zarcillas que habían brotado en el centro de mi alma. De manera silenciosa y sin decir palabra, rompe todas y cada una de estas raíces que crecían con rapidez y me obliga a ponerme en pie y a seguir andando. *Chac, chac, chac.* No oigo voces, no veo apariciones, pero sé que está en todas partes y que siempre ha estado y estará allí, especialmente en aquel lugar profundo dentro de mí donde había tratado de anidar. ¿Cómo sé esto? No sé. Pero estoy tan seguro de esta Presencia, de su inmensidad y de su cercanía a mí, como del hecho de estar en el centro de París, subiendo las escaleras que conducen al *Pont Neuf,* para dirigirme al casillero de la estación del tren donde he guardado mi mochila.

No tiene necesidad de hablar. No tiene que decirme "renuncia a todo". Ya sé esto, como también sé que el Vacío me perseguirá toda la vida, pero nunca prevalecerá. Busco un pasaje que leí por primera vez hace mucho tiempo en cierto libro, grabado en algún lugar de mi memoria.

Busco ese texto con mi tercer ojo en mi Bóveda del Recuerdo. Veo a Luis XVI y a María Antonieta. Me entregan un pequeño libro envuelto en llamas y me lanzan a través de un mar turquesa rumbo a una tierra extraña y maravillosa, mientras derraman lágrimas más grandes, profundas y oscuras que el Río Sena. Abro el libro llameante al azar y leo el texto en cuestión, que, curiosamente, ya no está en español:

"He who knows best how to let go will enjoy the greater peace, because he is the conqueror of himself, the master of the world, and an heir of

heaven." (Aquel que realmente sabe renunciar, disfrutará de la paz más grande, porque es el conquistador de sí mismo, el dueño del mundo, y el heredero del cielo.)

Las llamas de este pasaje saltan y queman toda la maleza de las zarcillas cortadas. La luz es cegadora. Los vapores son sublimes. Y el dolor es absolutamente exquisito.

Celestial.

Veintitrés

Mi madre, María Antonieta, se encuentra en Roma, en el Vaticano. Es 1984, y está viajando con un grupo de amigos cubanos de Chicago. La escala final de su gira será Madrid, donde yo he estado viviendo durante los últimos ocho meses con mi amada esposa Jane. Mi madre pasará varias semanas con nosotros cuando termine su gira europea, que logró sacar gratis en la agencia de viajes gracias al gran número de viajeros que les consiguió. Su Santidad Juan Pablo II recorre las galerías del Vaticano, a pesar del reciente atentado contra su vida perpetrado por un turco que el Kremlin contrató para asesinarlo.

Tal como lo quiso la divina providencia, mi madre y su grupo de turistas se encuentran con Su Santidad.

—¡Papito, Papito! —le grita ella a todo pulmón, es decir, tres veces más fuerte de lo que puede gritar un ser humano normal. Es una expresión difícil de traducir al inglés. *"Little Pope"* se le aproxima un poco, pero en realidad no le hace justicia. Es al mismo tiempo una expresión de cariño, en un sentido espiritual, pero también muy irreverente en lo que al protocolo papal se refiere. El inglés no tiene un sufijo equivalente para un término tan cariñoso. A mal tiempo buena cara, y todo eso. Ya lo sabes.

—¡Papito, Papito, reza por Cuba, por favor! —grita una y otra vez.

Su Santidad se detiene en seco, gira y ve a la mujer enardecida que sigue gritando "Papito".

Él le habla en perfecto español.

—¿Eres cubana? ¿Qué estás haciendo aquí? ¿Cómo saliste?

Ella le responde que salió de Cuba hace mucho tiempo, que ahora vive en los Estados Unidos y que su patria necesita de sus oraciones.

Tomando sus manos entre las suyas, y en un español impecable, él le dice que todos los días reza por Cuba.

Ella le da varios besos en la cara, dejándola llena de manchas rojas de pintura de labios. Y ninguno de sus amigos toma una foto de este suceso que sacude al mundo.

Que lástima. Este momento resume la vida de ella.

María Antonieta, mi mamá. María Azucena Eire González. Concebida en el alto mar entre La Coruña, España, y La Habana, Cuba, en un buque transatlántico. Sus padres huyeron porque pertenecían a clases sociales distintas y nadie en el Viejo Mundo les permitiría casarse. Su existencia siempre fue una afrenta a la decencia y al *status quo*, así como a la noción que tenían los demás de cómo debía ser el mundo.

Dijeron que nunca podría volver a caminar después de contraer poliomielitis, pero mi madre les demostró a todos que estaban equivocados. Dijeron que tendría que usar varillas metálicas, pero se negó a hacerlo y se las arregló con un solo bastón. No fue sino hasta cuando tuvo más de sesenta años que se vio obligada a utilizar dos bastones. También dijeron que nunca se casaría a causa de su pierna lisiada, pero conoció a un juez excéntrico que la hizo su esposa. Y logró completar dos embarazos exitosamente a pesar de sus frecuentes caídas, algunas de las cuales fueron peligrosas.

Sólo Dios sabe cuántas veces me golpeé la cabeza contra el suelo, fuertemente, antes de nacer, o lo que podría haber sido de mi vida sin aquellos golpes prenatales.

Su determinación y confianza en sí misma no tenían límites, como tampoco su deseo de demostrar que todos estaban equivocados, incluso cuando se trataba de aprender inglés. Ella nunca aprendió más que unas pocas palabras y frases, todas horriblemente mutiladas y con el acento español más marcado que se haya escuchado en cualquier lugar donde se hable el inglés. ¿Por qué tenía que aprenderlo? Ella no iba a quedarse para siempre en los Estados Unidos. De ninguna manera. Ella no era una inmigrante sino una refugiada, a la espera de que Castrolandia volviera a ser Cuba. Además, ¿por qué más bien los americanos no aprendían su idioma?

María Antonieta nunca aceptó un "no" por respuesta. Nunca accedió a nada que le pareciera malo o estúpido, como por ejemplo, aprender inglés. Así que, cuando cerraron la puerta de salida de Cuba en el otoño de 1962, pocos días antes de que estuviera a punto de irse, ella nunca dejó de buscar otra salida.

Y se las arregló para encontrarla, no una, sino dos veces, pero sus intentos se vieron frustrados en el último minuto. En 1963, logró conseguir una salida a través de España y, de hecho, llegó al aeropuerto pensando que había tenido éxito, sólo para descubrir que la Revolución sabia y compasiva le había cedido su puesto a alguien "más importante". Meses y meses arrodillándose, haciendo venias y yendo de acá para allá para que todo quedara reducido a un rechazo brusco, a una escueta confirmación de su insignificancia. "Intente de nuevo", le dijo sonriendo un fidelista en el aeropuerto, como queriéndole decir "deja que te crezca otra pierna". Entonces, en 1964, se agencia otra salida humanitaria a través de Venezuela, pero sólo para que le suceda exactamente lo mismo en el aeropuerto. "Intente de nuevo", le dijeron los revolucionarios compasivos, sonriendo como siempre.

En algún momento, entre el primero, el segundo y el tercer intento, ella fue atacada por una turba mientras hacía fila frente a la embajada suiza. Ese tipo de hostigamientos eran habituales. Los que querían marcharse eran vilipendiados como "gusanos" y eran presas fáciles para el llamado "pueblo" cubano. Informar de estos ataques a las autoridades era inútil, aun si terminabas lesionado. De hecho, si informabas de algún ataque de ese tipo, lo que hacías simplemente era cavar un pozo más profundo, pues las turbas estaban dirigidas por las autoridades.

Y en todo el tiempo que María Antonieta luchó por salir, Luis XVI no hizo nada. Irse nunca estuvo dentro de sus planes. Los suyos eran quedarse y proteger nuestra valiosa herencia.

—Esto no puede durar mucho tiempo más —decía un año tras otro.

Todas las personas que solicitaban un visado o un permiso para abandonar el país tenían que renunciar a su trabajo y a todos sus bienes. Los hombres, especialmente, debían pagar un precio adicional, puesto que eran obligados a pagar su "deuda" a la Revolución trabajando como esclavos en el campo de tres a seis años antes de poder salir.

Durante muchísimos años, ninguna familia pudo salir indemne de Cuba.

Esto hace que me sea difícil juzgar a mi padre con dureza por apostarle al colapso de la Revolución en lugar de aplicar para un visado de salida.

A principios de 1965, María Antonieta se encuentra con alguien que tiene conexiones en la embajada de México, y entonces se abalanza sobre esa persona, pidiéndole el favor máximo: que la recomiende en la embajada. Se somete a hacer fila por tercera vez. Obtiene un visado y un permiso de salida. Temiendo un desenlace idéntico a los anteriores, se prepara para sufrir una nueva decepción y se dirige al aeropuerto con una saludable dosis de escepticismo. Esta vez, las autoridades le permiten ocupar su asiento. Al parecer, ese día no tuvo que viajar alguien "más importante". Ella se despide de su esposo, con el que lleva casada veinte años, de sus padres, de su hermano y hermana, de su cuñada, aborda el avión, y por fin esta vez logra despegar, casi al mismo tiempo en que la vida de su hijo menor está siendo transfomada radicalmente por cierto libro.

Tal y como ha acontecido desde los primeros días de la Revolución, a los que se van de Cuba no se les permite sacar nada del país, salvo algunas mudas de ropa. María Antonieta lleva una maleta pequeña, está sin dinero, y no tiene la menor idea de cómo viajar a Estados Unidos una vez que llegue a México. Afortunadamente, ella tiene en la Ciudad de México a Carmencita, una buena amiga de la infancia, que se ha comprometido a alojarla y a darle alimento mientras gestiona una visa para los Estados Unidos.

María Antonieta tiene suerte. Le debe este giro afortunado del destino a nadie menos que al Che Guevara. En 1959, en los albores de la Revolución, el marido de Carmencita, un hombre de negocios que al igual que tantos otros cubanos estaba lleno de fervor por los cambios que ocurrían en la isla, fue a visitar al Che, el nuevo Ministro de Industria.

—Quiero invertir en Cuba —le dijo al Che—. Quiero que aumentemos nuestra capacidad industrial y que seamos menos dependientes de las inversiones extranjeras. ¿Cuáles son sus planes? ¿Qué nuevas industrias le gustaría que se desarrollaran?

—Carajo, puedes invertir en lo que quieras —le dijo el Che—. Pero te quitaremos todo lo que consigas. No vamos a permitir ninguna empresa privada.

Y entonces el esposo de Carmencita tomó todo su dinero cuando aún podía hacerlo y huyó a México, donde invirtió de manera inteligente y se hizo fabulosamente rico.

Mientras el Che hablaba de esta manera, Fidel Castro negaba enfáticamente que él o su llamada Revolución fueran comunistas. Y el mundo le creyó, porque era muy fácil engañar a la prensa mundial y ésta se sometía de buena gana. ¿Quién podía resistirse al encanto mesiánico de los revolucionarios barbudos que fumaban tabacos y que nunca se despojaban de sus uniformes verde olivo, aun después de derrocar al dictador odiado y de acabar con cualquier individuo que pudiera oponérseles, incluidos otros colegas barbudos vestidos igualmente con trajes de campaña?

Afortunadamente, el esposo de Carmencita no confió en lo que decía la prensa.

Ella le da la bienvenida a mi mamá en Ciudad de México, la aloja generosamente en un edificio alto y lujoso situado cerca del Bosque de Chapultepec con algunos de sus familiares, y se ofrece a ayudarla a conseguir una visa para los Estados Unidos.

En Bloomington, Tony y yo recibimos la noticia en un lacónico telegrama. No nos atrevemos a hablar de esto. Han pasado tres años desde que salimos de Cuba y ninguno de los dos está seguro de que sea una buena noticia, aunque en el fondo sabemos que lo es; más o menos. ¿Realmente la necesitamos a ella? ¿Y qué pasará con nuestra vida aquí en Bloomington? Es mejor no hablar de ello.

Nuestra ambivalencia es enorme.

A los pocos días de su llegada a México, María Antonieta sufre una hemorragia. Al principio es atribuida a la altura, pues Ciudad de México es una de las ciudades más altas del planeta, pero el sangrado se intensifica y no hay más remedio que llevarla a la sala de emergencias de un hospital. Una histerectomía parece ser la única solución. Así que se somete al quirófano. Y Carmencita corre con los gastos de la operación.

La pérdida de sangre ha sido sustancial, y necesita una transfusión con urgencia. Varios litros de sangre donados anónimamente son bombeados a las venas de María Antonieta. Lo que nadie puede advertir ni sospechar siquiera —teniendo en cuenta que esto sucede en 1965— es que una parte de la sangre está infectada con hepatitis C. Todavía no existen pruebas de detección de este virus, que poco a poco destruirá su hígado y finalmente le causará la muerte cuarenta años más tarde.

Tan pronto se recupera de la cirugía, María Antonieta regresa al apartamento que comparte con los familiares de Carmencita. Tarda un tiempo en recuperarse física y emocionalmente. Someterse a una histerectomía de emergencia es bastante duro, incluso en las mejores circunstancias. Y cuando acabas de aterrizar sola y sin dinero en un país extranjero, es todavía más difícil. Y si a continuación eres sacudida por un terremoto, lo es aun más.

Fue el inodoro el que le dio la clave a María Antonieta sobre las causas de su mareo. El agua chapoteaba fuera del inodoro. Hasta ese momento, ella había creído que el balanceo y el ruido eran sensaciones puramente mentales, otro mareo postquirúrgico.

Ya había recibido más golpes de los que podía contar, pero no iba a permitir que ninguno de estos reveses se interpusiera en su camino. Tan pronto estuvo en condiciones de salir, se dirigió a la embajada de Estados Unidos y solicitó una visa. Tener dos hijos en los Estados Unidos y ser una refugiada política la situó en una especie de vía rápida.

No muy rápida, sin embargo. No fue sino hasta septiembre que pudo marcharse de Ciudad de México. Y durante todo ese tiempo, su amiga Carmencita cubrió todos sus gastos.

Mientras tanto, Tony y yo vivimos la vida al máximo, en Bloomington. Tenemos amigos maravillosos y disfrutamos de la vida tanto como podemos. Tony tiene unos amigos bastante locos. Faltan a la escuela con frecuencia y saben cómo divertirse, incluso en los cultivos de maíz. Mis amigos distan de ser locos, pero también sabemos cómo divertirnos. Durante esta época, mientras nuestra madre está en México, Gary y yo oímos hablar de un granero que está cerca de su casa, supuestamente repleto de cacharros de circo, y decidimos investigarlo. No nos importa que el granero esté en una propiedad privada. Encontramos la forma de trepar por una ventana alta. Lo que vemos dentro es como de otro mundo. En efecto, todo el maldito granero está lleno de objetos de circo. Su interior está completamente polvoriento, pero también es extrañamente hermoso. Los vagones. Las jaulas. Los carteles. Un circo dormido o en estado de coma. Todos esos objetos, ocultos del mundo e iluminados por un intenso haz de luz que se filtra en diagonal a través de la ventana que acabamos de abrir, se hacen visibles bajo las miríadas de motas de polvo que flotan silenciosas en el cobertizo. Son objetos que te deleitan y transportan más allá de lo conocido, semiocultos en la oscuridad, bajo lonas de aspecto fantasmal como la momia de un faraón en el interior de una pirámide, igual que los muebles en la casa de mi tía Carmela en La Habana. ¿Cuánta diversión habrá enterrada aquí? ¿Por qué? ¿De quién es todo esto? ¿En qué lío nos meteremos si alguien nos llega a descubrir? Trepamos de nuevo para salir, y llevo estas imágenes conmigo a un lugar de honor en la Bóveda de los Recuerdos, así como *Satisfacción*, la canción de los Rolling Stones que ocupa el primer lugar en las listas de esa semana, y que nunca me canso de escuchar una y otra vez, incluso ahora que estoy envejeciendo.

Hey, hey, hey… That's what I say. Eso es lo que digo.

¿Ambivalencia con respecto a nuestra madre? Ya lo creo. Cada vez más pasmosa, a medida que se acerca cada vez más a nosotros.

Un día de septiembre, mientras estoy empezando el noveno grado y me siento en el séptimo cielo, María Antonieta vuela desde Ciudad de México a Miami. Su plan es encontrar empleo allí y un lugar donde podamos vivir los tres. Pero, como le sucedió con frecuencia a lo largo de su vida, todo tipo de imprevistos dan al traste con sus planes.

María Antonieta llega a Miami sin un centavo, totalmente dependiente de la bondad de sus amigos y del Centro de Refugiados Cubanos, una agencia federal de bienestar social que no ha estado muy atareada últimamente. Han pasado tres años más o menos desde la última vez que Miami recibió a un buen número de refugiados cubanos. Cuando las puertas se cerraron de golpe en Cuba, en el otoño de 1962, el diluvio de inmigrantes cubanos se redujo a un pequeño chorrito. Los únicos cubanos que llegaron a Miami durante esos tres años fueron los que alcanzaron a huir en botes y balsas, o los pocos afortunados que lograron salir a través de otro país, como mi madre. Esto significa que Miami se adaptó finalmente al gran número de cubanos, y que a todos los recién llegados les quedaba relativamente fácil conseguir empleo allí. En comparación con 1961 y 1962, Miami es ahora un paraíso para los refugiados. Ya no es necesario enviar a los cubanos tan lejos como sea posible, a lugares como Bloomington, Illinois.

Sin embargo, todo cambia apenas María Antonieta pone un pie en Miami. Ironía de ironías: las puertas se abren de nuevo en Cuba. Para sorpresa de todos, los Estados Unidos y Castrolandia llegan a un acuerdo que permite de nuevo la emigración desde Cuba. Comienzan los llamados Vuelos de la Libertad, que con el tiempo transportarán a más de un cuarto de millón de cubanos a los Estados Unidos. Y mientras esto comienza a suceder, en medio de la euforia y la confusión causada por la apertura repentina de las puertas de la cárcel, los cubanos de Miami van a Cuba en barcos, recogen a sus familias y las traen al sur de la Florida.

Caos total. De repente, el Centro de Refugiados Cubanos no puede manejar el flujo y María Antonieta se pierde en el tumulto.

Y ese no es el único obstáculo que encuentra en su camino.

En primer lugar está el huracán Betsy. Tan pronto aterriza en Miami, la ciudad es azotada por un huracán de categoría cuatro, el peor que María Antonieta ha visto en sus cuarenta y cuatro años de vida en el trópico. Miami colapsa por largo tiempo.

Luego está el lugar donde vive, en compañía de sus amigos Marta y Juan Bécquer, que fueron tan buenos con Tony y conmigo, especialmente cuando estábamos viviendo en el Palacio Ricardo. Marta y Juan están estudiando para obtener sus licenciaturas mientras trabajan cuarenta horas por semana, y se mantienen sumamente ocupados. Mi madre pasa mucho tiempo esperando que la lleven adonde necesita ir, a El refugio, en Key Biscayne, que una vez fue la casa de aduanas y más tarde se convertirá en un museo llamado Freedom Tower. Pasan las semanas. Y nada. Un mes. Y nada.

Mientras tanto, yo sigo en las nubes en Bloomington y no pienso en ella en absoluto. Lo mismo le sucede a Tony. Tengo dos rutas exitosas en las que reparto periódicos, estoy en las listas de honor en todas las clases, tengo más amigos entrañables de los que puedo contar y más enamoramientos de los que puedo manejar. La muchacha con los ojos azules ha quedado atrás. Hay otras con rasgos aun más perfectos. Y estoy comprando mi ropa en Montgomery Ward. Tengo jeans Levi's nuevos, camisas con cuello abotonado, suéteres de cuello redondo y mocasines, ese tipo de cosas a las que, ya lo sé, no debería aferrarme, compradas todas con el dinero que me he ganado con mi propio esfuerzo. Renunciar. Sí. Claro que sí. Sé que debería renunciar, pero no puedo. Especialmente cuando sé que mi madre está a punto de hacer que mi vida actual llegue a un final abrupto y agridulce.

Me siento profundamente desconcertado, pero prefiero no pensar en ello. Hay muchas cosas para disfrutar en el aquí y el ahora, tantas, y a punto de desvanecerse. Como diría el Dr. Freud, "el valor de lo pasajero vale por su rareza en el tiempo. La limitación en la posibilidad del goce aumenta el valor del placer". Sí, él tenía una fórmula para este engorroso problema.

De regreso a Miami, cansada finalmente de esperar a que la lleven a El refugio, María Antonieta pregunta cómo llegar en autobús y le pide a la mamá de Marta que le preste dinero para el pasaje. Llega allí y descubre que sólo es una persona más, rodeada por una horda de recién llegados, aunque haya aterrizado en Miami antes que todos ellos.

Un amable trabajador social de apellido Sandoval le suministra a María Antonieta lo que necesita: una tarjeta del Seguro Social, y le busca empleo. Permanecer en Miami está completamente descartado. Hay demasiados cubanos, y todos han llegado al mismo tiempo. Tendrán que ser reubicados.

—¿Conoces a alguien fuera de Miami?

Ella menciona a sus primas en Queens, Nueva York. Pero eso no funciona, por alguna razón. Es un callejón sin salida.

—¿Quién más?

Sus amigas, las hermanas Puron, viven en un lugar llamado North Adams, Massachusetts. Ellas tenían una cadena de tiendas de lencería en La Habana y una hermosa casa que visitábamos frecuentemente. Hacían veladas cinematográficas los sábados, donde proyectaban películas con la misma calidad de un teatro gracias al tamaño de la sala. Ahora están en un pueblecito industrial en las Montañas Berkshires, donde creen que pueden conseguirle un trabajo a María Antonieta como costurera en una lavandería.

Así que Tony y yo nos preparamos para mudarnos a North Adams. Lo busco en las enciclopedias de la biblioteca pública, del mismo modo en que busqué a Bloomington en la biblioteca de Miami. Parece bastante exótico, incluso prometedor. Hay montañas. Eso sería un cambio. Nueva Inglaterra: suena menos americano que el Cinturón del Maíz. Más europeo. Eso podría ser bueno, pero también podría ser malo.

Sin importar cómo nos parezca North Adams, Tony y yo seguimos con nuestras vidas, como si nada fuera a terminar de repente. Día tras día. Disfruta el presente. Vívelo al máximo.

Tal como lo quiso la divina Providencia, el trabajo de costurera no se materializa y North Adams se esfuma. Tony y yo no nos inquietamos en lo más mínimo. Era de esperarse. Él y yo sabemos que cuando hay trabajadores sociales de por medio, las cosas tienden a malograrse. Tal como lo vemos, nuestro rescate del Palacio Ricardo fue la excepción a la regla.

Con North Adams fuera del panorama, el Sr. Sandoval, el trabajador social de El refugio, se queda sin opciones. María Antonieta no conoce a nadie más en los Estados Unidos, a excepción de nuestro tío Amado. Pero no hay trabajo en Bloomington para alguien que no habla una palabra de inglés. Esa opción —la que me haría más feliz— es descartada.

—¿Está segura de que no conoce a nadie más, en ningún lugar?

Tener una conexión personal hace cualquier transición abrupta fuera de Miami mucho más fácil. Todos los trabajadores sociales de El refugio lo saben.

—Bueno, mi amiga Carmencita, que vive en Ciudad de México, tiene unos primos que han ido a Chicago. Se mudaron hace muy poco y no los conozco muy bien a todos, pero pasamos un tiempo juntos en México.

Es Chicago, entonces. Hay muchos puestos de trabajo. Fábricas en cada calle, prácticamente, y todas con multitud de trabajadores que hablan cualquier tipo de idioma salvo el inglés. Y mal que bien, tienes algún conocido. Eso sella el destino: Chicago, ciudad de los Big Shoulders (Espaldas anchas), de Butcher Hog (Matarife de cerdos), de Tool Maker (Fabricante de herramientas), de Stacker of Wheat (Apiladora de trigo), de Player with Railroads (Jugador de ferrocarriles). Bajo el humo, con el polvo alrededor de su boca, riendo con todos sus dientes, perfectamente blancos. El poeta Carl Sandburg lo hizo bien, de maravilla. Hay más puestos de trabajo en Chicago que gente para ocuparlos. Incluso lisiados no calificados, y sin hablar inglés, pueden conseguir un trabajo allí.

Cuando Tony y yo nos enteramos de que nos mudaremos a Chicago, nos sentimos del mismo modo en que lo hicimos cuando visitamos por primera vez el Palacio Ricardo. Cristo, no… *Por favor*, no.

No puede estar sucediendo esto. No de nuevo. ¿Otra fosa infernal? Por favor, ¡no!

Todos en Bloomington creen que Chicago es un lugar horrible, y nos hemos contagiado de esa actitud provinciana. Tony y yo vimos una vez el aspecto que ofrecía Chicago, fuera del circuito de museos. El reverendo Nordquist nos llevó de viaje por algunos barrios pobres del West Side, a lo largo de la autopista Eisenhower. Era un lugar terrible, de eso no hay duda. Después de todo, no vamos a vivir en los museos, ni en ningún lugar cercano a ellos. Sabemos que, con una mamá como la nuestra, estamos destinados a vivir en distritos de renta baja. Tal vez incluso en el West Side, o algo peor.

Santa mierda. Esto no debería ser así, no después de todos los avances que hemos logrado. Estamos devastados. No puedo renunciar. No a todo esto. ¡No!

Pero María Antonieta se muere de ganas de vernos. Nuestra ausencia la ha ido consumiendo, carcomiéndola hasta la médula del alma. Ha esperado tanto tiempo y ha soportado tanto. No cavó un túnel bajo el Estrecho de la Florida con sus propias manos, tal como prometió hacerlo, pero ha estado jodidamente cerca de hacer algo parecido. Dos salidas negadas en el último minuto. Esperar, esperar y esperar. Ser atacada por una multitud enardecida. Visitar embajadas día tras día. Molestar a todo el mundo. Marcharse sola por su cuenta y riesgo, abandonando a todos sus seres queridos, incluyendo a su esposo. Cirugía de emergencia. Terremoto. Huracán. El refugio. Reasentamiento. Ella realmente preferiría quedarse en Miami, pero resulta que no puede, debido a todos estos recién llegados que salieron con tanta facilidad.

Pero, finalmente, ella hará que nuestra vida sea mucho mejor.

Sí. Claro que sí.

Salto en el tiempo cuarenta años después. María Antonieta está cerca del final de su vida, y lo sabe. El papa Juan Pablo II acaba de morir. Él y ella han nacido en el mismo año, y ambos se han debilitado al mismo tiempo. En tres semanas morirá.

—Creo que mi tiempo se ha agotado —me dice, mientras voy con ella en un carro de alquiler a visitar a Tony en su manicomio, allá arriba, cerca de Wisconsin, en Waukegan—. Papito me está mostrando el camino.

Lo único que puedo decirle es:

—No, todavía no.

—¿Te alegras de que te haya enviado aquí? —pregunta por enésima vez. Me ha hecho esta pregunta constantemente desde que llegó en 1965, y cada vez con mayor frecuencia en los últimos años, en vista de que su salud se ha deteriorado considerablemente, al igual que la de Tony.

—Sí —le digo por enésima vez—. Todos los días te doy gracias a ti y a Dios por este regalo, y muchas veces más de una vez al día. Ningún regalo se puede comparar con esto, nunca.

—Tony no piensa lo mismo —dice ella. Esto también es algo que he escuchado con demasiada frecuencia.

No digo nada.

—¿Estás contento de que me haya reunido con ustedes aquí en los Estados Unidos? —dice, y me doy cuenta de que es una pregunta nueva. Totalmente nueva.

Siento que una sierra me trepa el cerebro y un soplete industrial me calcina el alma.

—Sí, mamá, claro que sí. ¿Estás loca? —le digo—. Sí, sí. Gracias por eso también —le respondo en español, por supuesto.

Y, maldita sea, ella sabe que acaba de hacerme mentir.

Veinticuatro

Union Station, Chicago. Es el tres de noviembre de 1965, alrededor de las siete de la noche. Tony y yo nos reunimos con nuestra madre después de haber pasado mil trescientos siete días separados de ella. Se ve mucho más vieja y pequeña, y su presencia aquí, en esta enorme estación de tren, le confiere al mundo mismo una sensación poco familiar, una falta de definición.

Ella exuda amor puro, pero envuelve el espacio y el tiempo en una bruma gruesa y amenazante.

Lo único que sé es que lo que ahora tenemos por delante será diferente a todo lo que ya hayamos vivido. Así que quisiera tener otra certeza que no fuera esa. Este es un Vacío completamente nuevo, producido de manera inesperada por el ser que más me ama en la tierra. Todavía no puedo reconocer esta dimensión del Vacío, pero sé que no me gusta. Quiero imaginar un futuro mejor para poder disfrutar de este encuentro tan aplazado, pero mi aprehensión sofoca cualquier llama que pudiera encenderse al ver a mi madre sonriente, con todas esas canas en su cabello y con su bastón.

"Si solamente pudiéramos ver el futuro", me digo a mí mismo.

Mejor no saber lo que nos espera, por supuesto.

Mejor para nosotros, a fines de 1965, sí. Pero ciertamente no para ti, ahora, fiel lector. Necesitas ver lo que nos esperaba a continuación, y lo que aconteció.

Así que, abróchate el cinturón de seguridad.

Pa'lante. Salto de nuevo hacia delante, cuarenta años, al mes de mayo del año 2005. Acabo de dar una charla sobre la evacuación aérea de Pedro Pan en una biblioteca pública, y el lugar está lleno.

—Estoy harto de ustedes —grita el anciano de la tercera fila.

Habla con un acento de Europa Oriental, y me recuerda al perro marioneta Triumph the Insult Comic Dog.

—*Ustedes* están arruinando este país —grita con voz temblorosa—. Es por *ustedes* que tenemos a Bush como presidente. Es por *ustedes* que estamos atrapados en esta guerra de Irak. Es por *ustedes* que este país se está arruinando en todos los sentidos y que todo el mundo nos odia. ¿Por qué no se callan, regresan al lugar de donde han venido y déjan de jodernos?

Whoa, amigo.

Estoy en Westport, Connecticut, en la orilla este del río Saugatuck, muy cerca del Long Island Sound. No hay lugar más refinado que esta ciudad, con la posible excepción de Greenwich. Pieles en todos los armarios, joyas gigantes en todas las cajas fuertes. Más dinero en los fondos fiduciarios de los que puede encontrarse en la mayoría de las naciones tropicales. Este tipo de estallidos son tan raros aquí como los flamencos rosados de plástico en el jardín de una casa.

Me fijo en ese viejo que parece odiarme simplemente por ser cubano. Noto algo raro en su antebrazo. ¿Es un tatuaje? ¿Qué pasa? Después de todo, es Westport. Sólo los adolescentes y los veinteañeros tienen tatuajes en esta ciudad, y regularmente en lugares ocultos. Espera. ¿Son números? Sí, carajo.

Por favor, mátenme ahora, antes de que me reviente la cabeza.

He visto esos números antes, en los padres de algunos de mis compañeros de escuela de Chicago, y sólo puede significar una cosa: ese hombre es un sobreviviente del Holocausto. Ha peleado con el diablo y lo ha enviado a la lona. Si alguien en la tierra debe entender el fanatismo y su lugar en los planes maestros del Príncipe de las Tinieblas, debe ser este tipo.

Así que le pregunto sobre el tatuaje, una vez que termina la sesión de preguntas y respuestas, mientras se levanta de su silla. Y mi presentimiento se ve confirmado.

—¿Y qué? —resopla el viejo—. ¿Qué te importa si soy un sobreviviente del Holocausto? Eso no tiene nada que ver con *ustedes*, ni con lo que le han hecho a este país. *Ustedes* votaron por este Bush, por el otro, por Reagan y por Nixon, y todos ustedes son estúpidos, y siempre votan por el candidato equivocado. Estoy harto de todos *ustedes*.

El viejo me da la espalda, se encoge de hombros y se aleja, y tal vez es mejor así. Nada que yo pueda decir cambiará su mentalidad. Los fanáticos no tienen cómo procesar ningún tipo de información que contradiga su forma de pensar, incluso los que han sido abusados por otros fanáticos.

Cabrón. Imbécil. Tengo que perdonarlo.

Mientras esto sucede, mi madre está muriendo en Chicago. *Tic, tac*, cada segundo es parte de una cuenta regresiva, así como en el lanzamiento de un cohete. Lleva varios días en estado de coma y los médicos me han dicho que esta vez no se salvará como lo ha hecho antes.

—Le queda una semana aproximadamente, o tal vez dos —me dijo un joven médico paquistaní, sin parpadear.

Después de pasar casi una semana en Chicago, regresé a Connecticut para poder cumplir con este compromiso de dar la charla y pasar un par de días con Jane y los niños. Mis impulsos calvinistas son demasiado fuertes. Y esta ha sido una decisión dificilísima. ¿Me quedo en Chicago observando a mi madre inconsciente inhalar y exhalar, día tras día, *tic, tac*, o voy a casa, de regreso a mis otros seres queridos —y conscientes—, y a mis obligaciones profesionales, y ser así útil por un par de días?

Ser útil es una gran virtud. La mayor quizá, sobre todo para un *spic*. ¡Tenemos una reputación tan mala los hispanos! Dios no quiera que incumplamos una cita. *Tic Tac*. Alguien podría decir: "No debí cometer el error de invitar a uno de *ustedes* a que nos diera una charla".

El veneno vomitado por el sobreviviente del Holocausto se está inoculando en mí. Muy pronto, me hará sentirme físicamente enfermo. Lo sé, lo espero. Cuando este tipo de cosas suceden, siempre me afectan mucho.

Pero esta vez, las imágenes de mi madre moribunda neutralizan el veneno. Ella es lo único que tengo en mi mente —aparte del tráfico— mientras voy por la Interestatal 95 camino a casa. El veneno me afectará mucho más tarde, cuando ella ya esté muerta y enterrada. La frontera entre el pasado y el presente se difumina como la niebla matinal.

Pa'trás. Es el verano de 1969, y los Cubs de Chicago parecen encaminados a la Serie Mundial, seguro. María Antonieta está trabajando en una fábrica, ensamblando piezas de máquinas. *Uirrr, uirrrr, uirrrr…* Ella es una artista con ese destornillador neumático, al igual que con su máquina de coser en casa. Su destreza es muy semejante a la de un atleta, un músico o una bailarina. Se mueve tan rápido, con tanta fluidez, tan perfectamente en armonía con las piezas metálicas que está manipulando. Ella se funde en un solo ser con las piezas y con su herramienta. No hay un destornillador y no hay tornillos o piezas que ensamblar; ni tampoco María Antonieta Eire de Nieto. *Uirrr, uirrrr, uirrrr…* No hay banco alguno debajo de ella, mesa de trabajo ni línea de ensamblaje; no hay ninguna fábrica cavernosa, sofocante, caliente, tarareando, repicando, sonando, golpeteando con el ruido rítmico de cientos de trabajadores que ensamblan máquinas fotocopiadoras, ni capataces dando órdenes ni inspectores cargando tablillas con sujetapapeles, no hay reloj en la pared, *tic, tac,* ni rayos de luz entrando por las altas ventanas, ni compañeros de trabajo, ni marido en Cuba, ni madre, padre, hermana, hermano, ni casa hermosa dejada atrás, ni Tony casado recientemente y trabajando en una imprenta veinte millas al sur, en la calle Lake, ni Carlos mirándola desde poca distancia, aquí en Evanston. Y la píldora de sal que ella tomó hace unos minutos para prevenir la deshidratación en este horno imenso, nunca existió. Nada más existe su movimiento y la sensación de él, y la alegría pura que trae, eterna e indescriptible.

Ella no sabe nada sobre el Zen. *Uirrr, uirrrr, uirrrr…* Nada, ni siquiera esa palabra. *Uirrr, uirrrr, uirrrr…* Pero ella ha dominado el Zen del ensamblaje. Y no hay nadie en esa fábrica que se pueda comparar con ella. Ningún griego, polaco, serbio, checo, americano ni ningún blanco o negro. *Uirrr, uirrrr, uirrrr…* tampoco ningún cubano, y eso que la fábrica está llena de ellos.

La mayoría de nuestros compañeros de trabajo en esta fábrica también han venido de Cuba, y al igual que ella, la mayoría no ha trabajado en esto antes. Casi todos eran abogados, comerciantes, farmaceutas, profesores, empleados de oficina o amas de casa. Todos ellos vivían mejor en Cuba, antes de que la isla se convirtiera en Castrolandia. Estoy trabajando durante el verano, reemplazando a los que salen de vacaciones. Los demás trabajan de manera permanente. No pueden esperar nada mejor que esto. A diferencia de mi madre, odio este lugar y este trabajo. Es la monotonía total para mí. Pero necesito el dinero, y María Antonieta me recuerda eso con demasiada frecuencia.

Envidio tanto su éxtasis constante. *Uirrr, uirrrr, uirrrr…*

Los únicos arrobamientos que experimento en esta fábrica asfixiante suceden cuando estoy abriendo cajas que contienen partes envueltas en periódicos y veo algún artículo interesante, que leo a escondidas, cuando el capataz clava su mirada en otros lugares.

Cuando salgo de la fábrica, voy trabajar un poco más en el supermercado Jewel, en la Avenida Morse. En total, trabajo entre sesenta y setenta horas por semana. Mi madre no entiende por qué esto me cae tan mal, a mis dieciocho años, justo entre la escuela y la universidad. Tampoco comprende por qué mi novia y prometida se queja de que yo trabaje tanto.

Ella no sabe nada de calvinismo. *Uirrr, uirrrr, uirrrr…* Ni siquiera conoce el nombre de Juan Calvino. *Uirrr, uirrrr, uirrrr…* Pero, Jesucristo H. Superútil, mi mamá hace que todos los calvinistas parezcan vagos y réprobos.

Pa'lante… Oigo la voz de mi mamá. Es 1974, y ella me habla por teléfono. Estoy en New Haven, y ella está en Chicago. Está sumergida en un pánico total, en una histeria, en una falta de control que nunca he visto antes.

—¡Tu hermano ha desaparecido!

—¿Qué quieres decir?

—Se ha esfumado. No viene a casa dese hace dos días y nadie sabe nada de él. ¡Ha desaparecido!

—Ya aparecerá. No te preocupes. Seguramente se está divirtiendo en algún lado. Ya sabes que también desaparecería cuando era niño.

—¡No, no! Esto es distinto. Nunca había desaparecido por tanto tiempo. Tengo un presentimiento muy malo. ¡Seguro que está muerto!

—¿Alguien ha llamado a la policía?

—Sí, su esposa, y también le dije a una amiga que llamara, pero no hicieron nada. Dicen que es un hombre hecho y derecho y que puede desaparecer sin decírselo a nadie.

—Mira, yo te lo dije, no hay nada de qué preocuparse. Él va a aparecer.

—No, no, no. Tú no entiendes. Seguro que le pasó algo horrible. Y no

soy la única que piensa así. ¡Mi amiga Carmen dice que su cabeza seguramente está flotando en el Río Chicago!

Ay. Olvídate de Carmen. Maldita sea. Tan gráfica, tan poética, tan
exagerada, tan cubana.

María Antonieta comienza a suspirar y luego a llorar y a gritar de
manera incontrolable. Lo único que puedo hacer es asegurarle que todo
estará bien, y predecir que cuando Tony aparezca finalmente, ni siquiera
pensará que tenga que disculparse por algo.

Efectivamente, Tony aparece semanas más tarde, y actúa como si
todo el mundo fuera un tonto al preocuparse por él. Dice que se fue a
Florida con una mujer que conoció en el aeropuerto, a cuyos encantos
no pudo resistirse. Mamá le cree, por supuesto, y lo perdona. Dios sabe
por qué su esposa vuelve a recibirlo, pero lo cierto es que lo hace.

Repite esto una docena de veces, sólo con detalles diferentes. Tony
continúa desapareciendo una y otra vez, y cada vez inventa cuentos más
inverosímiles. Y nuestra madre se sigue preocupando intensamente cada
vez, y llora, y grita, y lo perdona, y le da a Tony todo lo que él le pida,
además de otras cosas que él ni siquiera sabía que debía pedir.

Espera… Dos imágenes idénticas centellean en mi mente: mi mamá
en estado de coma, agonizando, *tic, tac,* mi madre abrazando a Tony
cuando él ha quedado reducido a un cascarón vacío, a una sombra leve
y descerebrada de sí mismo, atrapado en una grasa corporal inútil y ridícula, en un sucedáneo de sí mismo como nunca hubo otro en la tierra.

Otra imagen acude súbitamente: tres cuerdas trenzadas, una es Tony,
la otra es mi mamá y la tercera es mi papá. Es la trenza más extraña del
mundo, pues una de las cuerdas —mi padre—, es totalmente invisible,
pero igual de evidente que las otras dos, y tal vez aun más. Su ausencia es
su presencia, y define las vueltas y revueltas de las otras dos. Mi tercer ojo
ha tardado toda una vida para ver esto con tanta claridad. Sí, maldita sea,
el desmoronamiento triste y prolongado de mi hermano y la respuesta
de mi mamá están estrecha e indisolublemente entrelazadas con la ausencia flagrante de mi padre. Se parece mucho a Dios, mi Luis XVI, en
la medida en que no puede ser visto pero ciertamente puede ser sentido
o simplemente intuido por la razón. Pero él es totalmente diferente a
Dios, puesto que nunca jamás te envía nada que sea bueno. Lo único que
puede hacer como padre es acechar nuestros recuerdos y servir como un

chivo expiatorio conveniente: La causa eficiente de todo lo que ha salido mal en nuestras vidas.

María Antonieta está casada con un espectro, pero no lo reconoce. Peor aun, está atrapada en una unión sin cuerpo, y convencida de que debe cumplir un papel doble con Tony y conmigo, como madre y como padre, para compensar la condición fantasmal de su esposo. Convencida de que cuida de nosotros y hace que nuestra vida sea mejor, mi madre está ciega ante el hecho de que Tony y yo estamos tan completamente americanizados que valoramos profundamente nuestra independencia de ella, y que Tony, en especial, resiente la forma en que ella trastornó nuestras vidas al convertirnos en sus cuidadores. Tony también odia tanto a nuestro padre que temo que pudiera matarlo si llegara a aparecer, y también odia al tío Amado, a los Rubin, a los Ricardo y a todos los demás —sean buenos, malos o indiferentes— que alguna vez hayan asumido el papel de padres o tutores en su vida. La ira reprimida dentro de él es inconmensurable.

Yo no odio a nadie. *Amo* a todo el mundo. *Claro que sí.* Y puedo retroceder y contemplar la trenza como si yo no fuera una de sus cuerdas. *Claro que sí.*

La trenza está atada con fuerza alrededor de mi pecho, justo sobre mi corazón. A veces se desliza hasta mi cuello.

Pa'lante… Tony cae en picada, a una velocidad vertiginosa, más rápido que cualquier trineo *bobsled* en una competencia olímpica, tomando las curvas más cerradas y empinadas a lo que parece ser la velocidad de la luz, desafiando todas las leyes del movimiento, rechazando, demoliendo, pulverizando cualquier destino que desean para él su madre y su padre. María Antonieta contempla esto con horror y hace todo lo que puede para revertir su curso, y nunca lo acepta como irreversible, sin comprender que su amor lo arrastra hacia abajo, haciendo con frecuencia que se hunda más rápido y vertiginosamente. Luis XVI, lejos, muy lejos, desorientado, afligido, desamparado, no hace otra cosa que enfermarse más y más mientras custodia nuestra herencia efímera, esa maldita colección de arte que ya no es suya, pero que todavía llena nuestra antigua casa, que tampoco es suya. El rey Luis, atrapado durante esta vida en el calor tropical comunista de Castrolandia, un simple guardián del botín valioso que pertenece a todo el pueblo de Cuba —no a él ni a nosotros—, que no es capaz de distinguir entre mierda y miércoles, como dice su hijo Tony. Luis XVI no puede entender por qué Tony dejó de escribirle cuando estaba en Bloomington, no puede controlar la distancia y el silencio, no puede expresar un solo sentimiento a ninguno de nosotros tres, y menos aun a su esposa María Antonieta. La última vez que lo intentó, durante una llamada telefónica de tres minutos, el agente de la seguridad cubana que escuchaba la conversación se rió cuando él le dijo:

—Te extraño tanto.

Una risa pura y prolongada del lado cubano.

Ja, ja, ja. Carcajada. Sí. ¡Viva la Revolución! Para mí, esta carcajada a sangre fría es la nota a pie de página de cada camiseta del Che.

Yo soy el único que le escribe con frecuencia al rey Luis. Él me dice lo enfermo que está, que el corazón le está fallando y me cuenta sobre la cantidad de cosas que ha apilado en la casa de manera ilegal. "Valen millones", se atreve a decir en una carta. Todas sus cartas son difíciles de abrir. Los agentes cubanos de seguridad abren los sobres y los sellan de nuevo de manera descuidada —intencionalmente— con una cola gruesa que pega todas las hojas de papel entre sí y al sobre. Si alguien las ha leído, realmente no se sabe. Sus compatriotas a cargo de la vigilancia del correo solo quieren que sepas que todas las palabras están potencialmente sujetas a la inspección, por lo que debes mantener tus pensamientos más importantes reprimidos en tu cabeza. Separar las cartas de los sobres requiere la paciencia y la habilidad de un neurocirujano.

Y yo contesto todas y cada una de sus cartas. Le digo a Luis XVI cómo anhelo estar de nuevo con él y lo mucho que me gusta la historia, y cómo me obsesiona el pasado.

Pa'lante. Es mil novecientos setenta y algo y Tony está bebiendo mucho. El aeropuerto O'Hare es una fiesta continua e infernal. Según él, la bebida y las drogas son más abundantes que el agua de pila. Durante estos, sus años dorados, consigue viajar a todas partes sin pagar nada, siempre y cuando haya un asiento libre. Y a menudo, es un asiento en primera clase, con bebidas ilimitadas y acceso fácil a las azafatas, que son lindas y jóvenes y con muchas ganas de fiestar, no sólo durante el vuelo, sino también en cualquiera que sea el destino de turno. Yo sólo sabré esto más tarde. Mientras esto sucede, él no me habla. Tony, mi hermano, imán de azafatas, ha desaparecido de mi vida por completo, y yo de la suya. El campo de fuerza en el que comenzó a envolverse cuando estábamos en Bloomington, se ha hecho cada vez más impenetrable, y la diferencia entre su vida y la mía ha creado una brecha enorme entre nosotros, tan colosal como la existente entre un extremo del universo y el otro. Mientras él vuela alrededor del mundo de juerga con las azafatas, yo estoy trabajando como un burro en mi doctorado, leyendo todo lo escrito por —y sobre— Juan Calvino y la Reforma Protestante del siglo XVI. Lo que más me divierte es devolver los libros a la biblioteca después de haberles exprimido toda su sangre. El contraste entre los dos me aturde todos los días de mi vida, y cuanto más me sorprendo, más nos distanciamos Tony y yo.

La trenza en mi tercer ojo comienza a deshilacharse.

María Antonieta llena su apartamento del sótano con almas destrozadas y heridas que necesitan compañía. En primer lugar, Juan, amigo de mi hermano, acabado de llegar de la guerra y la masacre de Vietnam. Se unió a la Infantería de Marina y se ofreció a ir al otro lado del mundo para matar comunistas. Es cierto que les disparó, que logró matar a unos cuantos, pero ellos también le dispararon morteros, explotaron su jeep y llenaron su cuerpo de metralla, y todo esto lo ha dejado desbaratado. Se recuperará muy bien, viviendo en ese sótano. Yo todavía estaba allí, entonces, pero su camino y el mío pocas veces se cruzaba. Él estaba terminando sus estudios en el Instituto de Arte de Chicago y yo adelantaba mi especialización en Teología e Historia en la Universidad de Loyola, a sólo siete cuadras por la Avenida Winthrop. Todas las noches trabajo en el supermercado Jewel y llego tarde a casa. Él conducía un taxi por la noche y llegaba aun más tarde. Cuando Juan se marchó, completamente recuperado, y cuando yo me casé y abandoné el apartamento del sótano, María Antonieta recibió a una larga cadena de almas heridas: a una muchacha de Colombia, un sacerdote peruano que estaba dudando de su vocación, a Lucía, su cuñada —mi tía—, que salió de Cuba a los setenta y cinco años y no soportó vivir en Bloomington con su hermano Amado; a esta amiga, a aquella, y a absolutos desconocidos que le endilgaban sus amigos y amigas. Yo perdía la cuenta de quiénes vivían con ella, pues eran muchos. Y también consiguió cientos de amigos, en su mayoría cubanos, que fueron como familiares para ella. Tal vez sea más exacto decir que se convirtieron en una familia verdadera mejor que cualquier otra, o que la que éramos nosotros tres, ella, Tony y yo.

Durante su funeral en la Iglesia de Santa Ita, donde yo antes rezaba todos los días durante varias horas, y donde Tony y yo habíamos celebrado nuestras primeras bodas, casi todos los bancos estaban llenos. Era un espectáculo tremendo, un testimonio impresionante del amor natural e incondicional que ella dio, natural e incondicionalmente, haciendo que todos nos sintiéramos completamente insuficientes de devolvérselo.

Pa'lante… Tony convierte el libertinaje en un arte. Miente y engaña, bebe y se va de fiesta, apuesta una y otra vez hasta quedar sin un centavo, y colecciona armas como si fueran tarjetas de béisbol. También colecciona multas de estacionamiento con un sentido de la urgencia casi apocalíptico, y su nombre aparece en los noticieros como uno de los criminales más buscados de Chicago por infracciones de estacionamiento. Setenta mil dólares en multas sin pagar hacen que termine en la cárcel. María Antonieta no deja de llorar por esto y le ayuda a pagar una suma mucho menor, que él negoció con un juez indulgente. Es la primera de las muchas veces que Tony estará detrás de las rejas. La mayoría de sus otras estadías serán por conducir borracho y por violencia doméstica. Él y su segunda esposa llevan una vida muy turbulenta, pero de alguna manera, y por alguna razón incomprensible para mí y para María Antonieta —y para cualquiera que conozca la historia completa—, siguen siendo tan inseparables como Romeo y Julieta.

Mas pa'lante… Es 1975, y Luis XVI se retira de su cargo de juez, debido a su enfermedad del corazón, cada vez más delicada. Sólo Dios sabe qué compromisos ha hecho para sobrevivir como juez en Castrolandia, o lo que debió ser su vida, despojado de su esposa e hijos. Años y años más tarde, tendré una visión furtiva de él gracias a una mujer desconocida que me escribe y me dice que mi padre la salvó de pasar diez años en prisión. ¿Su crimen? Venderle su ración semanal de carne a una vecina. Esta mujer también me dirá que fue a nuestra casa para darle personalmente las gracias a mi padre y que él nunca le mencionó que su esposa y sus hijos estaban en los Estados Unidos.

En el último año de su vida, Luis XVI me escribirá sobre sus planes para salir de Cuba y sus esfuerzos por encontrar una casa perfecta en Cuba para su colección de arte.

—¿Te molestaría si simplemente acepto lo inevitable y cedo tu herencia? —me preguntará.

—Adelante, y deja que los cabrones abran un buen museo —le contestaré.

Él me cuenta sobre sus tratos con el Ministerio de Cultura y su búsqueda de una mansión abandonada lo suficientemente grande para albergar mi herencia. Le diré lo mucho que anhelo verlo de nuevo, y cómo me alegro que haya decidido abandonar Castrolandia. Lo que no le digo es que me temo que el Ministerio de Cultura lo joderá. Y lo que no me dice él es lo enfermo que está.

Más adelante… Es septiembre de 1976. Mientras Tony continúa su fuerte caída, María Antonieta socorre a las almas heridas en su apartamento del sótano y yo me sumerjo en textos en latín, francés y alemán del siglo XVI, un camión grande llega a mi casa de La Habana. Se parquea directamente enfrente, donde estaba el árbol ficus al que Tony y yo subíamos casi todos los días. Sin un árbol para bloquearlo, el sol abrasador perfora el portal delantero y la puerta de la casa, aullando agresivamente en señal de satisfacción. Los hombres se apean del camión y tocan la puerta con el aldabón con que yo jugaba cuando era un niño. *Tic toc*. Mi padre, que está hablando con un diplomático de la embajada peruana en la sala delantera, se levanta, abre la puerta y ve el gran camión. Los hombres le dicen que han venido por su colección de arte. Luis XVI les dice que debe haber algún error, pues no se ha encontrado todavía un lugar para albergar todas las obras de arte que ha coleccionado desde que era joven. Los hombres dicen que no hay ningún error en absoluto, que han recibido órdenes de vaciar la casa de sus tesoros y llevarlos a un depósito. Mientras el diplomático peruano escucha esta conversación —que casi no logra entender—, Luis XVI se desploma y muere allí, al lado de la puerta, sobre nuestro piso de mármol blanco y negro, justo fuera del alcance de la luz ardiente del sol. Todos los intentos por revivirlo fracasan.

Luis XVI ríe y ríe mientras abandona su cuerpo, en el que no ha sido muy feliz, y escupe espiritualmente el camión estacionado en la acera.

Los camioneros huyen inmediatamente del lugar y abandonan su misión. De alguna manera, de esa forma misteriosa en que operan los paraísos corruptos de los trabajadores, el funcionario que ordenó el saqueo de mi casa desiste y nadie regresa nunca más para llevarse la colección de arte de mi padre muerto. El museo nunca llega a concretarse; Ernesto, mi hermano adoptivo, se queda en casa con todas las cosas y gana el derecho injusto y anticomunista de vender todo en el mercado negro, pieza por pieza.

¡Viva la Revolución y su Ministerio de Cultura!

Pa'lante... Dale... Es 1980. La fábrica de María Antonieta se declara en quiebra, cierra sus puertas y ella pierde su pensión. Todas sus contribuciones al plan de jubilación de la fábrica se han invertido en acciones de la compañía, y ella y todos los demás se quedan sin nada. *Nada, nada, nada.* No consigue otro trabajo, pero tiene un golpe de buena suerte. Se consigne un apartamento nuevo, en el North Side de Chicago, en un lujoso edificio dirigido por las Hermanitas de los Pobres. El alquiler mensual es una fracción insignificante del subsidio ridículamente exiguo que recibe del Seguro Social. Y todas las vistas desde su edificio son preciosas. Los atardeceres rojos, anaranjados y púrpuras desde la ventana del quinto piso de mi mamá están más allá de lo sublime, al igual que todas las chimeneas y campanarios de las iglesias que salpican el paisaje urbano por el lado oeste, en lo que una vez fue el corazón industrial de Chicago, pero que ahora es del dominio exclusivo de los yuppies y de sus descendientes. Consigo un trabajo en Minnesota, a poca distancia, a diez horas de Chicago, y empiezo a contactarme de nuevo con Tony y María Antonieta.

El campo de fuerza de Tony empieza a consumirse, al igual que un meteoro chocando contra la atmósfera, mientras él se sumerge más y más en su abismo. Una imagen asalta mi memoria: Tony y yo tomamos el tren elevado hacia el Instituto de Arte de Chicago, junto a Kenny, uno de sus amigos del aeropuerto. Tony hace bromas, y a veces es más cómico que los actores de Second City, sólo que él lleva pantuflas en los pies. Unas malditas pantuflas. Y también lleva los pantalones del pijama debajo de su pantalón. Hace una larga pausa cuando llegamos frente a *American Gothic*, la pintura de Grant Wood, que representa a un par de viejos, y al cabo de unos pocos minutos de silencio, dice:

—Miren, es tío Amado.

Tony comienza a hablarme de su trabajo para la Agencia Central de Inteligencia, así como sobre su misión encubierta como agente secreto en América Central.

—Esa fue la vez que desaparecí —confiesa—. Yo era un operativo que trabajaba de manera extraoficial, uno de esos bienes fungibles que la Agencia negará que trabajan para ella si me arrestan o muero en acción.

Yo me niego a creerle. También me habla de toda la música que ha compuesto para Pink Floyd, y que nunca le han pagado por ella. Tampoco se lo creo, a pesar de que sabe demasiados detalles íntimos sobre Roger Waters, Syd Barrett y David Gilmour, de quienes afirma haberse hecho amigo en el aeropuerto O'Hare, junto con Ronald Reagan, Frank Sinatra y Don Rickles.

Es 1981. Tony tiene una recaída y toca fondo. Ingresa al Hospital Resurrección durante la Pascua, pues no puede controlar la bebida en absoluto. Echo un vistazo por la ventana y veo a un conejo saltar entre los arbustos. El Conejo Pedro —Peter Cottontail— en el Hospital Resurrección, en Semana Santa. ¿Es esto un buen presagio, una mera coincidencia o una broma cruel? Es sólo la primera de muchas temporadas que Tony pasará en clínicas, ninguna de las cuales estará adornada con conejitos de Pascua, ofrecerá presagios de ningún tipo, ni ninguna curación real. Mientras le digo adiós a Tony esa noche, en el Hospital del Conejo de Pascuas, veo la misma expresión en sus ojos como la que tenía cuando nos separamos en el aeropuerto de Miami en abril de 1962.

Mas pa'lante… Es 1990. La salud de María Antonieta da un giro brusco y empeora. Tiene el hígado muy enfermo, infectado con la hepatitis C que contrajo en una transfusión de sangre en México, en 1965, justo después de salir de Cuba. El dolor paralizante en la espalda y en las piernas le hace la vida miserable, y como si fuera poco, también tiene fatiga, causada por el postpolio, un resurgimiento de la enfermedad que la devastó en la infancia. Las toxinas invaden su cerebro a veces y nublan su pensamiento. Se cae y se rompe su cadera buena, a la que está unida su única pierna útil. Aprende a vivir en una silla de ruedas.

Pa'lante… Ella me visita en Connecticut en 1996. Acabo de mudarme aquí luego de vivir en Virginia, y quiero que vea el pantano que hay alrededor de mi nueva casa, lleno de patos silvestres. Estaciono el auto en la

cima de la colina al final de mi calle, saco su silla de ruedas, la ayudo a sentarse en ella y aseguro sus frenos tan fuerte como puedo. Me doy vuelta
para cerrar la puerta del auto, y cuando vuelvo para agarrar las manijas
de la silla, ella ya no está allí. *Tic toc.* Levanto mi cabeza ligeramente de
aquel lugar sorprendentemente vacío y veo a mi mamá rodar a toda velocidad por la pendiente en su silla de ruedas, a unas veinte millas por
hora, en línea recta hacia un grupo de robles altos al borde del pantano.
Avanza directamente hacia el más grande de todos. Veo su vida destellar
ante mis ojos, y también mi eternidad en el infierno. "Acabo de matar
a mi mamá", digo en voz alta mientras bajo corriendo la colina. Pero
antes de chocar contra los árboles, la silla de ruedas gira bruscamente
a la izquierda y se incrusta en un gran montón de mantillo fresco. Sale
de la silla, vuela por los aires y cae sobre el montón de mantillo. La silla
vacía rueda hasta el borde del agua turbia, como un dado al ser arrojado
por una deidad encabronada. Cuando llego donde ella, pocos segundos
después, los dos empezamos a reírnos mientras le retiro el mantillo de su
suéter.

—Ya sabes —me dice—, no deberías empujar la silla con tanta fuerza.

Lo único que atino a decirle es:

—Necesitas una nueva silla con frenos que funcionen.

Pa'lante… *Tic Toc*… Es el fin del milenio, y el final del camino para
Tony. Se estrella hasta tocar fondo y desaparece de su cuerpo, su alma
arrebatada por los medicamentos que los médicos le formulan. "Síndrome de Estrés Post Traumático", dicen algunos médicos. "Trastorno
de ansiedad", dicen otros. "Trastorno esquizo-afectivo", dicen otros más.
Lo que digan los médicos no importa, el resultado final de los medicamentos es la creación de un zombi que ni siquiera se parece remotamente
a Tony. Se le caen todos los dientes. Su pelo se vuelve blanco. Su cuerpo,
ahora diabético, se convierte en una burda caricatura de un zepelín, o de
nuestro padre, el muy gordo Luis XVI. Tiembla todo el tiempo y se rasca
las piernas constantemente. Su lengua sale y entra de su boca como la
de una lagartija. Habla arrastrando la lengua. Su capacidad de atención
se reduce a un minuto, como máximo, y sus respuestas se convierten en
gruñidos. Deja de bañarse, afeitarse o de cortarse el pelo, de cambiarse
de ropa, o de controlar el azúcar en la sangre. Un Santa Claus apestoso
y monstruoso, que asusta a la gente en la calle y a las monjas del edificio

de nuestra madre. Peor aun, su esposa insiste en que está recibiendo los mejores cuidados y que no se puede hacer nada más por él. Y que cree que todos los consejos son una intromisión hostil.

Tic Toc... Un nuevo siglo, un nuevo milenio. La trenza que contemplo en mi ojo mental está muy desgastada ahora, y muy apretada a mi alrededor. María Antonieta se deteriora con rapidez, al igual que Tony. Sus estadías en el hospital se hacen más frecuentes y los cuidados que requiere se intensifican, y yo vuelo a Chicago, de ida y vuelta, casi como si fueran cuarenta millas, no mil, hasta que busco una solución. Ella insiste en permanecer en Chicago para estar junto a Tony, a pesar de que realmente no puede hacer nada por él, ni siquiera visitarlo, a no ser que yo vaya en avión y alquile un carro. Y desde que su salud ha empeorado, ella ha estado pensando que se mudará a la casa para ancianos que está al lado de su edificio. Pero eso no pasa. Ella cae en estado de coma, su cerebro inundado de toxinas. Los médicos no ofrecen ninguna esperanza. Es el fin. Se cierra el telón. "Si logra salir de esto, quedará convertida en un vegetal", dicen. Las pequeñas Hermanitas de los Pobres deciden que ya no puede conservar su apartamento y se niegan a recibirla en su hogar para ancianos ultralujoso, donde la madre del cardenal Bernardin está viviendo sus últimos días en esta tierra. Tony las asusta demasiado, dicen, al igual que la pintura de labios rojo brillante de mi madre, su bullicio de cubana y su incapacidad para hablar inglés. Ninguna cantidad de súplicas por parte mía o de sus amigos hace que las monjas cambien de opinión. Me dan tres días para desocupar el apartamento de mi mamá y no ofrecen la menor ayuda para buscarle otro lugar en donde vivir.

Sus amigos y yo nos deshacemos de sus escasas pertenencias, como si ya estuviera muerta.

María Antonieta recupera sus sentidos y vuelve a ser la misma de antes, pero ya no tiene un lugar donde vivir. Dado que no existen hogares para ancianos que sean realmente agradables —con excepción de aquel en que las monjas rechazaron a mi madre—, encuentro uno que esté tan cercano a una aproximación de "agradable" como podría esperarse. Durante el resto de su breve vida en la tierra, María Antonieta dirá constantemente: "Sabes, he perdido todo dos veces, primero cuando me fui de Cuba, y luego cuando las monjas me botaron".

Su compañera de habitación en el asilo de ancianos está paralizada y no puede hablar. Lo mejor que puede hacer es murmurar y gemir. María Antonieta se convierte en su mejor amiga. El hecho de que no hable inglés es irrelevante: finalmente, mi madre será la única en el centro de cuidados en entender todos y cada uno de los gruñidos de su compañera de cuarto.

Pa'lante... Dale más... Es 2003. A pesar de su estado lamentable, Tony se las arregla para comprar whisky y meterse en todo tipo de líos en su casa y en la carretera. Su esposa está allí, en primera línea, al igual que un soldado de infantería en una trinchera, constantemente bombardeada, incapaz de detener los bombardeos, convencida de que nadie puede hacer nada para mejorar la situación, sospechosa de cualquier tentativa de intervenir en favor de su esposo. Todos los policías, médicos y enfermeras de las salas de emergencias de su ciudad, a cuarenta millas al norte de Chicago, llegan a conocerlo muy bien a él y a ella. Una noche, un apagón diabético lo deja inconsciente mientras va por la autopista del Noroeste, y choca su auto contra una barrera de concreto. Al igual que María Antonieta en la pila de mantillo, él escapa ileso. Pero su licencia de conducir es revocada por el estado de Illinois. Nunca un seguidor de las normas, Tony sigue manejando de todos modos. Y naturalmente, choca otra vez una noche mientras vuelve a su casa de la tienda de licor y se estrella contra un automóvil estacionado. Tan pronto ve lo que ha sucedido, cojea tan rápido como puede y deja los dos coches destrozados. La policía lo sorprende en su casa, lo acusan de conducir sin licencia y de huir de la escena de un delito, y es declarado un peligro para sí mismo y para los demás. Las opciones ofrecidas por el tribunal en esta encrucijada son tan limitadas como difíciles de aceptar: la cárcel, un hospital psiquiátrico estatal o un asilo de ancianos. Así que Tony acaba en un asilo, y no en uno muy bueno, porque él limita sus opciones a los que permiten fumar.

Tic toc... Es 2004. Tony y María Antonieta se desvanecen a un ritmo rápido, cada uno a su manera. María Antonieta se desvanece sólo físicamente, pero Tony lo hace en todos los sentidos. Yo vuelo a Chicago con tanta frecuencia que empiezo a pensar que los carros y los aviones no son muy diferentes. Ambos tienen asientos con cinturones de seguridad y te llevan adonde quiera que vayas. Desafortunadamente, el transporte aéreo cuesta mucho dinero y consume mis ingresos. Pero afortunadamente, Juan, el Marine herido que mi madre recibió en su casa varios años atrás, me permite alojarme en su apartamento, en un piso alto de Chicago, con vista al lago. Le ha ido muy bien en la vida, y es un compañero firme de María Antonieta y de Tony. A decir verdad, es el único hermano real que tengo. Tony se ha ido. Ha muerto mil muertes con cada pastilla que ha tomado y ahora es un muerto vivo.

Llevo a nuestra madre a verlo, y los tres vamos a la Internacional House of Pancakes todas y cada una de las veces. ¡Qué extraña visión, nosotros tres, exiliados, allí, en aquella mesa! ¡Qué cuadro tan repugnante, imprevisto, allí, en la International House of Pancakes en la feísima villa de Waukegan, Illinois —en 2662 del Belvidere Road—, en la zona de fumadores! Si alguien nos hubiera dicho en el aeropuerto de La Habana en 1962, que así terminaría nuestra familia, no lo hubiera creído. Si alguien me hubiera mostrado esta escena de nuevo en 1962 —en la International House of Pancakes en el centro comercial de Westchester, en Miami, en la esquina de la avenida ochenta y siete y de calle veinticuatro del Suroeste, donde los diferentes siropes me llevaban al borde del éxtasis, o en la Union Station de Chicago el tres de noviembre de 1965—, nunca lo habría reconocido como mi futuro, como nuestro futuro.

Ni siquiera Luis XVI y su tablero Ouija podría haber vislumbrado este final grotesco, este lazo desgastado y hecho jirones. Al mismo tiempo, sin embargo, siempre nos sentamos en una mesa para cuatro y no puedo dejar de sentir la presencia siempre ausente de mi padre en el asiento vacío.

"Tremenda sorpresa, ¿no?", susurra él dentro de mi cabeza.

Doctores Sigmund y Carl, guías gnósticos, falsos sacerdotes, ustedes y sus discípulos no tienen nada que ofrecernos aquí, en esta mesa bien iluminada con su acabado de madera artificial con vetas, manteles individuales de papel y tenedores y cucharas rayados y de acero inoxidable. Sus percepciones son tan valiosas como el humo rizándose en dirección al cielo del cigarrillo Camel que le compré a mi hermano por Internet en una reserva indígena al norte del estado de Nueva York. *Tic toc*. Cállense y desaparezcan, reducidores de cabezas. Estoy harto de *ustedes*.

Esta no es la forma en que esto debería terminar. Pero es la forma en que está terminando. Y hay una bendición en este desenlace infeliz, un regalo deslumbrante de otro mundo. Cada uno de nosotros, en esta mesa, ha sido reducido a lo más básico y esencial, bajo estas luces tan brillantes que tanto me recuerdan a las que había encima de la mesa del campamento Pedro Pan en Florida City, en mi primera noche en los Estados Unidos, cuando me comí mi primer y último sándwich de pollo.

María Antonieta y Tony han sido despojados hasta el fondo de sus almas. Es lo único que han dejado, en realidad, la chispa de lo divino en ellos, sus fallas y manías persistentes, tan humanas, tan fastidiosas y tan inevitables. Sus cuerpos son una gran carga para ellos: cascarones fétidos, dolorosos y desagradables. No han tenido más remedio que renunciar a sus pertenencias y a su carne: es una autonegación impuesta sobre ellos, y su difícil situación, que es también la mía en un sentido muy real, me ha obligado a vaciar mis bolsillos, a ir hacia adentro, hacia arriba, hacia afuera, hacia atrás y hacia adelante, para ser despojado de un modo diferente. Verlos desaparecer así, lejos tan lejos de donde fue su punto de partida en el mapa, tan lejos de todos sus parientes, tan abajo y en el fondo del montículo, tan miserables, tan crucificados, es algo que frota mi tercer ojo hasta dejarlo en carne viva, y que me permite ver lo más esencial, aquí y más allá, a través de una bruma felizmente dolorosa.

Somos semillas sembradas en tierra fértil y maloliente. *Sin lugar a dudas*. Morir es nuestro destino, pero no nuestro fin.

Es sólo el comienzo. *Tiene que serlo*.

O bien, ese número tatuado por los nazis en el brazo del sobreviviente del Holocausto que nos acusó a nosotros tres de arruinar su país, podría ser también la broma más cruel y oscura del universo. Y sus palabras no son más que un eco del juicio sumario de Dios:

—Estoy harto de *todos ustedes*.

Veinticinco

¿Qué tal este?

Es un auténtico árbol de Navidad, como todos los demás que hay en este lugar. Los bombillos que han colgado encima de nosotros emiten el más difuso y endeble de los resplandores, tan insustancial como el calor que emana del barril de acero en el que arde un fuego débil. Sólo unos pocos árboles tienen un aspecto aceptable. No hay uno que sea perfecto.

No hay nieve en el suelo. No ha nevado todavía, y ya estamos a finales de diciembre. ¿Qué clase de broma cruel es ésta?

Era de esperarse, estando aquí, en Chicago, donde nada ha salido bien durante los últimos dos meses. Es decir, desde que llegamos. Comprar este árbol de Navidad es lo mejor que nos ha sucedido desde que nos reunimos con nuestra madre a principios de noviembre.

Tuvimos que salir rápidamente de Bloomington, de prisa, casi como si hubiéramos cometido un delito. Mamá llegó a Chicago el día de Halloween, Octobre 31, y tres días después nos montaron en un tren. Realmente no tuvimos la oportunidad de despedirnos de nadie. No hubo tiempo de prepararnos para esta muerte.

La dulce llama no lo fue tanto en esta ocasión. De hecho, todavía me quema y me produce un dolor infernal. Yo no quería morir, no podía renunciar. Y aún sigo sin poder hacerlo. No quiero ser transfigurado ahora. No. Jesucristo H. Resucitado, ¿por qué me has abandonado? Jesús del Cinturón del Maíz, entronizado arriba del sillón de mi tío, ¿qué has hecho?

Todos mis amigos se sorprendieron por lo abrupto de mi partida. ¿Qué? ¿Mañana? Estoy seguro de que a todos los amigos de Tony les sucedió lo mismo. Nuestros tíos y primas también parecían aturdidos. ¿Quién no habría de estarlo?

Ah, pero este árbol de Navidad puede ser el punto de inflexión. Elegimos uno muy lindo y lo cargamos una cuadra y media hasta el apartamento que acabamos de alquilar en la esquina sureste de Hollywood y Winthrop, en un sótano. El hermoso edificio de ladrillo rojo y estilo Tudor tiene ventanas salientes, torreones y ribetes de piedra caliza por todas partes. Es evidente que alguna vez fue muy elegante. De primera clase. Pero un sótano siempre es un sótano, y ahora es nuestra casa. Los radiadores están en el techo, atravesado por muchas tuberías. Tenemos muy pocos muebles, todos de segunda mano: un sofá cama, donde dormimos Tony y yo, una cama plegable para nuestra madre y una mesa y sillas plegables. También acabamos de comprar un viejo televisor que nos vendió una portorriqueña que conocimos en un rastro, en el Uptown, el vecindario pobre más cercano, atestado de tiendas de segunda mano.

Por lo menos aquí en Chicago tenemos casi siete canales de televisión. Por fin podré ver programas de otras cadenas diferentes a la CBS.

Tienes que ver el lado positivo de las cosas. Tony ha conseguido empleo en una imprenta. Ha abandonado la escuela secundaria y trabaja durante el día. Yo también estoy buscando un trabajo. Soy demasiado joven para abandonar la escuela secundaria, como lo hizo Tony, y se supone que debo buscar un trabajo en las noches. Fue lo que el trabajador social nos recomendó que hiciéramos. Mamá también está buscando trabajo, más o menos. La verdad es que no tiene ni idea de cómo hacerlo. Ella quiere, pero no sabe qué hacer.

Luis y Ada Serrano, unos amigos de nuestra madre —a quienes no conoce muy bien— nos alojaron en su pequeño apartamento durante un mes y medio, mientras buscábamos un lugar para nosotros. Son dos personas maravillosas, y su hijo Luisito —quien es unos diez años mayor que yo— lo es también. Él será mi hermano mayor, y uno condenadamente bueno, mientras Tony se pierde en su abismo.

Tardamos un mes y medio para conseguir un lugar donde vivir, porque nadie quería alquilarle a una madre soltera, discapacitada, desempleada y con dos hijos adolescentes, especialmente al vernos a Tony y a mí alternando del inglés al español, mientras traducíamos todo lo que le decían a María Antonieta. Nos cerraron más de una puerta en la cara, de manera abrupta, al estilo de Chicago.

Llevamos pues el árbol de Navidad a nuestra sala vacía. Salvo por el sofá cama, el árbol es lo único que hay. Sin competencia ninguna, domina la sala. Con el dinero del primer cheque de Tony compramos luces, adornos simples de vidrio y oropel en el Woolworth's de la Avenida Bryn Mawr. También compramos una escena del Nacimiento de Jesús en porcelana italiana, muy barata pero de muy buena factura. No hay Navidad completa sin un Nacimiento.

Mientras estamos comprando estas cosas, se nos acerca un cubano y charlamos un poco. Y en un abrir y cerrar de ojos, me soluciona el problema de encontrar trabajo. Me dice que justo después de Año Nuevo me puede conseguir un empleo como lavaplatos en el Hotel Conrad Hilton, donde él trabaja como operador de elevadores.

Su padre era dueño de un ingenio azucarero en Cuba, y él pensaba que lo iba a heredar.

Trabajaré en el Hilton durante casi un año, por las noches, desde las cuatro de la tarde hasta la una de la madrugada, mientras estudio en el día.

El árbol es más que maravilloso. Más que celestial. Es lo único bueno que hay en este mundo. Sé que he regresado a mis costumbres idólatras, pero, ¡coño!, cuando instalamos los adornos y enchufamos esas luces y la sala se ilumina como solía estarlo nuestra sala de La Habana en la época de Navidad, no tengo otra opción. Este no es un ídolo hueco, como el que había en aquel cuarto del segundo piso en Coral Gables, o en aquel sótano en Bloomington, o cualquiera de los otros que he visto desde entonces. Este es mi ídolo, y está lleno de mis recuerdos, que, en este momento, es lo único que puede hacerme feliz. Esta Navidad consiste en que las cosas vuelvan a ser como eran antes. Mamá vino aquí y nos desarraigó para que pudiéramos regresar a eso: a la edad de oro que perdimos.

¿Y qué si nadie más de la familia está aquí? Por lo menos nosotros tres estamos juntos y tenemos un árbol de Navidad. En la clase de Literatura, donde nuestra profesora —que es muy joven— nos grita constantemente, me concentro en las imágenes de nuestro árbol de Navidad con el fin de atenuar sus rabietas. El modo en que las luces navideñas pintan una pared desnuda con sus toques de color es algo realmente único en la tierra, especialmente cuando cada uno de esos toques está relacionado con un recuerdo lejano.

Lo único que necesito es un ejército de ángeles como los de Coral Way. Estoy seguro de que podría acudir a ellos, aquí, en este lugar desolado. No sospecho que pronto toda una legión de ellos caminará a mi lado a través de los peores barrios de Chicago y viajarán conmigo todas las noches en el tren, invisibles, con sus armas relucientes y alegremente desenvainadas.

La víspera de Navidad. Cristo, sí. Cenamos con los Serrano. Regresar al apartamento donde vivimos hasta hace quince días, durante nuestras primeras semanas difíciles en Chicago, es casi como volver a casa. Es tan bueno ver de nuevo a Luis, a Ada y a Luisito. ¿Y qué si ellos no tienen un árbol de Navidad? Nosotros tenemos uno, en nuestro apartamento, a dos cuadras, en esta misma avenida Winthrop. Es una verdadera Nochebuena, con todas las golosinas tradicionales españolas y cubanas. Todas y cada una de ellas, hasta las nueces y avellanas, y cuatro o cinco tipos diferentes de turrón.

Nos molesta que no haya nevado todavía. Maldita sea, ¿dónde está la nieve? Es víspera de Navidad y estamos en el norte. Si hemos sido desterrados otra vez tan lejos de Cuba, deberíamos tener al menos una Navidad blanca.

Mierda. Empieza a llover. ¿Qué tipo de insulto es éste? Dios, ¿dónde estás? El viento comienza a arreciar intempestivamente. Ada Serrano bromea con el hecho de estar en la Ciudad de los Vientos. Podemos escuchar el viento silbar, y también las gotas de lluvia que golpean los cristales de las ventanas. Me levanto a la hora del postre, miro por la ventana y no puedo creer lo que veo. La lluvia se está convirtiendo en nieve. Copos grandes y redondos, cayendo en intervalos horizontales.

"¡Nieve!", grito.

Todos se acercan a la ventana. Vemos a un hombre en la calle, a la entrada de la Escuela Primaria Swift, luchando contra el viento. No está avanzando mucho. El viento es tan fuerte que lo empuja hacia atrás, y él sostiene su sombrero con todas sus fuerzas.

Todos nos reímos bastante a expensas suyas cuando el viento lo tumba al suelo y su sombrero escapa y sale volando lejos de él como un halcón con su presa.

Los copos de nieve pronto superan en número a las gotas de lluvia, y no tardan en reemplazarlos. Se desata una verdadera tormenta de nieve. Y todos permanecemos en la ventana, contemplando el milagro. Después regresamos a la mesa y disfrutamos del postre —flan— y del turrón, mientras la nieve se amontona afuera y lo cubre todo, como la Gracia sobreabundante.

Un par de horas más tarde, la tormenta ha terminado. Todo está cubierto por una gruesa capa de nieve de cuatro pulgadas de espesor, no sólo en el suelo o en los carros estacionados, sino también adherida a las superficies verticales: árboles, postes de luz, señales de tránsito y en las fachadas de los edificios. Parece una mezcla de estuco suave y esponjoso. Ni siquiera Currier & Ives podrían haber diseñado un paisaje de Navidad más perfecto, aunque la Avenida Winthrop es una mezcla ordenada de edificios densamente compactos, y no un pueblecito campestre o una granja bucólica.

Tony y yo vamos a casa con nuestra madre, bajo un cielo estrellado, y la sostenemos firmemente. Ella puede resbalar en la nieve con gran facilidad, pues la nieve de las aceras no ha sido paleada todavía, así que la sostenemos con fuerza. Dejamos huellas muy extrañas en la nieve recién caída, como el rastro de una bestia que tuviera siete patas y un pie deforme. Tan pronto bajo las escaleras y entro en la sala, enciendo el árbol de Navidad. Todo se ilumina allí, y también en el suelo, el pequeño Niño Jesús. Con sus brazos rollizos levantados, Jesús nos bendice. María y José, como siempre, parecen aturdidos.

¿Regalos? ¿Quién los necesita?

Salto en el tiempo, hacia el futuro, tres años. Navidad de 1968. Tres terrícolas están orbitando la luna por primera vez en la historia del universo. Me acaban de publicar un ensayo en el *Chicago Tribune* sobre el verdadero significado de la Navidad. Ha sido un infierno de año, una maldita cosa tras otra y, sin embargo, el *Tribune* decide publicar mi ensayo en su columna "La Voz de la Juventud". No importa Vietnam, que ya es bastante malo. El mundo se está desmoronando. Los disturbios tras el asesinato de Martin Luther King, Jr. Los incendios en Chicago. Los toques de queda. Disturbios en París. Robert Bahía-de-Cochinos-Kennedy también es asesinado. Los disturbios en la convención del Partido Demócrata. Sangre en las calles de Chicago. Los tanques rusos en las calles de Praga. Christine, mi amor trascendente, mi primera compañera del alma auténtica, asesinada, apuñalada diecisiete veces en Madison, Wisconsin. En vista de su ausencia, he conseguido una novia que, así lo creo, podría ser la compañera de mi alma destrozada, pero ya sanada de nuevo. Tony se ha comprometido con una joven de mi edad que será totalmente perjudicial para él.

Mi ensayo del *Tribune* ignora todo esto. Habla de la forma en que debió apestar el pesebre de Belén y de lo importante que es tener eso en cuenta a la hora de celebrar la Navidad. Olvídate de los adornos que hay en la calle State y la avenida Michigan, olvídate de los escaparates de las tiendas de Marshall Field's y de Carson Pirie Scott and Company, olvídate del oropel, del papel de regalo y de todo eso. Huele el pesebre. Eso es Navidad.

Hipócrita. Tonto rematado. En el fondo sigo siendo un idólatra, y adoro todo aquello de lo cual me burlo. Es por eso que no estoy en un seminario o en un monasterio. La triste verdad es que ya no puedo renunciar más a lo que me gusta en 1968 de lo que podía hacerlo en 1965, 1962, o 1956. Y tampoco tengo ningún deseo ardiente de oler un establo pestilente. De ninguna manera. No puedo reconocer esto para mis adentros.

Maldita sea, soy un caso ejemplar y estoy tan profundamente enredado en el mundo y tan adicto a la alabanza y al reconocimiento como el cretino más superficial, materialista y avaro sobre la tierra.

"Yo" esto, y "yo" aquello. Imbécil. Comemierda. Tengo una larga lista de logros que comienzan con "yo". Soy vicepresidente del consejo estudiantil, he diseñado la portada del anuario, estoy en casi diez clubes y en las listas de honor y de rendimiento avanzado en todas mis clases, he recibido un premio especial por participar en varios programas de servicios sociales, como jugar baloncesto con niños discapacitados cada semana. También voy a la iglesia todos los días, rezo compulsivamente y trabajo unas treinta horas a la semana en un supermercado. No sólo eso, también les he conseguido empleo a unos doce cubanos en mi trabajo, donde soy uno de los cuatro empleados que tienen a Carlos como nombre de pila.

Sí, *Chuck Neat-o* ha muerto. Murió el día que salí de Bloomington. Y permaneció muerto también, junto con Charles y Charlie.

Ahora, en el supermercado Jewel en la avenida Morse, soy sólo Carlos Nieto (*Knee-a-toe*, y no *Neat-o*), junto con Carlos Méndez, Carlos Trelles y Carlos Montoya.

En el verano 1978, Carlos Nieto se convertirá en Carlos M. N. Eire, y luego, más tarde, simplemente en Carlos Eire, cuando deje de escribir libros con notas a pie de página.

Salto en el tiempo hasta el presente. Ahora mismo, mientras escribo esto.

Este libro ha llegado a su fin en el capítulo veinticinco. Es un número arbitrario. No lo he buscado deliberadamente, ni me he molestado en buscar su significado en la lotería cubana de inspiración china, conocida como la *charada*, o la *bolita*, donde a todos los números, desde el uno hasta el cien, se les asigna un símbolo. El número uno, por ejemplo, es el *caballo*; el trece es el *pavo real*; el setenta y ocho es *sarcófago* o ataúd; el noventa y seis es *puta vieja*, y así sucesivamente. En términos ideales, se supone que funciona así: si una determinada imagen aparece en tus sueños, puedes apostar su número equivalente y ganar la lotería. Normalmente, no les presto atención a estas tonterías. Pero cuando escribí mi primer libro sin notas a pie de página, una amiga me pasó la lista de números de la *bolita* por casualidad, y le eché una ojeada. Para mi asombro, el libro tenía cuarenta y un capítulos, el número de *lagartija*, o lagarto, la metáfora central de ese cuento. Era demasiado perfecto, demasiada coincidencia. Así que por pura curiosidad, tuve que averiguar qué sorpresa le depara el número veinticinco a este libro.

Y una vez más, me asombro: es Casa Nueva, o nuevo hogar.

No me jodas. Esto es demasiado. Demasiada coincidencia para un libro sobre la vida en un nuevo país y el viaje a un montón de casas nuevas, a una tras otra.

¡Tremendísina coincidencia, y qué pesada! Te hace cuestionar todo y anhelar la certeza, tal vez incluso añorar que el arte sagrado del augurio regrese nuevamente. Pero, ¿que falta hace un número para sondear el significado de cualquier cosa?

¿O que falta hace un nombre?

Hay días en los que me gustaría poder cambiar mi nombre por el de McKinley Morganfield, el nombre legal y de pila de Muddy Waters, el dios innegable de la música conocida como "blues". Y a menudo me arrepiento de no haberle puesto ese nombre a mi primer hijo, aunque él me agradece con más frecuencia aun por no haberlo hecho.

Más recientemente, he suspirando por el nombre de José Candelario Tres Patines, el del personaje principal de *La Tremenda Corte*, el programa de radio cubano que solía escuchar con Tony todas las noches antes de dormir, allá en la caverna de Platón. Tres Patines es un nombre perfecto y sin sentido, para un mundo perfectamente sin sentido, en el que todos cometemos crímenes sin sentido y recibimos castigos sin sentido.

"Por el delito de 'nombreicidio', te condeno a quince cafés con leche-sin-grasa-triple-porción-sin-espuma de Starbucks, a seis amores no correspondidos y a un examen oral de un día de duración sobre Immanuel Kant, en alemán. Y espero que esto te enseñe a nunca jamás volver a matar tu nombre".

¿Qué hay en un nombre? ¿Quién eres después de morir una y otra vez y resucitar gloriosamente, una vez tras otra, en el mismo cuerpo? ¿Qué es una vida, después de todo? Todas las células con las que tú y yo nacimos han desaparecido. Nuestros cuerpos nunca son los mismos: estamos en un flujo constante, físicamente. Entonces, ¿quiénes somos? Si todas las células y los átomos de mi cuerpo y del tuyo no son las mismas con las que nacemos, y si estos componentes esenciales que tenemos en este instante son reemplazados continuamente, incluso los que conforman nuestro cerebro, entonces ¿cómo podemos ser las mismas personas y tener el mismo "yo"?

"*Software*", dirán los materialistas obstinados. El *hardware* cambia, pero el *software* y la información que contienen son los mismos. En otras palabras, sólo somos memoria.

¡Ay! Esto siempre me causa dificultad. Si lo único que somos es memoria y ésta contiene una muerte tras otra y una resurrección tras otra, ¿cómo podemos esperar hablar de "yo", "mi" o "yo mismo"? ¿No deberíamos hablar más bien de "nosotros"?

Sería muy confuso, pero mucho más preciso.

Demostrar la existencia de Dios es bastante fácil. Cualquier idiota puede hacer eso. Tal como uno podría decir en idioma chicagoano: *"What, you think all of this made itself up? Yeah sure…"* (¿Acaso crees que todo esto se hizo solo? Sí, como no…) Demostrar la existencia del alma y su inmortalidad es mucho más difícil. Después de todo, fallecemos y desaparecemos de vista al igual que todas las plantas y los animales sobre la tierra. *¡Puf!* Polvo somos y en polvo nos convertiremos, al igual que las mascotas que amamos, los pollos que comemos, las cucarachas que aplastamos y los tomates del verano pasado. El universo nos insulta, perpetuándose inexorablemente, como si nunca hubiéramos existido. Qué irritante: muchos astrofísicos sostienen ahora que es eterno; tanto como Dios solía serlo.

¡Ay! Tremendo insulto. Qué afrenta.

En otro libro, que escribí hace dos muertes, suministré unas cuantas pruebas despreciables sobre la existencia de Dios. En este libro he luchado con el reto más difícil, las pruebas de que existe el alma humana, esa entidad tan dolorosamente evanescente como ninguna otra. Y, aquí, al final, sólo tengo una prueba que ofrecer sobre el alma y su inmortalidad: todo este libro, de principio a fin, y sus lectores, incluido tú.

Vamos, di que esta prueba es ridícula. Te desafío dos veces.

¡Manos arriba! *Dukes up!*

Tras ser sometido a una muerte totalmente exquisita y sorprendente unos días antes de empezar a escribir estas páginas, mientras montaba en bicicleta por el Tiergarten en Berlín —un parque con un nombre que suena jodidamente parecido a *Tear Garden* en inglés o jardín de lágrimas—, no puedo evitar verlo de este modo. Si uno puede recordar cómo aprendió a morir, si puede morir y recordar una muerte tras otra, entonces la muerte no tiene derecho a ser absoluta. De ninguna manera. Sería la injusticia poética por excelencia.

Y la broma más estúpida, cruel y grosera, totalmente fuera de sincronía con el orden que podemos percibir en el universo.

Aprender a morir es tan necesario como aprender a respirar, pero mucho más difícil. No sólo por el dolor que entraña, sino también porque la muerte exige todo tipo de reacciones contradictorias, algo que

ninguno de nosotros está muy bien preparado para manejar. La muerte
no te da otra opción que aceptar, odiar y agradecerlo todo a la vez. Renunciar es la clave para morir bien, y lo mismo sucede con el no renunciar. Nunca es la única puerta para siempre. No rendirse nunca y rendirse
siempre. Morir es la única opción, y no es una opción en absoluto. Es
algo que se desea con fervor y algo totalmente inaceptable a la vez. Morir
es algo constante. Pero se resume en una sola vez, en la muerte física,
cuando el cuerpo comienza a disolverse. Entonces, y sólo entonces, sabremos si hemos aprendido bien nuestras lecciones, cuando nuestros
cuerpos vulnerables se transforman también en una llama dulce. Entonces, y sólo entonces, esa muerte podrá conducirnos a la inmortalidad y
a una vida imperecedera en la que no exista ningún tipo de Ausencia.
Ninguna. Por siempre jamás.

Presencia. Pura presencia. Luz. Amor eterno.

Salto en el tiempo hacia adelante, hacia los costados, hacia arriba,
hacia abajo, hacia adentro, hacia afuera, hacia donde quieras. Olvídate
de las direcciones, del tiempo y del espacio.

Estoy en una granja de árboles de Navidad con las cuatro almas más
dulces del mundo: mi amada esposa Jane, mi hijo John Carlos, mi hija
Grace y mi hijo Bruno. Los árboles están sembrados en líneas perfectamente rectas que se extienden en todas las direcciones, horizontal-
mente, verticalmente, diagonalmente, infinitamente, sobre un terreno
suavemente ondulado, en una tierra sin circunferencia, cuyo centro está
en todas partes. Hay montones de nieve bajo nuestros pies, y la luz brillante y sublime que nos envuelve no puede derretirla. Ni siquiera en lo
más mínimo. Cada copo de nieve se mantiene intacto. Todos los árboles
son perfectos. Todos y cada uno de ellos, cada rama y cada aguja, perfectamente formadas y relucientes, como si estuvieran iluminadas desde
adentro. No podemos decidir cuál árbol cortar. Discutimos, como sole-
mos hacerlo: "No, ése no; éste". Caminamos por la nieve hacia arriba y
hacia abajo, por entre las hileras interminables de pinos. Y todos y cada
uno de los que conocemos y amamos vienen y tratan de ayudarnos,
mientras todos y cada uno de los árboles piden a gritos que lo escojamos.
Y, simultáneamente, nosotros cinco procuramos ayudar a todos los que
conocemos y amamos a que escojan su árbol de premio, mientras los

ángeles se ríen y todos los árboles con sus hojas perennes y perfectas nos gritan "¡Escógeme!", y nuestros serruchos cantan, en perfecta armonía: "¡Utilízanos ya!".

Esto continúa para siempre.

Por y para siempre jamás.

Sin fin.

Sin final, cuando todo esté dicho y hecho.

Tú sabes. *You know.*

Agradecimientos

Desde la publicación de *Nieve en La Habana: Confesiones de un cubanito*, me han preguntado en innumerables ocasiones, "¿Cuándo vas continuar la historia?" o "¿Cuando vas escribir otro libro sin notas a pie de página?" Mi respuesta ha sido siempre la misma: "Tal vez mañana, tal vez nunca. Tengo que esperar la inspiración".

De repente, la inspiración llegó finalmente en un momento inesperado, y en el lugar más inverosímil: en Berlín, a principios de junio de 2009, después de un viaje de dos semanas por el río Elba, desde Praga. Debo agradecer a mis compañeros de esta gira —en la que yo iba en calidad de conferenciante— por ayudarme a comprender que todas las peregrinaciones genuinas conducen al núcleo del alma, y ahí vincular el cielo y la tierra, el pasado, el presente y el futuro, el yo y lo otro, el sueño y la vigilia, y el aquí y el ahora con el después y el allá.

Como refugiado del antiguo imperio soviético, quedé abrumado por lo que encontré en sus antiguas colonias. Sabiendo que mis hermanos cubanos siguen atrapados dentro una reliquia grotesca de esa pesadilla totalitaria y que mis padres me habían enviado a los Estados Unidos para que yo no terminara en uno de estos lugares por los cuales estaba viajando, no pude dejar de sentir una punzada constante de algo que no podía identificar: una extraña mezcla de emociones —envidia, gratitud e ira—, que me atrajo hacia adentro y me hizo sentir más exiliado que nunca.

Por consiguiente, debo agradecerles a ustedes, checos y alemanes, que fueron lo suficientemente valientes para deshacerse de sus opresores hace veinte años: El legado de sus logros me puso en contacto con mi propio pasado de una manera muy inmediata, y me dio esperanzas con respecto al futuro de la tierra arruinada que me vi obligado a dejar atrás y de la cual he sido prescrito, al igual que mis libros.

Estoy especialmente agradecido al Museo del Comunismo de Praga, en el que nunca he puesto mis pies. Sólo vi un cartel publicitario de su existencia, pero eso me bastó. Saber que existe un museo como éste, en el que yo y cada ciudadano checo mayor de veintiún años puede ser visitante y material de exhibición al mismo tiempo, fue algo que me causó un profundo impacto. Museo del Comunismo, acomodaste de nuevo mis pensamientos y mi centro de gravedad, tal como tienden a hacerlo todas las grandes paradojas. Así que agradezco a quien te haya creado a ti, un lugar a la vez tan ridículo y significativo, y tan perfectamente diseñado para despertar mi plena identidad. Debo darle las gracias también al muro de Berlín, o a lo que queda de él. Sus restos lamentables —incluso los pequeños trozos que compré en tiendas de recuerdos y traje a casa—, fueron una fuente constante de inspiración.

Niño de Praga, ícono milagroso del Niño Jesús llevado de España a Bohemia por las monjas carmelitas en el siglo XVII, el exilio cosificado, oculto en un lugar tan raro, que fue tan difícil de encontrar: también te doy las gracias, mucho más que al Museo del Comunismo o al Muro de Berlín. Si no me hubiera tropezado con tu santuario en aquella tarde de Pentecostés, no habría escrito este libro. Mil gracias. Tú sabes por qué. *You know.*

Hay otras personas que han hecho más que simplemente inspirarme: realmente me ayudaron a darle forma a este libro y permitieron su creación.

En primer lugar, me gustaría darle las gracias a Alice Martell, mi representante. Gracias Alice, por tu asesoramiento y por todos tus esfuerzos en mi nombre. Y una vez más, no puedo agradecerte lo suficiente.

También me gustaría darle las gracias a mi editor, Martin Beiser, por su apoyo, orientación y asesoramiento infalible. Tampoco puedo agradecerte lo suficiente. Y lo mismo quisiera decirle a Martha Levin, la directora de Free Press.

Mis más sinceros y profundos agradecimientos también para mis colegas del Seminario de Virginia en Teología Vivida, financiado por la

Fundación Lilly: Charles Marsh, Mark Gornik, Patricia Hampl, Susan Holman, Alan Jacobs, Chuck Mathewes. Nuestras estimulantes conversaciones durante los últimos cuatro años han orientado la redacción de este libro, y la respuesta de ustedes a una pequeña parte del mismo ha contribuido a mejorar notablemente el conjunto. Gracias, amigos.

Gracias también al padre Robert Pelton, de Madonna House. Me has ayudado en muchos sentidos, de manera muy constante y desde muy lejos.

Aquí, en mi propia casa, he encontrado la mayor ayuda e inspiración. Como sucedió antes con *Nieve en La Habana*, mis hijos John Carlos, Grace y Bruno jugaron un papel clave. No pude leerles este libro a ustedes como lo hice con el otro hace nueve años, cuando ustedes eran mucho más pequeños, pero su afán de leer el texto emergente, día a día, y sus respuestas honestas, tuvieron un significado más grande para mí de lo que pueden imaginar. Ustedes tres me orientaron y me animaron siempre. Esta también es su historia: Gracias por ayudarme a contarla.

Por último, mi mayor agradecimiento es para a mi esposa Jane, cuyo amor, aliento y consejos me ayudaron a encontrar las palabras adecuadas en sus lugares ocultos, permitiéndome manipularlas y encadenarlas en el mejor orden posible, bajo las mejores circunstancias posibles, durante un verano maravilloso que transcurrió con demasiada rapidez, pero que siempre permanecerá en nosotros sin importar lo demás.

Como siempre, *gracias* es algo que ni siquiera empieza a abarcarlo, encantadora Jane, mi Jane. Las palabras adecuadas para ponerle fin a esta frase no están ocultas: simplemente, no pueden encontrarse en la tierra.

Acerca del autor

Nacido en La Habana en 1950, Carlos Eire salió de su país en 1962, siendo uno de los catorce mil niños no acompañados que fueron evacuado por vía aérea de Cuba durante la Operación Pedro Pan. Después de vivir en una serie de hogares de acogida en Florida e Illinois, se reencontró con su madre en Chicago en 1965. Su padre, que murió en 1976, nunca salió de Cuba. Después de obtener su doctorado en la Universidad de Yale en 1979, Carlos Eire enseñó dos años en la Universidad de St. John en Minnesota, y en la Universidad de Virginia durante quince. Actualmente es el profesor T. Lawrason Riggs de Historia y Religión en la Universidad de Yale. Vive en Guilford, Connecticut, con su esposa Jane y sus tres hijos.